大埔年鉴

2023

大埔年鉴编纂委员会　编

方志出版社
Publishing House of Local Records

图书在版编目（CIP）数据

大埔年鉴. 2023 / 大埔年鉴编纂委员会编. —北京：方志出版社，2023.11

ISBN 978-7-5144-5911-1

Ⅰ. ①大… Ⅱ. ①大… Ⅲ. ①大埔县—2023—年鉴 Ⅳ. ①Z526.54

中国国家版本馆CIP数据核字(2023)第236410号

责任编辑：刘方圆
责任校对：张玉霞
责任印制：梅中英
出 版 者：方志出版社
地　　址：北京市朝阳区潘家园东里9号（国家方志馆4层）
邮　　编：100021
网　　址：http://www.zgfzcb.cn
发　　行：方志出版社图书营销中心（010-67110500）
印　　刷：梅州程江彩色印刷厂有限公司
开　　本：787毫米×1092毫米　1/16
印　　张：21
字　　数：544千字
版　　次：2023年11月第1版
印　　次：2023年11月第1次印刷
定　　价：260.00元

编 辑 说 明

一、《大埔年鉴（2023）》以马克思列宁主义、毛泽东思想、邓小平理论、“三个代表”重要思想、科学发展观、习近平新时代中国特色社会主义思想为指导，坚持辩证唯物主义和历史唯物主义的立场、观点和方法，着重记载2022年大埔县政治、经济、文化、社会、生态等方面的基本情况，供各级领导、有关单位及社会各界人士了解和研究大埔参考使用，为编修地方史志积累史料，为推动大埔经济社会发展服务。

二、《大埔年鉴（2023）》采用述、记、录、图、表等体裁，以文为主，图文结合。正文内容采用分类编辑法，设类目、分目、条目三个结构层次，以条目为表现内容的基本形式。为方便阅读，类目和分目一级的标题配以花边底纹，条目一级的标题统一用黑体字加【 】号表示，并设置书眉。正文设特载、大事记、县情概览、中共大埔县委员会、大埔县人民代表大会、大埔县人民政府、政协大埔县委员会、大埔县纪委监委、群众团体、法治、军事、农业·水利·气象、工业、交通运输、邮政通信、商业、财税·金融、城乡建设·环境保护、综合经济管理、社会民生、教育·科技、社会科学、文体·旅游、卫生健康、镇场简况、人物、文献选录、附录等。

三、《大埔年鉴（2023）》记述时限为2022年1月1日至2022年12月31日，根据需要个别事项适当上溯或下延。

四、《大埔年鉴（2023）》内容在2022年基础上作了一些调整。“文体·旅游”类目中原“文体工作”分目改为“文体旅工作”分目，取消“旅游”分目；“社会民生”类目中原“退役军人事务”分目调整到“军事”类目中。

五、《大埔年鉴（2023）》数字用法、标点符号用法分别使用国家标准《出版物上数字用法》（GB/T 15835—2011）、《标点符号用法》（GB/T 15834—2011），计量单位采用国家技术监督局1993年12月发布的《量和单位》系列国家标准，农田土地面积沿用“亩”。所有稿件由大埔县辖区内有关单位提供。该书所用的统计数字原则上采用县统计局提供《大埔县统计年鉴（2022年）》的统计数字，有些数字亦采用部门的数据。由于统计口径不一，个别数字可能不尽一致，使用时应以县统计局提供的《大埔县统计年鉴（2022年）》的数字为准。

六、《大埔年鉴（2023）》设副科级以上供稿单位负责人名录。

大埔年鉴编纂委员会

顾　问：黄增国

主　任：凌晓文

副主任：杨自强　饶凌云

成　员：张国雄　刘万兵　钟丹萍　饶志潘

黄杏锋　陈培先　汪德欢　何晋江

连军强　曾令根

大埔年鉴编辑部

主　　编：凌晓文

执行主编：曾令根

副 主 编：肖继海　唐上清

编　　辑：张梦婷　黄万溪

编　　务：黄文姬　刘惠群

封面题字：蓝炽崧

县歌与县花（红山茶）

大埔县县歌

1=C 4/4
坚定 豪迈 每分钟116拍

蔡国华 词
罗奕欢 曲

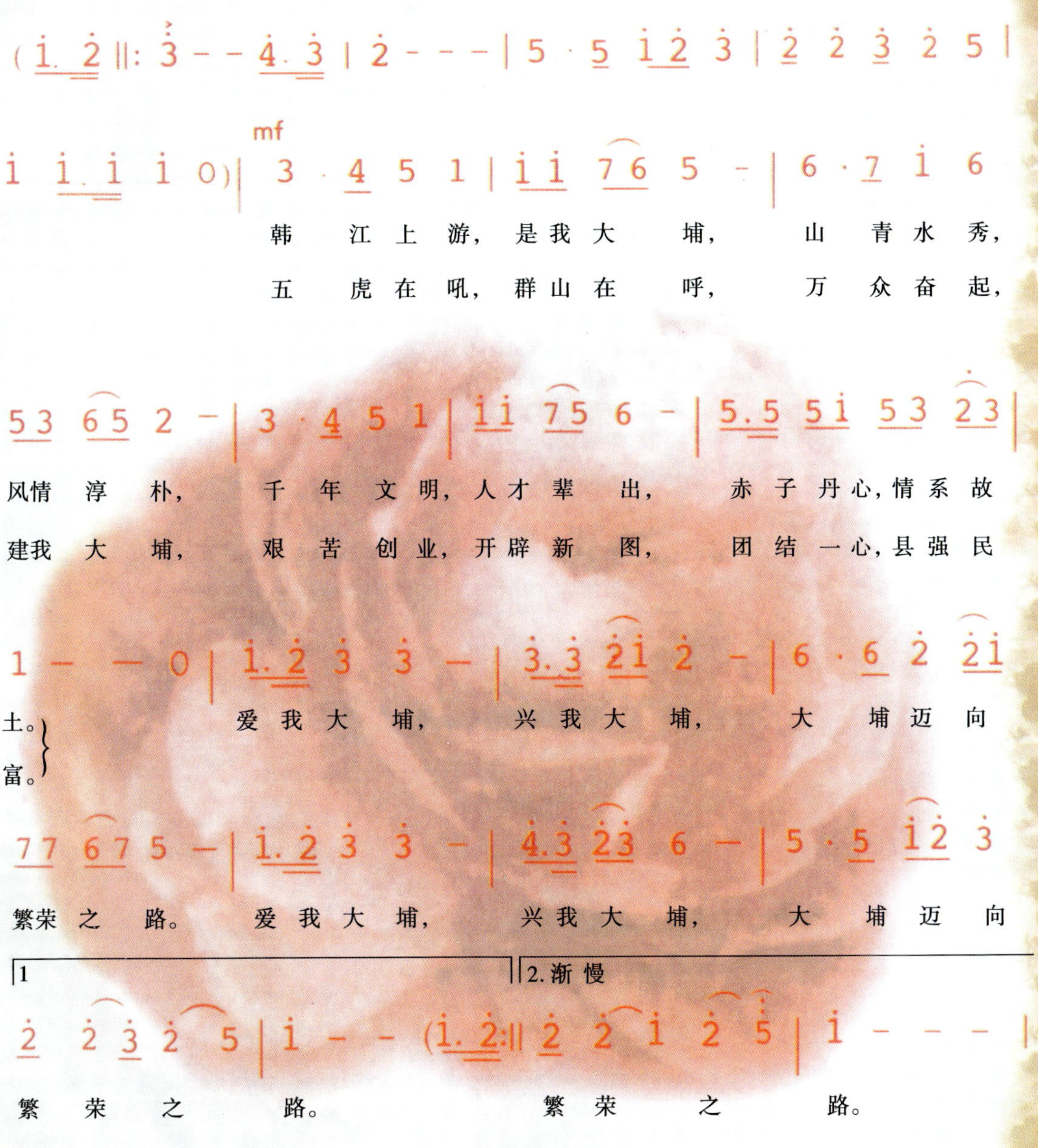

经济发展

2022年3月，大埔至潮州（含大埔至漳州支线）高速公路工程被冠名为2020年度公路水运建设“平安工程”。图为大埔至漳州支线枫朗段

（县委办提供）

2022年8月22日，广东粤电大埔电厂二期工程获批

（县委办提供）

2022年10月19日，大埔县锂电池精密结构件项目和讯源吉玉新材料项目签约仪式在大埔县科技信息大楼二楼会议室举行
（县府办提供）

2022年10月28日，广东能源集团大埔发电有限公司2兆瓦分布式光伏发电项目顺利并网
（大埔供电局提供）

2022年11月20日，广东省梅州市大埔县科技创新产业园标准化厂房建设及基础设施配套工程（一期）设计施工总承包项目开工仪式举行
（县府办提供）

2022年12月30日，大埔县茶阳镇防洪工程开工仪式举行
（县委办提供）

大埔县城过境公路——省道221线大埔县城段　　（2022年摄，县交通运输局提供）

大埔县高陂镇青花瓷广场　　（2022年摄，大埔工业园管委会提供）

大埔县省级蜜柚现代农业产业园密坑核心园区 （2022年摄，县委办提供）

广东供销（梅州大埔）天业冷链物流产业园 （2022年摄，县委办提供）

社会人文

2022年1月9日，“红动古道·绿动乡村”南粤古驿道活化利用系列展示活动启动　　（县委办提供）

2022年6月14日，大埔县红十字蓝天救援协会队员在茶阳镇转移受灾群众　　（县红十字会提供）

2022年7月17日，大埔县“强国复兴有我”客家筝（汉乐）公益培训班在百侯镇侯宝斋举办

（县文联提供）

2022年8月20—25日，广东海洋大学、佛山科学技术学院学生到大埔县枫朗镇枫朗村开展墙绘活动

（团县委提供）

新建的大埔县九年一贯制西岭实验学校于2022年9月开学　　（2022年9月摄，县教育局提供）

新建的大埔县委党校于2022年9月启用　　（2022年10月摄，县委党校提供）

乡村振兴

2022年6月7日，广东省农业农村厅联合梅州市人民政府在大埔县三河镇韩江源开展主题为“红色共建聚合力 生态增殖促振兴”的增殖放流活动
（县委办提供）

2022年7月1日，大埔县乡村振兴人才驿站揭牌仪式暨各镇乡村振兴人才驿站授牌仪式在大埔县蜜柚省级现代农业产业园农业科技馆举行
（县委办提供）

2022年7月19日，大埔县赋能乡村振兴"复耕一亩地"主题活动在大埔县三河镇举办

（三河镇政府提供）

2022年7月26日，政协大埔县委员会"助力撂荒复耕·政协委员在行动"专项活动在大埔县洲瑞镇举办

（县政协办提供）

2022年8月2日，大埔县人大常委会和大埔县人民政府联合在桃源镇开展“五级人大代表齐发力 助力撂荒地复耕复种”活动 （县人大办提供）

2022年12月，大埔县茶阳镇迪麻村广华生态农业农田基地水稻丰收 （余灏摄）

大埔县西河镇漳北村新农村建设　　（2022年摄，县委办提供）

大埔县西岩山万亩茶园　　（2022年摄，县委办提供）

生态碧道

广东省“最生态碧道”大埔县梅潭河碧道三河至县城段　（2022年摄，县委办提供）

广东省 “最生态碧道”大埔县梅潭河碧道县城段　（2022年摄，县委办提供）

目　　录

特　　载

大　事　记

县情概览

中共大埔县委员会

大埔县人民代表大会

大埔县人民政府

政协大埔县委员会

大埔县纪委监委

群众团体

法　治

军　事

农业·水利·气象

工　业

交通运输

邮政通信

商　　业

财税・金融

城乡建设·环境保护

综合经济管理

社会民生

教育·科技

社会科学

文体·旅游

卫生健康

镇场简况

人　物

文献选录

附　录

特 载

坚定信心 真抓实干 奋力推动大埔老区苏区高质量发展

——在县委十三届三次全会上的报告

中共大埔县委书记 黄增国

（2023 年 1 月 11 日）

这次全会的主要任务是，以习近平新时代中国特色社会主义思想为指导，深入贯彻党的二十大精神，传达贯彻中央经济工作会议、中央农村工作会议及省委经济工作会议精神，深入贯彻落实省委十三届二次全会精神和省委书记黄坤明到梅州调研指示要求，认真落实市委八届五次、六次全会各项部署，总结 2022 年工作，部署 2023 年工作，坚定信心、真抓实干、奋发有为，以建设赣闽粤原中央苏区对接融入粤港澳大湾区振兴发展先行区为契机，推动经济社会高质量发展，努力在中国式现代化新征程上交出大埔答卷。

一、团结力量共克时艰，大埔全面振兴迈出坚实步伐

2022 年是极不平凡的一年，面对经济下行压力，全县上下坚持“疫情要防住、经济要稳住、发展要安全”重要要求，认真落实省委、市委工作部署，高效统筹疫情防控和经济社会发展。

——党的建设全面加强。围绕迎接和学习宣传贯彻党的二十大工作主线，严格落实“第一议题”，严格执行省委坚决落实“两个维护”十项制度机制，忠诚拥护“两个确立”、坚决做到“两个维护”。按照“全面学习、全面把握、全面落实”的重要要求，持续掀起学习宣传贯彻党的二十大精神热潮，开展百姓报告会、理论宣讲辅导 280 场次、受众 2 万人次。坚持大抓基层，实施“三项工程”“五大行动”，顺利建成运营县委党校新校区，筹集 5300 万元连片打造汇东、蕉坑中组部红色村组织振兴试点，稳步推进 14 个抓党建促乡村振兴示范点建设。实行社区“大党委”工作机制，组建 256 个导师团队帮带提升村级班子履职能力，建立近 400 支“平战转换”党员志愿者队伍，1700 名党员干部到所在社区报到，切实发挥党员先锋模范作用。保持正风肃纪反腐高压态势，全年处置问题线索 340 件，立案查处 165 件，给予党纪政务处分 159 人，政治生态更加清朗。

——经济运行稳中向好。全县地区生产总值 100.8 亿元，同比增长 0.4%。产业基础持续向好，全年新增规上企业5家，完成工业投资10亿元，技改投资4.97亿元，同比增长210.8%。先进制造业日益壮大，实现税收1244万元，同比增长37.7%。产业空间持续扩大，县科创园成功申报政策资金6558万元并动工建设，县城工业小区二期紧张推进。项目落实有力，总投资61亿元的高陂水利枢纽工程全面建成投产，总投资81亿元的大埔电厂二期、总投资6.5亿元的茶阳镇防洪工程顺利动工，坑口至高陂、湖寮至枫朗、赤山至桃花段公路改建工程取得明显成效；65项重点项目完成投资27亿元，17个债券项目6.43亿元资金全部完成支付。招商引资成效明显，成功招引并动工建设10个投资项目，其中亿元以上4个、10亿元以上1个，计划投资95.09亿元，完成投资7.32亿元。

——城乡区域协调发展。坚持打造品质县城，6个老旧小区改造工程顺利完工，成功申报新一批老旧小区改造专项债券资金5000万元。第二自来水厂、智慧停车场、县城北环路提升改造等项目加快建设。14个镇通过“宜居圩镇”市级验收，湖寮、百侯、银江镇通过“示范圩镇”验收，有效改善乡镇面貌。完成省、市下达撂荒耕地复耕复种任务，动员人大代表、政协委员、新阶层人士、工商业人士认耕认种133.33公顷。省级蜜柚产业园（扩容提质）项目、广东供销（梅州）天业冷链物流产业园项目如期推进。中央红色交通线大埔段、罗明故居等5处文物入选省第十批文物保护单位，“红动古道·绿动乡村——中央红色交通线亲子研学游”线路上榜全国乡村旅游精品线路。

——社会事业稳步推进。全县民生事业财政支出36.77亿元，占一般公共预算支出的84.04%。西岭实验学校建成招生，新增学位5490个，城东实验学校教学楼建成使用，获评全国未成年人保护示范县、广东省儿童友好示范县。县中医医院顺利通过二甲等级复审，县中医医院康复中心、高陂中心卫生院迁建工程扎实推进。果断处置“11·22”疫情，先后抽调39批次近千人驰援抗击疫情，疫情防控顺利转段。全县城镇新增就业2102人，再就业1228人，城镇登记失业率2.91%。饮用水水源地水质达标率保持100%，水环境质量全市排名第一，梅潭河碧道工程被评为“省十大最生态碧道”。众志成城打赢十年一遇“龙舟水”防汛救灾战役，完成安全生产专项整治三年行动，成功创建全域省级民主法治示范村（社区），大埔县看守所获评“全国优秀公安基层单位”，百侯镇人民政府获评“全国依法治理创建活动先进单位”，“五治融合”基层治理模式取得良好成效。

这些成绩的取得，根本在于以习近平同志为核心的党中央坚强领导，在于习近平新时代中国特色社会主义思想科学指引，得益于省委省政府和市委市政府的重视关心，饱含着全县各级党组织和广大党员干部的辛勤付出，离不开老领导、老同志和社会各界的鼎力支持。在此，我代表县委，表示衷心的感谢！

二、全面学习全面把握，坚定不移贯彻落实党的二十大精神

党的二十大为新时代新征程党和国家事业发展、实现第二个百年奋斗目标指明了前进方向、确立了行动指南。召开本次全会，就是要对全县学习贯彻工作，再动员、再升温、再推动，切实把学习贯彻党的二十大精神全面引向深入。

（一）要全面深刻领悟“两个确立”，坚决践行“两个维护”。“两个确立”是党在新时代取得的最重大的政治成果、最重要的历史经验，是党应对一切不确定性的最大确定性、最大底气、最大保证。我们要秉承大埔老区苏区革命传统，把坚定拥护“两个确立”、坚决做到“两个维护”作为最高政治原则和根本政治责任，把坚决维护核心作为最大的大局、首要的“国之大者”，坚决按照习近平总书记重要指示要求办，始终在思想上政治上行动上同以习近平同志为核心的党中央保持高度一致。

（二）要全面深刻领悟开辟马克思主义中国化时代化新境界，统揽全局指导实践。习近平总书记在党的二十大报告中提出的“开辟马克思主义中国化时代化新境界”这一重大命题，是对党的十八大以来党的理论创新的科学概括和高度凝练。全县上下要紧紧抓住“两个结合”“六个必须坚持”，深刻领会习近平新时代中国特色社会主义思想的精髓要义、科学体系和实践要求，深刻掌握贯穿其中的立场观点方法，切实用于观察分析大埔发展的现实矛盾和实际问题，指引大埔各项工作。

（三）要全面深刻领悟中国式现代化，昂扬奋进开启新篇。习近平总书记在党的二十大报告中，深刻阐述中国式现代化的中国特色和本质要求、必须牢牢把握的五项重大原则。我们要深刻把握中国式现代化的具体内涵，认清大埔所处的历史方位，自觉把大埔现代化建设放在党和国家事业全局来审视和谋划，紧紧扭住高质量发展这个关键，奋发有为、担当作为，努力走出一条把握时代大势、符合发展规律、体现大埔特色的现代化之路。

（四）要全面深刻领悟“三个务必”，走好新时代赶考之路。“三个务必”的伟大号召是对全党发出的政治号令，也是对全体人民作出的庄严承诺。我们要把着力点放在领悟和践行“三个务必”上，务必做到不忘初心、牢记使命，永远把人民对美好生活的向往作为奋斗目标；务必做到谦虚谨慎、艰苦奋斗，始终保持“赶考”的清醒和坚定，经受住“四大考验”，克服“四种危险”，把大埔各项事业不断推向前进；务必做到敢于斗争、善于斗争，提高防风险、迎挑战、破难题的能力，闯出大埔现代化建设新天地。

全县各级党组织要把学习宣传贯彻党的二十大精神作为当前和今后一个时期的首要政治任务，认真落实总体工作方案和学习培训、专题调研、宣传宣讲等三个方案，积极开展红色讲堂、青年讲堂、田间课堂、线上课堂和“代表进企业”“领导进校园”等活动，开展科级干部集中轮训，切实统一思想、凝聚共识、坚定信心、增强斗志。同时，要在把握总目标、总方向、总要求的前提下，与省委全会精神、省委书记黄坤明到梅州调研指示要求结合起来，与市委全会精神结合起来，一体学习、一体把握、一体贯彻、一体落实，坚定不移推动党的二十大精神在大埔落地见效。

三、坚定信心找准方位，沿着总书记指引的方向勇毅前行

党的二十大报告指出，高质量发展是全面建设社会主义现代化国家的首要任务，强调这是中国式现代化的本质要求。中央经济工作会议强调，要坚持发展是党执政兴国的第一要务，坚持稳中求进工作总基调，着力推动高质量发展，为全面建设社会主义现代化国家开好局起好步。

省委书记黄坤明到广东任职以来，全面贯彻总书记、党中央决策部署，无论是重要会议场合，还是重要调研活动，都强调要牢记总书记的殷殷嘱托，在高质量发展上走在前列作出示范。一再强调，贯彻新发展理念、推动高质量发展是广东的根本出路，也是广东实现现代化建设的唯一出路。一再要求，一要坚持把高质量发展作为广东现代化建设的首要任务和总抓手；二要坚持实体经济为本，制造业当家；三要坚持“一把手”工程，大力抓好招商引资；四要实施“百县千镇万村高质量发展工程”，促进城乡区域协调发展；五要突出绿美广东引领，高水平谋划推进生态文明建设。市委书记马正勇在市委全会上强调，全市上下要坚定不移狠抓发展第一要务，牢牢扭住实体经济和乡村振兴两大重点，力促经济实现质的有效提升和量的合理增长。黄坤明提出的五点要求和马正勇在全会的部署，为我们做好当前工作指明了方向，我们要锚定高质量发展首要任务，认清短板，提振信心，聚精会神办好大埔自己的事。

（一）要认清短板。从总体上看，大埔发展基本平稳，地区生产总值达 100.8 亿元。但相比梅县区 241 亿元、福建永定区 312 亿元的经济总量，大埔赶超发展依旧任重道远。当前，大埔发展主要有 3 块突出短板：一是产业发展的短板。突出表现为工业基础薄弱，二次产业占比 20.5%，比全市低近 11 个百分点，全年工业投资仅为梅县区的 40.5%，仅占全年固定投资的 35.7%。火电工业一家独大，陶瓷产业“小散弱”，先进制造业规模小，缺乏龙头企业。工业园区体量全市最小，投资强度不高，产业效益偏低。二是思想观念的短板。部分党员干部依然没有转变观念，对实体经济发展重视不够，片面认为我们不搞实体经济，日子也能过下去；一些党员干部自认为区位差、条件不如人，存在“等靠要”思想，主体作用发挥不充分，内生动力不足。三是工作作风的短板。一些领导干部能力和作风与高质量发展不相适应，跟不上全市上下狠抓发展第一要务的节奏和要求，存在遇到问题绕着走、不干事就不犯错等敷衍心态；有些部门主动服务、助企纾困的主动性不强，不敢担当、不善作为。

（二）要提振信心。习近平总书记指出，我国经济韧性强、潜力大、活力足。这是我们最大底气，只要我们注视前方，坚定前行，就一定能赢得主动、赢得未来。一要在把握大局大势中提振信心。坚持从全局谋划一域，以一域服务全局，自觉把大埔置身于全国发展大局，不做“无头苍蝇”，更不做“井底之蛙”，既要自信自立自强，也要借力借势借智，不断做实“融湾”“联海”文章。二要在抢抓政策机遇中提振信心。今年稳的基调更加明确，进的要求更加积极。全县上下要运用好《支持梅州对接融入粤港澳大湾区加快振兴发展总体方案》，以及我省《关于推动产业有序转移促进区域协调发展的若干措施》《关于实施“百县千镇万村高质量发展工程”促进城乡区域协调发展的决定》《省直机关及有关单位对口支援重点老区苏区工作方案》等政策，切实将政策机遇从“纸面”落到“地面”，把政策红利落到具体项目，转化为发展优势。三要在深化县情认识中提振信心。当前，大埔整体产业发展趋势逐步跟上节奏，产业结构不断完善，先进材料、先进制造业发展势头良好，带动能力显著提升。园区建设扎实有序，承接能力持续增强。大埔电厂二期、青溪抽水蓄能、锂电池精密结构件等“打粮食”项目加快推进。特别是广大外出乡贤对大埔发展倾心尽力，一批有文化、有资源、有情怀的新时代乡贤企业家纷纷回乡投资创业。这些充分说明大埔高质量发展的基础越发坚实，只要我们把握住机会、奋起直追，就一定能够实现快步发展。

（三）要抓住重点。今年工作千头万绪，面临形势纷繁复杂，要从全局的角度出发，牢牢抓住改革、项目、产业三项重点，纲举目张做好工作。一要全面深化改革。坚持向先进地区学习，克服封闭思维，在深度融入国家重大区域发展战略中求变局、开新局。要把苏区精神和改革精神结合起来，敢闯“无人区”，敢涉“深水区”，勇于在城乡融合、要素配置、放权赋能等领域改革探索，用超常规举措激发融湾振兴动能和活力。二要突出产业赋能。坚持把发展经济的着力点放在实体经济上，突出制造业当家，主动承接大湾区产业转移，参与产业分工。发挥地处闽粤桥头堡的优势，主动对接海西区，用好用足招商引资优惠政策，深化食品、陶瓷等产业对接协作，力促县域经济加快发展。三要强化项目支撑。坚持项目为王、项目为先，准确把握产业方向、政策走向、投资倾向，聚力抓好实体产业、乡村振兴、交通、能源、水利等重点领域项目建设，按照“三年工程瞄准两年干”的要求，发挥投资“压舱石”的关键作用，加快推动“十四五”规划重大工程项目，以重大项目建设支撑经济高质量发展。

四、踔厉奋发笃行不怠，奋力推动县域经济高质量发展

今年工作的总体要求是：以习近平新时代中国特色社会主义思想为指导，全面贯彻落实党的二十大精神和中央经济工作会议部署，深入贯彻习近平总书记对广东系列重要讲话和重要指示精神，按照扎实推进中国式现代化，坚持稳中求进工作总基调，完整、准确、全面贯彻新发展理念，构建新发展格局，着力推动高质量发展的要求，认真落实省委、市委工作部署，坚定不移狠抓发展第一要务，全力推进先行区建设，抓住实体经济、乡村振兴两大重点，深入实施县委“1568”思路举措，力促经济实现质的有效提升和量的合理增长，保持社会大局稳定，推动经济社会高质量发展，为大埔全面建设社会主义现代化开好局起好步。

经县委常委会研究，今年发展的主要目标是全县地区生产总值增长5.5%，一般公共预算收入增长5%。全体居民人均可支配收入增速与经济增长基本同步，在实际工作中力争完成得更好。

（一）要聚焦先行区建设，主动对接融入大湾区。全力抢抓我市建设赣闽粤原中央苏区对接融入粤港澳大湾区振兴发展先行区的重大机遇，推动大埔深度参与湾区产业协作、交通互联、人文交融、规则衔接、资源共享、市场融合、生态共建，切实将政策机遇转化为看得见、摸得着的发展成效。要狠抓政策对接。目前国家出台总体方案，省、市将相应出台若干措施和实施方案，对先行区中长期建设的目标、任务、举措等进行全面部署。我们要认真研读文件，梳理出最迫切、最需要、最有利的事项和重大项目，争取列入国家和省、市工作要点。要高效协同推进。成立县推动先行区建设领导小组，设立苏区振兴发展服务中心，对接市苏区融湾办，专人专班研究先行区和苏区政策，有力推动重点任务落实，有效推动重大政策、重大事项、重大项目、重大平台落地见效。

（二）要聚焦实体经济，构建现代产业体系。狠抓发展第一要务，坚持制造业当家，不断壮大实体经济，力争今年规上工业增加值增长6%。一要大抓产业。认真实施县域产业提升工程，做大做强先进材料、先进制造业、新能源三大产业集群。转型升级传统陶瓷产业，完成《大埔陶瓷产业发展规划》编制，大力支持讯源吉玉新材料项目加快推进、做强粤科欣发光电功能陶瓷项目，推动新型陶瓷、半导体新材料行业发展；做大先进制造业，力争鸿翔瑞、嘉颖新材料项目4月底前建成投产，博富能增资扩产项目6月底前建成投产，博睿能锂电池储能电源产品项目、鸿智信锂电池精密结构件项目年底前完成主体工程建设；做强电力产业，大埔电厂二期年内完成投资21亿元，力争上半年完成三河农光互补项目主体工程，下半年获得青溪抽水蓄能项目核准。支持本土企业加强与链主企业、领军企业、龙头企业合作，主动参与湾区产业链创新链的梯度互补分工。实施“个转企、小升规、规改股、股上市”市场主体培育计划，力争培育新上规企业5家、专精特新企业2家。二要大抓平台。推动广州海珠（大埔）工业园成功创建省级高新技术产业园，县科创园5月底前完成“七通一平”，新型陶瓷产业园、县城工业小区二期工程6月底前动工建设，增强大湾区、海西区产业转移承接能力，全力打造广东省产业集聚升级示范区。坚持以亩产论英雄，持续清理清查工业园区闲置土地和低效企业，力争盘活产业用地20公顷以上。三要大抓项目。抓好年度总投资40.87亿元的36个重点项目建设，积极跟进已入库33个债券资金项目，确保下达资金按进度要求支出完毕，力争固定资产投资增长15%。全力跟进大丰高速公路建设，湖寮至枫朗、坑口至高陂段公路上半年主体建成通车，赤山至桃花段年底主体建成通车，茶阳镇防洪工程完成40%以上工程量。力争大潮疏港铁路早日动工，加快推进平蕉大高速、梅漳厦高铁等规划建设，切实为振兴发展提供有力支撑。四要大抓招商。全面推行“一把手”招商行动，书记、县长亲自带队，县党政领导全员参与招商引资。发挥2支驻外招商队作用，锁定大湾区，延伸海西区、潮汕揭等地，着重在新型陶瓷、半导体材料、食品加工等行业招商选资，争取引进更多乡贤企业、上市公司、总部企业，确保完成市下达招商引资任务。五要大抓环境。坚持“两个毫不动摇”，明确每年投向制造业的资金、土地、用能、金融等要素硬指标。突出“用户思维”，转变作风、靠前服务，狠抓联审联批改革，坚决破除审批领域“中梗阻”，积极构建亲清新型政商关系，完善市场化、法治化、国际化营商环境。

（三）要聚焦固本强基，全力推动县域振兴。深入实施“百县千镇万村高质量发展工程”，按照“一主三附多点”布局，构建以县城为中心、圩镇为纽带、乡村为依托的城乡区域协调发展新格局。一要致力打造品质县城。加快推进以县城为重要载体的新型城镇化，实施城区微改造、微更新，完成县第二自来水厂、城区截污管网、智慧停车场等项目建设，抓好城北、城西27个老旧小区改造，着力推进湖寮镇幸福城壹号、万安苑等“三旧”改造项目，实施西湖公园片区、白云桥片区提升工程，有序推进新区新城建设，打造山水宜居客家城。二要着力建设宜居圩镇。深入推进乡镇体制改革，不断完善湖寮等3个示范圩镇、大麻等14个宜居圩镇建设，扎实推进高陂县域副中心建设，因地制宜打造高陂光德桃源陶瓷产业、百侯文化旅游业、西河现代农业、枫朗茶叶产业、湖寮蜜柚产业等专业镇特色镇。切实抓好百侯、茶阳、三河镇历史文化名镇和西河镇车龙村历史文化名村保护规划申报，以及茶阳镇历史文化名镇改造项目和百侯镇历史建筑加固修缮项目建设，打造一批美丽圩镇。三要全面推进乡村振兴。以争创全省乡村振兴先行示范县为目标、抓党建促乡村振兴为抓手，用好新型帮扶协作机制和省“1+2”对口支援政策，谋划好重点项目、重点事项，推动更多资金、要素、人才注入县域振兴和强镇兴村建设。狠抓粮食安全，3月底前完成枫朗、百侯200公顷高标准农田建设，加紧推进高陂、枫朗万亩高标准农田建设，完成垦造水田指标53.33公顷以上，确保完成市下达粮食播种任务。强化产业振兴，加快省级蜜柚产业园（扩容提质）项目和茶叶产业园核心加工园区建设，大力培育预制菜、油茶、丝苗米等特色产业。持续推进百侯镇文旅发展型、桃源镇陶瓷产业型、枫朗镇上山下村农业产业型和三河镇汇城村文旅融合型产业社区建设，创新联农带农富农机制，245个村集体经济收入全部达到10万元。深化人居环境整治，完善7个镇级点和196个村级点农村生活污水处理设施，围绕“修好路、多种树，强清拆、管风貌”的思路，以百侯、三河、西河镇为重点，全面彻底完成“三清三拆”，全域推进农房管控、风貌提升，打造三河镇“红色+研学”乡村振兴示范带、百侯镇“一带一轴两核七村联动”乡村振兴示范带和湖寮镇莒村村党建引领基层治理促乡村振兴示范村，升级西河镇“十村联动”乡村振兴示范带，建设宜居宜业和美乡村。

（四）要聚焦重点难点，深化改革开放创新。坚持向改革要活力、向开放要潜力、向创新要动力。一要做实重点领域改革。纵深推进“放管服”改革，推动“多地、多窗、多次”向“一地、一窗、一次”转变。持续深化国企改革，有序整合15家国企分门别类并入城投、客风旅游、基投三大集团公司，大力推进国企参与矿产等国有资源、资产整合开发利用改革。以三河镇全域土地综合整治省级试点为抓手，大力推动农村综合改革，探索农村承包地“三权”分置，稳慎推进农村宅基地制度改革，持续推进农村拆旧复垦，努力形成农村土地资源整合大埔经验。二要强化创新驱动引领。深入实施创新驱动发展战略，落实市“人才振兴16条”，大力实施“菁英、汇智、赋能、群雁”四大工程，强化人才服务保障激励，努力破解山区人才发展困境。持续抓好广东省科技专家工作站建设，深化与清华大学共建纳米陶瓷新材料研发应用基地，力争新增创新中心、研发中心等科研平台2家。三要持续深化对外开放。以梅州申报广东自贸区梅州联动发展区、建设赣闽粤合作园区为契机，借力世界客商大会、海外侨商梅州行等活动，主动对接“双区”、海西区，巩固拓展东南亚、欧美日韩市场，培育发展跨境电商、海外仓等新业态，推动更多大埔产品“出山向海”。

（五）要聚焦绿美大埔，推进生态文明建设。立足国家重点生态功能区定位，围绕实施“三大任务、九大工程”，全面推进绿美大埔生态建设。一要筑牢绿色屏障。全面开展国家森林城市创建活动，力争2024年底前通过验收。完善“林长制”管理、监督、评价机制，加强森林资源保护和森林防灭火工作，推进山水林田湖草沙一体化保护和修复，优化林分、优美林相，推动森林进城、城乡绿化美化，完成林分优化提升2400公顷、森林抚育提升8000公顷。二要抓好防范治理。扎实推进“三线一单”精准落地，持续深入打好蓝天、碧水、净土保卫战。全力抓好百侯梅潭河等碧道建设，完成河流划界工作。有效管控水土气污染风险，深化“无废大埔”建设，推进垃圾分类和减量化、资源化。着力整治非法矿山、盗采河砂等违法行为，加大非法占耕占林和土地、林地卫片执法、存量违法用地整治力度，确保土净地美、安全可控。三要发展绿色产业。建设绿色银行，擦亮“世界长寿乡”品牌，深化林权改革，探索集体林地“三权”分置，创新林业投融资机制，积极推动政策性银行贷款支持林业生态建设，培育林业碳汇交易、国家储备林建设等业态，发展南药、林下养殖、康养产业、生态旅游等绿色经济，推动“生态资源”向“生态资本”转变，努力打造绿水青山就是金山银山的样板。

（六）要聚焦传承发展，推进文化自信自强。高水平谋划推进物质文明和精神文明协调发展，建设文化强县。一要抓好精神文明创建。以开展“2023东亚文化之都·中国梅州活动年”系列活动为契机，实施全域文明创建工程，深入开展“五大文明创建”和“五大提升行动”，重点推动百侯、枫朗、大麻3个文明实践示范所、湖寮莒村村等35个文明实践示范站建设，打造新时代文明实践大埔亮点。二要保护传承优秀传统文化。以建设客家文化（梅州）生态保护区为契机，擦亮“广东汉乐之乡”文化品牌，保护传承传统民俗和民间工艺，积极申报非物质文化遗产和重点文物保护单位。加快推进中央红色交通线革命遗址群、闽粤赣边纵队革命遗址群等红色资源保护利用，创排中央红色交通线等题材舞台剧，讲好党的故事、革命故事、大埔故事。三要发展文化创意产业。着力创建三河坝战役纪念园 AAAA 级、中央红色交通线 AAA 级旅游景区，加快创建国家全域旅游示范区。发挥客风公司文旅龙头牵引作用，打破文化旅游景点“小散乱”僵局，融合发展红旅、文旅产业。

（七）要聚焦民生福祉，共享经济发展成果。坚持尽力而为、量力而行，抓好“民生十大工程”，不断提高民生均衡性可及性。一要强化就业优先。深入实施提升就业服务质量工程，聚焦脱贫人员、退伍军人等重点群体加大就业帮扶，深入抓好“粤菜师傅”“广东技工”“南粤家政”工程，充分激发农村电商工程和“乡村工匠”工程扶持创业、吸纳就业的活力。全年新增城镇就业 2000 人以上。二要强化公共服务。持续办好人民满意教育，落实教育强镇复评，加大力度培养“名校”“名校长”“名教师”，加快进光高级职业技术学校等教育工程建设。围绕“打造健康大埔”目标，深入实施名院、名科、名医战略，上半年完成高陂中心卫生院建设，年底前完成县中医医院康复中心项目，扎实推进县妇幼保健院及卫生院提升改造工程。加强应急能力建设，健全公共卫生体系，稳妥有序实施“乙类乙管”，落实“保健康、防重症”要求，确保做好新阶段疫情防控工作，实现平稳过渡。三要强化社会保障。加强弱势群体的关爱帮扶，落实生育支持政策体系，全面提升城乡居民基本医疗、基本养老参保率，扩大失业、工伤保险覆盖面，推动社会保障从“制度全覆盖”转向“人群全覆盖”。

（八）要聚焦安全稳定，建设平安法治大埔。坚定不移贯彻总体国家安全观，统筹发展与安全，以新安全格局保障新发展格局。一要突出平安建设。坚持底线思维，深入开展维护国家政治安全和社会矛盾问题治理专项行动，常态化开展扫黑除恶斗争，持续深化“5+3”行业领域整治，探索建立区域警务联防联治协作长效机制，依法严厉打击网络违法犯罪等突出违法犯罪，有效防范化解政治、经济、意识形态、公共安全等十大风险隐患，强化安全生产综合治理，健全重大风险应急处置机制。二要突出社会治理。坚持和发展新时代“枫桥经验”，大力推广“五治融合”机制，力争在省委政法委“一县一化”工作中走在全市前列。深化市域社会治理现代化试点工作，全面推进“综治化+全科网格+‘粤平安’云平台工作体系”建设，推动社会治理重心下移、力量下沉。三要突出法治建设。实施“一规划两纲要”，深化“四级同创”，加快创建全国法治政府建设示范县，深入推进“八五”普法工作，健全公共法律服务体系，优化法治化营商环境，提高全面依法治县水平。

（九）要聚焦党建引领，为高质量发展提供坚强保障。全面落实新时代党的建设总要求，深化自我革命、全面从严治党，把全县各级党组织锻造得更加坚强有力。一要突出政治引领，做到绝对忠诚。把党的政治建设摆在首位，深化落实“第一议题”制度，忠诚捍卫“两个确立”，不断增强“四个意识”、坚定“四个自信”、做到“两个维护”。严格落实意识形态工作责任制，健全敏感信息闭环反馈机制。坚持用习近平新时代中国特色社会主义思想凝心聚魂，抓好党的二十大精神学习培训，推动理论武装和常态化长效化开展党史学习教育紧密结合。以党的建设引领和推动人大、政协依法履行职责，深化工青妇等群团组织改革和建设，有效发挥桥梁纽带作用，完善大统战工作格局，形成共同推动大埔全面振兴发展的强大合力。二要突出大抓基层，增强组织功能。坚持大抓基层的鲜明导向，以“高质量党建推动高质量发展”为主题，聚力实施强基固本、品牌示范、整顿提升等行动，全面增强基层党组织政治功能和组织功能。大力实施“头雁”工程，专门拿出事业编制用于招录优秀村（社区）党组织书记。开展村级后备干部“孵化行动”，公开招录一批高素质年轻后备干部。建立健全“照镜子”机制，推动基层党建提质升级。全面深化“回乡联村”“双报到、双服务”等党建联建机制，实施平战转换、结对帮促、产业链接等工作模式，推动全县村（社区）和机关事业单位、两新组织结对联建。深入开展抓党建促乡村振兴示范县创建工作，建立健全党建引领基层治理促乡村振兴“1+N”体系，把党的领导优势转化为基层治理效能。三要突出作风建设，锻造过硬队伍。以开展作风建设年活动为抓手，重点破除中梗阻现象，全力破解不愿做事、不敢扛事、不能成事、作风漂浮的问题。大力开展“竞标争先”活动，实施亮诺亮绩亮牌行动，采取现场会点评、“比武打擂”述职等方式，推动各级领导干部比学赶超、赛龙夺锦。强化“一把手”队伍建设，坚持以实绩用干部，注重在先行区建设、实体经济、乡村振兴等重大任务及破题攻坚行动一线锤炼检验、识别评价、选拔使用干部。坚持严管和厚爱相结合，健全正向激励、容错纠错等机制，落实“三个区分开来”，推动干部能上能下、能进能出，激励干部担当作为。四要突出标本兼治，全面从严治党。坚持以“严”的基调强化正风肃纪，压紧压实全面从严治党“两个责任”。严格落实中央八项规定及其实施细则精神，持续深化纠“四风”树新风，重点纠治形式主义、官僚主义，坚决破除特权思想和特权行为，推进作风建设常态化长效化。深化运用监督执纪问责“四种形态”，加强对“一把手”和领导班子的监督，确保管住用好“关键少数”。坚决打赢反腐败斗争攻坚战持久战，以零容忍的态度反腐惩恶，一体推进不敢腐、不能腐、不想腐。

政府工作报告

——在大埔县第十六届
人民代表大会第三次会议上的报告

大埔县人民政府县长　凌晓文

（2023 年 2 月 15 日）

2022 年工作回顾

2022 年，是党和国家历史上具有里程碑意义的一年，也是大埔发展史上极不平凡的一年。县政府在市委、市政府和县委的正确领导下，在县人大及其常委会和县政协的监督支持下，坚持以习近平新时代中国特色社会主义思想为指导，深入学习宣传贯彻党的二十大精神，全面落实“疫情要防住、经济要稳住、发展要安全”的重要要求，认真落实县委“1568”思路举措，坚持稳中求进工作总基调，狠抓“六稳”“六保”，全县经济社会发展回稳向上势头良好、后劲增强，大埔老区苏区加快振兴、共同富裕迈出新的坚实步伐。

——突出托稳经济大盘，经济运行总体平稳。2022 年，全县地区生产总值 100.8 亿元、同比增长 0.4%，增速排名全市第四；规上工业增加值 14.1 亿元；固定资产投资 29.63 亿元；外贸进出口总额 5.17 亿元；本级一般公共预算收入 5.15 亿元，剔除留抵退税影响，同比增长 5.23%。全力扩投资，65 项重点项目全年完成投资 27 亿元，17 个债券项目 6.43 亿元资金全部完成支付。大埔电厂二期、茶阳镇防洪工程等重大项目相继动工建设，县委党校新校区建成投入使用。大丰高速公路、大潮疏港铁路等前期工作扎实推进，湖寮至枫朗、坑口至高陂、赤山至桃花段公路改建工程和坪山至花萼楼旅游公路、韩江莲塘大桥等项目取得明显成效。落实家电“以旧换新”、发放消费券促消费等政策，消费市场持续回暖。全力稳市场主体，全年新增减税降费及退税缓税缓费7.6亿元，新登记各类市场主体2911户。电力、天然气等能源实现保供稳价。金融支持实体经济力度进一步加大，存贷比达64.3%。

——突出发展实体经济，特色产业质效提升。坚持把发展经济的着力点放在实体经济，完成工业投资10亿元，同比增长2.4%，技改投资4.97亿元，同比增长210.8%，新增规模以上企业5家。先进制造业日益壮大，实现税收1244万元，同比增长37.7%。大埔电厂二期项目9月份顺利动工，龙湖水电站建成运营并实现“上规”，全县电力规模以上企业产值27.42亿元、税收1亿元。完成《大埔陶瓷产业发展规划》初稿编制，全年陶瓷产值10.77亿元。县科创园成功申请政策性开发性金融工具资金6558万元，并于11月动工建设；县城工业小区二期、县新型陶瓷产业园规划建设稳步推进。低效工业用地清理扎实有效，依法依规收回工业用地2.91公顷。强化数字赋能，新建5G基站237座。大力发展现代农业，全县蜜柚产值16.8亿元，同比增长7.6%，茶叶产值11.3亿元，同比增长7.6%。省级蜜柚产业园（扩容提质）项目、广东供销（梅州）天业冷链物流产业园扎实推进。西岩茶叶集团、凯达茶业公司入围“2022年度全国茶业百强企业”，西岩茶叶集团被评为“2022中国十大茶王”。谋划创建4个乡村产业社区，数智化助力乡村“五大振兴”服务项目扎实推进，完成28个“一村一品、一镇一业”项目验收。推动全域旅游发展，三河坝文旅综合开发项目扎实推进，中央红色交通线大埔段等5处文物成功入选省第十批文物保护单位，新增市级非遗代表性项目3个、市级非遗生产性保护示范基地1个、市级非遗主题线路1条、市级爱国主义教育基地6个，“红动古道·绿动乡村——中央红色交通线亲子研学游”线路上榜全国乡村旅游精品线路，三河坝战役纪念园入选省首批技术工人疗休养基地。致力引进“打粮食”项目，成功招引并动工建设10个项目，计划投资总额95.09亿元，其中亿元以上工业项目4个、10亿元以上项目1个，实际完成投资7.32亿元，建成投产项目3个。

——突出推进乡村振兴，城乡品质不断优化。牢牢守住粮食安全底线，全力抓好垦造水田、拆旧复垦等工作，新增高标准农田632.07公顷，完成撂荒耕地复耕复种2466.67公顷，动员人大代表、政协委员、新阶层人士、工商业人士认耕认种133.33公顷。14个镇通过“宜居圩镇”市级验收，湖寮、百侯、银江镇通过“示范圩镇”验收。百侯镇侯南村入选省乡村研学旅行特色村，西河镇车龙村入围省文化和旅游特色村。筹集驻镇帮镇扶村资金入股优质企业，推进48个扶持壮大村级集体经济试点村建设。坚持打造品质县城，完成日华、大昌等6个老旧小区改造，县城下坜路及下坜一街建成通车，完成县城垃圾填埋场整治，内环东路综合市场、迎宾大道廊桥等项目加快推进，北环路自来水工程及路面提升改造、第二自来水厂及管网、城区截污管网、县城第二水质净化厂等工程扎实推进，第三自来水厂如期动工建设。完成农贸市场升级改造10家。有序推进垃圾分类，生活垃圾无害化处理率100%。全域自然村集中供水工程（第二批）基本完成，新建成79.89千米农村公路。

——突出严守底线红线，生态优势更加凸显。国家生态文明建设示范县创建有序推进，编制完成《梅州市大埔县生态文明建设规划（2022—2035年）》。推动生态环境质量持续向好，“三区三线”划定扎实推进，统筹山水林田湖草沙系统治理，促进国土空间集约高效利用。完成6座小型病险水库除险加固、西河镇生态清洁小流域和湖寮、百侯镇崩岗水土流失治理等工程建设。污染防治攻坚战持续推进,33 批 40 件中央生态环境保护督察交办信访案件全部结案，县城空气质量优良率达 100%，国考、省考断面水质和集中式饮用水水源地水质达标率保持 100%，水环境质量全市排名第一，土壤环境质量保持良好。深入推进河（湖）长制，建成漳溪河西河段、梅潭河县城段等 2 宗 14.7 千米碧道，梅潭河碧道工程被评为“省十大最生态碧道”，大埔入选省 2020 及 2021 年度万里碧道建设激励名单。全面推行林长制，完成造林 780 公顷、新造林抚育 1400 公顷，森林覆盖率达 78.99%。

——突出抓好改革创新，发展动能有效聚集。深化“放管服”改革，推进“数字政府”建设，营商环境不断优化。行政审批事项实现 100%网上受理、100%网上办结，电子印章覆盖率 100%，1671 项政务服务事项实现“全市通办”，线上办件率居全市前列。简化市场主体登记程序，放宽企业名称登记，新增内资企业 531 家。“粤政易”活跃率保持全市第一，“粤商通”注册率 100%。国企改革扎实推进，县城投公司实现优化配置。新培育认定科技型中小企业 31 家，规上工业企业建立研发机构比例达 40.9%。新增专利授权量 6 件，成功利用知识产权质押融资 1500 万元。抓好人才引培，引进急需紧缺人才 9 人，培育农村实用人才 820 人、技能人才 540 人、特色文化人才 639 人。

——突出保障重点民生，社会事业长足进步。坚持把八成以上财力用于民生领域，省、市、县十件民生实事全面完成。居民人均可支配收入 2.33 万元，同比增长 4.2%。加快教育均衡高质量发展，高考本科上线人数突破“千人”大关，义务教育“双减”政策全面落实，课后服务实现“两个全覆盖”。全县新增公办学位 5490 个，西岭实验学校及幼儿园建成招生，城东实验学校教学楼投入使用，进光高级职业技术学校建设扎实推进，大埔获评全国未成年人保护示范县、广东省儿童友好示范县。成功处置“11·22”疫情，疫情防控顺利转段。全国基层中医药工作示范县创建工作扎实推进，县中医医院顺利通过二甲等级复审，县人民医院改扩建二期、县中医康复中心、高陂中心卫生院迁建工程建设加快，紧密型县域医共体建设扎实推进，普通门诊纳入职工医保范围。全县城镇新增就业 2102 人，再就业 1228 人，城镇登记失业率 2.91%。社会保障体系不断完善，城乡居民养老保险、医疗保险参保率和城乡低保、特困供养、孤儿养育标准进一步提高。建成社区体育公园 2 座、“粤书吧”等文体设施 2 个，完成广东汉剧大戏《客家之子·田家炳》、大型民族歌剧《血色三河》(精华版)打磨提升。“五治融合”基层治理模式取得良好成效，成功创建全域省级民主法治示范村（社区）。扎实推进“八五”普法，常态化开展扫黑除恶斗争，群众安全感和政法工作满意度保持全省前列，县看守所获评“全国优秀公安基层单位”，百侯镇获评“全国依法治理创建活动先进单位”，三河坝战役纪念园管理处入选首批省政府立法基层联系点。安全生产专项整治三年行动成效显著，《信访工作条例》进一步落实，问题楼盘、涉众金融等领域隐患排查有序开展，安全生产、消防、森林防灭火、食品药品监管等工作扎实有效，圆满完成党的二十大等重大活动、重要节点安保任务。深入开展双拥共建活动，退役军人服务保障不断加强。国防动员、统计调查、宗教、民族、外事、妇女儿童、残疾人、档案、方志、气象等工作取得新进展。

——突出党的全面领导，自身建设持续加强。认真学习贯彻党的二十大精神，坚定捍卫“两个确立”，严格执行省委坚决落实“两个维护”十项制度机制，把旗帜鲜明讲政治自觉贯穿于政府工作各方面全过程。弘扬伟大建党精神，常态化巩固拓展党史学习教育成果。严格落实中央八项规定及其实施细则精神，驰而不息纠治“四风”。坚持向县委、县人大及其常委会报告工作，向县政协通报工作，办理答复人大代表建议16件、政协委员提案31件，办复率和满意率均达100%。扎实开展重点企业服务活动，助企服务能力有效提升。加强审计监督，实施审计项目24个。坚持常态化“过紧日子”，大力压减非重点、非刚性支出，廉洁政府建设取得新成效。

看到成绩的同时，我们也清醒认识到，我县发展不充分、不平衡问题依然突出，加快发展的制约因素不容忽视：经济总量偏小，人均水平低；实体经济仍然落后，资源优势发挥不充分，产业结构不够合理、层次不高，区域和企业自主创新能力不强；财政收支矛盾突出，刚性支出大，县级可统筹财力少；一些干部敢于斗争、善于斗争精神缺乏，抓落实的韧劲狠劲不足，营商环境还需进一步优化，等等。对这些问题，我们已经采取一系列措施加以解决，今后将进一步加大工作力度。

2023年工作安排

2023年是全面贯彻落实党的二十大精神的开局之年，也是实施“十四五”规划的关键一年，做好今年政府工作意义重大、责任重大。党的二十大擘画了中国式现代化的宏伟蓝图，为新时代新征程党和国家事业发展指明了前进方向。习近平总书记和党中央、国务院高度重视革命老区振兴发展，从国家层面出台《支持梅州对接融入粤港澳大湾区加快振兴发展总体方案》，支持梅州全域建设赣闽粤原中央苏区对接融入粤港澳大湾区振兴发展先行区。省委、省政府加力推进高质量发展、区域协调发展，3个省直机关及有关单位和广州市海珠区对口支援我县，为大埔加快发展注入强劲动力。县委十三届三次全会立足推动大埔老区苏区高质量发展，全面部署今年工作，动员全县上下坚定信心、真抓实干、奋发有为，努力在中国式现代化新征程上交出大埔答卷。我们要全面学习、全面把握、全面落实党的二十大精神，牢牢抓住历史机遇，坚决扛起使命担当，以既定目标作为战略指引，守正创新办好自己的事，坚定不移走好新的赶考之路。

今年政府工作的总体思路是：坚持以习近平新时代中国特色社会主义思想为指导，全面贯彻落实党的二十大和中央经济工作会议精神，深入贯彻习近平总书记对广东系列重要讲话和重要指示精神，按照省委省政府、市委市政府工作部署和县委工作要求，坚持稳中求进工作总基调，完整、准确、全面贯彻新发展理念，服务和融入新发展格局，抢抓梅州市建设赣闽粤原中央苏区对接融入粤港澳大湾区振兴发展先行区重大机遇，深入实施县委“1568”思路举措，狠抓发展第一要务，全面激发内生动力，力促经济实现质的有效提升和量的合理增长，保持社会大局稳定，着力推动高质量发展，推动大埔老区苏区加快振兴、共同富裕，为大埔全面建设社会主义现代化开好局起好步。

今年我县经济社会的主要预期目标是：地区生产总值力争增长6%；固定资产投资增长15%，社会消费品零售总额增长5%，进出口总额增长3%；本级一般公共预算收入增长5%；城镇登记失业率控制在3.5%以内，全体居民人均可支配收入增速与经济增速基本同步。

实现今年的目标任务，重点抓好七个方面工作：

一、在推进项目建设上全面发力，持续夯实发展根基

主动对接湾区谋项目。抢抓“苏区+湾区”叠加政策机遇，设立苏区振兴发展服务中心，专人专班研深研透国家、省支持梅州对接融入粤港澳大湾区加快振兴发展等政策，梳理出最迫切、最需要、最有利的事项和重大项目，争取列入省工作要点和市实施方案，全力落实好涉及大埔的重大政策、重大事项和重大平台、重大项目建设。精准谋划一批延链、补链、强链的高质量项目，全面承接湾区产业梯度转移、推动大埔深度参与湾区产业协作。突破传统思维和模式，增强项目可落实性、可操作性，积极谋划储备一批重大项目。下大力气做深做细项目前期工作，继续聘请专业公司精心包装整合交通、水利、环保、能源、新基建等重点项目，提高项目成熟度和申报成功率。

*推进现代基础设施体系建设。*全力以赴推进46项年度投资50.82亿元的重点项目建设。抓好已入库债券资金项目前期工作，确保资金下达即可进行招投标。以打造赣闽粤原中央苏区“融湾入海”重要支点为目标，着力构建内通外畅、融湾联海的立体交通网络。力争动工建设大丰高速公路，抓好大潮疏港铁路、平蕉大高速、梅漳高铁等项目前期工作，力争湖寮至枫朗、坑口至高陂公路上半年主体建成通车，赤山至桃花公路年底前主体建成通车。积极争取高陂镇防洪工程早日动工，茶阳镇防洪工程完成40%以上工程量，抓好梅潭河百侯段等21千米碧道建设。新建总投资1.27亿元的配网工程和35千伏光德（桃源）输变电工程，扎实推进西三线闽粤支干线天然气管道大埔段、省管网“县县通工程”梅州—大埔项目建设。

*强化项目要素保障。*坚持要素跟着项目走，统筹用地、用林、用能、环境容量等指标，全力服务重点项目建设。优化项目用地保障及用地供给方式，推行“标准地”供应、“带项目”供应，让符合条件的工业项目“拿地即开工”。加大土地一级市场开发力度，常年保持20—33.33公顷连片熟地储备。畅通“绿色通道”，建立联审联批制度，加快用地报批、土地供应、登记发证、规划报建等审批速度。深化政银企合作，大力推广普惠金融产品，引导加大信贷投放力度，用好信贷风险补偿资金运行机制，助力解决中小微企业融资难等问题。积极争取中央预算内投资、专项债、政策性开发性金融工具等项目和资金支持，统筹好涉农资金，撬动更多社会资金参与，着力破解项目要素保障瓶颈。加强专项资金绩效评审，提高资金使用效益。

二、在发展实体经济上全面发力，持续提升产业质效

*着力推动实体经济发展。*以实体经济为本，坚持制造业当家，落实省“制造业投资十条”等政策，积极对接省20个战略性产业集群，力争规上工业增加值增长10%，其中先进制造业占比5%、高新技术产业占比12%，新培育上规企业5家、专精特新企业2家。大力发展电力产业，全力以赴服务好大埔电厂二期项目建设，力争完成投资21亿元；争取上半年完成三河农光互补项目主体工程、下半年青溪抽水蓄能电站项目获得核准，力争动工建设大埔县峡能农光互补项目、屋顶分布式光伏整县推进项目，全力打造全省重要的电力能源基地。提质发展陶瓷产业，完成《大埔陶瓷产业发展规划》编制，找准陶瓷发展赛道；从瓷土资源着手打造优势产业，引进龙头企业与国有企业合作规模化发展采矿加工业，全力打造标准化瓷土加工基地和瓷土开发利用集散地，着力引进可降解新材料产业链企业，跟进广东枫树瓷土加工以及洋济岗瓷土场与东鹏陶瓷合作投资项目；以县科创园为载体，引进资本提升陶瓷新产品研发能力，支持讯源吉玉新材料项目加快推进、粤科欣发光电功能陶瓷项目做强做大，加快发展新型陶瓷；引进大型企业建设统一的销售平台，打包宣传销售大埔陶瓷，推动日用陶瓷、工艺陶瓷和新型陶瓷做大做

强。稳步发展新材料产业，充分利用电力和瓷土、稀土、砂土资源丰富的优势，积极发展消耗电量大但单位产值大、增加值大的新材料产业，重点跟进金开新能（英利）集团硅能源太阳能电池片项目，力争鸿翔瑞、嘉颖新材料项目4月底前建成投产，博富能增资扩产项目6月底前建成投产，博睿能锂电池储能电源产品项目完成主体工程，鸿智信锂电池精密结构件项目完成2栋厂房建设和设备购置。

着力建设园区平台。围绕打造广东省产业集聚升级示范区目标，加快县科创园以及园区内标准化厂房建设，力争5月底前完成“七通一平”；以瓷土加工发展为导向，规划建设新型陶瓷产业园，力争6月底前动工建设。扎实抓好县城工业小区二期、三期规划建设，确保6月底前二期项目用林、用地指标获批并动工建设，探索打造先进材料产业园；推动广州海珠（大埔）工业园成功创建省级高新技术产业园，全力打造承接湾区产业转移平台。积极争取专项债券资金和中央预算内投资资金，着力破解园区建设资金瓶颈。加快制定园区低效工业用地专项整治三年行动方案和工业用地亩均投资强度、亩均税收的相关标准，推动园区企业提质增效。加速园区土地收储，力争新增连片建设用地20公顷以上，高效配置新增工业用地。创新投入模式和开发机制，完善提升园区内水、电、路、标准厂房等各项基础配套设施和生产、生活性服务平台建设，提升园区产业承载力和吸引力。

着力招大引强。坚定不移把招商引资作为经济工作的重中之重，牢固树立“一把手”抓招商理念，制定完善招商优惠政策和县领导带队招商方案，修订完善招商引资考核办法，每个镇（场）和县直经济部门每年招引1—2个“打粮食”的实体经济项目，着力营造大招商格局。主动对接大湾区、打通海西区，积极承接厦漳泉、珠三角产业溢出，围绕先进材料、新型陶瓷、特色现代农业等产业链，力争招引一批“链主型”企业、上市公司、总部企业。压实驻外招商队和各镇（场）等主体责任，实施“乡贤回乡投资兴业”工程，开展靶向招商、精准招商、中介招商、以商引商，依托省直、市直机关推介招商，确保完成市下达的新签合同项目计划投资额45亿元以上的招商任务，其中力争引进1个投资超10亿元的工业项目。强化服务意识，认真落实“一站式”服务制度，对重大招商项目实行“一事一议、一企一策、特事特办”，确保项目签约快、落地快、建设快。

三、在推动乡村振兴上全面发力，持续改善城乡面貌

壮大现代农业产业。坚持以工业化理念、产业链思维做强农业，致力发展农产品精深加工，完善“一县一园、一镇一业、一村一品”现代农业产业体系，力争农业总产值增长6%以上。加快推进省级蜜柚产业园（扩容提质）项目和茶叶产业园核心加工园区建设，做优做强农业特色产业。实施新型农业经营主体提升行动，新增家庭农场2家以上，培育一批乡村产业振兴带头人、乡土专家。加快发展农业社会化服务，健全县镇村三级协办体系。深化驻镇帮镇扶村，持续开展“千企帮千镇、万企兴万村”，大力发展乡村产业，巩固拓展脱贫攻坚成果。因地制宜发展客家预制菜、油茶、丝苗米等特色产业，抓好三河镇汇城村等4个乡村产业社区建设，深入实施“百县千镇万村高质量发展工程”，实现全县245个行政村集体经济年收入均超10万元。严格落实耕地保护和粮食安全党政同责，建立健全撂荒耕地整治长效机制，以零容忍的态度坚决遏制新增撂荒耕地；深入开展粮食绿色高产高效创建活动，3月底前完成枫朗、百侯200公顷高标准农田建设，抓好高陂、枫朗万亩高标准农田建设，完成垦造水

田指标 53.33 公顷以上，确保完成市下达粮食播种任务。保障蔬菜、生猪等重要农产品安全有效供给。优化农村物流快递网点布局，发展农村电商。

深化乡村建设行动。统筹抓好“五大振兴”，用好新型帮扶协作机制和省“1+2”对口支援政策，争创全省乡村振兴先行示范县。坚持以点带面、融合发展，打造红色三河、古镇百侯乡村振兴示范带和湖寮镇莒村村党建引领基层治理促乡村振兴示范村，升级西河十村联动乡村振兴示范带。深入实施农村人居环境整治提升五年行动，完善 7 个镇级点和 196 个村级点农村生活污水处理设施，全域推进农房管控、风貌提升，统筹抓好农村厕所革命、生活垃圾治理、供水水质提升，建设宜居宜业和美乡村。规范农村建房，坚决遏制新增农村乱占耕地建房行为。实施洲瑞、大东、百侯、枫朗、银江等镇级自来水厂提升改造工程，完成 6 宗小型水库除险加固，抓好银江水和汀江支流虎市段等中小河流治理以及中央红色交通线崩岗治理和梅潭河驳岸工程建设。持续推进“四好农村路”提档升级和危旧桥梁改造。扎实推进“百村示范、千村整治”，积极补齐乡村建设短板。加快三河镇全域土地综合整治省级试点工作，提升土地综合利用水平。盘活乡村闲置资源，鼓励发展乡村旅游、休闲农业、乡村民宿等农旅新业态。加强和改进乡村治理，推行网格化管理，促进移风易俗，建设良法善治乡村。巩固提升农村集体产权制度改革成果，推进农村承包地“三权分置”改革，探索集体经营性建设用地入市改革，引导土地经营权规范有序流转，努力形成农村土地资源整合大埔经验。

加强城市建设管理。坚持以城促产、以产兴城，科学编制县镇两级国土空间规划，完成“三区三线”划定。抓好国家卫生县城复审工作。持续实施城市更新行动，扎实推进县城 27 个老旧小区及周边基础设施改造。完善城区市政公共基础设施，加快北环路自来水工程及路面提升改造、城区截污管网、县城第二水质净化厂、第二自来水厂及管网和第三自来水厂等项目建设。推进湖寮镇幸福城壹号、万安苑等“三旧”改造项目，实施西湖公园片区、白云桥片区提升工程，有序推进新区新城建设，打造山水宜居客家城。坚持建管并重，下“绣花”功夫提高城市精细化管理水平，加快智慧交通体系建设，大力推进智慧停车场项目。抓好智慧县区新基建，新增 200 个 5G 基站，实现县城区域连续覆盖。加快推进城区居民燃气安全装置老化更新改造项目。完成山丰水库收尾工程建设，保障县城饮水安全。推进茶阳镇历史文化名镇改造和百侯镇历史建筑加固修缮项目，抓好百侯、茶阳、三河镇历史文化名镇和西河镇车龙村历史文化名村保护规划申报工作。完善 3 个示范圩镇、14 个宜居圩镇建设，扎实推进高陂县域副中心建设，因地制宜打造高陂光德桃源陶瓷产业、百侯文化旅游业、西河现代农业、枫朗茶叶产业、湖寮蜜柚产业等专业镇特色镇。持续巩固提升城区生活垃圾分类示范成效，城区 80%的村（社区）实现生活垃圾分类。

四、在深化改革创新上全面发力，持续增强发展活力

深化改革攻坚。对标《梅州方案》，把握融湾机遇，推进体制机制创新。深入推进数字政府改革建设，加快政务服务“一网通办”。深化“放管服”改革，完善政府部门权责清单、行政许可事项清单制度，统筹推进“证照分离”和“一照通行”改革，持续巩固行政审批事项 100%网上受理、100%网上办结。突出“用户思维”，转变作风、靠前服务，推进联审联批改革，全力破除审批领域“中梗阻”。坚持“两个毫不动摇”，一视同仁支持各类市场主体发展。深化国资国企改革，有序整合15家国企分门别类并入城投、客风旅游、基投三大集团公司，推动国有经济布局优化和结构调整，支持国企以全产业链开发模式依法参与资源开发利用，推动国企高质量发展。深化商事制度改革，推进信用大埔建设，助企纾难解困，推动构建亲清政商关系，全力打造市场化、法治化、国际化营商环境。

强化科技创新。推动高新技术企业量质提升，力争新增及重新认定8家国家高新技术企业，新增创新中心、研发中心等科研平台2家以上。持续抓好广东省科技专家工作站建设，深化与清华大学共建纳米陶瓷新材料研发应用基地，发挥大埔蜜柚研究院、5G+农业大数据服务中心、柚子医药深加工（大埔）院士工作站作用，实现科研成果、经济效益双丰收。全力支持企业深化产学研合作，培育更多的省、市级工程技术研究中心，推动重点产业关键共性技术攻关和产业化。扩大知识产权质押融资，引导金融机构将更多信贷资金投向科技型企业。落实梅州市“1+N”人才政策体系和大埔县加快新时代人才振兴发展实施意见，聚焦实体经济、重点产业和乡村振兴，靶向引进一批紧缺急需的高端人才，系统培育一批职业技能过硬的各类特色人才。

扩大对外开放。以梅州申报广东自贸区梅州联动发展区、建设赣闽粤合作园区为契机，全方位对接融入“双区”和三大平台建设，推动大埔陶瓷国家外贸转型升级基地高质量发展。借力世界客商大会、海外侨商梅州行等活动，深化与“一带一路”共建国家和地区经贸文化交流合作，巩固拓展东南亚、欧美日韩市场，培育发展跨境电商、海外仓等新业态，鼓励支持陶瓷、蜜柚、茶叶等产品走向世界。聚焦新时代“侨”文化，发挥“华侨之乡”优势，吸引更多侨胞回埔投资兴业。积极参与厦漳泉、汕潮揭都市圈建设，探索建设粤闽合作园区。

五、在保护生态环境上全面发力，持续放大绿色优势

筑牢生态安全屏障。立足国家重点生态功能区定位，坚持发展与保护并重，健全完善生态文明管控机制，严格落实“三线一单”生态环境分区管控，全力创建国家生态文明示范县和国家森林城市。全面深化林长制，围绕实施“三大任务、九大工程”，高标准推进绿美大埔生态建设。强化森林资源保护和防灭火基础设施建设，统筹组建视频监控“一张网”，更好地实时监控山火、河湖“四乱”、河砂和矿产、毁林占耕等动态，全面完成山水林田湖草沙一体化保护和修复工程任务，优化林分、优美林相，加强古树名木保护，推动森林进城、城乡绿化美化，完成林分优化提升2400公顷、森林抚育提升8000公顷。持续深入打好蓝天、碧水、净土保卫战，加大减排、抑尘、治车、控秸等力度，确保县城全年空气质量优良天数比例保持98.5%以上。深入实施“水十条”，持续抓好重点流域和农村生活污水治理，确保断面水质、县镇两级饮用水水源地水质达标率保持100%。加大非法占耕占林和土地林地卫片执法、存量违法用地整治力度，强化土壤污染管控和修复，全面开展畜禽粪污资源化利用和农村面源污染治理，加大固体废物处理力度，积极推进“无废大埔”建设。

加速生态价值转换。厚植生态优势，擦亮“世界长寿乡”品牌，加快建立健全生态产品价值实现机制，积极探索具有大埔特色和引领效应的生态产品价值实现路径，充分挖掘生态产品价值，整体提升生态产品溢价，加强生态产品品牌培育和保护。提升矿产资源利用价值，积极探索国企控股矿产资源开发，着力在稀土、建筑石料、矿泉水等资源领域取得突破。严格矿产资源管理，严厉打击非法采矿洗砂行为，出台实施工程建设项目砂石土余渣利用管理办法、机制砂管理办法以及水泥搅拌场建设规范，确保矿产资源税收颗粒归仓。规范有序推行采矿权“净矿”出让和矿业权竞争性出让，吸引大型国企参与矿产资源开发利用。积极探索开展森林覆盖率等资源权益指标、碳排放权、排污权、用能权、水权等交易。加强历史遗留矿山治理、矿山石场治理复绿工作，确保年底前全县在产矿山绿色矿山建设全面达标验收。发展优质绿色生态农林业，突出发展南药、林下种养、康养产业、生态旅游等绿色经济。

推动绿色低碳发展。积极探索碳达峰、碳中和实现路径，严格落实能源消耗总量和强度“双控”制度，提高新能源在重点领域、重点行业的应用比重。积极布局生态型产业，坚决遏制“两高”项目盲目发展，不折不扣完成各项约束性指标。常态化整治“散乱污”企业，严格落实排污许可证制度，加快淘汰落后产能，加大对再生资源、清洁能源产业的政策扶持力度。积极探索多元生态补偿机制，推动跨区域生态合作。倡导绿色消费、绿色出行、绿色公益，持续推广新能源汽车，加快形成绿色低碳的生产生活方式。

六、在保障改善民生上全面发力，持续满足群众期待

不断完善社会保障。全面落实支持就业创业政策，扎实推进“粤菜师傅”“广东技工”“南粤家政”三项工程，做好高校毕业生、农民工、退役军人、城镇困难人员等重点群体就业工作，新增城镇就业2000人以上。严厉打击欠薪等违法行为，让农民工不再“忧薪”。持续深化社保领域改革，提高社保覆盖面，全县基本养老保险参保率保持在95%以上。推动职工医保普通门诊和个账改革，完善大病保险和医疗救助制度。健全分层分类的梯度救助体系和救助标准动态调整机制，提升城乡社会救助服务均等化水平。依法保护未成年人和残疾人权益，关爱服务农村留守儿童和妇女、老年人，建设综合养老服务机构（中心）1家以上。做好社会福利、公益慈善等工作，提升镇级社会工作服务能力。坚持“房住不炒”，稳住房地产市场。

办好人民满意教育。坚持教育优先发展，加快进光高级职业技术学校建设，有序推进学前教育提升工程、教育补短板项目，抓好教育强镇复评，巩固提升“双减”成效，努力让更多孩子享受到优质教育。深化名师名校长培养工程，健全教师激励机制和交流轮岗机制。扩大公办幼儿园和普惠性民办幼儿园覆盖面，巩固提升“5080”攻坚成果。持续推动义务教育优质均衡发展和城乡一体化。提质发展高中教育，创新发展职业教育，办好开放教育、特殊教育和全民终身教育。加强校园安全管理，抓好防学生溺水、防校园欺凌、心理健康教育等工作。

提升医疗卫生服务能力。围绕打造“健康大埔”目标，深入实施名院、名科、名医战略，健全公共卫生服务和应急体系，提升区域医疗卫生服务能力。强化医疗卫生基础设施建设，上半年完成高陂中心卫生院、年底前完成县中医医院康复中心建设，推进县妇幼保健院及卫生院提升改造工程、县精神卫生中心、县人民医院改扩建二期和后勤保障楼、县紧密型县域医共体信息化平台等项目建设。完整准确全面把握和执行新阶段疫情防控各项举措，加强医疗物资和药品保障，提升医疗救治能力，扎实推进疫苗接种等工作，着力保健康、防重症。全面落实“三孩”生育政策及配套支持措施，减轻生育、养育、教育负担。

持续繁荣文化事业。实施全域文明创建工程，深入开展“精神文明五大创建”和“五大提升行动”，重点推动百侯、枫朗、大麻3个文明实践示范所、湖寮莒村村等35个文明实践示范站建设，打造新时代文明实践大埔亮点。积极创建全国红色资源（革命遗址）

保护示范带，加强红色资源保护利用，抓好中央红色交通线、三河坝战役、闽粤赣边区党委和边纵活动旧址等革命遗址保护修缮、活化利用，力争中央红色交通线大埔段申报为全国重点文物保护单位，创建红色旅游融合发展示范区。深入实施非遗传承人和客家山歌、广东汉剧名家培养工程，抓好围龙屋、汉剧申遗工作。完善公共文化服务体系，创新实施文化惠民工程，创作一批文艺精品，创排中央红色交通线题材舞台剧，做好《客家之子·田家炳》《血色三河》《十五贯》下乡演出。实施全民健身计划，加强公共体育设施建设，提升群众身体素质和健康水平。坚持文旅融合发展，加快创建国家全域旅游示范区，串联全县景区景点，以“红色”带动“绿色”“古色”，推进九龙湖风景区规划建设，加快三河坝文旅综合开发项目建设，力争三河坝战役纪念园创建国家AAAA级旅游景区、中央红色交通线创建国家AAA级旅游景区。推动民宿、农家乐提质升级，打造一批星级农家乐和客家美食名村。以梅州成功创建国家级文化生态保护区为契机，保护传承好大埔客家文化，推进大埔小吃产业发展。发挥客风旅游公司文旅龙头牵引作用，打破文化旅游景点“小散乱”僵局，融合发展红旅、文旅产业。

提升社会治理能力。坚定不移贯彻总体国家安全观，有效防范化解各类风险隐患，坚决维护国家政权安全、制度安全、意识形态安全。常态化推进扫黑除恶斗争，持续深化“5+3”行业领域整治。积极开展“破小案”“扫黄禁赌”“云剑”等专项行动，抓好禁毒工作，依法打击电信诈骗等各类违法犯罪活动。加快“综治中心+全科网格+‘粤平安’云平台”工作体系建设，提升综治中心效能。坚持和发展新时代“枫桥经验”，推广完善“五治融合”治理模式。加强改进信访工作，及时解决群众合理诉求。加强国防动员和后备力量建设，做好退役军人服务保障工作，大力创建双拥模范县。支持工会、共青团、妇联、科协等群团组织发挥党和政府联系广大群众的桥梁纽带作用。做好统计调查、外事、侨务、宗教、气象、档案、方志等工作。

防范化解重大风险。聚焦重点领域风险防范，精准“排雷拆弹”，努力把风险隐患化解在萌芽状态。压实安全生产和消防安全责任，抓好道路交通、自建房、建筑工地、危化品、城镇燃气等重点行业领域安全生产专项整治，坚决防范生产安全事故发生。加强防灾减灾救灾应急管理体系建设，抓好地质灾害隐患点治理和避险搬迁，推进三河梓里村地质灾害避险搬迁、高陂古西村鹤山片特大型滑坡群治理项目建设，深入排查整治农村削坡建房。加强食品药品监管，切实保障群众饮食用药安全。强化类金融机构监管，防范和处置非法集资。

办好十件民生实事。根据省、市十件民生实事安排，结合大埔实际，我们拟订了2023年县十件民生实事候选项目，包括提高低保、特困人员、孤儿基本生活和残疾人两项补贴保障水平等11项，今年继续实行人大代表票决制，请大家审议。我们将坚持量力而行、尽力而为，把更多财力用于保障民生和基本公共服务，以小切口推动大变化。

七、在加强自身建设上全面发力，持续提升服务效能

坚持忠诚履职。坚持以习近平新时代中国特色社会主义思想为指导，全面贯彻党的二十大精神，深刻领悟“两个确立”的决定性意义，增强“四个意识”、坚定“四个自信”、做到“两个维护”，不断提高政治判断力、政治领悟力、政治执行力，以实际行动践行对党绝对忠诚，不折不扣贯彻落实党中央国务院、省委省政府、市委市政府和县委决策部署。牢牢把握意识形态主动权、领导权、管理权，筑牢意识形态安全“护城墙”。

坚持依法行政。深入贯彻习近平法治思想，自觉运用法治思维和法治方式履行职责、推动发展，带头依法行政、依法办事。积极创建全国法治政府建设示范县，严格落实重大行政决策程序和政府法律顾问制度。全面实施“一规划两纲要”，深化“四级同创”，抓好“八五”普法，健全公共法律服务体系，优化法治化营商环境，提高全面依法治县水平。积极践行全过程人民民主，自觉接受县人大依法监督、县政协民主监督，主动接受社会监督、舆论监督，办好人大代表建议和政协委员提案。持续深化政务公开，确保权力在法治轨道上运行。

坚持务实担当。始终把转作风作为干事之要，树立“实干”导向，深入开展作风建设年活动，着力破除“中梗阻”现象，破解不愿做事、不敢扛事、不能成事、作风漂浮问题。大力开展“竞标争先”活动，实施亮诺亮绩亮牌行动，采取现场会点评、“比武打擂”述职等方式，推动全县上下比学赶超、赛龙夺锦。牢固树立“今天再晚也是早、明天再早也是迟”的效率意识，坚决强化执行力和落实力，做到部署的工作坚决执行、确定的事情雷厉风行、明确的责任坚决担负。落实“三个区分开来”，旗帜鲜明激励担当作为，营造干事创业良好氛围。

坚持为民清廉。积极践行以人民为中心的发展思想，时刻把群众安危冷暖放在心上，用心用情解决群众急难愁盼问题。全面推进政府系统党风廉政建设和反腐败斗争，加强重点领域、关键环节的廉政风险防控，强化审计监督、统计监督。从严落实“过紧日子”要求，严控“三公”经费和一般性支出，切实把每一分钱都用在“刀刃”上。严格落实中央八项规定及其实施细则精神，驰而不息纠治“四风”问题，树立为民务实清廉的良好形象。

名词解释

1.“1568”：县第十三次党代会提出“1568”思路举措，坚持“一个统领”（加强党的全面领导为统领），走好“五大发展路径”（致力建设忠诚担当的中央苏区县、秀美宜居的绿色生态县、文化繁荣的人文毓秀县、产业兴旺的创新活力县、和谐有序的平安法治县），推动“六个走在前列”（全力推进乡村振兴、基层党建、特色产业发展和生态文明建设、文化建设、平安建设6个方面重点工作，奋力实现走在全市前列），实施“8大行动”（绿色发展为导向，实施生态提升行动；提质增效为重点，实施产业升级行动；产业园区为载体，实施招才引智行动；重大项目为抓手，实施有效投资行动；富民兴村为核心，实施乡村建设行动；精致宜居为目标，实施魅力新城行动；文化赋能为支撑，实施平安大埔行动；人民福祉为根本，实施民生幸福行动）。

2.“六稳”：稳就业、稳金融、稳外贸、稳外资、稳投资、稳预期。

3.“六保”：保居民就业、保基本民生、保市场主体、保粮食能源安全、保产业链供应链稳定、保基层运转。

4. 乡村“五大振兴”：全面推动乡村产业振兴、人才振兴、文化振兴、生态振兴、组织振兴。

5.“三区三线”：“三区”是指城镇空间、农业空间、生态空间三种类型的国土空间。“三线”分别对应在城镇空间、农业空间、生态空间划定的城镇开发边界、永久基本农田、生态保护红线三条控制线。

6.“放管服”：简政放权、放管结合、优化服务的简称。“放”即简政放权，降低准入门槛；“管”即公正监管，促进公平竞争；“服”即高效服务，营造便利环境。

7.“双减”：有效减轻义务教育阶段学生过重作业负担和校外培训负担。

8. 两个“全覆盖”：义务教育学校全覆盖、有需求的学生全覆盖。

9.“五治融合”：“政治强引领、法治强保障、德治强教化、自治强活力、智治强支撑”的“五治融合”基层社会治理模式。

10.“两个确立”：确立习近平同志党中央的核心、全党的核心地位，确立习近平新时代中国特色社会主义思想的指导地位。

11.“两个维护”：坚决维护习近平总书记党中央的核心、全党的核心地位，坚决维护党中央权威和集中统一领导。

12.“四好农村路”：“建好、管好、护好、运营好”农村公路，逐步消除制约农村发展的交通瓶颈。

13.“三权”分置：农村的土地集体所有权、农户的承包权、土地的经营权“三权”分置并行。

14.“三旧”改造：对旧城镇、旧厂房、旧村庄的改造。

15.“1+N”人才政策体系：“1”指主文件《中共梅州市委、梅州市人民政府关于加快新时代人才振兴发展的实施意见》，简称“人才振兴16条”；“N”指配套子政策，包括青梅计划、金谷计划、鸿雁计划、宗匠计划、桂竹计划等五大人才发展计划。

16.“双区”：粤港澳大湾区、深圳中国特色社会主义先行示范区。

17.“三大平台”：前海深港现代服务业合作区、横琴粤澳深度合作区、南沙粤港澳全面合作示范区。

18.“三线一单”：生态保护红线、环境质量底线、资源利用上线和生态环境准入清单。

19.“三大任务、九大工程”：“三大任务”指扩大绿量、提高绿质、增强绿效；“九大工程”指在扩大绿量上精心实施绿美森林、绿美城乡、绿美保护地三大增量工程，在提高绿质上精心实施绿美资源、野生动植物资源、林地和林木资源三大管护工程，在增强绿效上精心实施绿美经济增量、绿美生态增益、绿美成果共享三大富民工程。

20. 河湖“四乱”：河湖管理范围内的乱占、乱采、乱堆、乱建等突出问题。

21.“两高”项目：高耗能、高排放项目。

22.“5080”：公办幼儿园在园幼儿占比达50%，普惠性幼儿园在园幼儿占比达80%。

23. 精神文明“五大创建”：深化文明城市、文明村镇、文明单位、文明校园、文明家庭创建活动。

24.“五大提升行动”：深入开展道路景观、交通秩序、市容市貌、老旧小区及背街小巷、城乡接合部和城中村整治行动。

25.“5+3”行业领域整治：信息网络、自然资源、交通运输、工程建设、金融放贷（县金融工作局牵头）和教育、金融放贷（人民银行大埔支行牵头）、市场流通行业领域整治。

26.“四个意识”：政治意识、大局意识、核心意识、看齐意识。

27.“四个自信”：中国特色社会主义道路自信、理论自信、制度自信、文化自信。

28.“一规划两纲要”：“一规划”指《法治中国建设规划（2020—2025年）》，“两纲要”指《法治社会建设实施纲要（2020—2025年）》《法治政府建设实施纲要（2021—2025年）》。

29.“三个区分开来”：把干部在推进改革中因缺乏经验、先行先试出现的失误和错误，同明知故犯的违纪违法行为区分开来；把上级尚无明确限制的探索性试验中的失误和错误，同上级明令禁止后依然我行我素的违纪违法行为区分开来；把为推动发展的无意过失，同为谋取私利的违纪违法行为区分开来。

大　事　记

1 月

1 日，大埔县农村低保标准由每人每月平均 560 元提高到 580 元，农村低保对象平均补差由每人每月平均 304 元提高到 315 元；城镇低保标准由每人每月平均 800 元提高到 828 元，城镇低保对象平均补差由每人每月平均 631 元提高到 653 元。农村特困供养标准由 896 元提高到 928 元，城镇特困供养标准由 1280 元提高到 1325 元。集中供养孤儿标准由每人每月平均 1883 元提高到 1949 元，分散供养孤儿和事实无人抚养儿童标准由每人每月平均 1227 元提高到 1313 元。困难残疾人生活补贴由每人每月平均 181 元提高到 188 元，重度残疾人护理补贴标准由每人每月平均 243 元提高到 252 元。

3 日，广东省社区青少年宫——大埔尚美宫揭牌启用，省委党校原巡视员肖小平、县政协副主席杨竹玲、县关工委主任邓加光为大埔尚美宫揭牌。

4 日，县委书记黄增国到县博物馆调研设施安全、文物安全等工作，县委常委、县委办公室主任杨自强陪同调研。

是日，广州医科大学附属中医医院“组团式”帮扶大埔县中医医院团队的 2 位主任中医师康宜兵、张智琳，将自己获聘为特岗专家所取得的经费 30 万元，通过大埔县红十字会捐赠给大埔县中医医院。

是日，大埔县新的社会阶层人士联合会妇女第一次代表大会召开，会议选举大埔县新的社会阶层人士联合会第一届妇女工作委员会委员。

6 日，省检察院副检察长谭玲到大埔县检察院调研检察工作，市检察院检察长吴文志、副检察长宋秦川陪同调研。

是日，县人武部、县退役军人事务局等相关单位负责人到青溪镇为获三等功的现役军人唐玉光的家属送去喜报。

7 日，梅州市陶瓷行业协会第三届会员大会、大埔县陶瓷行业协会第四届一次会员大会在广东晖祥陶瓷有限公司召开，大会对梅州市陶瓷行业协会章程、大埔县陶瓷行业协会章程进行修改，选举出新一届的协会会长。

是日，县人大常委会主任张红梅、副主任刘辉堂到桃源镇调研望源亭人大主题公园建设，实地查看公园规划建设情况。

9 日，由省自然资源厅、文化和旅游厅、地质局指导，县人民政府主办的“红动古道·绿动乡村”南粤古驿道活化利用系列展示活动——中央红色交通线活化利用展示活动在大埔举行，集中展示南粤古驿道沿线历史文化、绿色资源等活化利用成果，首次提出中央红色交通线（南方线粤东段）多种路线走向。

10日，省文化和旅游厅公布第三批广东省文化和旅游特色村、乡村旅游精品线路名单。其中，大埔县西河镇车龙村入选第三批广东省文化和旅游特色村，大埔中央红色交通线研学游入选第三批广东省乡村旅游精品线路。

是日，潮州市侨联和梅州市侨联到大埔开展华侨文化历史专题调研活动。

13日，由县委、县政府主办的“我们的中国梦——文化进万家”大埔县2022年网络春晚录播活动在县翰林剧场举行。

17日，县委书记黄增国到县信访局开展领导接访及调研信访工作。

18日，县委书记黄增国到县妇联调研，县委常委、组织部部长张榆昌陪同调研。

是日，县政协主席陈德志到桃源镇对困难老党员和困难群众进行春节前走访慰问。

20日，中共大埔县委十三届二次全会在县科技信息大楼一楼会场召开。

24日，市委常委、梅州军分区政委陈煜昌，市人大常委会副主任、市总工会主席蓝伟东，副市长谢钦文到大埔县三河镇走访慰问困难党员、困难企业、困难职工和优抚对象。

28日，大埔县党史学习教育总结会议在县委、县政府二楼会议室召开。

2月

1日，农历正月初一，县长凌晓文看望慰问春节在岗值班的党员干部、执勤民警，县领导杨自强、罗春达、赖宽参加慰问。

7日，县委书记黄增国到县政协机关看望慰问干部职工，县委常委、县委办公室主任杨自强陪同。

8日，县领导到百侯镇慰问2017年获一等功的现役军人王伟雄。

15日，县长凌晓文、副县长钟刻铭到国道235线湖寮段改线工程（南线）、大麻莲塘大桥建设现场以及省道227线（赤山到桃花段）等地调研交通公路规划建设工作。

16日，中共大埔县纪委十三届二次全会在县科技信息大楼一楼会场召开。

是日，县人大常委会主任张红梅、副主任刘辉堂到有关企业开展调研。

21日，大麻中学教师刘开湘被遴选为教育硕士学科教学（生物）兼职硕士生导师，是大埔县教育系统首位被聘为硕士研究生导师的教师。

23日，中山大学党委书记陈春声到大埔调研文物保护利用工作，市委常委、副市长孙春明，县长凌晓文陪同调研。

是日，市委副书记王庆利、副市长谢钦文到大埔调研乡村振兴工作，县领导黄增国、蓝欣、葛志发陪同调研。

是日，县委常委会在县科技信息大楼二楼会议室召开扩大会议，专题听取各镇（场）党委书记和县直有关工委书记抓基层党建工作述职，并进行评议。

24日，广东海事局工会主席许铮到梅州大埔海事处慰问基层一线干部职工。

是日，省信访局副局长王清带领省督导组到大埔开展信访工作督导。

是日，梅州市关工委学习贯彻中办、国办《关于加强新时代关心下一代工作委员会工作的意见》调研座谈会在大埔县交通大酒店召开。

28日，省政协副主席林雄带领省政协港

澳台委员会政协委员到大埔调研，县政协主席陈德志、副主席刘小平陪同调研。

是日，省退役军人事务厅党组书记、副厅长危伟汉到大埔调研，副市长谢钦文、县长凌晓文、副县长饶凌云陪同调研。

是月，县人武部、县退役军人事务局等相关单位负责人到百侯镇、洲瑞镇为获三等功的 3 名现役军人张宝龙、杨辉、蔡仕朝的家属送去喜报。

3 月

1—2 日，政协大埔县第十五届委员会第二次会议在县城召开。

2 日，大埔县田园矿业有限公司缴纳大埔入库的首笔森林植被恢复费 23.26 万元。

2—3 日，大埔县十六届人大二次会议在县城召开。

3 日，市委书记马正勇到大埔就学习贯彻习近平总书记系列重要讲话和重要指示批示精神，落实市第八次党代会、市委八届二次全会精神和市两会工作部署，抓好实体经济和乡村振兴两大重点工作进行调研，县委书记黄增国陪同调研。

4 日，省水利厅副厅长陈仁著到大埔调研水利工作，副市长谢钦文和县领导凌晓文、葛志发陪同调研。

8 日，市委常委、军分区政委陈煜昌到大埔参加中央红色交通线活化利用工作座谈会，与县领导黄增国、陈伟平、杨润世交流座谈。

是日，县人大常委会主任张红梅、副主任邓立新带领人大常委会机关女干部职工到枫朗镇开展革命传统教育。

9 日，省气象局局长庄旭东到大埔检查防汛备汛工作，副县长葛志发陪同检查。

是日，市政协副主席朱国城到大埔调研政协工作，与县政协主席陈德志，县委常委、统战部部长、县政协党组副书记廖昌元，县政协副主席严庆东和部分在大埔的市政协委员座谈。

是日，县委书记黄增国到青溪镇斯红山羊养殖有限公司、广东粤电青溪发电有限公司、蕉坑村、青溪村、中央红色交通线大埔中站纪念馆等地调研，县领导陈伟平、杨自强、葛志发参加调研。

10 日，省政府副秘书长、省机关事务管理局局长刘忠平到大埔参观考察三河坝战役纪念园，县委常委、副县长刘晓泉陪同考察。

是日，梅州市第二中医医院与大埔县中医医院“组团式”紧密型帮扶签约仪式在县中医医院会议室举行。

是日，大埔县促进实体经济高质量发展暨重点项目建设推进大会在县委、县政府二楼会议室召开。

15 日，县委书记、县级第一林长黄增国，县长、县级林长凌晓文到高陂镇、银江镇、大麻镇开展县级林长巡林工作。

是日，大埔县在高陂镇举行全县春耕生产现场会，县长凌晓文、副县长葛志发和县府办、县农业农村局、各镇（场）等有关单位负责人参加现场会。

21 日，市委常委、副市长、市副总河长陈金銮到大埔开展巡河、水利工程汛前检查工作，县委常委、常务副县长李延海，副县长葛志发陪同检查。

是日，县委书记黄增国、县人大常委会主任张红梅以市、县人大代表的身份参加代表主题活动，和大埔县部分市、县人大代表一起到枫朗镇三溪云岽生态有机茶场调研。

23 日，县长、县级总河长、梅江县级河长凌晓文带队开展巡河、汛前安全检查工作，副县长葛志发陪同检查。

25日，市长王晖到大埔就学习贯彻中共十九届六中全会精神和习近平总书记对广东系列重要讲话、重要指示批示精神，落实市第八次党代会、市委八届二次全会、市“两会”和全市促进实体经济高质量发展大会部署要求，抓好经济运行、招商引资和乡村振兴工作进行调研，副市长蒋鲲、陈亮和县委书记黄增国、县长凌晓文参加调研。

28日，市委常委、宣传部部长张运全到大埔开展宣传思想工作调研，县委书记黄增国陪同调研。

30日，市委常委、梅州军分区政委陈煜昌，副市长谢钦文到大埔督导检查重点场所疫情防控工作。

是日，县委书记黄增国到党支部工作联系点湖寮镇莒村村党支部调研，县政协主席陈德志陪同调研。

31日，省自然资源厅副厅长屈家树到大埔调研山水林田湖草沙一体化保护修复工作，县长凌晓文陪同调研。

是日，大埔农商银行为大埔县百润种养农民专业合作社授信100万元“冷链贷”，并于当天用信50万元，是大埔农商银行首笔发放的“冷链贷”。

4月

7日，县委书记黄增国到高陂镇、光德镇调研产业发展、项目建设、乡村振兴、春耕生产等工作，副县长罗春达参加调研。

8日，市政府副市长、秘书长陈亮到大埔调研地质灾害治理、垦造水田、水生态清洁小流域治理等工作，县长凌晓文，县委常委、常务副县长李延海陪同调研。

是日，市政协副主席曾祥海、韩小林到大埔县大麻镇、三河镇和西河镇开展调研活动，县政协主席陈德志，县委常委、统战部部长、县政协党组副书记廖昌元，县政协副主席刘广明参加活动。

10日，省轻舟五大队骨干队员封闭式集训演练开班动员会在大埔县高陂镇高陂水利枢纽工程建设管理处一楼会议室召开，全市各县（市、区）轻舟骨干队员113人参加为期6天的集训。

11日，县委书记黄增国到县退役军人事务局调研退役军人工作。

13日，县长凌晓文到田家炳实验中学、虎山中学调研教育工作，县委常委、副县长吴丽丽陪同调研。

14日，梅州市首届名教师、名校（园）长工作室调研指导暨中期考核工作会议在大埔县教师发展中心召开。

是日，梅州首个未成年人警务中心检察工作室在大埔县公安局挂牌成立。

是日，郑某某（男，26岁，揭阳市普宁市人）驾驶的轻型厢式货车从梅县区往大埔县大麻镇方向途经银江镇上村村时，与相对方向龙某某（男，48岁，湖南省娄底市人）驾驶的轻型栏板货车发生碰撞，造成轻型栏板货车副驾驶罗某某（男，47岁，云南省楚雄州人）经抢救无效死亡的交通事故。

15日，2022年梅州市防汛抢险应急演练在大埔县高陂水利枢纽上游水域举行，梅州海事局承担救援失控运砂船舶、受伤船员转移、应急物资空投等演练科目。市委常委、副市长、市三防指挥部总指挥陈金銮，梅州军分区、市应急管理局、高陂水利枢纽工程建设管理处、市消防救援支队、梅州海事局、梅州航道事务中心等单位主要负责人在现场观摩演练，市应急管理局、各县（市、区）、镇（街）设视频分会场线上观摩演练。

20日，香港时计宝投资有限公司董事局主席董观明到大埔考察，与县领导黄增国、廖昌元、叶慧玲、罗春达在业广利电子（梅州）有限公司交流座谈。

是日，县委书记黄增国、县长凌晓文到高陂镇调研陶瓷产业发展情况，县领导杨自强、廖昌元、罗春达陪同调研。

24日，大埔10千伏万川线D16正式投运，是大埔县建成首个“3供1备”馈线组。

是日，2022年“庆五一·喜迎二十大”大埔县职工男子篮球邀请赛在县工人文化宫体育馆开幕。

25日，市人大常委会副主任伍德凤带领检查组到大埔检查《梅州市客家围龙屋保护条例》实施情况，县委常委、副县长吴丽丽，县人大常委会副主任邓立新陪同检查。

26日，县人大常委会组织部分县人大代表视察《关于加快解决县城自来水供需矛盾的议案》办理和县第二自来水厂建设情况，县人大常委会主任张红梅和副主任刘辉堂、邓玉伦、罗振康，以及部分县人大代表参加视察活动。

是日，县政协主席陈德志、副主席刘广明到洲瑞镇调研乡村振兴工作。

27日，市政协副主席、民盟梅州市委会主委韩小林带领市政协调研组到大埔调研重点项目建设和乡村振兴工作，副县长饶凌云，县政协副主席、县人民医院院长黄伟胜陪同调研。

28日，大埔县在县科技信息大楼二楼会议室召开全县落实粮食安全责任制暨撂荒耕地复耕复种工作推进会。

是日，梅州市首个县级婚姻家庭矛盾纠纷多元化解中心在大埔县妇联挂牌成立。

29日，大埔县14个镇分别召开镇人大例会，听取和审议有关工作报告，有选举任务的百侯镇、枫朗镇、大东镇3个镇依法补选镇长。

5月

6日，县人大常委会主任张红梅到大埔县金朗混凝土有限公司走访调研。

10日，梅州市荣誉市民、旅港乡贤余捷庆、陈梅冰伉俪委托代表向大埔县人民医院捐赠一套价值220万港元的全自动化学发光免疫分析仪。

是日，县政协组织开展主席会议领衔督办重点提案办理协商工作。县政协主席陈德志、副主席杨竹玲、刘广明，提出提案的委员，县委宣传部、县文广旅体局、县委党校、县委党史室、青溪镇政府、县政府督办室主要负责人等参加活动。

11日，省总工会评估组到大埔对三河坝疗休养基地进行实地评估考察。

是日，县委书记黄增国到县水务局、县堤围保护所、县城虎源路、湖寮镇葵坑村葵坑水库等地督导检查防汛备汛工作，县领导杨自强、李延海、罗伟国陪同。

14日，在大埔县瑞锦酒店举办“广东摄影目的地”——梅州市大埔县推荐名录授牌暨座谈会。

15日，在县残疾人综合服务中心举行大埔县第三十二次全国助残日活动暨梅州市大埔县爱心助残基金会救助金发放仪式，为全县135户残疾人发放救助金29万元。县人大常委会主任张红梅、副主任邓立新，全国自强模范、广东美之臣化妆品有限公司董事长、县爱心助残基金会理事长陈衡礼，县爱心助残基金会相关爱心人士、爱心企业家等参加活动。

17日，市人大常委会副主任刘锐清带领调研组到大埔开展《梅州市客家菜传承发展促进条例》立法调研，县人大常委会主任张红梅、副主任邝金禄，副县长葛志发陪同调研。

是日，在县科技信息大楼一楼会场召开县文明委全体（扩大）会议暨创建全国县级文明城市工作推进会，县委书记黄增国，县人大常委会主任张红梅，县政协主席陈德志，县委副书记、政法委书记蓝欣，县法院、县检察院主要负责人，各镇（场）党委书记、宣传委员，县直和省、市驻大埔单位主要负责人，湖寮镇相关社区、村党支部书记，县创文办有关负责人等参加会议。

18日，县政协主席陈德志到委员企业走访调研。

19日，在农行大埔县支行营业部举行梅州农行首台“银政通”智能服务一体机启动仪式。

24日，市中级人民法院院长林秀雄、常务副院长朱杭基到大埔县法院茶阳法庭调研指导工作。

是日，县政协组织开展“持续推动‘粤菜师傅’工程实施 助推大埔振兴发展”专题视察活动。

25日，肇庆市副市长何婧带领考察组到大埔考察交流文旅产业发展工作，市委常委、副市长孙春明，县委常委、副县长吴丽丽陪同考察。

是日，市政协副主席曾祥海、韩小林到大埔围绕市政协专题议政课题“壮大主导产业 培育百亿龙头企业”开展专题调研，县政协主席陈德志、副主席严庆东陪同调研。

是日，县人武部、县退役军人事务局等相关单位负责人到枫朗镇大埔角村为获三等功的现役军人郭广朋的家属送去喜报。

27日，为期6天的2022年大埔县青少年校园足球联赛县级决赛暨“满天星”训练营活动在田家炳体育中心落下帷幕，有23支代表队420名校园足球运动员参加比赛。

30日，韩江流域、梅州市首个县级水上搜救分中心——大埔县水上搜救分中心成立。

31日，县委书记黄增国到第二实验幼儿园、大埔小学看望慰问少年儿童，县领导杨自强、吴丽丽、饶凌云参加活动。

6月

1日，大埔县税务局举行第一届特约监督员聘任仪式。

6日，县委书记黄增国到虎山中学、田家炳实验中学考点检查2022年高考各项准备工作，县领导蓝欣、吴丽丽参加检查。

是日，大埔农商银行为大埔富源陶瓷有限公司授信500万元“光伏贷”，成为大埔农商银行首笔光伏发电贷款项目。

7日，省农业农村厅联合市政府在大埔县三河镇韩江源开展主题为“红色共建聚合力 生态增殖促振兴”的增殖放流活动，1200万尾淡水鱼类安家韩江。

是日，市委常委、统战部部长崔毅到大埔考察大麻镇小麻村省市共建乡村振兴体验基地。

是日，2022年全国普通高考开考，大埔县3029名学子参加高考，县长凌晓文带队到虎山中学、田家炳实验中学考点巡考。

9日，省农业农村厅调研组到大埔县蜜柚产业园大埔农业科技馆、广东顺兴种养股份有限公司、大埔县通美实业有限公司实地考察调研蜜柚产业园（扩容提质）工作。

是日，省广电局副局长陈春怀带领检查组到大埔开展迎接中共二十大广播电视和网络视听行业安全播出大检查工作，县委常委、宣传部部长陈伟平陪同检查。

13日，市委书记马正勇到大埔调研督导省道227线西河镇纯德至岩下段、西河镇岩下至大东镇清泉溪段路面改造工程项目推进情况，督导检查汛期安全生产和山体滑坡、道路塌方防范工作。

13—16日，县政协主席陈德志、副主席杨竹玲带队赴广州、佛山、韶关走访调研旅外委员企业发展情况。

14日，市人大常委会副主任张达宏带领市人大执法检查组到大埔检查《广东省城市绿化条例》实施情况，县委常委、常务副县长李延海，县人大常委会副主任邓立新陪同检查。

是日，县应急管理局联合梅州市广聚能源加油站有限公司在茶阳镇开展大埔县危险化学品经营企业2022年生产安全事故综合应急演练。

18日，应急管理部防汛抗旱司二级巡视员孙京东带领国家防汛抗旱总指挥部办公室工作组到大埔开展强降雨防御指导工作。

22日，省人大常委会副主任叶贞琴到大埔开展《广东省人民代表大会常务委员会关于加强检察公益诉讼工作的决定》执法检查工作，市人大常委会副主任刘锐清、县委书记黄增国、县人大常委会主任张红梅、县人大常委会副主任邝金禄、县检察院检察长王青陪同检查。

是日，潮州市侨界文艺家联合会到大埔开展七一主题党日活动。

23日，海关总署广东分署党委副书记、副主任温珍才到大埔调研红色文化资源、人文历史、文物古迹、风土人情等情况。

25日，市委常委、副市长、市副总河长陈金銮到大埔巡查汀江河长制工作落实情况，听取大埔县河长制、茶阳镇防洪堤建设及防汛救灾复产等有关情况汇报。

27日，县人大常委会主任张红梅到枫朗镇开展联系村（社区）“两委”干部工作。

是日，县工商业联合会（总商会）、大埔县新的社会阶层人士联合会和银江镇政府在银江镇明德村岭下共同主办“大埔县赋能乡村振兴‘复耕一亩地’”主题活动。

28日，市人大常委会副主任、市总工会主席蓝伟东带领调研组到大埔开展基本医疗保障工作专题调研，县人大常委会副主任、县总工会主席张长先，副县长罗春达，县政协副主席、县人民医院院长黄伟胜陪同调研。

29日，市人大常委会副主任张达宏带领调研组到大埔调研现代农业产业园建设工作情况，县人大常委会主任张红梅、副主任邓玉伦，副县长葛志发陪同调研。

是日，在县委、县政府二楼会议室举行大埔县2022年“广东扶贫济困日”活动动员大会。

是日，县政协主席陈德志到桃源镇桃锋村、桃星村开展七一慰问老党员活动。

30日，市长王晖带领市政府领导班子成员到大埔开展“重走红色交通线”党日活动。

7月

1日，大埔县乡村振兴人才驿站揭牌仪式暨各镇乡村振兴人才驿站授牌仪式在大埔县蜜柚省级现代农业产业园农业科技馆举行。

是日，梅江区政协机关党支部到大埔开展“追寻先辈足迹、坚定理想信念”主题党日暨庆祝中国共产党成立101周年活动，县政协主席陈德志、副主席张友群参加活动。

5日，市委常委、市纪委书记、市监委主任蒋万军到大埔调研。

5—7日，2022广东省粤北片区突发急性传染病防控卫生应急队伍培训演练活动在大埔县瑞锦酒店举行。省疾控中心专家连晓文，梅州市、东莞市、惠州市、河源市、韶关市疾控中心，市卫生健康局、市公安局等单位相关负责人，副县长饶凌云等参加活动。

7 日，副市长谢钦文到大埔开展巡林、进代表联络站、联系挂点村（社区）“两委”干部和企业工作，县人大常委会副主任刘辉堂陪同参加。

是日，市人大常委会副主任伍德凤带领调研组到大埔调研客家文化生态保护工作，县人大常委会副主任邓立新陪同调研。

7—8 日，平远县政协主席凌声宏带队到大埔开展党日活动，县政协主席陈德志和副主席杨竹玲、刘广明参加活动。

9 日，太空天宫空间站向世界展播“红色山河·大埔三河坝”航拍图片。

12 日，省港澳办主任李焕春到大埔调研乡村振兴工作，市委常委、统战部部长崔毅，县委书记黄增国，县委常委、统战部部长、县政协党组副书记廖昌元陪同调研。

是日，大埔供电局自主完成湖寮供电所公线＋用户线路点云采集、三维建模、规划航线等工作，实现全市首个供电所自动巡航全覆盖。

14 日，市人大常委会副主任、市总工会主席蓝伟东到市人大代表蔡俊发的广东瑞山高新农业生态园股份有限公司走访调研，县人大常委会副主任、县总工会主席张长先陪同调研。

是日，梅江区人大常委会到大埔交流学习革命遗址活化利用、发展壮大实体经济等工作，县人大常委会主任张红梅、副主任罗振康陪同。

19 日，人行大埔县支行联合县监委、公安、检察、法院四部门签署《关于预防打击洗钱犯罪的协作意见》，印发“三年行动工作方案”，建立梅州市县域首个多部门打击治理洗钱违法犯罪工作机制。

21 日，市人大常委会副主任余其豹、刘锐清带领调研组到大埔开展河道采砂管理及高陂水利枢纽水环境保护立法调研，县人大常委会主任张红梅和副主任刘辉堂、邝金禄陪同调研。

23 日，广东省人民政府公布第十批广东省文物保护单位。其中，中央红色交通线大埔段、大埔县工农革命政府公安局旧址、罗明故居、华萼楼、江东小筑 5 处榜上有名。

是日，德庆县调研组到大埔学习考察文旅产业发展工作，县领导廖昌元、邓立新参加活动。

26 日，省住建厅二级巡视员廖江陵带领专题调研采访团到大埔开展历史文化资源普查认定专题调研采访，县委常委、副县长李延海陪同调研。

是日，县人大常委会主任张红梅以人大代表身份参加代表主题活动，和部分县、镇人大代表一起到枫朗镇坎下村撂荒耕地复耕复种现场调研。

是日，县政协在洲瑞镇举办“助力撂荒复耕·政协委员在行动”专项活动。县政协主席陈德志，副主席张友群、刘小平、杨竹玲、刘广明、黄伟胜、严庆东，部分政协常委、委员及机关干部，县驻洲瑞镇帮扶工作成员单位负责人及工作队队员，洲瑞镇镇、村干部等参加活动。

27 日，全国政协常委、全国政协农业和农村委员会副主任，民建中央副主席吴晓青到大埔调研，副市长陈伶俐、县委书记黄增国、县政协主席陈德志、副县长饶凌云陪同调研。

是日，县委书记黄增国带领八一拥军慰问团到梅州军分区和驻梅部队开展慰问活动，县领导杨润世、饶凌云参加慰问活动。

是日，大埔县首个“税村共建 便民办税缴费服务点”在枫朗镇大埔角村党群服务中心揭牌。

29 日，省农村信用社联合社党委书记、理事长张帆到大埔农商银行调研。

是日，广东海事局党组成员、纪检组组长肖明带队到大埔海事处参加“赓续红色血脉，践行使命担当”联学共建主题党日活动。

30 日，省文联专职副主席李仙花到大埔县三河坝战役纪念园、中山纪念堂、泰安楼调研。

是月，大埔县“红动古道·绿动乡村——中央红色交通线亲子研学游”精品旅游线路入选文化和旅游部全国乡村旅游精品线路。

8 月

1 日，省老促会会长陈开枝到大埔调研老区苏区建设工作，县领导黄增国、张榆昌陪同调研。

是日，市委常委、副市长赵东到大埔调研文旅体育工作，县委书记黄增国，县长凌晓文，县委常委、副县长吴丽丽陪同调研。

2 日，县人大常委会和县政府联合在桃源镇开展“五级人大代表齐发力 助力撂荒地复耕复种”活动，县人大常委会主任张红梅、副主任邓玉伦和副县长葛志发参加活动。

4 日，市政府副市长、秘书长陈亮到大埔检查垦造水田、山水林田湖草沙一体化保护和修复、自建房安全整治、闲置土地处置、燃气安全等工作，县长凌晓文，县委常委、常务副县长李延海陪同检查。

是日，大埔县 2022 年广东大学生志愿服务山区计划——广东高校毕业生志愿服务乡村振兴行动出征仪式在县委、县政府二楼会议室举行。

4—5 日，省港澳办副主任龙广艳到大埔开展“助力乡村振兴、强国复兴有我”群众性主题宣传教育活动，县委书记黄增国，县委常委、统战部部长、县政协党组副书记廖昌元陪同。

5 日，省工商联专职副主席冯日光带领“增强信念信心 奋斗成就梦想”宣讲活动成员到大埔县三河坝战役纪念园参观学习，县委常委、统战部部长、县政协党组副书记廖昌元参加活动。

6 日，省委教育工作委员会委员、省教育厅副厅长李壁亮到大埔调研，县委副书记、政法委书记蓝欣陪同调研。

8 日，以“乡村振兴，喜迎二十大”为主题的 2022 年大埔县“中华保险杯”足球邀请赛在县田家炳体育中心举行。

10 日，省法院副院长万国营到大埔县法院调研督导审判执行运行态势、重大风险防控工作。

是日，县检察院法律服务点在县陶瓷产业服务中心揭牌。

11 日，梧州市人大常委会副主任徐远洲到大埔县三河坝战役纪念园参观，市人大常委会副主任伍德凤、县人大常委会副主任邓立新参加活动。

是日，县长凌晓文带队到潮州市潮安区学习考察陶瓷产业发展先进经验和成功做法。

是日，2022 年大埔县虎山中学教育促进会奖教奖学金发放仪式在虎山中学举行，县委副书记、政法委书记蓝欣及县教育局主要负责人分别为虎山中学教育促进会第一届理事长萧曾祥、副理事长刘国武颁发聘书和“情系母校，善耀千秋”水晶杯，萧曾祥代表促进会向虎山中学捐赠 90 万元用于奖教奖学。

12 日，市委常委、梅州军分区政委陈煜昌到大埔县桃源镇检查指导基层武装部正规化建设以及退役军人事务站工作。

是日，副市长陈伶俐到大埔调研卫健、教育、国企运行及挂点重点项目工作情况，县长凌晓文，县委常委、副县长吴丽丽，副县长饶凌云陪同调研。

16日，省军区政治工作局大校主任鲁国成到大埔检查人武部工作，市委常委、梅州军分区政委陈煜昌，县委常委、县人武部政委杨润世，县人武部部长强海文陪同检查。

是日，在县委、县政府二楼会议室举行大埔县2022年廖光明教育基金奖教奖学助学金发放仪式，廖光明再次捐资60万元表彰作出突出贡献的教育工作者，奖励成绩优异的学生，资助大学新生和品学兼优的贫困高中生。

16日，大埔农商银行“梅州市新市民金融服务示范网点”分别在营业部和高陂支行挂牌。

16—17日，生态环境部检查组到大埔开展国家重点生态功能区县域生态环境质量监测与评价现场检查，并在县科技信息大楼二楼会议室组织召开检查情况反馈会。

17日，市人大常委会副主任余其豹和副主任、市总工会主席蓝伟东到大埔调研，县委书记黄增国，县人大常委会主任张红梅，县委副书记、政法委书记蓝欣，县人大常委会副主任、县总工会主席张长先陪同调研。

是日，县委书记黄增国以人大代表身份，与部分市、县、镇人大代表一起到企业和湖寮镇人大代表中心联络站现场调研，县人大常委会主任张红梅参加调研。

18日，县人大常委会组织部分县人大代表视察西岭实验学校、城东实验学校建设工作情况，县人大常委会主任张红梅和副主任邓立新、罗振康参加活动。

20日，2022年黄善祥奖教奖学金颁发仪式在大埔县虎山中学举行。

23日，广东建设职业技术学院院长赵鹏飞带队到大埔县高陂镇调研乡村振兴工作。

是日，市委常委、梅州军分区政委陈煜昌和副市长谢钦文到大埔检查疫情防控和“三防”工作，县领导黄增国、凌晓文、李延海、饶凌云、葛志发陪同检查。

27日，县教育局举行大埔县第二实验幼儿园教育集团揭牌仪式。

29日，2022年顺丰速运·梅州柚物流集散中心升级启动揭牌仪式在大埔县大麻镇举行。

30日，县人大常委会主任张红梅到县检察院调研公益诉讼检察工作。

31日，县交通运输局、县应急管理局、广东大潮高速公路有限公司在大潮高速S68大漳支线联合开展占道施工交通事故应急演练。

9月

1日，市委常委、政法委书记梁维到大埔调研督导中共二十大维稳安保、基层社会治理等工作，县委书记黄增国，县委副书记、政法委书记蓝欣，副县长、县公安局局长赖宽陪同调研。

是日，市农业农村局主办的“中国柚子看梅州”采风宣传活动在大埔启动。

2日，2022年张定武奖教奖学金颁奖仪式在高陂镇古埜中学举行。

6日，公安部研究室一级巡视员赵炜带领“百日行动”第八督察组到大埔开展夏季治安打击整治“百日行动”专项督察，副市长、市公安局局长詹星，县长凌晓文，副县长、县公安局局长赖宽陪同督察。

7日，在县委、县政府二楼会议室召开大埔县2022年教师节庆祝大会，县委书记黄增国出席会议并讲话，县长凌晓文主持会议。

9日，在县委、县政府二楼会议室召开

大埔县2022年下半年审批定兵电脑派号现场会，采用电脑随机派号的方式确定应征青年入伍去向。

13—14日，市委督查组到大埔督查，县长凌晓文，县委常委、副县长吴丽丽陪同督查。

15日，广东海事局局长庄则平到大埔开展中共二十大重点防护期安全督查和工作调研，县长凌晓文、副县长钟刻铭陪同督查调研。

是日，大埔县检察院与福建省永定区检察院在县检察院举行生态保护区域协作机制联签仪式。

16日，副市长谢钦文到大埔开展重点企业服务活动，并检查企业安全生产工作，县委书记黄增国、县长凌晓文、副县长罗春达陪同或参加座谈。

17日，市委常委、副市长陈金銮到大埔开展巡河和调研农村生活污水治理工作，县长凌晓文、副县长葛志发陪同调研。

20日，省信访督导组到大埔督导信访工作。

21日，县政协联合市第二中医医院、县中医医院、洲瑞镇政府、洲瑞镇卫生院和驻洲瑞镇帮扶工作队在洲瑞镇共同开展主题为“为群众办实事，助力乡村振兴”的大型义诊活动。

21—22日，共青团大埔县第十七次代表大会在县委党校新校区召开，会议选举产生共青团大埔县第十七届委员会领导班子、委员、候补委员。

22日，县政协组织在大埔的离退休县政协主席、副主席及老干部参观考察全县重点项目建设情况。

23日，省港澳办一级巡视员叶维园到大埔开展“助力乡村振兴　强国复兴有我”群众性主题宣传教育活动，副县长葛志发参加活动。

28—29日，中国华侨公益基金会顾问、南源永芳集团董事、总经理姚国华到大埔考察经济社会发展和华侨工作，县政协主席陈德志和副主席张友群、杨竹玲参加座谈。

29日，广东金融学院校长雍和明带领广东省金融文化研究会成员到大埔县大麻镇北埔村开展乡村振兴调研。

30日，大埔县在三河坝战役纪念园举行2022年烈士纪念日公祭活动，县委、县人大常委会、县政府、县政协全体领导，县人武部军政主官，县法院、县检察院主要负责人，县纪委监委副主任，县老战士代表，县人武部官兵，县公安民警，学生代表，烈属代表等190人参加活动。

是日，县委书记黄增国、县长凌晓文督导检查国庆节前疫情防控、安全生产和森林防灭火工作，县领导李延海、饶凌云参加检查。

10月

3日，大埔县黎家坪汉乐协会举办揭幕庆典活动，举行“听党话、感党恩、跟党走”汉乐专场音乐会。

6日，省总工会副主席杜玲到大埔调研工会工作，市人大常委会副主任、市总工会主席蓝伟东，县长凌晓文，县委常委、组织部部长张榆昌，县人大常委会副主任、县总工会主席张长先陪同调研。

10日，县委书记黄增国到茶阳镇、青溪镇调研中央红色交通线旧址保护利用情况，县委常委、宣传部部长陈伟平陪同调研。

12日，省应急管理厅副厅长卢华友带领第二督查组到大埔督导检查工作，县委常委、常务副县长李延海陪同检查。

13日，省老区建设促进会考察组到大埔

县三河坝战役纪念园、三河镇汇东书院、朱德指挥部旧址实地考察红色遗址保护利用情况。

是日，省军区到大埔检查指导民兵整组工作。

14日，副市长谢钦文到大埔调研水利项目建设和党建引领基层治理促乡村振兴工作，并开展巡林和检查森林防火、疫情防控工作，县委书记黄增国、副县长葛志发陪同调研检查。

16日，中国共产党第二十次全国代表大会开幕，大埔县组织党员干部职工集中观看开幕会直播，县委书记黄增国，县长凌晓文，县人大常委会主任张红梅，县政协主席陈德志，县委副书记、政法委书记蓝欣在县委、县政府二楼会议室集中收听收看。

19日，大埔县锂电池精密结构件项目和讯源吉玉新材料项目签约仪式在县科技信息大楼二楼会议室举行。

20日，国家统计局广东调查总队总队长赵云城、副总队长黄灿灿到大埔县高陂镇开展乡村振兴调研，县委常委、副县长吴丽丽，副县长葛志发陪同调研。

是日，省政协副主席袁宝成到大埔调研梅州高陂水利枢纽工程建设生产情况，县委书记黄增国和县政协主席陈德志、副主席严庆东陪同调研。

25日，县政协主席陈德志、副主席黄伟胜到县检察院调研检察工作。

是日，市委常委、组织部部长罗盛芬到大埔调研基层党建工作，县委书记黄增国，县委常委、组织部部长张榆昌陪同调研。

26日，市委常委、梅州军分区政委陈煜昌在县委、县政府二楼会议室为大埔县党政领导干部讲授专题党课。

28日，县委书记黄增国到大东镇调研基层党建、乡村振兴、红色资源保护利用情况，县领导陈伟平、张榆昌陪同调研。

31日，大埔县传达贯彻中共二十大精神大会在县科技信息大楼一楼会场召开。

11月

1日，大埔县在县委、县政府二楼会议室组织收听收看全省、全市疫情防控工作电视电话会议，县长凌晓文，县委常委、常务副县长李延海，副县长饶凌云收听收看会议。

4日，县委书记黄增国、县长凌晓文到桃源镇看望中共二十大代表、广东昌隆陶瓷股份有限公司设计总监丘汉松，面向基层干部群众宣讲中共二十大精神，并调研陶瓷产业创新发展、乡村振兴、新农村建设等工作，县委常委、组织部部长张榆昌陪同。

9日，县委书记黄增国到虎山中学、田家炳小学宣讲中共二十大精神，县委常委、宣传部部长陈伟平陪同宣讲。

是日，大埔县2022年“119”消防宣传月活动在县体育馆启动。

14日，大埔县支援广州市海珠区抗击疫情物资发车仪式在县疾病预防控制中心举行。

17日，市人大常委会副主任、市总工会主席蓝伟东到大埔县百侯镇调研乡村振兴工作，县人大常委会副主任张长先陪同调研。

20日，大埔县科技创新产业园标准化厂房建设及基础设施配套工程（一期）设计施工总承包项目开工仪式在高陂镇举行。

12月

4日，市委常委、副市长、市副总河长陈金銮到大埔巡查韩江并开展调研，县长凌晓文陪同调研。

7日，市人大常委会副主任黄立强带领调研组到大埔开展“更好发挥人大代表作用”专题调研，县人大常委会副主任刘辉堂陪同调研。

是日，副市长蒋鲲到大埔调研陶瓷产业发展工作，县长凌晓文、副县长罗春达陪同调研。

10—12日，第一届梅州市青少年足球联赛暨大埔县青少年足球预选赛在县田家炳体育中心足球场举行。

12日，县委书记黄增国到基层联系点湖寮镇宣讲中共二十大精神，对《习近平谈治国理政》第四卷进行专题辅导。

13日，副市长谢钦文到基层联系点大埔县高陂镇坪溪村宣讲中共二十大精神，对《习近平谈治国理政》第四卷进行专题辅导，县长凌晓文参加活动。

14日，县政协主席陈德志到湖山中学开展思政课教育调研活动。

是日，大埔县在县科技信息大楼一楼会场举办学习贯彻中共二十大精神市委宣讲团宣讲报告会暨大埔县科级领导干部学习贯彻中共二十大精神专题研讨班。

15日，县人大常委会主任张红梅到田家炳第一中学宣讲中共二十大精神，并调研、观摩思政课。

20日，市市场监督管理局在大埔奥园广场举行“共促消费公平 共建放心消费”诚信宣传活动暨放心消费承诺单位授牌仪式。

21日，大埔县残疾人联合会第八次代表大会在县城召开，会议选举产生县残疾人联合会新一届领导班子。

23日，梅州市农林科学院林业研究所油茶高效栽培技术示范与精深加工基地在大埔授牌签约。

是日，2022年度香港田家炳基金会、田家炳第一中学校友会教育基金会、庙算堂基金奖教奖学助学金颁奖仪式在大埔县田家炳第一中学举行。

是月，《大埔年鉴（2022）》由方志出版社出版发行。

是年，大埔县公安机关接连侦破湖寮“4·6”、茶阳“9·14”、茶阳“10·18”3宗超百万重大电诈案件，打掉涉诈团伙3个，抓获犯罪嫌疑人7人，串并破获四川、江苏、河南、北京、上海、安徽等地电诈案件181宗，涉案金额3000万元。

县情概览

基本县情

【位置面积】大埔县位于广东省东北部、韩江中上游，地处北纬24° 01′—24° 41′、东经116° 18′—116° 56′，东和北紧靠福建省漳州市平和县和龙岩市永定区，东南连接潮州市饶平县，西依梅县区、梅江区，南邻丰顺县和潮州市潮安区。全县区域总面积2462平方千米。

【建置沿革】大埔县建置于东晋义熙九年（413年）。秦汉时境域属揭阳县。东晋义熙九年立义招县，属义安郡。隋大业三年（607年）义招县改为万川县，属潮州。义招、万川县治均设在湖寮古城。唐武德四年（621年）废万川县并入海阳县，属潮州。历宋、元及明前期，仍属海阳县光德乡。明成化十三年（1477年）立饶平县，县地域属之。明嘉靖五年（1526年）析饶平县之清远、滦洲二都重置县，定名大埔县，县治在茶阳，属潮州府。民国3年（1914年）隶潮循道，民国25年（1936年）属广东省第六行政督察

大埔县城全景　（2022年摄，县委办提供）

区。1949年中华人民共和国成立后，先后属兴梅专区、粤东行政区、汕头专区。1961年春，县治由茶阳迁至湖寮五虎山北麓。1965年隶属梅县专区，1983年属梅县地区，1988年属梅州市。

【行政区划】2022年，大埔县辖14个镇（湖寮、百侯、枫朗、大东、高陂、光德、桃源、大麻、三河、银江、洲瑞、茶阳、西河、青溪）和丰溪林场，镇、场下设256个村委会（居委会），其中村委会245个、居委会11个，4155个村（居）民小组。

【人口·民族】2022年，大埔县户籍总人口53.75万人，常住人口32.3万人。全县人口主要为汉族，兼有蒙古族、回族、藏族、苗族、彝族、壮族、布依族、朝鲜族、满族、侗族、瑶族、白族、土家族、哈尼族、傣族、黎族、傈僳族、畲族、高山族、水族、景颇族、土族、仫佬族、毛南族、仡佬族、赫哲族26个少数民族的少量居民。全县语言属客家方言，光德镇九社、高陂镇埔田等村间有漳州、潮州话。祖籍大埔的海外华侨、华人有近50万人，素有“华侨之乡”的美称。

【气候特点】大埔县属亚热带季风气候。2022年，大埔县年平均气温21.2℃，比历年平均气温高0.2℃；年总降水量1439.2毫米，比历年雨量少58.1毫米，年降水量≥0.1毫米降水日数148天，比历年多2.4天；年日照时数2100.4小时，比历年多371.6小时。年极端最高气温39.4℃，出现在7月25日；年极端最低气温-0.5℃，出现在12月19日。最冷月（12月）平均气温11.4℃，比历年同期平均低2.5℃；最热月（7月）平均气温28.5℃，比历年同期平均偏高0.3℃。一日最大降水量53.4毫米，出现在6月16日。2022年，平均气温正常略偏高，年降雨量偏少，年日照时数较历年偏多。2022年5月21日至6月20日“龙舟水”期间，大埔县受持续性较强降水和上游来水影响，韩江干流三河坝（三）水位站6月17日4时出现最高水位46.48米、超警戒水位4.48米；茶阳镇水位站6月16日23时出现最高水位52.09米，超警戒水位3.09米。各镇（场）均出现不同程度的险情灾情，特别是茶阳、高陂镇街区低洼地受淹浸，受灾严重。全县受灾人口2.64万人，转移6269人，作物受灾面积4058.45公顷，倒塌房屋14间，严重损坏房屋56间，受损公路25.56千米，阻断公路长度67.14千米，直接经济损失3.54亿元。

【物产·资源】大埔县水力资源丰富，理论蕴藏量为70万千瓦，可开发量为53.1万千瓦，已开发39.95万千瓦，是全国水电农村电气化县。矿产资源主要有铁、镍、铅、锌、钨、钼、锡、铜、金砂等金属矿，有磷、水晶石、长石、石英石、瓷土、紫砂陶土等非金属矿。瓷土储量4.38亿吨，紫砂陶土储量超1亿吨，有近800年制作陶瓷的历史，大埔青花瓷、高陂陶瓷产品远销欧美、中东及东南亚等110个国家和地区，是“陶瓷之乡”。土特产主要有天然矿泉水、瓷器、蜜柚、茶叶、烟叶、金针菜等，还有各式各样的风味小吃，有中国青花瓷之乡、中国蜜柚之乡、中国名茶之乡、世界长寿乡、中国小吃名县、全国重点产茶县、2018年国家级电子商务进农村综合示范县、全国未成年人保护示范县等称誉。西岩乌龙茶、大埔青花瓷被国家质量监督检验检疫总局批准为国家地理标志保护产品，大埔蜜柚、大埔乌龙茶被农业部批准为“国家农产品地理标志”农产品，梅州柚·大埔蜜柚入选首批中欧地理标志协定保护名录。西岩茶叶集团、凯达茶业公司入围2022年度全国茶业百强企业，西岩茶叶集团被评为“2022中国十大茶王”。

【地貌】大埔县为“八山一水一分田”的边远山区，森林覆盖率79.15%。县境山脉大部分为北南走向，四周高，中间低，层峦起伏，千岩万壑，纵横交错，海拔千米以上的山峰有27处，均散布于四周边陲，最高峰为西南部银江镇的明山嶂银窿顶，海拔1357米；最低处是高陂镇黄竹居的韩江岸，海拔26米；中部丘陵广布。综观全境，海拔500米以上的中低山约占10%，海拔100—500米的高中丘约占80%，海拔100米以下的低丘、小盆地约占10%。境内溪河众多，地处韩江流域、梅江水系，有规模以上（集雨面积500平方千米以上）河流5条，韩江大埔段总长47.07千米，集雨面积965.68平方千米；梅江大埔段总长22千米，集雨面积200.9平方千米；汀江大埔段总长55千米，集雨面积641.06平方千米；梅潭河大埔段总长83千米，集雨面积678平方千米；漳溪河大埔段总长32千米，集雨面积165平方千米；规模以下（集雨面积500平方千米以下30平方千米以上）河流19条，总长392.18千米，集雨面积1414.89平方千米。水库48宗，总库容1.18亿立方米，重点山塘170处。

【人文】大埔县民间艺术丰富，是中国民间艺术之乡——花环龙之乡、中国民间文化艺术之乡——广东汉乐之乡，广东汉乐被列入国家级非物质文化遗产名录。大埔县是革命老区，是广东省首个中央苏区县，是全国文化先进县、第三批国家级农村职业教育和成人教育示范县、国家卫生县城、全国未成年人保护示范县。大埔县三河坝战役烈士纪念碑入选全国爱国主义教育示范基地。百侯镇、茶阳镇、三河镇是中国历史文化名镇，百侯镇侯北村、侯南村是全国文明村。大埔钟灵毓秀、人杰地灵，素有“文化之乡”美称。“父子进士”（饶相、饶与龄）、“一腹三翰林”（杨缵绪、杨黼时、杨演时）、“兄弟三将军”（范汉杰、范剑江、范作人）、一县同期“四位省主席”（罗卓英、吴奇伟、范汉杰、赵公武）、“父子两总理”（李光耀、李显龙）被传为佳话，还有中国民族工业先驱张弼士、中国首任驻日公使何如璋、中国共产党早期革命活动家罗明、中山大学首任校长邹鲁、首届感动香港十大人物之一的田家炳、现代作家杜埃和碧野，以及中国科学院院士郑度、杨文采、蒲慕明和中国工程院院士饶芳权、邱冠周、涂善东等杰出人物。

【旅游】大埔县主要旅游景点有全国红色旅游经典景区八一起义军三河坝战役纪念园，全国重点文物保护单位（茶阳“父子进士”牌坊、大东花萼楼、湖寮泰安楼、西河光禄第、百侯肇庆堂、三河中山纪念堂）6处，国家AAAA级旅游景区（泰安楼客家文化旅游产业园、百侯名镇旅游区、张弼士故居旅游区）3处，国家AAA级旅游景区（坪山梯田旅游区、富大陶瓷工业旅游区、三河坝战役纪念园、大埔县江畔人家休闲旅游度假区、李光耀祖居旅游景区、大埔西河北塘乡村旅游区、瑞山生态旅游度假区、西岩茶乡度假村）8处，还有明朝兵部尚书翁万达墓、广东大埔丰溪省级自然保护区、粤东名胜万福寺、大埔阴那山国家森林公园、双髻山省级森林公园、田家炳祖居拱辰楼等，“红动古道·绿动乡村——中央红色交通线亲子研学游”线路入选“乡村四时好风光”全国乡村旅游精品线路。大埔县获中国十大文化休闲基地、中国特色旅游休闲度假胜地、全国休闲农业与乡村旅游示范县、十佳中国最美的小城、中国绿色生态·蜜柚示范县、中国深呼吸小城100佳、中国最美丽县、国家重点生态功能区、2017年度中国最美茶乡、新时代·中国最佳生态康养旅游名县、最美中国旅游县、中国文旅融合特色创新示范区等称号。

【交通】大埔县地处广东省东北部的边远地区，县境山川多，中华人民共和国成立前有水路运输，几乎没有公路交通，出门要步行，陆运靠肩挑，十分闭塞。中华人民共和国成立后，成立交通机构，多方筹集资金逐步发展交通运输事业。1956 年开通第一条茶阳至福建永定峰市的公路。至 2022 年年底，全县公路通车里程 3579.51 千米，有高速公路 2 条［梅龙高速、大潮高速（含大漳支线）］、国道 1 条（G235 线）、省道 6 条、县道 24 条、乡村道 1711 条，公路密度 145.1 千米/百平方千米。全县乡镇通车率 100%，对外实现高速公路、国道、省道联通；对内实现县城至 15 个镇（场）及 245 个行政村全部通硬底化公路，300 人以上自然村实现公路硬底化。境内航道总长 104 千米，能通航的有梅江、韩江干流 64 千米。梅坎铁路（梅州至福建坎市）大埔段里程 48.59 千米，县级站设于三河。全县交通运输形成水路、公路（高速）、铁路并举，内外畅通的综合交通体系。

（县方志办）

2022 年社会经济发展

【综合实力】2022 年，大埔县地区生产总值 100.8 亿元，同比增长 0.4%，增速排名全市第四；规模以上工业增加值 14.1 亿元；固定资产投资 29.63 亿元；外贸进出口总额 5.17 亿元；本级一般公共预算收入 5.15 亿元，剔除留抵退税影响，同比增长 5.2%。65 项重点项目全年完成投资 27 亿元，17 个债券项目 6.43 亿元资金全部完成支付。大埔电厂二期、茶阳镇防洪工程等重大项目动工建设，县委党校新校区建成投入使用。推进大丰高速公路、大潮疏港铁路等前期工作，湖寮至枫朗、坑口至高陂、赤山至桃花段公路改建工程和坪山至花萼楼旅游公路、韩江莲塘大桥等项目取得成效。落实家电“以旧换新”、发放消费券促消费等政策，消费市场持续回暖。全年新增减税降费及退税缓税缓费 7.6 亿元，新登记各类市场主体 2911 户。电力、天然气等能源实现保供稳价。加大金融支持实体经济力度，存贷比 64.3%。

【实体经济】2022 年，大埔县把发展经济的着力点放在实体经济，完成工业投资 10 亿元、同比增长 2.4%，技改投资 4.97 亿元、同比增长 210.8%，新增规上企业 5 家。壮大先进制造业，实现税收 1244 万元、同比增长 37.7%。大埔电厂二期项目于 9 月动工，龙湖水电站建成运营并实现“上规”，全县电力规模以上企业产值 27.42 亿元、税收 1 亿元。完成《大埔陶瓷产业发展规划（2023—2030 年）》初稿编制，全年陶瓷产值 10.77 亿元。县科创园成功申请政策性开发性金融工具资金 6558 万元，于 11 月动工建设；推进县城工业小区二期、县新型陶瓷产业园规划建设。清理低效工业用地，依法依规收回工业用地 2.91 公顷。强化数字赋能，新建 5G 基站 237 座。发展现代农业，全县蜜柚产值 16.8 亿元，同比增长 7.6%，茶叶产值 11.3 亿元，同比增长 7.6%。推进省级蜜柚产业园（扩容提质）、广东供销（梅州）天业冷链物流产业园项目。西岩茶叶集团、凯达茶业公司入围 2022 年度全国茶业百强企业，西岩茶叶集团被评为“2022 中国十大茶王”。完成 28 个“一村一品、一镇一业”项目验收。推动全域旅游发展，推进三河坝文旅综合开发项目，中央红色交通线大埔段等 5 处文物入选省第十批文物保护单位，新增市级非遗代表性项目 3 个、市级非遗生产性保护示范基地 1 个、市级非遗主题线路 1 条、市级爱国主义教育基地 6 个，“红动古道·绿动乡村——中央红色交通线亲子研学游”线路上榜全国乡村旅游精品线路，三河坝战役纪念园入选省首批技术工人疗休养基地。引进“打粮食”项目，招引并动工建设10个项目，计划投资总额95.09亿元，其中亿元以上工业项目4个、10亿元以上项目1个，实际完成投资7.32亿元，建成投产项目3个。

【乡村振兴】2022年，大埔县守住粮食安全底线，抓好垦造水田、拆旧复垦等工作，新增高标准农田632.07公顷，完成撂荒耕地复耕复种2466.67公顷，动员人大代表、政协委员、新阶层人士、工商业人士认耕认种133.33公顷。14个镇通过“宜居圩镇”市级验收，湖寮、百侯、银江镇通过“示范圩镇”验收。百侯镇侯南村入选省乡村研学旅行特色村，西河镇车龙村入围省文化和旅游特色村。筹集驻镇帮镇扶村资金入股优质企业，推进48个扶持壮大村级集体经济试点村建设。打造品质县城，完成日华、大昌等6个老旧小区改造，县城下坜路及下坜一街建成通车，完成县城垃圾填埋场整治，推进内环东路综合市场、迎宾大道廊桥项目，推进北环路自来水工程及路面提升改造、第二自来水厂及管网、城区截污管网、县城第二水质净化厂等工程，动工建设第三自来水厂。完成农贸市场升级改造10家。推进垃圾分类，生活垃圾无害化处理率100%。全域自然村集中供水工程（第二批）基本完成，新建成79.89千米农村公路。

【生态优势】2022年，大埔县推进国家生态文明建设示范县创建，编制完成《梅州市大埔县生态文明建设规划（2022—2035年）》。推动生态环境质量持续向好，推进“三区三线”划定，统筹山水林田湖草沙系统治理，促进国土空间集约高效利用。完成6座小型病险水库除险加固、西河镇生态清洁小流域和湖寮、百侯镇崩岗水土流失治理等工程建设。推进污染防治攻坚战，33批40件中央生态环境保护督察交办信访案件全部结案，县城空气质量优良率100%，国考、省考断面水质和集中式饮用水水源地水质达标率保持100%，水环境质量全市排名第一，土壤环境质量保持良好。推进河（湖）长制，建成漳溪河西河段、梅潭河县城段2宗14.7千米碧道，梅潭河碧道工程被评为广东省十大“最生态碧道”，大埔县入选省2020年度和2021年度万里碧道建设激励名单。推行林长制，完成造林780公顷、新造林抚育1400公顷，森林覆盖率79.15%。

【改革创新】2022年，大埔县深化“放管服”改革，推进“数字政府”建设，优化营商环境。行政审批事项实现100%网上受理、100%网上办结，电子印章覆盖率100%，1671项政务服务事项实现“全市通办”，线上办件率居全市前列。简化市场主体登记程序，放宽企业名称登记，新增内资企业531家。“粤政易”活跃率保持全市第一，“粤商通”注册率100%。推进国企改革，县城投公司实现优化

2022年1月，大埔县百侯镇获评“全国依法治理创建活动先进单位”

（县委办提供）

配置。新培育认定科技型中小企业31家，规模以上工业企业建立研发机构比例40.9%。新增专利授权量6件，成功利用知识产权质押融资1500万元。抓好人才引培，引进急需紧缺人才9人，培育农村实用人才820人、技能人才540人、特色文化人才639人。

【民生事业】2022年，大埔县把八成以上财力用于民生领域，省、市、县十件民生实事全面完成。全体居民人均可支配收入2.3万元，同比增长4.2%。加快教育均衡高质量发展，高考本科上线人数突破“千人”大关，全面落实义务教育“双减”政策，课后服务实现两个“全覆盖”。全县新增公办学位5490个，西岭实验学校及幼儿园建成招生，城东实验学校教学楼投入使用，推进进光高级职业技术学校建设，大埔县获评全国未成年人保护示范县、广东省儿童友好示范县。成功处置“11·22”疫情，疫情防控顺利转段。推进全国基层中医药工作示范县创建工作，县中医医院通过二甲等级复审，加快县人民医院改扩建二期、县中医康复中心、高陂中心卫生院迁建工程建设，推进紧密型县域医共体建设，普通门诊纳入职工医保范围。全县城镇新增就业2102人，再就业1228人，城镇登记失业率2.9%。完善社会保障体系，提高城乡居民养老保险、医疗保险参保率和城乡低保、特困供养、孤儿养育标准。建成社区体育公园2座、“粤书吧”等文体设施2个，完成广东汉剧大戏《客家之子·田家炳》、大型民族歌剧《血色三河》（精华版）打磨提升。成功创建全域省级民主法治示范村（社区）。推进“八五”普法，常态化开展扫黑除恶斗争，群众安全感和政法工作满意度保持全省前列，县看守所获评“全国优秀公安基层单位”，百侯镇获评“全国依法治理创建活动先进单位”，三河坝战役纪念园管理处入选首批省政府立法基层联系点。推进安全生产专项整治三年行动，落实《信访工作条例》，开展问题楼盘、涉众金融等领域隐患排查，完成中共二十大等重大活动、重要节点安保任务。

（县府办）

2022年度大埔十大新闻

1. 大埔县传达贯彻中共二十大精神大会召开，真抓实干、奋发有为，以党的二十大精神引领大埔全面振兴、共同富裕。

2. 中共大埔县委十三届二次全会召开，真抓实干、破难攻坚，奋力开创大埔全面振兴发展新局面。

3. 大埔：齐心战“疫”，坚决筑牢疫情防控屏障。

4. 大埔亮相中国空间站。

5. 大埔西岭实验学校9月启用。

6. 广东梅州高陂水利枢纽主体工程全面完工。

7. 大埔举全县之力推动撂荒耕地全面复耕复种，助力乡村振兴。

8. “红动古道·绿动乡村”南粤古驿道活化利用系列展示活动在大埔举行。

9. 总投资超80亿元的大埔电厂二期工程获批。

10. 大埔县乡村振兴人才驿站揭牌运营，打造人才之家，汇聚乡村振兴人才能量。

（县委办）

中共大埔县委员会

主要会议简述

【大埔县委十三届二次全会】2022 年 1 月 20 日，中共大埔县委十三届二次全会在县科技信息大楼一楼会场召开。会议的主要任务是：坚持以习近平新时代中国特色社会主义思想为指导，深入学习贯彻中共十九届六中全会和中央经济工作会议精神，贯彻省委十二届十五次、市第八次党代会和市委八届二次全会精神，总结 2021 年工作，部署 2022 年工作，动员全县上下狠抓发展第一要务，真抓实干、破难攻坚，奋力开创大埔全面振兴发展新局面，以优异成绩迎接中共二十大胜利召开。县委书记黄增国代表县委常委会作报告，县长凌晓文就经济工作作专题讲话。全会审议 2021 年县委常委会传达学习贯彻落实习近平总书记重要讲话和重要指示批示精神情况报告以及抓党建工作情况报告、大埔县推荐提名的广东省出席中共二十大代表候选人推荐人选，审议通过《中国共产党大埔县第十三届委员会第二次全体会议决议》。全会以电视电话会议形式召开，设立县主会场和各镇（场）分会场。县委委员、县委候补委员出席全会。不是县委委员、候补委员的县人大常委会、县政府、县政协领导，县人武部部长，县纪委副书记，县人大常委会、县政协各

2022 年 1 月 20 日，中国共产党大埔县第十三届委员会第二次全体会议在县科技信息大楼一楼会场召开（县委办提供）

专（工）委主任，县直正科级以上单位和省、市驻大埔单位主要负责人，县委巡察组组长和县纪委委员以及县第十三次党代会部分基层党代表，各镇（场）党委副书记、村（社区）党组织书记等列席全会。

【大埔县党史学习教育总结会议】2022 年 1 月 28 日，大埔县党史学习教育总结会议在县委、县政府大楼二楼会议室召开。会议坚持以习近平新时代中国特色社会主义思想为指导，深入学习贯彻中共十九届六中全会精神，贯彻习近平总书记关于党史学习教育的重要论述和重要指示精神，落实中央和全省、全市党史学习教育总结会议要求，总结大埔县党史学习教育情况，对巩固拓展党史学习教育成果，推动党史学习教育常态化长效化进行部署安排。梅州市委党史学习教育第四巡回指导组组长黄庆福和指导组有关人员到会指导。大埔县委书记、县委党史学习教育领导小组组长黄增国出席会议并讲话，县委副书记、县长、县委党史学习教育领导小组副组长凌晓文主持会议。县领导蓝欣、陈伟平、杨自强、张榆昌、罗伟国等参加会议。会议还以直播形式开至各镇（场）。

【大埔县促进实体经济高质量发展暨重点项目建设推进大会】2022 年 3 月 10 日，大埔县促进实体经济高质量发展暨重点项目建设推进大会在县委、县政府大楼二楼会议室召开。会议坚持以习近平新时代中国特色社会主义思想为指导，全面贯彻落实中共十九大和十九届历次全会及中央经济工作会议精神，落实省委、省政府关于推动实体经济高质量发展的决策部署，以及市第八次党代会、市委八届二次全会和全市促进实体经济高质量发展大会精神，按照县第十三次党代会、县委十三届二次全会和县两会的工作要求，狠抓发展第一要务，大抓工业、大兴实体，推动大埔全面振兴发展。县委书记黄增国出席会议并讲话，县长凌晓文主持会议。县政协主席陈德志，县委副书记、政法委书记蓝欣参加会议。会议传达全市促进实体经济高质量发展大会精神，通报 2021 年全县工业经济发展情况，提出 2022 年工作打算；通报 2021 年重点项目建设情况，提出 2022 年工作打算；县科工商务局、县自然资源局、梅州市博富能科技有限公司、梅州市鸿富瀚科技有限公司、广东吉玉陶瓷股份有限公司作大会发言。县党政领导班子成员，县法院院长、各镇（场）党委书记、镇（场）长；县有关单位主要负责人；2021 年度纳税前 10 名的工业企业代表以及信息技术新材料企业、陶瓷企业代表，县陶瓷协会主要负责人等参加会议。

【大埔县学习贯彻习近平总书记在庆祝中国共产主义青年团成立 100 周年大会上的重要讲话精神座谈会】2022 年 5 月 31 日，大埔县学习贯彻习近平总书记在庆祝中国共产主义青年团成立 100 周年大会上的重要讲话精神座谈会在县委、县政府大楼二楼会议室召开。会议深入学习贯彻习近平总书记的重要讲话精神，激励全县广大团员青年坚定理想信念，牢记初心使命，在新征程上奋发有为、砥砺前行，为全面建设社会主义现代化大埔作出新的更大贡献。县委书记黄增国、县长凌晓文、县政协主席陈德志，县领导陈伟平、吴丽丽、饶凌云，县中长期青年发展规划实施工作联席会议全体成员单位和县直有关单位主要负责人，团县委全体干部，共青团大埔县第十六届委员会委员、候补委员和非团县委委员的各镇（场）团委书记、部分学校团队干部，各界青年代表等参加座谈会。会议传达学习习近平总书记在中国共产主义青年团成立 100 周年庆祝大会上的重要讲话精神和省、市学习贯彻习近平总书记在中国共产主义青年团成立 100 周年庆祝大会上的重要讲话精神座谈会会议精神。团县委主要负责人汇报大埔共青团学习宣传贯彻习近平总书记重要讲话精神的有关情况和下一步工作安排，各界青年代表分享学习贯彻落实习近平总书记在庆祝中国共产主义青年团成立 100 周年大会上的重要讲话精神心得体会。

【大埔县委农村工作会议暨全县实施乡村振兴战略工作推进会】2022 年 6 月 24 日，大埔县委农村工作会议暨全县实施乡村振兴战略工作推进会在县委、县政府大楼二楼会议室召开。会议深入学习贯彻习近平总书记关于“三农”工作重要论述精神，全面落实中央一号文件以及中央农村工作会议、省委、市委农村工作会议和实施乡村振兴战略工作推进会精神，对全县“三农”工作和乡村振兴工作进行再部署、再强调、再推进、再落实。县委书记黄增国，县长凌晓文，县人大常委会主任张红梅，县政协主席陈德志，县委副书记、政法委书记蓝欣等县领导，各镇（场）相关负责人，县委实施乡村振兴战略领导小组成员单位、县农业农村局（县乡村振兴局）有关负责人，各镇驻镇帮镇扶村工作队队长等在主会场参会，会议以视频直播形式开至各镇（场）。会议由凌晓文主持。会上，蓝欣传达省、市农村工作会议暨实施乡村振兴战略推进会精神，总结部署全县农业农村和实施乡村振兴战略工作。

【大埔县招商引资工作会议】2022 年 8 月 18 日，大埔县招商引资工作会议在县科技信息大楼一楼会场召开。会议以习近平新时代中国特色社会主义思想为指导，深入贯彻落实省第十三次党代会、市第八次党代会、市委市政府主要领导到大埔调研指示和县第十三次党代会精神，传达贯彻全市招商引资工作大会精神，部署大埔县招商引资工作，掀起全员、全域、全力大招商、招大商的热潮，推动大埔全面振兴发展。

【大埔县 2022 年教师节庆祝大会】2022 年 9 月 7 日，大埔县 2022 年教师节庆祝大会在县委、县政府大楼二楼会议室召开。会议深入学习贯彻习近平总书记关于教育的重要论述精神，贯彻落实省、市教育工作会议精神，表彰教育工作战线涌现出的教书育人先进教师，研究部署全县教育工作。县委书记黄增国参加会议并讲话，县长凌晓文主持会议。县政协主席陈德志，县委副书记、政法委书记蓝欣，县领导陈伟平、杨润世、吴丽丽、邓立新等参加会议。

【大埔县传达贯彻中共二十大精神大会】2022 年 10 月 31 日，大埔县传达贯彻中共二十大精神大会在县科技信息大楼一楼会场召开。会议传达学习宣传贯彻中共二十大精神及省、市学习贯彻会议精神，动员全县上下全面贯彻习近平新时代中国特色社会主义思想，坚定信心、团结拼搏，真抓实干、奋发有为，以中共二十大精神引领大埔全面振兴、共同富裕，为全面建设社会主义现代化国家、全面推进中华民族伟大复兴而团结奋斗。县委书记黄增国主持会议并讲话。县长凌晓文传达学习中国共产党第二十次全国代表大会，二十届一中全会和全省、全市干部大会精神。县人大常委会主任张红梅、县政协主席陈德志、中共二十大代表丘汉松出席会议。

【县委常委会会议】2022 年，召开县委常委会会议 31 次。主要内容：2022 年 1 月 5 日，县委书记黄增国主持召开县委常委会会议。会议传达学习上级有关会议和文件精神，听取有关工作汇报，部署当前有关工作。传达学习习近平总书记重要讲话和重要指示批示精神，以及上级有关会议精神。会议传达学习习近平总书记12月25日至26日在中央农村工作会议精神，12月27日至28日在中共中央政治局专题民主生活会精神，12月31日在全国政协新年茶话会上的重要讲话精神以及2022年新年贺词；12月25日、29日省委常委会会议精神、12月30日全省国资国企高质量发展会议精神；12月30日市委常委会会议精神，以及全市岁末年初维稳工作会议精神。听取有关工作汇报。会议听取关于做好春节期间县城城区禁放烟花爆竹、疫情防控工作情况汇报，研究审议县委十三届二次全会有关文稿。部署当前有关工作：要深刻领会精神，坚持举旗帜、当先锋；要做好“收口开局”工作；要毫不放松抓好安全生产；要全面统筹年末岁尾工作。

2022年1月17日，县委书记黄增国主持召开县委常委会（扩大）会议。会议传达学习上级有关会议精神，听取有关工作汇报，审议有关事项，部署当前有关工作。传达学习习近平总书记重要讲话和重要指示批示精神，以及上级有关会议精神。会议传达学习习近平总书记1月11日在省部级主要领导干部专题研讨班开班式上的重要讲话精神，对政法工作作出的重要指示精神，1月6日中共中央政治局常务委员会会议精神；1月6日、14日市委常委会会议精神；中共梅州市委八届二次全会精神；市八届人大一次会议精神；市政协八届一次会议精神。听取有关工作汇报。会议听取全县疫情防控工作情况、乱占耕地建房和卫片执法工作情况、县级涉粮问题专项巡察情况汇报。审议通过有关事项。会议审议并通过《大埔县抓党建促乡村振兴示范县创建工作实施方案》（稿）和推荐提名的广东省出席中共二十大代表候选人推荐人选。部署当前有关工作：坚决贯彻落实习近平总书记重要讲话、重要指示精神；要抓好贯彻落实市委全会精神；要坚决守牢疫情防控底线；要认真贯彻市两会精神；要扎实做好岁末年初工作。

2022年2月9日，县委书记黄增国主持召开县委常委会会议。会议传达学习上级有关会议精神，听取有关工作汇报，审议有关事项，研究部署当前有关工作。传达学习习近平总书记重要讲话和重要指示批示精神，以及上级有关会议精神。会议传达学习习近平总书记赴山西看望慰问基层干部群众时、同党外人士共迎新春时、在春节团拜会上的重要讲话，第三十五次全国“扫黄打非”及2022年广东省“扫黄打非”工作电视电话会议，全国、全省宣传部长会议精神；2022年1月26日、1月29日、2月7日省委常委会会议，省、市疫情防控工作有关会议精神；梅州市网络意识形态、网络安全工作会议精神。听取有关工作汇报。会议听取大埔县疫情防控工作情况汇报。审议通过有关事项。会议审议通过《县纪委全会工作报告》（稿）、《中共大埔县委巡察工作（2022—2026年）》（稿）。部署当前有关工作：坚决巩固防疫成果；迅速调整工作状态；精准发力开好局；坚守意识形态阵地；严守底线保安全。

2022年2月23日，县委书记黄增国主持召开县委常委会会议。会议传达学习上级有关会议和文件精神，审议有关文件，部署当前有关工作。传达学习习近平总书记重要讲话和重要指示批示精神，以及上级有关会议和文件精神。会议传达学习习近平总书记在第3期《求是》杂志发表的重要文章精神，以及市委常委会会议、市委常委会扩大会议精神。组织学习《中共中央 国务院关于做好2022年全面推进乡村振兴重点工作的意见》。审议通过有关事项。会议审议并通过《政府工作报告》（稿）、《大埔县2021年国民经济和社会发展计划执行情况与2022年计划草案的报告》（稿）、《大埔县2022年重点建设项目计划》（稿）、《大埔县2022年预算草案》（稿）、《2022年县十件民生实事候选项目》

（稿）等县十六届人大二次会议有关材料。根据《中共大埔县委常委会“三重一大”事项集体决策制度实施意见》要求，会议听取并审议《关于审议〈大埔县城投实业有限公司组织架构、经营范围优化方案（送审稿）〉的请示》“三重一大”事项，县委常委逐一发表意见或表态，一致同意实施上述事项。部署当前有关工作：抓学习贯彻；抓开春工作；抓疫情防控；抓社会稳定。

2022年2月23日，县委常委会专题听取各镇（场）党委书记和县直有关工委书记抓基层党建工作述职，并进行评议。市委组织部组织四科科长、四级调研员林秀妮到会指导，县委书记黄增国、县长凌晓文等县领导出席会议。会上，各镇（场）党委书记和县直机关工委书记、县委教育工委书记、县“两新”组织党工委书记依次进行述职，与会人员对述职情况进行评议。县委党的建设工作领导小组成员单位主要负责人，各镇（场）党委书记、组织委员，县直机关工委书记、县委教育工委书记、县“两新”组织党工委书记，部分县党代表、县人大代表、县政协委员、基层党员干部等参加会议。

2022年3月4日，县委书记黄增国主持召开县委常委会会议。会议传达学习上级有关会议精神，听取有关工作汇报，审议有关事项，部署当前有关工作。传达学习习近平总书记重要讲话和重要指示批示精神，以及上级有关会议精神。会议传达学习习近平总书记在中共中央政治局第三十七次集体学习时的重要讲话、审阅述职报告时提出的重要要求、在中央党校（国家行政学院）中青年干部培训班开班式上的重要讲话精神，2月25日中共中央政治局会议、2月28日中央全面深化改革委员会第二十四次会议精神；省委常委会会议和市委常委会会议精神；全国、全省、全市组织部长会议精神；2022年全省河湖长制暨水利工作会议精神；市委政法工作会议精神；梅州市宣传部长会议精神；全市粮食安全、推进撂荒耕地复耕复种工作会议精神；市委书记马正勇到大埔调研座谈会精神。听取有关工作汇报。会议听取大埔县十三届县委第一轮巡察情况汇报。审议通过有关事项。会议审议并通过《2022年大埔县政法工作报告》（稿）、《大埔县规范公务员工资津贴补贴实施方案》（稿）、2021年度大埔县党（工）委书记抓基层党建工作述职评议考核结果。根据《中共大埔县委常委会“三重一大”事项集体决策制度实施意见》要求，会议听取并审议《关于采用“设计、采购、施工（EPC）”总承包模式实施中央红色交通线（大埔段一期）保护利用项目的请示》《关于实施大埔县城下坜路及下坜一街建设工程的请示》《关于实施大埔县城（城北片区）老旧小区内外基础设施改造工程的请示》《关于实施大埔县城（城北片区）老旧小区建筑主体改造工程的请示》《关于批准2022年1月地方政府新增债券资金使用计划的请示》《关于批准实施大埔县进光高级职业学校建设项目的请示》《关于批准实施大埔县三河坝文旅综合开发项目建设工程的请示》7项“三重一大”事项，县委常委逐一逐项发表意见或表态，原则上同意上述事项。部署当前有关工作：坚决贯彻落实习近平总书记重要讲话、重要指示精神；贯彻落实市委书记马正勇到大埔调研讲话精神；全力保障粮食安全，推动撂荒耕地治理；扛牢巡察政治责任，提升巡察监督质效。

2022年3月10日，县委书记黄增国主持召开县委常委会会议。会议传达学习上级有关会议精神，听取有关工作汇报，研究部署当前有关工作。传达学习习近平总书记重要讲话和重要指示批示精神，以及上级有关会议精神。会议传达学习习近平总书记审阅述职报告时提出的重要要求精神以及市委常委会会议精神。听取有关工作汇报。会议听取县人大常委会党组、县政府党组、县政协党组、县法院党组、县检察院党组工作情况汇报以及2021年度镇（场）和县直单位党风廉政建设工作考核情况汇报。部署当前有关工作：持续抓好各项工作；加强党风廉政建设。

2022年3月14日，县委书记黄增国主持召开县委常委会会议。会议传达学习上级有关会议和文件精神，部署当前有关工作。传达学习习近平总书记重要讲话和重要指示批示精神，以及上级有关会议和文件精神。会议传达学习习近平总书记在第4期《求是》杂志发表的重要文章和中央、省、市疫情防控、春耕生产工作有关会议精神，以及市委常委会会议精神。部署当前有关工作：抓牢学习贯彻；抓好疫情防控；抓实春耕生产。

2022年3月24日，县委书记黄增国主持召开县委常委会会议。会议传达学习上级有关会议精神，听取有关工作汇报，审议有关事项，部署当前有关工作。传达学习习近平总书记重要讲话和重要指示批示精神，以及上级有关会议精神。会议传达学习习近平总书记在全国两会上的重要讲话和全国两会精神、中共中央政治局常务委员会会议精神，《中共中央 国务院关于做好2022年全面推进乡村振兴重点工作的意见》精神；全省传达贯彻习近平总书记重要讲话精神暨全国两会精神干部大会、省委常委会会议、省委统战部有关工作会议精神；市委常委会会议精神，市委书记马正勇在全市党史学习教育总结会议上的讲话精神；国家、省、市疫情防控工作会议精神；省、市防御强降雨强对流天气工作视频会议精神；市委人大工作会议精神。听取有关工作汇报。会议通报大埔县在全市2021年度抓基层党建工作述职评议考核的结果。审议通过有关事项。会议审议并通过2021年度驻镇帮镇扶村工作队干部年度考核结果。根据《中共大埔县委常委会“三重一大”事项集体决策制度实施意见》要求，会议听取并审议《关于拨给大埔县西岭实验学校教育装备资金的请示》《关于审议2021年乡村振兴驻镇帮镇扶村资金建设项目的请示》《关于审议〈关于进一步完善农村人居环境长效管护机制的实施意见（送审稿）〉的请示》3项“三重一大”事项，县委常委逐一逐项发表意见或表态，原则上同意上述事项。部署当前有关工作：深刻学习领会，准确把握精神实质；认清大局大势，推动实体产业发展；抢抓政策机遇，打牢经济发展支撑；聚焦关键要点，稳步推动乡村振兴；坚持人民立场，统筹好发展和安全；加强党管武装，扎实推进国防建设。

2022年4月2日，县委书记黄增国主持召开县委常委会会议。会议传达学习上级有关会议和文件精神，听取有关工作汇报，部署当前有关工作。传达学习习近平总书记重要讲话和重要指示批示精神，以及上级有关会议和文件精神。会议传达学习习近平总书记对东航客机坠毁作出的重要指示、在参加首都义务植树活动时的重要讲话精神、在第7期《求是》杂志上发表的重要文章精神，中共中央政治局常务委员会会议精神；省委常委会会议精神、市委常委会会议精神；市政府主要领导到大埔调研座谈会精神；《梅州市人民政府关于印发梅州市市本级政府投资项目工程建设领域超投资问题治理的指导意见（试行）的通知》精神。听取有关工作汇报。会议听取全县春种春播、撂荒耕地复耕复种工作情况和安全生产、森林防灭火、防汛防旱防台风等工作情况，以及校园疫情防控工作情况汇报。部署当前有关工作：坚决贯彻落实习近平总书记重要讲话、重要指示精神；要扎实推动经济发展；要全力维护社会安全；要加快推进春耕春种。

2022年4月15日，县委书记黄增国主持召开县委常委会（扩大）会议。会议传达学习上级有关会议和文件精神，听取有关工作汇报，审议有关事项，研究部署当前有关工作。传达学习习近平总书记重要讲话和重要指示批示精神，以及上级有关会议精神。会议传达学习贯彻习近平总书记在北京冬奥会、冬残奥会总结表彰大会上的重要讲话精神；省委、省政府主要领导到梅州调研讲话、省委常委会会议、省疫情防控工作电视电话会议、中国侨商投资（广东）大会组委会第一次会议、省委农村工作会议暨全省实施乡村振兴战略工作推进会、广东精美特种型材有限公司“4·3”爆炸事故警示教育视频会议精神；市委常委会（扩大）会议、2022年市民族宗教协调领导小组会议精神。听取有关工作汇报。会议听取大埔县2022年第一季度重点建设项目及专项债项目进展情况汇报。审议通过有关事项。会议审议通过《大埔县村（社区）干部、专职工作人员受处分（处理）后薪酬扣减办法（试行）》（稿）。根据《中共大埔县委常委会“三重一大”事项集体决策制度实施意见》要求，会议听取并审议《大埔县财政局关于请求批准大埔县财政统发工资招标方案的请示》《大埔县财政局关于批准2022年3月地方政府新增债券资金使用计划的请示》《大埔县科工商务局关于审议〈大埔县促进总部经济发展暂行办法（修订）〉（送审稿）的请示》《大埔县卫生健康局关于调整中医康复中心项目实施方案的请示》《大埔县自然资源局关于同意征收高陂镇高陂大道北侧地块土地的请示》《大埔县自然资源局关于同意征收县城工业小区二期土地的请示》6项“三重一大”事项，县委常委逐一逐项发表意见或表态，同意实施上述事项。部署当前有关工作：坚决贯彻落实习近平总书记重要讲话重要指示精神；认真领会狠抓落实；统筹发展与安全；加快推进重点项目建设；回应社会关切；抓好迎检备考。

2022年4月27日，县委书记黄增国主持召开县委常委会会议。会议传达学习上级有关会议精神，听取有关工作汇报，审议有关事项，部署当前有关工作。传达学习习近平总书记重要讲话和重要指示批示精神，以及上级有关会议精神。会议传达学习习近平总书记在海南省考察、视察文昌航天发射场、在博鳌亚洲论坛2022年年会开幕式上的重要讲话精神和对党政专用通信工作重要指示批示精神；省委常委会会议精神；全省消防安全专项整治部署推进会会议精神；4月23日全省疫情防控工作电视电话会议精神；2022年全市退役军人工作会议精神；上级政法和信访工作联席会议有关会议精神。听取有关工作汇报。会议听取县人大常委会专项督查组、县政协专项督查组督查2022年第一季度县重点项目建设工作进展情况通报和全县近期安全生产、疫情防控、森林防火、防汛防旱防台风等工作情况汇报以及大埔县贯彻落实《中国共产党政法工作条例》工作情况汇报。审议通过有关事项。根据《中共大埔县委常委会“三重一大”事项集体决策制度实施意见》要求，会议听取并审议《关于实施大埔县智慧停车场项目的请示》《关于请求审议〈大埔县县本级重大项目前期工作经费使用管理暂行办法（送审稿）〉的请示》2项“三重一大”事项，县委常委逐一逐项发表意见或表态，原则上同意上述事项，并对《关于实施大埔县智慧停车场项目的请示》事项提出要求。部署当前有关工作：坚决贯彻落实习近平总书记重要讲话、重要指示精神；要扎实推进重点项目建设；要全力维护社会大局稳定；要巩固基础提升人居环境；要提高站位确保粮食安全。

2022年5月12日，县委书记黄增国主持召开县委常委会（扩大）会议。会议传达学习上级有关会议和文件精神，听取有关工作汇报，审议有关事项，部署当前有关工作。传达学习习近平总书记重要讲话和重要指示批示精神，以及上级有关会议和文件精神。

会议传达学习习近平总书记在中国人民大学考察时、在中共中央政治局第三十八次集体学习时、在庆祝中国共产主义青年团成立100周年大会上的重要讲话精神，对湖南长沙居民自建房倒塌事故作出的重要指示精神，中共中央政治局常务委员会会议精神；省委常委会会议、省委统战部有关工作会议精神，省委宣传部《关于结合巡视开展意识形态工作责任制专项检查发现问题情况的通报》精神；市委常委会会议、全市干部大会、梅州市委政法委员会2022年第二次全体会议、全市民族宗教局长会议精神，《梅州市迎接党的二十大胜利召开安保维稳工作总体方案》、梅州市委网信办《梅州市2022年网信工作要点》精神；全国、全省、全市自建房安全专项整治电视电话会议精神；《广东省自然资源厅关于印发自然资源管理工作中若干底线要求的通知》精神；全省强降雨防范视频调度会议和全市强降雨防御工作视频会议精神。审议通过有关事项。会议审议并通过《县委常委会2022年度基层党建重点项目研判安排》。部署当前有关工作：深刻学习领会，准确把握精神实质；狠抓工作落实，认真贯彻全市会议精神；保持高度警惕，持续抓好疫情防控工作；强化责任意识，全力做好防汛减灾工作；筑牢安全防线，扎实做好意识形态工作；强化风险意识，确保社会大局和谐稳定。

2022年5月18日，县委书记黄增国主持召开县委常委会会议。会议传达学习上级有关会议精神，审议通过有关事项，研究部署当前有关工作。传达学习习近平总书记重要讲话和重要指示批示精神，以及上级有关会议精神。会议传达学习贯彻习近平总书记在中央财经委员会第十一次会议、中共中央政治局会议上的重要讲话精神；省委常委会会议，省、市打击整治养老诈骗专项行动第一次推进会会议精神；市委常委会会议精神。审议通过有关事项。会议审议通过关于调整中共大埔县直属机关工作委员会领导配备事项。部署当前有关工作：坚决贯彻落实习近平总书记重要讲话重要指示精神；要深入抓好党建工作；要主动抓好安全生产；要全力抓好社会稳定；要从严抓好疫情防控。

2022年5月30日，县委书记黄增国主持召开县委常委会（扩大）会议。会议传达学习上级有关会议和文件精神，听取有关工作汇报，审议有关事项，研究部署当前有关工作。传达学习习近平总书记重要讲话和重要指示批示精神，以及上级有关会议精神。会议传达学习贯彻习近平总书记在《求是》杂志上发表的重要文章精神，全国稳住经济大盘电视电话会议、省市巡视巡察办主任培训班暨市级巡察机构在上下联动中更好发挥作用试点工作总结会议和《关于调整完善土地出让收入使用范围优先支持乡村振兴的若干措施》精神；中国共产党广东省第十三次代表大会、中共广东省委十三届一次全会、粤东西北地区经济形势研判会、省委常委会会议和省第十三次党代会纪委工作报告精神；市委常委会会议精神。听取有关工作汇报。会议听取大埔县高考备考工作情况汇报。审议通过有关事项。根据《中共大埔县委常委会“三重一大”事项集体决策制度实施意见》要求，会议听取并审议《关于实施2022年度百侯镇侯南村、西河镇上黄砂村和茶阳镇梅林村3个垦造水田项目的请示》《关于审议大埔县镇（场）和县直机关事业单位工作绩效考核办法的请示》《关于请求审议〈大埔县撂荒耕地复耕复种攻坚行动工作方案（送审稿）〉的请示》3项“三重一大”事项，县委常委逐一逐项发表意见或表态，原则上同意实施上述事项。部署当前有关工作：坚决贯彻落实习近平总书记重要讲话重要指示精神；深入学习贯彻落实省第十三次党代会精神；全力稳住经济大盘；加快推进复耕复种工作；全力做好高考备考工作。

2022年6月16日，县委书记黄增国主持召开县委常委会（扩大）会议。会议传达学习上级有关会议和文件精神，审议有关文件，部署当前有关工作。传达学习习近平总书记重要讲话和重要指示批示精神，以及上级有关会议和文件精神。会议传达学习习近平总书记在中共中央政治局第三十九次集体学习时的重要讲话精神及致2022年六五环境日国家主场活动的贺信精神、中共中央政治局会议和《中央办公厅 国务院办公厅印发〈关于更加有效发挥统计监督职能作用的意见〉的通知》精神；省委常委会会议、全省乡镇（街道）综治中心规范化建设推进会、全省疫情防控工作会议、省市维稳安保有关工作会议精神；市委常委会会议、全市干部大会、市委书记马正勇调研督导交通重点项目建设和河长制工作，以及梅州市打击整治养老诈骗专项行动第二次推进会会议精神。听取有关工作汇报。会议听取全县近期防汛救灾有关工作、2021年度县管党费收缴、使用和管理，以及2021年度发展党员工作情况。审议通过有关事项。会议审议并通过《中共大埔县委关于认真学习宣传贯彻省第十三次党代会精神的工作方案》（稿）、《大埔县加强乡镇“五小”场所和周转房保障工作实施方案》（稿），以及领导干部在社会团体或企业兼职情况和整改建议。根据《中共大埔县委常委会“三重一大”事项集体决策制度实施意见》要求，会议听取并审议《市生态环境局大埔分局请求审议〈大埔县生态环境保护责任清单（送审稿）〉的请示》《大埔县财政局关于批准2022年5月地方政府新增债券资金使用计划的请示》《大埔县财政局关于2022年提前批新增债券资金用途调整的请示》《县委宣传部、县司法局请求审议〈关于开展法治宣传教育的第八个五年规划（2021—2025年）（送审稿）〉的请示》《大埔县农业农村局关于请求审议2022年乡村振兴驻镇帮镇扶村资金建设项目的请示》5项“三重一大”事项，县委常委逐一逐项发表意见或表态，原则上同意实施上述事项。部署当前有关工作：坚决贯彻落实习近平总书记重要讲话重要指示精神；要查漏补缺，提升疫情处置能力；要高度警觉，抓好防汛减灾工作；要凝心聚力，加力加压推进项目；要多点发力，大力推进“除险保安”；要聚焦“三农”，扎实推进乡村振兴；要全力以赴，认真抓好创文实地测评；要加大力度，深入打击整治养老诈骗。

2022年6月28日，县委书记黄增国主持召开县委常委会会议。会议传达学习上级有关会议和文件精神，审议有关文件，部署当前有关工作。传达学习习近平总书记重要讲话和重要指示批示精神，以及上级有关会议和文件精神。会议传达学习习近平总书记在四川考察时的重要讲话精神、在中共中央政治局第四十次集体学习时的重要讲话精神，中共中央政治局会议、中央全面深化改革委员会第二十六次会议精神、中共中央政治局审议《关于十九届中央第八轮巡视金融单位整改进展情况的报告》会议精神；学习贯彻省委常委会会议、省委省政府专题工作会议、全省扫黑除恶斗争工作会议、全省维稳工作会议精神；市委常委会会议、全市扫黑除恶斗争工作会议、市维稳工作会议、市委市政府专题工作会议精神和梅州市年轻干部违纪违法案件分析报告精神。听取有关工作汇报。会议听取全县常态化扫黑除恶斗争工作及贯彻《关于十九届中央第八轮巡视金融单位整改进展情况的报告》会议精神研究部署工作汇报。审议通过有关事项。会议审议并通过《中共大埔县委党的建设工作领导小组2022年工作要点》（稿）。根据《中共大埔县委常委会“三重一大”事项集体决策制度实施意见》要求，会议听取并审议《大埔县应急管理局请求审议〈大埔县应急管理“十四五”规划（2021—2025）（送审稿）〉的请示》《大埔县卫生健康局请求审议〈大埔县卫生健康局事业发展“十四五”规划（送审稿）〉的请示》《大埔县工业园管委会关于请求同意实施大埔产业转移工业园（县城工业小区）标准厂房项目（二期）的请示》3 项“三重一大”事项，县委常委逐一逐项发表意见或表态，原则上同意实施上述事项。部署当前有关工作：坚决贯彻落实习近平总书记重要讲话重要指示精神；要回顾总结，深入分析工作成效；要加压推进，立足当下把握长远；要守住底线，全力保障安全稳定；要洁身自好，营造良好政治生态。

2022 年 7 月 11 日，县委书记黄增国主持召开县委常委会（扩大）会议。会议传达学习上级有关会议和文件精神，听取有关工作汇报，部署当前有关工作。传达学习习近平总书记重要讲话和重要指示批示精神，以及上级有关会议和文件精神。会议传达学习习近平总书记在湖北武汉考察时、在庆祝香港回归 25 周年大会暨香港特别行政区第六届政府就职典礼上的重要讲话精神；全国、全省疫情防控工作会议精神；省委常委会会议、全省传达学习贯彻习近平总书记重要讲话精神干部大会、全省推进粮食安全工作电视电话会议、全省防范学生溺水工作推进视频会议精神；全国、全省、全市自建房安全专项整治工作有关会议精神；全省、全市安全生产电视电话会议精神；市委常委会会议精神。听取有关工作汇报。会议听取全县安全生产工作情况汇报，通报八届市委第一轮县级交叉巡察及十三届县委第二轮巡察情况汇报。部署当前有关工作：要全面深入贯彻习近平总书记重要讲话精神；要切实稳住经济形势；要时刻绷紧安全之弦；要全力保障粮食安全；要抓好巡视巡察整改；要全面保持社会稳定。

2022 年 7 月 19 日，县委书记黄增国主持召开县委常委会会议。会议传达学习上级有关会议和文件精神，听取有关工作汇报，审议有关事项，研究部署当前有关工作。传达学习习近平总书记重要讲话和重要指示批示精神，以及上级有关会议精神。会议传达学习习近平总书记在新疆考察时的重要讲话精神，郭声琨到梅州调研指示和在省有关会议上的讲话精神，《中共中央办公厅关于加强和改进新时代市县政协工作的意见》精神、省委常委会会议、市委常委会会议精神。听取有关工作汇报。会议听取大埔县 2022 年上半年经济形势情况汇报。审议通过有关事项。根据《中共大埔县委常委会“三重一大”事项集体决策制度实施意见》要求，会议听取并审议《关于请求审议〈关于进一步加快推进乡村特色产业高质量发展的实施意见（送审稿）〉》《关于批准 2022 年 6 月地方政府新增债券资金使用计划的请示》2 项“三重一大”事项，县委常委逐一逐项发表意见或表态，原则上同意实施上述事项。部署当前有关工作：坚决贯彻落实习近平总书记重要讲话重要指示精神；全力稳住经济大盘。

2022 年 8 月 1 日，县委书记黄增国主持召开县委常委会（扩大）会议。会议传达学习上级有关会议和文件精神，审议有关事项，部署当前有关工作。传达学习习近平总书记重要讲话和重要指示批示精神，以及上级有关会议和文件精神。会议传达学习中共中央政治局会议精神，中共中央办公厅转发《中央宣传部、中央组织部关于认真组织学习〈习近平谈治国理政〉第四卷的通知》精神；李希在 2022 年第 24 次省委书记专题会议上的讲话精神，省政协增强粤东西北产业承接能力推动区域协调发展调研报告等文件精神；市委常委会会议、全市推进工业园区高质量发展大会、广州・梅州对口帮扶党政联席会议精神，《梅州市实施“青梅计划”集聚优秀青年人才的若干措施》精神；海珠·大埔对口帮扶党政联席会议精神。审议通过有关事项。会议审议并通过《大埔县村干部管理监督办法（试行）》（稿）和2021年度镇（场）和县直机关事业单位绩效考核结果。部署当前有关工作：要全面深入贯彻习近平总书记重要讲话精神；要抓好《习近平谈治国理政》第四卷学习宣传工作；要全力以赴推动经济发展；要时刻警惕极端天气；要加强意识形态工作。

2022年8月12日，县委书记黄增国主持召开县委常委会（扩大）会议。会议传达学习上级有关会议和文件精神，审议有关文件、事项，研究部署当前工作。传达学习习近平总书记重要讲话和重要指示批示精神，以及上级有关会议和文件精神。会议传达学习习近平总书记7月26日至27日在省部级主要领导干部“学习习近平总书记重要讲话精神，迎接中共二十大”专题研讨班上的重要讲话精神，习近平法治思想和中央全面依法治国工作会议精神，7月25日中共中央党外人士座谈会会议精神，7月29日至30日中央统战工作会议精神；7月29日、8月2日省委常委会会议精神，7月14日全省拓展新时代文明实践中心建设工作推进电视电话会议精神，7月29日市委常委会会议有关精神，8月2日全市市域社会治理现代化试点工作推进会精神，市有关意识形态工作以及《关于进一步加强对论坛、讲坛、讲座、年会、报告会、研讨会等活动管理的实施方案》精神。审议通过有关事项。会议审议并通过《法治大埔建设规划（2021—2025年）》（稿）、《大埔县法治社会建设实施纲要（2021—2025年）》（稿）、《大埔县法治政府建设实施纲要》（稿）、《大埔县2022年全面依法治县工作要点》（稿）、《大埔县2022年法治政府建设工作要点》（稿）。根据《中共大埔县委常委会“三重一大”事项集体决策制度实施意见》要求，会议听取并审议《关于请求拨给大埔县委党校新校区搬迁费用和运营工作经费的请示》“三重一大”事项，县委常委逐一发表意见或表态，一致同意实施上述事项。部署当前有关工作：要坚决贯彻落实习近平总书记重要讲话重要指示精神；要狠抓发展第一要务；要强化发展安全保障；要确保社会大局稳定。

2022年8月24日，县委书记黄增国主持召开县委常委会会议。会议传达学习上级有关会议和文件精神，听取有关工作汇报，研究部署当前有关工作。传达学习习近平总书记重要讲话和重要指示批示精神，以及上级有关会议精神。会议传达学习习近平总书记在中共中央政治局第四十一次集体学习时、在辽宁考察时的重要讲话精神以及关于山洪灾害救援处置工作的重要批示精神；省委常委会会议，省、市疫情防控工作电视电话会议、统战专题会议精神，全市8月社会稳定形势专题分析研判会议暨第四次周视频调度会精神和市委常委会会议精神。听取有关工作汇报。会议听取大埔县2021年未成年人思想道德建设工作情况汇报。部署当前有关工作：要学习贯彻习近平总书记重要讲话和重要指示批示精神；要全力打好疫情防控保卫战；要全力稳住经济发展势头；要全力做好台风防御工作；要全面加强未成年人保护。

2022年9月5日，县委书记黄增国主持召开县委常委会（扩大）会议。会议传达学习上级有关会议和文件精神，审议有关文件、事项，研究部署当前工作。传达学习习近平总书记重要讲话和重要指示批示精神，以及上级有关会议和文件精神。会议传达学习习近平总书记给“中国好人”李培生、胡晓春的重要回信精神、8月30日中共中央政治局会议精神；8月31日省委常委会会议精神，8月18日全省党建引领基层治理促乡村振兴现场会精神，8月25日闽粤赣边三省十县

（区）政协第51次联系协作会议精神，9月1日全省疫情防控工作电视电话会议精神；8月25日、9月2日市委常委会会议精神，8月24日市委基层治理领导小组会议精神，8月30日全市巡察工作会议暨八届市委第二轮巡察动员部署会议精神、全市打击整治养老诈骗专项行动第3次推进会精神以及9月1日市委常委、政法委书记梁维到大埔调研精神。审议通过有关事项。根据《中共大埔县委常委会“三重一大”事项集体决策制度实施意见》要求，会议听取并审议《关于实施大埔县城区居民燃气橡胶软管、加装燃气安全装置等老化更新改造项目的请示》《关于请求审议〈大埔县2022年重点建设项目中期调整计划〉的请示》《大埔县教育局关于拨给大埔县西岭实验学校建设项目资金的请示》《关于审定印发〈中共大埔县委 大埔县人民政府关于加快新时代人才振兴发展的实施意见〉的请示》《大埔县高陂镇政府关于请求批准实施大埔县第三自来水厂建设项目的请示》5项“三重一大”事项，县委常委逐一逐项发表意见或表态，一致同意实施上述事项。部署当前有关工作：要坚决贯彻落实习近平总书记重要讲话和重要指示精神；从严从实做好安全稳定工作；从细从稳做好灾情预防工作；用心用情做好蜜柚销售工作。

2022年9月21日，县委书记黄增国主持召开县委常委会会议。会议传达学习上级有关会议精神，审议有关事项，研究部署当前有关工作。传达学习习近平总书记重要讲话和重要指示批示精神，以及上级有关会议精神。会议传达学习习近平总书记在中央全面深化改革委员会第二十七次会议和中共中央政治局会议的重要讲话精神，及省委常委会会议、市委常委会会议精神。审议通过有关事项。会议审议通过共青团大埔县第十七届委员会各项候选人预备人选事项、终止有关人员的中共大埔县第十三次代表大会代表资格事项和中共大埔县第十三届委员会委员辞职以及递补事项。根据《中共大埔县委常委会“三重一大”事项集体决策制度实施意见》要求，会议听取并审议《关于审议2022年第二批省级乡村振兴驻镇帮镇扶村资金建设项目的请示》“三重一大”事项，县委常委逐一发表意见或表态，原则上同意实施上述事项。部署当前有关工作：要学习贯彻习近平总书记重要讲话和重要指示批示精神；要全面细化防控措施，筑牢疫情防线；要防范化解风险隐患，绷紧安全之弦；要做好社会稳定工作，守牢安全底线。

2022年9月28日，县委书记黄增国主持召开县委常委会会议。会议传达学习上级有关会议和文件精神，听取有关工作汇报，研究部署当前有关工作。传达学习习近平总书记重要讲话和重要指示批示精神，以及上级有关会议精神。会议传达学习习近平总书记致全国广大农民和工作在“三农”战线上的同志们的节日祝贺和诚挚慰问、致2022全国专精特新中小企业发展大会和致中国新闻社建社70周年的重要贺信精神；中共中央办公厅有关文件精神；全省扫黑除恶常态化视频推进会精神、全省晚造粮食生产暨冬季农业工作电视电话会议精神以及袁古洁率队到梅州调研督导精神；上级安全生产和疫情防控工作会议精神、省市打击治理电信网络新型违法犯罪工作联席会议电视电话会议精神和市委常委会会议精神。听取有关工作汇报。会议听取全县撂荒耕地复耕复种工作情况汇报、县直机关党建工作情况汇报和市纪委监委关于5起违反中央八项规定精神典型问题的通报。部署当前有关工作：坚持深入学习贯彻习近平总书记重要讲话和重要指示批示精神；深入学习贯彻市长王晖到大埔座谈会精神；突出目标导向抓牢撂荒耕地复耕复种；全面提升县直机关党建工作水平；扎实做好国庆节前后安全稳定工作。

2022 年 10 月 12 日，县委书记黄增国主持召开县委常委会会议。会议传达学习上级有关会议精神，审议有关事项，研究部署当前有关工作。传达学习习近平总书记重要讲话和重要指示批示精神，以及上级有关会议精神。会议传达学习习近平总书记为《复兴文库》作序言、在参观“奋进新时代”主题成就展时的重要讲话精神；全省疫情防控和安全稳定工作电视电话会议、全省安全生产工作电视电话会议、省委常委会会议精神；市委常委会会议、市委网络安全和信息化委员会第四次会议、《市纪委监委关于 4 起损害营商环境典型问题的通报》精神。审议通过有关事项。会议审议通过《关于加强新时代检察机关法律监督工作的若干措施》（稿）、大埔县推荐提名新一届省人大代表人选名单事项、大埔县总工会第十六届委员会各项候选人人选事项。根据《中共大埔县委常委会“三重一大”事项集体决策制度实施意见》要求，会议听取并审议《关于请求同意大埔县城投实业有限公司作为大埔县科技创新产业园项目政策性开发性金融工具贷款主体的请示》《关于请求同意实施广东省梅州市大埔县科技创新产业园标准化厂房建设及基础设施配套工程（一期）的请示》《关于同意大埔县城投实业有限公司作为大埔县“保交楼、稳民生”专项借款主体的请示》3 项“三重一大”事项，县委常委逐一逐项发表意见或表态，原则上同意实施上述事项。部署当前有关工作：要学习贯彻习近平总书记重要讲话和重要指示批示精神；要凝心聚力保安全；要精准发力抓发展；要一以贯之抓党廉；要理直气壮开好思政课。

2022 年 10 月 26 日，县委书记黄增国主持召开县委常委会（扩大）会议。会议专题传达学习贯彻中国共产党第二十次全国代表大会和二十届一中全会精神。

2022 年 11 月 7 日，县委书记黄增国主持召开县委常委会会议。会议传达学习上级有关会议和文件精神，听取有关工作汇报，研究部署当前有关工作。传达学习习近平总书记重要讲话和重要指示批示精神，以及上级有关会议精神。会议传达学习习近平总书记在中央政治局会议和中央政治局第一次集体学习、瞻仰延安革命纪念地和在陕西延安、河南安阳考察时的重要讲话精神；《中共中央关于认真学习宣传贯彻党的二十大精神的决定》、中央网信委《关于印发〈党委（党组）落实网络意识形态工作责任制督查和通报办法〉的通知》、《中国共产党处分违纪党员批准权限和程序规定》以及十九届中央纪律检查委员会向中国共产党第二十次全国代表大会的工作报告精神；全国全省全市县域共青团基层组织改革动员部署会精神；省委常委会会议、全省中共二十大维稳安保工作专班总结会精神；市委常委会会议精神。听取有关工作汇报。会议听取全县中共二十大维稳安保工作情况汇报。审议通过有关事项。会议听取并审议通过《中共大埔县委关于认真学习宣传贯彻党的二十大精神的通知（送审稿）》《学习宣传贯彻党的二十大精神总体工作方案（送审稿）》《大埔县委巡察工作责任清单（试行）》。部署当前有关工作：深入学习准确把握习近平总书记重要讲话和指示批示精神；要紧盯目标抓落实；要压实意识形态工作责任；要加强党风廉政建设；要抓好团组织改革；要加强社会稳定工作。

2022 年 11 月 17 日，县委书记黄增国主持召开县委常委会会议。会议传达学习上级有关会议、文件精神，听取有关工作汇报，审议有关事项，部署当前有关工作。传达学习习近平总书记重要讲话和重要指示批示精神，以及上级有关会议、文件精神。会议传达学习习近平总书记在中央政治局常务委员会会议上的重要讲话精神；省委常委会会议和市委常委会会议精神；中央保密办、国家保密局有关文件精神；国务院、省、市有关会议精神；中共中央办公厅有关文件精神；省纪委监委信访室有关文件精神。听取有关工作汇报。会议听取大埔县疫情防控工作情况汇报。审议通过有关事项。会议审议并通过增加县十五届政协委员和政协常委名额有关事宜和《关于市委第四巡察指导督导组反馈问题的整改工作方案》（稿）。部署当前有关工作：坚决贯彻落实习近平总书记重要讲话和重要指示精神；筑牢保密安全屏障；抓紧抓实巡视整改；贯彻上级文件精神；加强巡察整改监督。

2022 年 12 月 7 日，县委书记黄增国主持召开县委常委会会议。会议传达学习上级有关会议精神，审议有关事项，研究部署当前有关工作。传达学习习近平总书记重要讲话和重要指示批示精神，以及上级有关会议精神。审议通过有关事项。会议审议通过增补部分县十五届政协委员和接受个别委员辞去政协委员资格有关事项。根据《中共大埔县委常委会“三重一大”事项集体决策制度实施意见》要求，会议听取并审议《关于审定有偿划拨广东粤电大埔电厂二期工程建设用地供地方案的请示》《关于由大埔县国有资产投资服务中心向大埔县城投实业有限公司以补充项目资本金增加企业注册资本进行注资的请示》《关于请求同意由大埔县城投实业有限公司作为出资人入股梅州市人才发展基金的请示》《关于开展公务员（参照管理工作人员）嘉奖和记三等功表彰工作的请示》4 项“三重一大”事项，县委常委逐一逐项发表意见或表态，原则上同意实施上述事项。部署当前有关工作：要认真学习贯彻习近平总书记重要讲话和重要指示批示精神；要持续抓好疫情防控工作；要统筹抓好经济社会发展。

2022 年 12 月 14 日，县委书记黄增国主持召开县委常委会会议。会议传达学习上级有关会议和文件精神，审议有关文件，部署当前有关工作。传达学习习近平总书记重要讲话和重要指示批示精神，以及上级有关会议和文件精神。会议传达学习习近平总书记在江泽民同志追悼大会上致的悼词，中共中央政治局会议、中共中央党外人士座谈会、中央政法委员会会议精神，中共中央、国务院《知识产权强国建设纲要（2021—2035 年）》；学习贯彻省委常委会会议精神、省委十三届二次全会精神，省委书记黄坤明到梅州调研讲话精神；市委八届五次全会、市委常委会、市党委国安办主任会议精神。听取有关工作汇报。会议听取大埔县 2022 年扫黑除恶斗争工作情况，2021 年度平安梅州建设考核结果和整改事项及迎接 2022 年度平安梅州建设考评工作建议，平安建设重点工作，县委十三届三次全会有关事项，乡镇人大工作和建设省级转移支付资金管理的情况汇报。审议通过有关事项。会议审议通过 2022 年平安建设考评有关文件和《关于印发〈贯彻落实省委书记黄坤明同志来梅调研指示要求任务清单〉的通知》。研究《中国共产党广东省大埔县历史》第二卷（1949—1978）公开出版事项。部署当前有关工作：坚决贯彻落实习近平总书记重要讲话重要指示精神；坚持牢牢把握高质量发展主基调；持续优化落实新冠疫情防控；持续深入推进平安大埔建设。

重大决策事项

【中共大埔县委关于认真学习宣传贯彻中共二十大精神的通知】为深入学习宣传贯彻中共二十大精神，根据中央统一部署和省委、市委工作要求，结合大埔县实际，就学习宣传贯彻有关要求通知如下。一、充分认识学习宣传贯彻中共二十大精神的重大意义。中共二十大，是在全党全国各族人民迈上全面建设社会主义现代化国家新征程、向第二个百年奋斗目标进军的关键时刻召开的一次十分重要的大会，是一次高举旗帜、凝聚力量、团结奋进的大会，在党和国家发展进程中具有极其重大的历史意义。大会高举中国特色社会主义伟大旗帜，坚持马克思列宁主义、毛泽东思想、邓小平理论、“三个代表”重要思想、科学发展观，全面贯彻习近平新时代中国特色社会主义思想，分析了国际国内形势，提出了中共二十大主题，回顾总结了过去五年的工作和新时代十年的伟大变革，阐述了开辟马克思主义中国化时代化新境界、中国式现代化的中国特色和本质要求等重大问题，对全面建设社会主义现代化国家、全面推进中华民族伟大复兴进行了战略谋划，对统筹推进“五位一体”总体布局、协调推进“四个全面”战略布局作出了全面部署。二、全面准确学习领会中共二十大精神。学习领会中共二十大精神，必须坚持全面准确，深入理解内涵，精准把握外延，真正做到学深悟透、融会贯通、真信笃行。要原原本本学习研读中共二十大报告和党章，学习习近平总书记在中共二十届一中全会上的重要讲话精神，深刻领会中共二十大提出的重要思想、重要观点、重大战略、重大举措，突出全面准确领会中共二十大主题，切实做到“五个牢牢把握”。（一）牢牢把握过去五年工作和新时代十年伟大变革的重大意义。（二）牢牢把握习近平新时代中国特色社会主义思想的世界观和方法论。（三）牢牢把握以中国式现代化全面推进中华民族伟大复兴的使命任务。（四）牢牢把握以伟大自我革命引领伟大社会革命的重要要求。（五）牢牢把握团结奋斗的时代要求。三、认真扎实抓好中共二十大精神的学习宣传。各级各部门要把学习宣传贯彻中共二十大精神作为当前和今后一个时期的首要政治任务，与学习贯彻习近平新时代中国特色社会主义思想结合起来，与深入贯彻习近平总书记关于老区苏区工作重要论述精神结合起来，与贯彻落实习近平总书记对广东系列重要讲话和重要指示精神结合起来，与落实省第十三次党代会精神、市第八次党代会和县第十三次党代会精神结合起来，扎实做好学习培训和宣传教育各项工作，在大埔县迅速掀起学习宣传贯彻热潮。（一）迅速组织传达学习。（二）扎实开展教育培训。（三）深入开展调查研究。（四）集中开展宣讲活动。（五）精心组织宣传报道。四、坚持以中共二十大精神引领大埔全面振兴、共同富裕。学习宣传贯彻中共二十大精神，关键是行动，重在抓落实，既要结合县情实际，也要紧密结合省委、市委、县委的工作部署，切实把中共二十大精神落实到经济社会发展各方面，推动红色大埔绿色发展、高质量发展。（一）准确把握当前大局大势。（二）主动融入发展大局。（三）构建高质量发展体系。①要推动实体经济高质量发展。②要推动乡村振兴高质量发展。③要推动民生事业高质量发展。④要推动环境生态高质量发展。（四）用高质量党建引领高质量发展。五、切实加强组织领导，确保学习宣传贯彻中共二十大精神落到实处、取得实效。（一）提高政治站位，压实领导责任。（二）把握正确导向，广泛凝聚共识。（三）弘扬务实作风，提升实际效果。

【中共大埔县委办公室关于印发《学习宣传贯彻党的二十大精神总体工作方案》的通知】 2022年，为深入学习宣传贯彻中共二十大精神，按照《中共大埔县委关于认真学习宣传贯彻党的二十大精神的通知》要求，提出如下方案。一、总体要求。高举中国特色社会主义伟大旗帜，坚持马克思列宁主义、毛泽东思想、邓小平理论、“三个代表”重要思想、科学发展观，全面贯彻习近平新时代中国特色社会主义思想，深刻认识中共二十大是在全党全国各族人民迈上全面建设社会主义现代化国家新征程、向第二个百年奋斗目标进军的关键时刻召开的一次十分重要的大会，切实把学习宣传贯彻的着力点聚焦到习近平总书记是党中央的核心、全党的核心，习近平新时代中国特色社会主义思想是党必须长期坚持的指导思想上；聚焦到中共十九大以来的重大成就和新时代十年的伟大变革上；聚焦到把握好马克思主义中国化时代化最新成果的世界观和方法论，坚持好、运用好贯穿其中的立场观点方法上；聚焦到中国式现代化在理论和实践的创新突破上；聚焦到贯彻落实中共二十大作出的重大决策部署上；聚焦到以习近平同志为核心的新一届中央领导集体是深受全党全国各族人民拥护和信赖的领导集体上；聚焦到习近平总书记是全党拥护、人民爱戴、当之无愧的党的领袖上。要原原本本学习研读中共二十大报告和党章，认真领悟中共二十大提出的新思想新论断、作出的新部署新要求，在全面学习、全面把握、全面落实上下功夫，确保大埔县各级党组织和广大党员干部群众深刻领悟“两个确立”的决定性意义，加深对习近平新时代中国特色社会主义思想、马克思主义中国化时代化、中国式现代化等重大问题的认识，深刻理解中共二十大对全面建设社会主义现代化国家作出的战略部署，切实把思想和行动统一到党中央精神上来。要把好基调、把好方向，注重宣传各级各部门学习贯彻的具体举措和实际行动，注重反映基层党员干部群众学习贯彻的典型事迹和良好风貌，采取群众喜闻乐见的形式，做好中共二十大精神学习培训和宣传教育工作，推动中共二十大精神进机关、进企事业单位、进城乡社区、进校园、进各类新经济组织和新社会组织、进网站，努力营造奋进新征程的良好社会氛围，激励全县人民万众一心、开拓进取，按照习近平总书记、党中央的战略擘画，扎扎实实办好大埔的事，以中共二十大精神引领红色大埔绿色发展，为梅州苏区加快振兴、共同富裕，全面建设社会主义现代化国家、全面推进中华民族伟大复兴贡献大埔力量。二、分阶段分批次持续深入推进中共二十大精神学习宣传贯彻工作。（一）传达学习阶段（11月上旬前完成）。大埔县委召开常委会会议传达学习中共二十大精神，研究大埔县贯彻落实意见；召开全县传达贯彻中共二十大精神大会，发出学习宣传贯彻通知和学习宣传贯彻工作方案，对全县学习宣传贯彻工作提出明确要求、作出系统安排；根据省委、市委工作安排，组织收听收看省委宣讲团中共二十大精神宣讲报告会，做好市委宣讲团在大埔县的宣讲工作。各级党委（党组）要按照中央、省委、市委及县委有关要求，第一时间通过召开党委（党组）会议等方式，认真组织学习中共二十大精神，研究本地本部门贯彻落实意见，并结合实际制订具体方案。各级各部门要认真学习、全面落实中央关于学习宣传贯彻的决策部署及省委、市委、县委工作安排，确保学习宣传贯彻工作扎实开展、有序推进。各级领导干部要增强政治意识、提高政治站位，亲力亲为，既要做实干家，又要做宣传家，切实发挥好“关键少数”作用，先学一步、学深一层、带头宣讲，引领带动全县党员干部群众迅速兴起学习宣传贯彻热潮。（二）研讨培训阶段（11月上旬至明年3月）。举办全县科级以上领导干部专题研讨班，以集中培训和专题研讨为主要形式，分阶段分批次对全县科级以上领导干部进行集中轮训。县委组织部负责举办全县科级以上领导干部专题研讨班，并指导各镇（场）按照干部管理权限抓好本地干部培训工作，对各领域基层党组织书记进行全覆盖轮训。县直机关工委、县委教育工委、县委党校要分别举办相关干部专题研讨班。县委党校要把学习贯彻中共二十大精神作为干部培训的主要内容，设置专门教学单元。统筹基层党组织书记、基层党代表、专家学者等培训力量，采取集中学习与个人自学相结合、干部培训网络平台在线学习、组织专题讨论会、举办学习论坛、开展组织生活会等方式，组织党员干部认真学习研讨；对年老体弱、行动不便的党员和流动党员“送学上门”，确保中共二十大精神学习全覆盖。各级各单位党委（党组）理论学习中心组要围绕中共二十大精神开展集中学习研讨。（三）抓落实促发展阶段（11 月以后）。学习宣传贯彻中共二十大精神，要联系实际、务求实效，坚持学以致用、以用促学。持续深化对习近平新时代中国特色社会主义思想的理解和认识，坚决贯彻中共二十大对未来五年乃至更长时期党和国家事业发展的战略安排，细化实施全面建设社会主义现代化国家各项部署要求。坚持和加强党的全面领导、坚持中国特色社会主义道路、坚持以人民为中心的发展思想、坚持深化改革开放、坚持发扬斗争精神，把习近平新时代中国特色社会主义思想贯彻到社会主义现代化建设全过程、体现到党的建设各方面，体现到做好大埔县今后五年工作的具体安排中，为实现中华民族伟大复兴作出大埔新贡献。三、精心组织开展中共二十大精神宣传宣讲。（一）精心组织宣传报道。县委宣传部要制订宣传工作方案，组织县电视台、电台、县人民政府门户网站、大埔发布 APP 统一开设“学习宣传贯彻党的二十大精神”专栏，精心策划、密切配合、同向发力，全方位、多角度深入宣传中共二十大的重大意义，深入宣传中共二十大主题的深刻内涵，深入宣传过去五年的工作和新时代十年的伟大变革，深入宣传开辟马克思主义中国化时代化新境界的重要要求，深入宣传新时代新征程中国共产党的使命任务，深入宣传中国式现代化的中国特色和本质要求，深入宣传中共二十大作出的一系列重大工作部署，深入宣传坚持党的全面领导和全面从严治党，深入宣传各地各部门学习贯彻的具体举措和实际行动。做好学习宣传贯彻动态和反响报道，推出有分量的深度报道、通讯综述、评论访谈和理论文章，开展大型主题采访活动，引导全县广大党员干部群众激发锐意进取、埋头苦干的精气神，进一步鼓足干劲、奋勇前行，不断推动学习宣传贯彻往深里走、往实里走。（二）集中开展宣讲活动。认真安排好市委宣讲团在大埔县的宣讲工作。组建县委宣讲团，选调政治素质强、政策理论水平高的领导干部、理论工作者，坚持面向基层、面向群众，深入企业、农村、机关、校园、社区开展巡回宣讲。认真组织来自基层的中共二十大代表以自己的亲身经历、切身感受开展宣讲。县委常委和其他县领导深入联系点进行集中宣讲，各级各部门主要负责人在负责地区、负责领域开展宣讲，把领导讲与群众讲、讲理论与讲实践相结合，以实际行动带动广大党员干部群众的学习贯彻。统筹安排在全县城乡开展宣讲工作，充分发挥新时代文明实践中心（所、站）和基层宣讲员、基层理论宣讲志愿者、驻镇帮镇扶村工作队队员作用开展宣讲。积极开展面向党外人士的宣讲工作，增进党外人士对中共二十大精神的认知认同。着力增强宣讲的思想性、指导性、针对性，联系马克思主义中国化时代化的历史进程，联系十年来对党和人民事业具有重大现实意义和深远历史意义的三件大事，联系广大党员干部群众思想实际和工作实际，联系人民群众普遍关心关注的问题，深入浅出地把中共二十大精神讲清楚、讲明白，讲出真情实感，让党员干部群众听得懂、能领会、可落实，让中共二十大精神家喻户晓、深入人心。（三）深化理论研究阐释。围绕学习贯彻中共二十大精神，聚合社科理论界力量，发挥社科规划引导作用，组织广大理论工作者系统深入开展研究和解读，推出一批高质量研究成果，增强学习宣传的理论深度、实践力度、情感温度，增进政治认同、思想认同、情感认同，为学习宣传贯彻提供有力的理论支撑。充分发挥专家学者等的带动作用，举办理论学习座谈会、研讨会，刊载一批有质量有深度的学习心得体会和宣传阐释文章，推动党的创新理论广泛普及。对中共二十大精神的宣传阐释要精准把握方向、深入解读内涵，积极引导、及时辨析，防止片面性、简单化。（四）积极开展网络宣传和社会宣传。县内重点新闻网站、新媒体平台和县融媒体中心所属平台要集纳转载中央主要媒体的重点稿件和节目，深入阐释中共二十大精神，推动广大网民积极参与学习、讨论、传播。强化网络舆论引导，刊发中央主要媒体系列网评文章。精心制作推出学习宣传贯彻中共二十大精神的融媒体产品，用好“两微一端”“学习强国”“粤学习”等平台，充分调动网民参与的积极性。面向基层编写、推荐相关宣讲材料，突出宣传一批基层一线贯彻落实中共二十大精神的先进典型，切实增强宣传的感召力、凝聚力、影响力。四、立足大埔县实际谋划推动各项贯彻落实工作。学习宣传贯彻中共二十大精神，要深刻领会党中央关于国内外形势的分析研判，深刻把握中国发展面临的机遇和挑战，紧密结合中共二十大阐述的中国式现代化的中国特色、本质要求和重大原则，紧密结合广东在新征程中走在全国前列、创造新的辉煌的使命任务，紧密结合推动大埔全面振兴发展的目标任务，紧密结合本地本部门的工作实际，增强忧患意识、强化底线思维，做好应对各种复杂局面的思想准备和工作准备，坚定信心、守正创新，深入调查研究，完善发展思路，细化工作举措，形成推进现代化建设的具体行动方案和施工图，撸起袖子加油干，一步一个脚印把中共二十大作出的重大决策部署落实到大埔县经济社会发展各方面全过程。（一）深入贯彻中共二十大精神，进一步明确未来五年的工作目标任务。各级各部门要紧紧围绕中共二十大主题，聚焦新时代新征程党的使命任务，坚持和运用好党的创新理论，准确把握当前大局大势。主动融入发展大局。要认真落实国家发改委、财政部联合印发的《支持梅州对接融入粤港澳大湾区加快振兴发展总体方案》，瞄准建设赣闽粤原中央苏区对接融入粤港澳大湾区振兴发展先行区的重大机遇，发挥好“湾区+苏区”政策叠加效应，着力打造“大湾区”“海西区”的重要节点，推动红色大埔绿色发展。要着力构建高质量发展体系，推动实体经济、乡村振兴、民生事业和生态环境高质量发展。要用高质量党建引领高质量发展，增强政治定力、夯实基层基础、强化担当作为、勇于自我革命，切实把力量凝聚到中共二十大确定的各项战略任务和重大举措上。（二）深入开展调查研究，不断完善贯彻落实中共二十大精神的思路举措。县领导要结合分管联系工作，带头深入开展调查研究，指导有关镇（场）党委和县直有关单位党组（党委）的学习宣传贯彻工作。各级各部门主要负责人要结合单位实际开展调查研究，指导所在单位的学习宣传贯彻工作。以适当方式听取党代表、人大代表、政协委员和工商联、无党派人士及社会各界的意见建议。各级各部门要聚焦当前工作与新形势新任务新要求还不相适应的短板弱项，比如，区域竞争力不强，综合营商环境有待改善，招商引资成效不够明显；实体产业发展水平不高，平台建设比较落后，主导产业不突出，科技创新能力较弱；农业农村“潜力板”有待进一步激发，农村基础设施欠账大，联农带农效益不够明显；精神文明建设、法治建设、民生保障、城市治理、生态环保、社会事业等与群众期盼还有差距；意识形态斗争复杂严峻，用网管网治网能力有待提升；经济金融、公共卫生、自然灾害等领域防范化解重大风险的任务仍然较重；全面从严治党仍有薄弱环节，干部干事创业精气神有待进一步激发等问题，深入基层、深入群众、深入现场开展调查研究，找准找对解决问题、改进工作、推动发展的思路举措。（三）扎实做好2022年年底至2023年年初各项工作，确保贯彻落实中共二十大精神开好局、起好步。各级各部门要按照中央部署和省委、市委、县委要求，制定详细计划，明确具体举措，着力抓好落实。把贯彻落实中共二十大战略部署与省第十三次党代会、市第八次党代会、县第十三次党代会提出的各项任务结合起来，认真落实“疫情要防住、经济要稳住、发展要安全”要求，研究制订具体工作计划，抓紧抓实正在推进的具体任务。一要全力抓好经济工作。坚持稳字当头、稳中求进，认真分析各项经济指标存在问题，在第四季度有针对性采取措施，切实踢好临门一脚。要加大“六稳”“六保”工作力度，落实好中央及省、市出台的一系列稳经济增长政策，扎实做好扩大有效投资、提振消费等重点工作，切实保障产业链供应链循环畅通，切实推进重点项目建设，千方百计保持经济运行在合理区间。二要切实维护国家安全和社会稳定。坚持以大概率思维应对小概率事件，强化“时时放心不下”的责任感，未雨绸缪、周密管控、严防死守，进一步筑牢意识形态安全防线；严格落实安全生产责任和管理制度，强化对危化品、城镇燃气、自建房、地质灾害、非煤矿山、森林防灭火等重点领域安全隐患排查整治；加强社会面巡查管控，着力化解社会矛盾纠纷，稳妥有序化解各领域重大风险，防止发生“黑天鹅”“灰犀牛”事件，保持平稳健康的经济环境、国泰民安的社会环境、风清气正的政治环境。五、加强组织领导，切实推动学习宣传贯彻工作深入开展、务求实效。各级党组织要把学习宣传贯彻中共二十大精神作为当前和今后一个时期的首要政治任务，与学习贯彻习近平新时代中国特色社会主义思想结合起来，与贯彻落实习近平总书记对广东系列重要讲话和重要指示精神结合起来，与落实市第八次党代会、县第十三次党代会精神结合起来，与推动全县经济社会发展各项工作结合起来，精心组织、周密部署、务求实效。各镇（场）党委要加强组织领导，落实主体责任，认真制定实施方案，明确责任分工，强化督促检查。特别是要对照中共二十大精神，完善党代会、国民经济和社会发展五年规划相关工作部署，进一步厘清发展思路，细化工作举措。各级党组织主要负责人要切实担起第一责任人责任，一级抓一级、一级带一级，从严从实抓好学习宣传贯彻工作。总工会、共青团、妇联等群团组织要发挥自身优势，结合实际开展各具特色的学习宣传贯彻活动。各级各有关部门要分工协作、密切配合，形成推动学习宣传贯彻工作的强大合力。县委办公室要加强对各地各部门学习宣传贯彻工作的督促检查，将其列入重点督查事项，加强跟踪督办。各级党组织要及时向上一级党组织报告学习宣传贯彻中共二十大精神的情况。

中共大埔县委书记、副书记、常委名录

县委书记： 黄增国

副 书 记： 凌晓文　蓝　欣

县委常委： 黄增国　凌晓文　蓝　欣　陈伟平　杨自强　刘晓泉（挂职）　杨润世　李延海　吴丽丽（女）　廖昌元　叶慧玲（女）　张榆昌

中共大埔县委办公室负责人名录

主　　任： 杨自强

副 主 任： 黄更亮（常务，—2022.8）
刘展强（2022年8月起分管日常工作）
庄忠伟　陈金鸿

沈开鉴（—2022.12）

（罗佳瑜　刘启明　余　灏　刘伟达）

组 织 工 作

【思想理论武装】2022年，中共大埔县委组织部把学深悟透习近平新时代中国特色社会主义思想、贯彻落实习近平总书记重要批示指示精神，作为发挥政治引领作用的重中之重，抓好党员干部思想理论武装。常规轮训与集中培训相结合。各党（工）委聚焦党员教育7个方面基本任务，分期分批组织实施日常教育培训工作，确保党员每年参加集中培训和集体学习时间达到32学时。根据不同类型、不同岗位党员干部实际需求，采取专题讲座、“走出去、请进来”等方式，因地制宜开展集中培训。全年举办县级培训班、轮训班3期，组织干部参加省市调训7期，乡镇、行业部门分层分类举办培训班次551期次，培训2.5万人次。领导带学与调研促学相结合。建立健全县委常委会“一月一研判”机制，县委常委每月一次轮流分专题领学习近平总书记重要讲话精神。结合七一建党节主题党日活动等，领导干部深入基层一线领学带学，讲授1次专题党课。开展“大学习、深调研、真落实”工作，结合党建研究和国情调研课题，选题出题，让党员干部在调查研究中提升理论联系实际的能力。丰富载体学与实践体验学相结合。开展“党课开讲啦”活动，录制推送17个精品课件，“一顶竹笠背后的故事”在广东省548个作品中脱颖而出，入选全国海选。组织县委宣讲团深入企业、农村、机关、校园、社区，开展对象化、分众化、互动化宣讲。发挥5个红色村教育基地示范效应，组织党员干部开展“体验式”教学，通过编印“口袋书”、举办“云党课”、在微信群定期发布学习内容等，推动党员学习教育。

【基层组织建设】2022年，大埔县委组织部以实施“三项工程”“五大行动”为重点，抓规范、促提升，补短板、强弱项，推动全县基层党建工作发展。实施红色引领工程。加强红色文物保护，整合提升革命旧址、历史遗存和名人名居等资源，完成县委党校新校区建设，投入运营。实施三河坝战役纪念园、青溪中央红色交通线等保护项目，“红动古道·绿动乡村——中央红色交通线亲子研学游”精品旅游线路入选文化和旅游部全国乡村旅游精品线路。实施特色品牌创评工程。按照“一镇一村一示范”思路，先行打造湖寮镇莒村、洲瑞镇南村、枫朗镇溪背坪村等14个抓党建促乡村振兴示范点。强化红色村建设使用和作用发挥，汇东、蕉坑2个中组部红色村组织振兴试点的11个规划建设项目完成7个，除中央和省拨资金外，还撬动其他资金2819万元，共投入5300万元进行整体打造。开展“聚焦发展·活力两新”活动，组织开展第二届党建工作创新大赛，推动党建引领发展。实施基层党员先锋引领工程。建立常态化排查违规发展党员工作机制，把好发展党员入口关。全面推行党员“星级化”管理，开展机关党员干部“回乡联村”和农村党员“三带富”活动，组建400支“平战转换”党员志愿者队伍，推动党员当先锋作表率。开展村集体经济整体提质行动。投入3530万元推进52个村“一村一品、一镇一业”项目，37个镇、村被认定为省级蜜柚、茶叶专业镇、专业村，三河镇汇城村、枫朗镇上山下村分别被确定为文旅融合型、农业产业型产业社区，百侯镇侯南村入选第一批广东省乡村研学旅行特色村。培育发展省级专业合作示范社1家、县级专业合作示范社10家，省级家庭农场2家等新型农业经营主体。针对26个偏远村，筹集1300万元入股优质企业，推动全县村集体经济稳步增长。开展乡村振兴带头人优化提升行动。开展“头雁”专题调研，出台村干部管理监督和党组织书记绩效考核办法，完善建立党组织书记电子档案库，将村级党组织书记因私出国（境）管理纳入组织部管理，落实村党组织书记县级备案和村干部人选资格县级联审机制。至2022年10月底，联审村干部人选97人（含差额），补选村干部49人次。开展软弱涣散党组织整顿提升行动。坚持动态摸排，常态整顿，2022年新纳入1个村级软弱涣散党组织，推进7个软弱涣散村党组织整顿转化。开展城区党建全域提升行动。推行社区“大党委”工作机制，升格4个社区党委，召开“大党委”成立大会，选聘46名“兼职委员”，定期会商研判，协调解决社区公共设施建设、物业管理等问题55个。开展村级干部素质提升行动。组建256个导师团队帮助村级班子提升履职能力，鼓励支持80名村干部接受大专层次学历教育。贯彻《关于规范村级组织工作事务、机制牌子和证明事项的意见》，组织全县村（社区）清理摘除各类村级牌子229块。

【干部队伍建设】2022年，大埔县委组织部围绕建设高素质专业化干部队伍，抓源头、重实训、优结构、强管理。抓源头。在公务员招录关口，对各行业各部门招录专业设置、学历以及政治面貌严格把关，确保招进来的人更好匹配岗位需求。2022年，大埔县共招录103名公务员，其中67名具有专业化背景。重实训。加强思想淬炼、政治历练、实践锻炼、专业训练，引导党员干部在重大项目建设、疫情防控、乡村振兴等工作中练好本领，提高解决实际问题的能力，抽调66名干部参加创文、巡察、驻镇帮镇扶村等工作。围绕建强后备干部队伍，突出办好优秀青年干部培训班和新录用公务员培训班，培训年轻干部250人，提升年轻干部综合素养。优结构。建立常态化干部调研考察机制，开展换届后乡镇领导班子调研，通过逐一面谈、集中座谈、实地访谈，了解乡镇领导干部履职情况，注重综合性干部和专业性干部配备，提拔交流调整乡镇党政正职9人，选优配强涉农部门正职1人、副职2人，配齐14名乡镇执法队长。全年县委常委会通过11批269名县管领导班子和领导干部的提调任免和职级晋升。强管理。分级分类建立专业化干部、优秀年轻干部、女干部信息库，研究出台干部职务职级晋升原则，优化干部交流调动工作规则，规范干部信息档案、干部日常管理使用。从保护干部角度出发，联合县纪委开展巡察常见问题自查自纠，将工作关口前移，让干部少犯错，甚至不犯错。

【人才工作】2022年，大埔县委组织部把人才作为助推振兴发展的“第一资源”，全面梳理现行人才政策，并在市“人才振兴16条”“青梅计划”等政策基础上，研究出台符合大埔实际的人才新政，重点把握好“量和质”“引和育”“有和用”三重关系，破解山区人才发展困境。以“质”为先。明确需求导向，加强紧缺人才需求摸排，建立动态更新的人才数据库，加快与周边产业对接融合，尊重企业和用人单位主体地位，树立“需求导向、用户思维”，重点聚焦主导产业和行业需求靶向引才。全年引进急需紧缺人才9人，硕士5人，本科4人；医生2人，企业研发人才7人。以“育”为要。聚焦乡村振兴，探索“党建+乡村振兴新型职业农民培育”体系，依托瑞锦职业培训学校、田家炳职业学校，推进“三项工程”，培养有潜力、懂农业、善经营的青年党员和新型职业农民。聚焦红色资源优势发挥，举办红色讲解培训班，培养百名红色讲解员、百名小小讲解员。聚焦特色文化传承，采取师徒结对传帮带形式，挖掘培育广东汉乐、大埔小吃、传统手工艺等特色文化人才639人。以“用”为本。按照“不求所有、但求所用”原则，实施借智借脑行动，深化校（院）地合作，共建科创平台、产学研平台、实训基地等，借智领军团队和高端人才，与中国工程院院士廖万清共建“广东省科技专家工作站”，与清华大学材料学院共建“纳米陶瓷新材料研发应用基地”，与嘉应学院共建“陶瓷产业学院”，通过共建研发平台取得各类专利23项，有13项研发成果实现转化。

中共大埔县委组织部负责人名录

部　长：张榆昌

副部长：丘佳纳（常务）

范柳登（县委老干部局局长）

张荣强（县“两新”组织党工委书记）

何赞营（兼职，县人社局党组书记，—2022.9）

余　伟（兼职，县人社局党组书记、局长，2022.9—）

谢秀萍（女，县公务员局局长）

（李浩铭）

宣传思想工作

【党建工作】2022年，中共大埔县委宣传部把政治建设摆在首位，拥护“两个确立”、做到“两个维护”，担起举旗帜、聚民心、育新人、兴文化、展形象的使命任务，贯彻执行中央和省委、市委关于意识形态工作的决策部署，履行党管宣传、党管意识形态、党管媒体的政治责任、主体责任，协调组织县委常委会传达学习、研究部署宣传思想和意识形态工作14次，加强党对宣传思想工作的全面领导。

【理论武装】2022年，中共大埔县委宣传部严格落实“第一议题”学习制度，发挥“关键少数”示范引领作用，学习贯彻中共二十大精神、习近平总书记系列重要讲话精神、省第十三次党代会精神，协调组织县委理论学习中心组集中学习17场次17个专题，举办2场专题报告会。通过制度化规范化推进理论武装，指导督促各级党委（党组）理论学习中心组学习，印发《开展党委（党组）理论学习中心组学习列席旁听工作》等7个文件，引导党员干部从“两个结合”上学习体悟党的创新理论。深化理论研究阐释，实施理论宣讲进基层“百千万工程”，推进县镇村“三级宣讲”，实现立体式全覆盖。组织宣讲团，构建红色宣讲人才体系和县镇两级宣讲队伍，形成“干部讲政策、专家讲理论、百姓讲故事”，组织召开《习近平谈治国理政》第四卷、中共二十大精神等280场次宣讲报告会，全县受益党员干部、群众学生2万人。

【宣传报道】2022年，中共大埔县委宣传部以“一台、一网、一端”为主要载体平台，推动学习宣传贯彻中共二十大精神，播出新闻2400篇，发布信息5800条，推送原创短视频223条；开展“奋进新征程·建功新时代”“强国复兴有我”等重大主题宣传，组织报道2022年第十八届中国（深圳）国际文化产业博览交易会；进行精准疫情防控宣传，全年推送发布疫情防控宣传7316条。配合央视、香港卫视等媒体到大埔拍摄《飞越广东》《社会纵横》《权威访谈》《寿乡密码》等7部专题宣传片，制作打造《红色三河坝，薪火永传承》《向史而新，踔厉奋发——大埔县开展党史学习教育纪实》系列精品专题片。

【红色传承】2022年，中共大埔县委宣传部争取重要革命旧址列入国家、省、市级文物保护单位，朱德指挥部旧址、中央红色交通线青溪交通站等 6 处红色革命遗址成功申报梅州市第五批爱国主义教育基地。向上申报资金加强革命旧址的保护利用和开发，投入资金 2085 万元推进百侯镇长征人物故居（旧居）修缮及布展、中共南方工委及闽粤赣边区红色遗址群保护利用、中央红色交通线革命遗址群保护利用 3 个项目落地见效。组织收看《梅州·红色根据地》，打磨提升大型民族歌剧《血色三河》（精华版），宣传老区苏区精神。

【阵地建设】2022 年，中共大埔县委宣传部落实意识形态工作责任制，印发《关于进一步加强对论坛、讲坛、讲座、年会、报告会、研讨会等阵地和在互联网举办论坛等活动管理的实施方案》，制定完善意识形态工作通报及考核机制，抓好意识形态工作责任制绩效年度考核。配合参与八届市委第一轮县级交叉巡察和十三届县委第一、二、三轮巡察，对县财政局等 23 个单位党委（党组）进行意识形态工作专项检查并督促整改。

中共大埔县委宣传部负责人名录

部　长：陈伟平

副部长：郭华昌（常务）　陈秀鸿

罗质平　刘招迎

（邓祥友）

精神文明建设工作

【理想信念】2022 年，大埔县精神文明建设委员会办公室（简称大埔县文明办）深化中国特色社会主义和“中国梦”学习宣传教育，协调指导全县各级党组织在清明、“七一”、烈士纪念日等重要时间节点开展主题活动。在公园广场、建筑围挡等场所加强刊播展示核心价值观公益广告，利用县广播电视台宣传阐释社会主义核心价值观内涵，把社会主义核心价值观的培育和践行引向深入。

【文明实践】2022 年，大埔县文明办拓展新时代文明实践所（站）建设，各镇完成 3 个以上示范站建设，拓展完善县税务局、县供电局等 9 个新时代文明实践基地（点）特色品牌。盘活利用革命遗址、祠堂、爱国教育基地等公共资源，广东省家教家风实践基地——百侯镇侯南村被评为“全国示范性老年友好社区”。

【文明创建】2022 年，大埔县文明办实施公共交通、农贸市场等精神文明创建九大行动，推进道路景观、市容市貌整治“五大行动”，维护县城干净整洁、文明有序的市容市貌，更新一批公益广告宣传牌，新设置 3 个公益广告景观小品。推荐县税务局申报全国文明单位，推荐县政务服务数据管理局、县博物馆、县消防救援大队申报广东省文明单位。至 2022 年年底，全县有 2 个全国文明村、1 个省文明村、4 个市文明镇、25 个市文明村、1 个县文明镇、99 个县文明村，县级以上文明村、镇占比为 51.8%、35.7%。西河中学等 6 所中学、三河镇中心小学等 4 所小学获评第六届梅州市文明校园，评选西岭实验学校等 18 所中小学为 2022 年大埔县文明校园，示范带动全县创建。2022 年评选出 6810 户“五星级文明户”，全县累计 1.87 万户；联合县妇联推荐大埔县“文明家庭”“最美家庭”“书香家庭”候选对象各 10 户，引导广大居民传承弘扬良好家风和涵育家庭美德。

【文明新风】2022 年，大埔县文明办培育和践行社会主义核心价值观，深化精神文明教育，选树宣传先进模范，赖法卫获评 2021 年第四季度“广东好人”，推荐选树蔡小群、黄祈録为 2022 年“广东好人”，蔡小群、黄祈録、蓝俊声、蓝俊优为 2022 年“梅州好人”。推进未成年人思想道德建设，协调县烟草专卖局等单位抓好中小学校周边 200 米内烟、酒、彩票销售网点专项整治，推荐选树范朝阳等 5 人为 2022 年度梅州“新时代好少年”，刘垲瑞为广东“新时代好少年”，组织评选 30 名大埔“新时代好少年”，《祖国妈妈多美好》获梅州市第六届客家童谣传唱活动二等奖。

【志愿服务】2022 年，大埔县文明办提升志愿服务水平，全县 287 支志愿队伍 4.6 万名志愿者，围绕学习宣传贯彻中共二十大、文明创建、乡村振兴、文明交通等常态化开展志愿服务 3315 场次活动，服务群众 41.8 万人次。万川爱心协会黄启雄被评为 2021 年度“广东省最美志愿者”，“爱心陪伴，阳光成长——关爱留守与困境儿童”项目获评 2022 年度“梅州市最佳志愿服务项目”。

大埔县精神文明建设委员会办公室负责人名录

主　任：郭华昌

副主任：连云学

（**邓祥友**）

新闻出版工作

【扫黄打非】2022 年，大埔县新闻出版（版权）局《关于印发 2022 年大埔县“扫黄打非”行动方案的通知》，开展“正道”“新风”集中行动和“清源”“固边”“净网”“护苗”“秋风”专项行动，线上开展清理有害出版物专项行动 7 次，处置 12 个网站栏目不良违法信息 96 条，线下对县教育文印社等 3 家印刷企业、8 家网吧、邮政寄递和万川书城等开展涉党史领域境外有害出版物专项行动。“扫黄打非”与新时代文明实践所（站）相融合，利用宣传栏宣传普及“扫黄打非”知识，开展“扫黄打非”宣传引导活动 185 场，发出倡议书 2.57 万份。在县融媒体中心建立“扫黄打非”工作站，20 名记者兼任“扫黄打非”信息员、宣传员，三河镇汇东村被列入第六批全国“扫黄打非”进基层示范点创建名单。

【出版发行】2022 年，大埔县新闻出版（版权）局审批图书报刊发行单位 1 家，印刷企业 3 家，电影院 2 家，审批一次性内部资料准印证 7 个。至 2022 年年底，大埔县共有出版物发行单位 24 家，其中 20 家为图书零售单位、4 家为音像制品零售单位。

【电影放映】2022 年，大埔县新闻出版（版权）局对 2022 年度大埔县农村公益电影放映主体采购项目进行公开招标，中标单位为大埔县湖寮镇农村公益电影服务站。全年放映 2946 场，超额完成任务数 6 场。做好影院安全生产等工作，全年未发生安全生产事故。

【农家书屋】2022 年，大埔县新闻出版（版权）局健全管理，强化监督，签订“农家书屋”责任书，做好农家书屋提质增效工作，组织开展“喜迎二十大”主题出版物阅读活动。开展 6 场主题出版物阅读推广活动，乡村流动售书 15 场，在南国书香节期间开展“追随·思想之光”“喜迎二十大”诗歌朗诵、“绽放·青春之美”中国共产主义青年团成立 100 周年主题讲座。开展“绿书签”系列读书活动，开展“书香家庭”亲子阅读分享会，线上开展“护苗·网络安全课”，线下开展“绿色上网、网络危害、抵制不良出版物和信息”为内容的以绿书签活动和以“我是网络安全小卫士”为主题的手抄报评比活动，组织开展2022年“我的书屋·我的梦”农村少年儿童阅读实践活动。

大埔县新闻出版（版权）局负责人名录

负责人：刘招迎

（**邓祥友**）

互联网信息工作

【网络信息管理】2022年，大埔县互联网信息办公室落实网络意识形态和网络安全工作责任制，推进网络传播平台舆情治理，推送图文视频3600篇；提升正面宣传影响力，开展网络环境专项整治行动38次。加强全国两会、冬奥会、中共二十大等时间节点大埔网、大埔人网等新媒体的管理，全年全县未发生影响不良的网络安全事件。

【队伍建设】2022年，大埔县互联网信息办公室落实网络安全工作责任制，加强全县网信领域干部职工理论学习，加强网络平台管理与网络安全工作人员培训，加大工作交流力度，提升全县网信队伍整体实力。

大埔县互联网信息办公室负责人名录

主　任：刘招迎

（**邓祥友**）

爱国统一战线工作

【党外代表人士工作】2022年，中共大埔县委统一战线工作部（简称大埔县委统战部）抓好党外代表人士的发现、培养、使用、管理四个环节，推进党外代表人士工作。采取理论培训、挂职锻炼、轮岗交流等方式，丰富党外代表人士的阅历，提升素质；定期推荐优秀党外干部，构建整体素质好、合作意识清、共事能力强的党外领导干部人才队伍；加强管理，对党外干部实行强化监督、定期考核；坚持贯彻新思想，举行党外人士系列活动，回顾统一战线团结协作的历程和光辉成就，激励统一战线成员为推进伟大事业、实现伟大梦想不懈奋斗。支持各领域党外人士开展“党史学习教育”常态化，贯彻中共二十大精神，推动党外人士统一思想、统一意志、统一行动，巩固政治共识、强化责任担当、加强自身建设，贡献更多智慧力量。

【新联会工作】2022年，大埔县委统战部把新的社会阶层人士联合会（简称新联会）工作作为统战工作的着力点，搭建平台载体，成立“大埔县新的社会阶层人士联合会妇女委员会”，为新联会广大女同胞建立学习交流、服务社会、实现价值的平台。举办丰富多彩的活动，践行社会责任。举办“红色传承 闪耀童年”幼儿爱国主题资源包捐赠暨三八国际妇女节庆祝活动，爱心助困，践行初心；联合县关心下一代工作委员会、县教育局开展幼儿爱国教育主题捐赠及主题调研活动，组织召开座谈会，探索符合学龄前儿童特点的爱国主义教育新路子；聚焦未成年人救助保护工作，做未成年人救助保护的宣传者和行动者；汇聚爱心，捐赠物资4批，共同抗击疫情。赋能乡村振兴，联合县工商联发动会员和社会各界人士“复耕一亩地”，认耕18公顷撂荒土地。

【民族事务】2022年，大埔县委统战部以铸牢中华民族共同体意识为主线，开展民族团结进步宣传教育。在古城社区开展系列主题宣传活动，悬挂宣传横幅2条，发放宣传材料200份；开展校园宣传，以“民族团结相亲相爱、共创和谐同心同德”为主题，在中小学校组织开展2场民族团结进步宣传教育进校园活动；开展企业宣传活动，在各商店进行民族团结进步宣传教育活动，发放《民族团结进步手册》等资料300份。2022年6月29日，联合俊铸建筑工程有限公司青年员工，开展“弘扬爱国主义精神·共谱民族团结乐章”系列主题宣传教育，增强各族群众的国家意识、公民意识和法治意识。

【民间信仰场所管理】2022年，大埔县委统战部引导民间信仰活动健康有序开展。在民间信仰场所提供《中华人民共和国宪法》《宗教事务条例》等相关法律法规读本，供宗教界人士和信教群众学习。全年完成补录还未登记的民间信仰活动场所15处，因地界划分删除1处，修改2处。开展民间信仰场所的普查备案摸底工作，全县普查民间信仰活动场所270处，对民间信仰活动场所进行登记编号，第一批登记编号场所18处。

【宗教事务】2022年，大埔县委统战部把抓好宗教工作作为统战工作的重要组成部分，将宗教界人士和广大信教群众紧密团结在党和政府周围。推进宗教工作，春节期间，县民族宗教部门和各镇（场）巡查宗教活动场所550人次，并不定期进行巡查。全年开展安全生产大检查4次。全县各宗教场所投入资金13.6万元，对发现的7处安全隐患落实整改，维护宗教场所安全稳定。

【港澳台事务】2022年，大埔县委统战部向省委统战部推荐广东瑞山高新农业生态园股份有限公司为广东省港澳青少年交流基地。春节前开展“暖心慰问”活动，关心关爱长期在大埔生活的港澳台同胞，了解他们的生产生活情况，建立关爱档案。支持香港抗疫，捐赠2500盒连花清瘟胶囊、2.5万只N95医用防护口罩支援旅港乡亲抗击疫情。“七一”前夕，组织大埔部分港澳代表人士参加全市“知史爱国·携手同行”暨庆祝香港回归祖国25周年主题活动。

中共大埔县委统一战线工作部负责人名录

部　长：廖昌元

副部长：梁永志（分管日常工作，—2022.3）
何政文（分管日常工作，2022.5—）
刘思法（县委台港澳工作办公室主任、县台港澳事务局局长、县侨务局局长，—2022.12）
刘鹏万（县民宗局局长）
林开樊（县工商联党组书记）

（吴歆茹）

机构编制

【体系建设】2022年，中共大埔县委机构编制委员会办公室（简称大埔县委编办）贯彻落实《广东省关于市县机构改革的总体意见》精神，加强对各部门“三定”规定执行情况的跟踪和评估，结合全县经济社会发展需要，科学、合理、适度、精细做好相关“三定”规定调整完善工作，优化县级党政机构职能体系。理顺机构职责。规范部门权责，落实部门责任，将基层气象服务体系全面融入基层应急管理体系，提升全县基层综合防灾减灾能力，推进基层防灾组织体系整体建设和融合发展。规范机构挂牌。在县文化广电旅游体育局加挂县文物局牌子，加强全县文物保护和考古工作机构编制保障；中共大埔县委农村工作办公室更名为中共大埔县委农村工作领导小组办公室，强化领导力量；设立中共大埔县委审计委员会办公室秘书股，在大埔县审计局人秘股挂牌，负责处理县委审计委员会办公室日常事务。优化部门内设机构。对县人民政府办公室、县教育局、县城市管理和综合执法局内设机构进行优化调整，提升工作效能。规范用编。调整县直属机关工作委员会领导职数；增加县政协机关行政编制、县发展和改革局行政执法专项编制，保障县级党政机构履职能力。开展机构改革评估工作。由县委编委统筹负责，县委编办成立3个县级机构改革评估核查组，聚焦机构改革落实情况及成效，对35个县直涉改单位开展机构改革情况评估，促进全县各部门抓好机构改革相关规定落地落实。

【群团机构改革】2022年，大埔县委编办坚持党对群团工作的领导，加强群团组织自身党的建设，把保持和增强政治性、先进性、群众性贯穿改革全过程。把群团工作和活动放在工作大局中去谋划，在服务和推动中心工作中抓落实。扩大群团组织和工作有效覆盖，拓展服务职能，将群团组织建设成为党的坚强阵地，对团县委、县文联、县侨联、县残联、县科协5个单位重新进行“三定”。

【事业单位改革】2022年，大埔县委编办深化事业单位改革，解决事业单位与新阶段、新使命、新任务不相适应的问题，理顺事业单位的机制体制。做好县事业单位改革存在问题的整改落实工作。对存在问题台账的12个单位制订整改工作方案，及时提请编委会议研究及抓好落实，全部整改完成。做好事业编制挖潜、盘活、增效工作。按照“总量控制、合理调剂”管理机制，重新核定大埔县商业服务中心、大埔县物资服务中心、大埔县城镇集体企业联社3个单位的事业编制，县委编委共收回原核定的事业编制25名。加大医疗卫生等重点民生领域用编支持力度，增加大埔县疾病预防控制中心事业编制10名。做好中小学教职工编制调配。根据中共梅州市委机构编制委员会办公室《关于核定大埔县中小学教职工编制的批复》精神，全县中小学教职工编制总数核定为4032名，统一分配到各中小学校，做好中小学教职工编制总量的重新核编工作。

【编制管理】2022年，大埔县委编办强化机构编制监督检查。坚持把机构编制监督检查和机构编制审批放在同等位置，树立“向监管要效益”的思想，把强化规矩意识贯穿始终。开展机构编制问题整改工作，至2022年10月，全县机构编制超编问题总量93个，已整改完成80个，对13个存量超编问题进行分类并建立问题台账，逐条提出整改建议和整改期限，实行销号管理。在整改期限内，结合自然减员、所属事业单位人员内部调剂、调至其他有空编事业单位的方式予以整改消化。强化机构编制日常管理。管好用好机构编制实名制管理系统，健全完善全县机构编制基础台账，实行机构编制用编审核和编制卡管理，依规办理人员出入编。全面落实县机构编制实名制专网迁移相关工作，推进实名制信息与组织、财政、人社部门共享和业务协同，梳理问题整改落实情况，确保所有问题全部整改到位。完成全县编外人员信息采集工作，做到应采尽采、不重不漏、真实有效、准确可靠。强化事业单位登记管理。依法依规做好党政群机关事业机构统一社会信用代码和事业单位法人登记管理工作。做实做优容缺办理、“一网通办、全程网办”、“最多跑一次”等登记许可便民化举措，确保落实行政审批事项100%网上受理，100%网上办结。落实年度报告审查、公示、评估工作，开展“双随机、一公开”实地核查，配合推进事业单位信用体系建设，强化事业单位事中事后监管。

中共大埔县委机构编制委员会办公室负责人名录

主　任：李志坚

副主任：温卫国　吴海峰　罗春初

（梁芷缄）

县直属机关工委工作

【概况】2022年，中共大埔县直属机关工作委员会（简称大埔县直机关工委）下辖基层党组织265个，其中党委26个、党总支7个、党支部232个，党员人数4572人。强化政治机关意识，发挥职能作用，落实党建主体责任，推进县直机关党建工作。

【提升党员政治素质】2022年，大埔县直机关党组织坚持第一议题和常设议题制度，学习贯彻习近平新时代中国特色社会主义思想，开展中共二十大精神学习，以党的创新理论指导实践、推动工作。年内，在县卫健局、县市场监管局、县水务局、县科工商务局、县住建局5个单位开展党组（党委）理论学习中心组列席旁听工作。“线上+线下”相结合，创新教育载体。在线上，引导党员干部用好“学习强国”学习平台，做好推广宣传使用工作，以“学习强国”学习平台为考核，抓好责任制的落地；在线下，通过“党支部书记带头讲党课”“党员讲党课”“主题活动”提高政治理论能力，学习全面覆盖，党员全面受教育。提升新党员素质，2022年6月初，举办党员发展对象培训班，对县直2022年上半年确定为党员发展对象的38人进行为期3天的培训，提高发展党员质量；“七一”前夕，组织68名新党员在三河坝战役纪念园举行入党宣誓仪式。

【机关党建工作】2022年，大埔县直机关工委下发《2022年县直机关党建工作要点》，督促指导县直各单位党组织书记履行抓党建“第一责任人”责任，定期研究部署党建工作，制订单位党建工作计划和责任清单，完成基层党建工作任务。主动配合县委第二巡察组对县直机关工委的巡察工作，查找自身存在的问题，边巡边改，立行立改。做好机关党建日常指导工作，于8月中下旬组织两个检查组，对县直单位党建工作进行抽检，通过列清单、建台账、抓整改，解决部分党组织弱化、虚化、边缘化问题；9月初印发《党支部规范化建设指导标准》，规范基层党组织设置和党内政治生活，指导县直各单位党组织落实“三会一课”制度、主题党日活动等，严把发展党员程序和审核关，发展党员34名，完成党费收缴278.12万元。

【模范机关创建】2022年，大埔县直机关工委在县直窗口单位和服务行业开展“三亮三比三评”（亮身份、亮承诺、亮标准，比技能、比业绩、比作风，自评、群众评、领导评）活动。在县检察院、县政数局等17个单位党建工作亮点品牌的基础上，打造县妇联、县红十字会等又一新亮点品牌。举办第二届“党建引领添动力 奋勇争先促发展”党建工作创新大赛，组织县直9个系统推荐的63个作品参评，县委宣传部等18个单位获得县级奖，其中县科工商务局的参赛作品进入市级复赛、省级初赛。县直机关工委领导班子成员、党务中心干部深入县检察院、县住建局、县水务局、县卫健局、县市场监管局等16个单位，开展深化模范机关创建活动调研。组织9个系统牵头单位党务干部到县医疗保障局、县退役军人事务局等18个单位，现场观摩学习、交流创新工作经验，营造县直机关比学赶超的创建氛围，推动模范机关创建活动走深走实。

中共大埔县直属机关工作委员会负责人名录

书　记： 刘永东（—2022.7）
　　　　　杨自强（2022.7—）
副书记： 刘永东（分管日常工作，2022.7—）
　　　　　曾国杭　郭彩银（女）

（黄　瑛）

保密工作

【落实保密工作责任制】2022年，大埔县国家保密局落实保密工作责任制，开展全县各级党政领导干部落实保密工作责任制专项检查，强化对保密工作责任制执行情况的长效监督。督促指导各机关单位保密组织建设，指导涉及领导轮岗的单位及时调整充实保密工作领导小组成员，确保各机关单位保密工作有人抓、有人管。指导各机关单位建立健全政府采购信息公开保密审查机制，要求各机关单位对拟公开的政府采购信息严格审核把关、规范信息公开审查工作流程，遵循“谁公开、谁审查、谁负责”的原则，既确保政府采购信息的安全，又有利于提高政府采购工作透明度。制订《2022年大埔县高考保密安全突发事件应急处置预案》，确保高考试卷管理和各个环节安全保密。协助做好中考和事业单位以及临聘人员招聘考试笔试和面试的保密监督指导21次，派员进行现场监督，确保考场安全，防止试卷泄密。

【保密监督检查】2022年，大埔县国家保密局督查检查30个机关单位，检查涉密计算机、上网计算机和涉密文件，检查定密审批文件，检查涉密人员审查资料。对于督查检查发现的相关问题，通过现场反馈会的形式向被检单位党组进行反馈，责令被检单位加强保密知识学习培训，立即作出整改。

【保密服务】2022年，大埔县国家保密局加强保密行政管理部门干部队伍专业能力建设，参加省、市保密局组织的各项保密监管技能培训，学习最新监管技能，促进科技管密。严格涉密载体销毁服务。加强对全县涉密会场、重要会场的泄密、窃密检查工作，保障各类会议的信息安全。

【保密宣传教育】2022年，大埔县国家保密局订购和印发保密宣传教育资料4000份，发给各级领导干部、涉密人员学习使用，提高依托广大领导干部和涉密人员的保密观念和知法、守法、用法的自觉性。依托三河坝战役纪念园和青溪镇“广东省保密教育基地”及实训平台，开展“铭记光辉历史、传承红色基因”革命传统教育和保密教育活动，接待省直和各市、县机关单位领导和干部1000人，弘扬保密优良传统和爱国主义精神。

大埔县国家保密局负责人名录

局　长：蔡葵花（女，—2022.12）
　　　　　沈开鉴（2022.12—）

副局长：张贵岳

（吴京洲）

党校工作

【教学科研与调研】2022年，中共大埔县委党校加大科研支持，提升科研能力。选派年轻教师参加省、市党校系统的师资培训，提升教师授课能力和水平。组织以年轻教师为主的党校形势与理论宣讲队深入机关、乡镇、学校、企业和村组，宣传辅导、调研县情。全年应邀到乡镇、办事处、县直机关等单位上党课、作专题报告20场次，培训党员干部700人次。组织开展社会调研工作，派出调研组到各镇进行社会调查，收集素材，撰写调研报告和论文，承担上级党委、政府及有关部门的课题研究任务。全年承担省、市课题2项，在各级各类报刊上发表论文2篇，副校长郭文招和教师张秋婷撰写的2篇论文入选梅州市党校系统“学习贯彻党的二十大精神理论研究会”论文。

【主体班培训】2022 年，大埔县委党校坚持以办好主体班次为重点，规范主体班教学。严格按照主体班指标体系规定的内容设置培训内容、师资结构、教学方式和授课方式等模块，提高主体班教学质量，实现党性教育全覆盖。开展案例式、参与式、研讨式和情景式教学，拓展党性教育结构化教学内容和方式，注重问题导向性研讨，探索出听一堂三河坝战役革命精神课、学唱一首苏区革命山歌、吃一顿红军饭、走一段初心路、听一场红色故事会、重温一次入党誓词、访谈一位革命后代、进行一次社会实践活动、感受一回绿色生态文明等“九个一”新模式。打造精品课，构建大埔县委党校特色课程。围绕“苏区精神”“叶帅的一生”“三河坝战役精神”等红色资源，开发“‘红色大埔’光辉革命史”“叶剑英元帅的一生”“三河坝战役的历史地位和意义”“朱德的一生”“从三河坝战役感悟伟大的建党精神”“传承中央红色交通线精神 筑牢保密工作防线”“南方‘小延安’血与泪交织的地方”等特色课程。全年举办主体班及专题班 3 期，培训党员干部 1000 人次。

【对外培训】2022 年，大埔县委党校挖掘利用大埔及闽粤赣周边地区红色资源，提升对外培训班质量。针对机关、企事业单位的不同需求，做好干部培训需求调研，制订不同的教学方案，提升学员满意度。把党的辉煌历史与大埔县丰富红色资源文化有机结合起来，开设“三河坝战役的历史地位和意义”“传承中央红色交通线精神”“南方工委的历史贡献”等特色课程，吸引外地学员到大埔开展异地培训。开班前让培训需求方事先了解、掌握大埔的有关情况，做好教学安排、后勤服务等。全年举办对外培训班 25 期，培训学员 3000 人次。

中共大埔县委党校负责人名录

校　长：张榆昌

副校长：蔡永斌（常务）　郭文招

陈君仪（女）　邓向进

（刘锦州）

大埔县人民代表大会

主要会议和活动

【大埔县十六届人大二次会议】2022 年 3 月 2—3 日，大埔县十六届人大二次会议在县城召开。会议审议并表决通过关于大埔县人民政府工作报告的决议、关于大埔县 2021 年国民经济和社会发展计划执行情况与 2022 年计划的报告的决议、关于大埔县 2021 年预算执行情况和 2022 年预算的决议、关于大埔县人民法院工作报告的决议、关于大埔县人民检察院工作报告的决议、关于大埔县人大常委会工作报告的决议，以及大埔县人民政府 2022 年十件民生实事项目的决定。县委书记黄增国在闭幕式上作讲话。

【大埔县十六届人大常委会会议】县十六届人大常委会第 2 次会议于 2022 年 1 月 17 日召开。会议内容：审议通过县政府关于县十六届人大一次会议《关于关停治理县城垃圾填埋场的议案》实施方案、继续实施县十五届人大一次会议《关于加快解决县城自来水供需矛盾的议案》工作方案和 2021 年县级预算调整方案；听取审议 2021 年县级预算执行情况的报告；对新一届政府组成办（局）主任（局长）进行任命，并对监

2022 年 3 月 2—3 日，大埔县第十六届人民代表大会第二次会议在县城召开　（县府办提供）

委部分组成人员进行任免。

县十六届人大常委会第3次会议于2月18日召开。会议内容：审议通过县人大常委会关于设立县十六届人大常委会代表资格审查委员会的议案、关于召开县十六届人大二次会议的决定（草案）、关于列席和邀请列席县十六届人大二次会议人员的决定（草案）；初审通过县政府关于2022年预算草案的报告（草案）、县人大常委会关于召开县十六届人大二次会议的日程安排（草案）、主席团成员和秘书长建议名单（草案）、各代表团的组成和召集人建议名单（草案）、议案审查委员会组成人员建议名单（草案）以及拟在县十六届人大二次会议上作的县人大常委会工作报告；审查通过县政府关于提请审议不编制本级国有资本经营预算的议案；表决通过相关事项。

县十六届人大常委会第4次会议于4月19日召开。会议内容：听取审议县政府关于全县环境状况和环境保护目标完成情况的报告、2020年县级预算执行及其他财政收支审计工作整改意见落实情况的报告；进行人事任免。

县十六届人大常委会第5次会议于5月31日召开。会议内容：听取审议县政府关于县十六届人大一次会议代表建议意见办理情况的报告；进行人事任免。

县十六届人大常委会第6次会议于7月21日召开。会议内容：听取审议县政府关于大埔县开展第八个五年法治宣传教育的决议（草案）的说明、关于争取在2025年前成功创建全省乡村振兴先行示范县工作情况的报告、关于打击治理电信网络新型违法犯罪工作情况的报告；审议通过县人大常委会关于大埔县开展第八个五年法治宣传教育的决议；进行人事任免。

县十六届人大常委会第7次会议于9月14日召开。会议内容：听取审议县政府关于县十六届人大二次会议代表建议意见办理情况、2022年上半年国民经济和社会发展计划执行情况、2022年上半年预算执行情况、2021年县级决算草案、2021年县级预算执行及其他财政收支情况的审计工作情况的报告，县法院关于完善多元解纷机制，推进诉源治理工作情况的报告，县检察院关于生态环境公益诉讼工作情况的报告；进行人事任免。

县十六届人大常委会第8次会议于10月21日召开。会议内容：听取审议县人大常委会执法检查组关于检查《中华人民共和国消防法》贯彻实施情况的报告；审议通过县十六届人大常委会代表资格审查委员会关于县人大代表缺额选举的建议（草案）；进行人事任免。

县十六届人大常委会第9次会议于12月23日召开。会议内容：听取审议县政府关于“2022年十件民生实事”办理情况、县十五届人大一次会议《关于加快解决县城自来水供需矛盾的议案》实施情况、2021年度国有资产管理情况的综合报告及行政事业国有资产（不含金融类资产）管理的专项报告、县人大常委会监察和司法工委关于规范性文件备案审查工作情况的报告；审议通过县政府关于2022年度县财政预算调整方案的报告、县十六届人大常委会代表资格审查委员会关于县人大代表缺额选举情况的报告，确认代表资格；进行人事任免。

依法行使重大决策事项权和人事任免

【重大决策事项】2022年，大埔县人大常委会依法作出关于《继续实施县十五届人大一次会议〈关于加快解决县城自来水供需矛盾的议案〉工作方案》的批复、关于《县十六届人大一次会议〈关于关停治理县城垃圾填埋场的议案〉实施方案》的批复、关于同意不编制本级国有资本经营预算的决议，提出关于存量隐性债务化解“清零”的审议意见等4项重大决策事项。

【人事任免】2022年，大埔县人大常委会依法任命国家机关工作人员50人次，接受辞去职务4人，免去职务26人，撤销职务2人。其中任免县监察委员会副主任4人次。

监督工作

【财经监督】2022年，大埔县人大常委会初审通过2022年县级预算草案；听取审议2020年县级预算执行及其他财政收支审计工作整改意见落实、2021年县级预算执行、2022年上半年国民经济和社会发展计划执行、2022年上半年预算执行、2021年县级预算执行及其他财政收支情况的审计工作、2021年度国有资产管理及行政事业国有资产（不含金融类资产）管理、存量隐性债务化解“清零”工作等情况报告；审查批准2021年县级决算草案、预算调整方案以及不编制本级国有资本经营预算的议案，提出合理化建议。抽调精干力量成立专项督查组，每月对年度重点项目开展严督真查。贯彻落实全县促进实体经济高质量发展大会精神，深入厂矿企业开展全县实体经济发展、2022年上半年税收收入等情况调查研究，倾听各方建议，汇集民言民智，为全县经济高质量发展提供对策参考。

【重点工作监督】2022年，大埔县人大常委会召开常委会会议9次，听取和审议“一府一委两院”专项工作报告26项，开展专题视察2项、专题调研8项，作出决定决议4项，审查批准财政预算调整1项。

【民生工作监督】2022年，大埔县人大常委会深入镇、村一线调研全县推进乡村振兴工作，听取审议县政府关于争取在2025年前创建全省乡村振兴先行示范县工作情况的报告。听取审议县政府关于2022年十件民生实事项目办理情况的报告，十件民生实事30项任务全部完成。重点督办《关于加快解决县城自来水供需矛盾的议案》《关于关停治理县城垃圾填埋场的议案》，通过组织代表视察、听取专项工作报告等，督促政府及其职能部门尽快解决群众关心关注的重点难点问题。聚焦人民群众对优质教育的需求，组织代表视察西岭实验学校和城东实验学校建设情况，推动全县义务教育均衡发展。听取审议县政府关于全县环境状况和环境保护目标完成情况的报告，督促上级环保督察反馈问题的整改落实。听取审议县检察院关于生态环境公益诉讼工作情况报告，以高水平保护推动高质量发展。

【法治工作监督】2022年，大埔县人大常委会突出乡村振兴等重点领域和关键环节的专项法治宣传教育，助推法治政府建设工作走深走实。审议通过《大埔县开展第八个五年法治宣传教育的决议》。听取审议县政府关于打击治理电信网络新型违法犯罪工作、县法院关于推进溯源治理工作等情况报告，提出意见建议，推进法治大埔建设。开展《中华人民共和国消防法》执法检查，促进消防法律法规在全县得到更好贯彻执行。开展法院庭审观摩、检察工作专题调研和案件听证，支持法院、检察机关依法能动履职。开展备案审查工作专项调研，听取审议规范性文件备案审查工作情况报告，确保备案审查制度得到严格执行。贯彻落实《信访工作条例》，依法受理并转办督办群众来信来访10件次，维护群众合法权益。开展“12·4”国家宪法日暨“法治大埔”系列宣传活动。

代表工作

【代表联系群众】2022年，大埔县人大常委会制定《大埔县人大常委会组成人员联系人大代表和县人大代表密切联系人民群众的意见》《大埔县人大常委会领导对口联系工作居住在梅州市外人大代表和企业界人大代表安排》，紧密常委会领导与代表、代表与群众的联系。发挥镇村两级人大代表联络站作用，围绕爱国卫生、乡村振兴、撂荒地复耕复种、助力企业纾困等重点工作，开展“更好发挥人大代表作用”主题活动。全年全县各级人大代表有847人次参与进站履职、视察调研等活动，接待选民群众357人次，收集意见建议150条并转交各有关部门处理，落实解决140条，推动一批群众急难愁盼问题得到解决。

【代表履职】2022年，大埔县人大常委会引导大埔籍全国人大代表和省、市人大代表围绕全市、全县重点产业发展和民生热点开展调研，在人大会议上提出相关建议。大埔籍全国人大代表邓振龙在参加十三届全国人大五次会议期间，提交《关于支持建设粤闽赣苏区改革开放创新发展试验区的建议》《关于支持梅州老区苏区发展重大电力项目的建议》等10份建议。大埔籍省人大代表在参加省十三届人大五次会议期间，提出支持建设大埔电厂二期工程项目的建议，项目于2022年8月获得核准批复。在大埔的市人大代表在市八届人大一次会议期间，提交《关于支持粤闽赣苏区改革试验区（大埔县新型陶瓷产业园）建设的建议》《关于请求支持解决青溪抽水蓄能项目林地指标的建议》等6个建议。联合县政府开展“五级人大代表齐发力、助力撂荒地复耕复种”活动，全县65名各级人大代表认耕认种撂荒耕地62.19公顷。助力新冠疫情防控，引导代表发挥模范带头作用，发出《致全县各级人大代表的倡议书》，捐款捐物、共同抗击疫情。

【议案建议办理】2022年，大埔县人大常委会抓好议案建议办理工作，交办县十六届人大一次会议确立的1件代表议案、31件建议意见和二次会议代表提出的16件建议意见，采取代表视察、听取和审议办理情况报告等形式加强督办。一次、二次会议代表提出的47件建议办理完毕，代表对答复的满意率、基本满意率100%。

机关建设

【政治建设】2022年，大埔县人大常委会坚持把党的政治建设摆在首位，把政治理论学习列入常委会会议“第一议题”，推进党史学习教育常态化，落实党建主体责任，学习贯彻中共十九大、十九届历次全会和中共二十大精神，习近平总书记系列重要讲话、重要指示批示精神，习近平总书记关于坚持和完善人民代表大会制度的重要思想，树牢“四个意识”、坚定“四个自信”、坚决拥护“两个确立”、坚决做到“两个维护”。常委会领导深入联系镇村、单位和学校，开展中共二十大精神专题调研、领学督学和专题辅导，深化学习成果。

【依法履职】2022年，大埔县人大常委会围绕县委重大决策部署，常委会领导带头，机关室委、政府部门参与，就实体经济发展、乡村振兴、县镇人大工作和建设、税收收入工作等专题进行调研，提交4篇调研报告，为县委决策和县政府工作提供科学依据。常委会领导带头走出机关、深入基层，到项目一线、联系镇村和挂钩企业检查指导，收集意见建议，帮助基层和群众排忧解难。加大常委会组成人员和机关干部双向交流力度，推进人大干部队伍年轻化、专业化。开展“双报到、双服务”工作，选派机关干部下沉社区参与社会治理、疫情防控等工作。

指导镇人大工作

【代表联络站建设】2022 年，大埔县人大常委会落实省人大常委会《关于加强新时代全省人大代表联络站工作的指导意见》要求，制订《关于进一步推进全县人大代表联络站标准化、规范化、常态化建设的工作方案》，推动人大代表联络站完善站点设置、组织管理、活动内容、工作制度、意见处理等。全年各级代表 847 人进站接待选民群众 357 人次，收集意见建议 150 条，落实解决 140 条。

【发挥镇级人大职能作用】2022 年，大埔县人大常委会抓好镇级人大建设，实行常委会领导联系镇人大制度，听取并协助解决镇人大工作中碰到的困难和问题，指导各镇人大规范高效使用省财拨“镇人大工作和建设”专项资金。制定《关于更好发挥镇人大监督作用，推动县镇重点工作落实的指导意见》，指导各镇人大将实体经济、乡村振兴、生态文明、重点民生、社会治理等列为镇人大重点监督议题，引导镇级人大发挥监督职能作用。

大埔县人大常委会主任、副主任名录

主　任：张红梅（女）

副主任：刘辉堂　邓立新（女）　张长先
　　　　邓玉伦　罗振康　邝金禄

大埔县人大常委会办公室负责人名录

主　任：张越志（—2022.7）
　　　　张国雄（2022.10—）

副主任：杨耀文　丘　涛

大埔县人大常委会监察和司法工作委员会负责人名录

主　任：蔡　忠

副主任：饶仁杰

大埔县人大常委会选举联络人事任免工作委员会负责人名录

主　任：张国雄（—2022.7）
　　　　魏繁华（2022.10—）

副主任：林雪华（女）

大埔县人大常委会农村农业工作委员会负责人名录

主　任：李战美

副主任：杨励勉（—2022.5）

大埔县人大常委会财政经济工作委员会负责人名录

主　任：何赞道

副主任：温伟雄（—2022.9）

大埔县人大常委会教育科学文化卫生华侨工作委员会负责人名录

主　任：郭成燕（女）

副主任：魏繁华（2022.4—2022.10）

大埔县人大常委会社会建设工作委员会负责人名录

主　任：张伟东（—2022.12）

副主任：丘福煌

大埔县人大常委会城乡建设环境与资源保护工作委员会负责人名录

主　任：廖永春

副主任：李志文（女）

（杨耀文　丘　涛）

大埔县人民政府

主要政务简述

【县政府常务会议】2022 年，大埔县政府为研究全县经济和社会发展工作，制定改革措施以及处理日常政务，全年召开县政府常务会议 19 次。主要内容：2022 年 1 月 20 日召开会议，研究决定关于同意提高《迁建大埔县委党校项目建设施工合同》进度款支付比例的问题；关于解决省道 221 线过境公路（二期）建设项目涉及蓝某某等户房屋安置地的问题；关于解决县城环城大道提升改造项目涉及蓝某某等 3 户房屋安置地的问题；关于有偿收回梅州市博富能科技有限公司一宗国有建设用地使用权的问题；关于调整大埔县农村生活污水处理工程结余资金用途的问题；关于拨给大埔县 2021 年 50 平方千米以下河道管理范围划定工作费用的问题。

2022 年 2 月 10 日，召开常务会议，研究决定关于研究拨给茶阳镇全市基层消防治理现场会试点区域消防效能提升整治工程资金的问题；关于划拨高陂乌槎开发区政府储备用地作为拆迁安置用地的问题；关于审定《大埔县人民政府与广东嘉城建设集团有限公司战略合作框架协议》的问题；关于批准 2022 年 1 月地方政府新增债券资金使用计划的问题；关于拨给 2021 年省级涉农资金绩效评价费用的问题；关于批准不编制本级国有资本经营预算的问题；关于审定《大埔县人民政府和上海电子工程设计研究院有限公司半导体材料产业园设计框架协议》的问题；关于审定大埔县三河工业园国有建设用地使用权出让方案的问题；关于同意 2021 年度梅州市大埔县百侯镇东山村等 4 个垦造水田项目开展工程建设的问题；关于审议《广东粤电大埔电厂一期工程征地结算协议》的问题；关于实施大埔县城下坜路及下坜一街建设工程的问题；关于批准开展大埔县教育部门不动产确权登记和发证工作的问题；关于实施大埔县进光高级职业学校建设项目的问题；关于解决 2021 年度县水电公司政府调配使用资金应付利息的问题。

2022 年 2 月 25 日，召开常务会议，研究决定关于审议 2021 年红色革命遗址保护利用项目实施方案的问题；关于同意大埔县汉埔旅游产业投资管理有限公司退出大埔县旅游产业道路改扩建 PPP（政府和社会资本合作）项目的问题；关于实施省道 227 线大埔县高陂赤山至桃花段改建工程二标一期项目的问题；关于实施国道 235 线大埔县三河镇区及西河茶笼至丰村段路面改造工程的问题；关于实施省道224线K99+160—K99+400段重点水毁修复工程的问题；关于采用“设计、采购、施工”（EPC）总承包模式实施中央红色交通线（大埔段一期）保护利用项目的问题；关于实施大埔县三河坝文旅综合开发项目建设工程的问题；关于实施大埔县城（城北片区）老旧小区内外基础设施改造工程的问题；关于实施大埔县城（城北片区）老旧小区建筑主体改造工程的问题；关于批准大埔县虎源路口垃圾中转站、县水土保持试验技术推广站实行“三旧”改造项目产权置换方式的问题；关于批准2021年大埔县地方政府债务限额的问题；关于城北市场二、三层房产公开招租的问题；关于审议《大埔蜜柚·航天柚合作协议》的问题。

2022年3月18日，召开常务会议，研究决定关于审议2021年乡村振兴驻镇帮镇扶村资金建设项目的问题；关于大埔县人民武装部办公楼背后挡土墙裂缝紧急请求拨款的问题；关于调整汀江茶阳镇（镇区段）河道管理范围的问题；关于拨给原大埔县环境保护局和下属事业单位干部职工未缴纳的单位部分职业年金的问题；关于同意收回大埔县红色文化培训服务中心和大埔县委党校江坝安置地部分国有建设用地使用权并划拨给大埔县文广旅体局的问题；关于实施大埔县2022年度国有建设用地供应计划的问题；关于有偿收回梅州市顺台酒业有限公司一宗国有建设用地使用权的问题；关于批准设立大埔县西岭实验学校的问题；关于批准设立大埔县西岭实验幼儿园的问题；关于拨给2022年春季学期公办幼儿园保教费的问题；关于拨给2022年普通高考考试经费的问题；关于拨给大埔县西岭实验学校教育装备资金的问题；关于审定《大埔至潮州高速公路（含大埔至漳州支线）大埔县境内征地拆迁补充合同（三）》的问题；关于拨给平安建设和维稳工作经费的问题；关于拨给大埔县疾控中心紧急采购新冠核酸检测设备经费的问题。

2022年4月8日，召开常务会议，研究决定关于拨付大埔县2021年新闻媒体合作经费的问题；关于处置大埔县坑口水电站的问题；关于审定大埔县三河工业园区一宗国有建设用地使用权出让方案的问题；关于审定高陂镇晋昊大道（电排站）旁国有建设用地使用权出让方案的问题；关于征收高陂镇高陂大道北侧地块土地的问题；关于征收县城工业小区二期土地的问题；关于批准三河镇五丰安置地和江坝安置地作为广东粤电大埔发电有限公司二期项目房屋拆迁安置用地的问题；关于依法关闭非煤矿山企业的问题；关于拨给光德镇九社村等15个已验收垦造水田项目完善相关设施及备耕资金的问题；关于批准大埔县财政统发工资招标方案的问题；关于批准2022年3月地方政府新增债券资金使用计划的问题；关于拨给国家教育考试标准化考点升级改造资金的问题；关于拨给2022年梅州市大埔县教育发展基金会基金的问题；关于调整中医康复中心项目实施方案的问题。

2022年4月21日，召开常务会议，研究决定关于审议2022年大埔县事业单位公开招聘人员计划的问题；关于审议《大埔县乡村振兴数智化平台项目建设方案》的问题；关于解决大埔县三河坝文旅综合开发项目（韩江碧道工程三河朱德大桥段项目）征地拆迁补偿款的问题；关于同意处置大埔县三河镇梅江河蓬辣滩水电站下游清淤工程清淤物的问题；关于同意拆除三河工业园办公楼（奥特酒店）C级危房的问题；关于同意实施大埔县智慧停车场项目的问题；关于同意大埔县智慧停车场项目用地划拨的问题；关于拨给“3·26”暴雨县城工业园大道及周边民居抢险费用的问题；关于拨给大埔县红色文化培训服务中心工作经费的问题；关于拨给大埔县应急指挥平台采购项目建设经费的问题；关于拨给大埔县中医康复中心项目城市基础设施配套费的问题；关于解决购买负压救护车资金的问题。

2022 年 5 月 18 日，召开常务会议，研究决定关于解决大埔电厂二期项目土地征收费用的问题；关于将青溪镇蕉坑村原蕉坑学校划拨给青溪镇用于红色美丽乡村试点建设的问题；关于收回湖寮镇中心小学后面四层教学楼的使用权并划拨给湖寮镇下坜村作为办公场所和党群服务中心的问题；关于同意拆除大埔县进光中学食堂等 5 栋楼的问题；关于同意拆除大埔县光德镇九社小学横楼（D级危房）的问题；关于同意 2022 年乡村振兴驻镇帮镇扶村资金建设项目的问题；关于同意将部分乡村振兴驻镇帮镇扶村资金等投资大埔县城投实业有限公司的问题；关于审定三河工业园区内国有建设用地使用权出让方案的问题；关于拨给编制《梅州市大埔县生态文明建设示范区规划》工作经费的问题；关于审定洲瑞林场国有建设用地使用权出让方案的问题；关于同意发布《大埔县第三次全国国土调查成果主要数据公报》的问题；关于批准三河镇广东粤电大埔发电有限公司二期项目房屋拆迁安置方案参照《大埔县委党校新校区项目房屋征收拆迁安置规定》的问题；关于审定大埔县三河坝文旅综合开发项目主体建筑区域建设用地和大埔县委党校新校区工程江坝安置地两宗国有建设用地使用权供地方案的问题；关于审议《2022 年大埔县涉农资金统筹整合分配方案（调整稿）》的问题；关于拨给 2021 年水旱灾害风险普查工作经费的问题；关于同意县级储备粮轮换（销售、购进）的问题；关于同意实施县级储备食用油轮换工作并拨给动态轮换管理经费的问题；关于支持解决县纪委监委办案经费缺口资金的问题；关于同意编制大埔县半导体先进材料产业园产业调研及分析报告并拨付相关费用的问题；关于实施 2022 年度百侯镇侯南村、西河镇上黄砂村和茶阳镇梅林村 3 个垦造水田项目的问题。

2022 年 6 月 1 日，召开常务会议，研究决定批准 2022 年 5 月地方政府新增债券资金使用计划的事宜；研究 2022 年提前批新增债券资金用途调整的事宜；研究缴交大埔县 2021 年度第一批次城镇建设用地新增建设用地土地有偿使用费的事宜。

2022 年 6 月 21 日，召开常务会议，研究决定关于拨给基层武装部正规化建设经费的问题；关于实施三河坝战役纪念园红色教育基地提升改造工程纪念碑山体护坡修护项目的问题；关于开展国道 235 线大埔县茶阳至县城段公路改建工程勘察设计招标工作的问题；关于解决大埔县三河坝文旅综合开发项目（大埔文化旅游服务中心和停车场工程等）征地拆迁补偿款的问题；关于实施大埔产业转移工业园（县城工业小区）标准厂房项目（二期）的问题；关于实施大埔县城工业小区水土流失综合治理工程的问题；关于同意注销部分县国有企业的问题；关于同意处置西河镇东塘粮库等 3 处国有闲置资产的问题；关于审定湖寮镇葵坑村国有建设用地使用权出让方案的问题；关于同意梅州市宏诚石油有限公司国有土地置换的问题；关于审定划拨省道 221 线湖寮至枫朗段公路改建工程建设用地方案的问题；关于审定大麻镇汶水塘国有建设用地使用权出让方案的问题；关于同意按高陂镇古西村鹤山片特大型地质灾害治理工程（二期）施工图设计（变更）进行项目建设的问题；关于同意有偿收回大埔当代陶瓷模具有限公司一宗国有建设用地使用权的问题；关于同意重新划分大埔县城区县直小学学区的问题；关于拨给大埔县西岭实验学校和西岭实验幼儿园开办经费的问题；关于拨给 2022 年初中学业水平考试工作经费的问题；关于批准实施大埔县西岭实验学校校园网络基础建设并安排项目资金的问题；关于拨给大埔县进光高级职业学校建设村镇基础设施配套费的问题。

2022年7月15日，召开常务会议，研究决定关于批准2022年6月地方政府新增债券资金使用计划的问题；关于审定湖寮镇虎源路国有建设用地使用权出让方案的问题；关于拨给编制高陂水利枢纽工程防洪库容运用期间临时淹没区人员转移避险方案项目资金的问题；关于解决部分农村已离岗接生员和乡村医生生活困难补助资金的问题。

2022年8月4日，召开常务会议，研究决定关于解决湖寮镇下坜村门前岭自然村机耕路、溪道护坎及便桥建设工程费用的问题；关于同意继续实施《高陂镇财政管理体制暂行办法》的问题；关于实施大潮高速罗基安置点建设工程的问题；关于拨给县检察院劳动合同制司法辅助人员薪酬所需经费的问题；关于拨给大埔县委党校新校区搬迁费用和运营工作经费的问题；关于同意修改《大埔县蜜柚产业园（扩容提质）资金使用方案》的问题；关于同意撤销银江镇中心小学和田家炳第八中学设立大埔县银江实验学校的问题；关于批准拆除大埔县城东实验学校教师宿舍楼和教学楼的问题；关于无偿划拨大埔县大麻镇中心幼儿园教育建设项目用地的问题；关于审定御景南湾项目和御品雅居项目增加建筑面积补缴地价方案的问题；关于审定湖寮镇原特陶厂和华艺厂周边房屋“三旧”改造项目（一期）土地协议出让方案的问题。

2022年8月26日，召开常务会议，研究决定关于同意将青溪村青溪小学划拨给青溪镇用作中央红色交通线展厅使用的问题；关于实施大埔县第三自来水厂建设项目的问题；关于增招20名辅警的问题；关于同意公路建设项目前期工作费按上级交通运输主管部门审定实施的问题；关于实施大埔县城区居民燃气橡胶软管、加装燃气安全装置等老化更新改造项目的问题；关于批准《大埔县城中心城区大埔大道（控制性详细规划ZX02）“三旧”改造单元规划》的问题；关于批准《高陂镇坪口村村口“三旧”改造单元规划》的问题；关于审定《大埔县三河工业园区内一宗国有建设用地使用权出让方案》的问题；关于收回湖寮镇龙岗村河一、河二经济合作社一宗国有建设用地使用权并重新规划安排的问题；关于以比照协议出让方式征收广东省大埔县田园矿业有限公司新增可采储量采矿权出让收益的问题；关于拨给大埔县西岭实验学校建设项目资金的问题。

2022年9月16日，召开常务会议，研究决定关于同意实施2019—2022年扶持壮大村级集体经济试点村项目并支持解决配套资金的问题；关于审议2022年第二批省级乡村振兴驻镇帮镇扶村资金建设项目的问题；关于拨给大埔县三河坝文旅综合开发项目［滨水栈道亲水平台（梅潭河碧道）工程三河五丰段项目］征地拆迁补偿款的问题；关于拨给县委巡察组办公楼维修工程资金的问题；关于同意湖寮镇虎山路208号等30间公有房屋进行公开拍卖处置及泰安楼客家文化园风情文化休闲街7间商铺降点拍卖处置的问题；关于同意无偿划拨大埔县人民医院改扩建项目建设用地的问题；关于同意原县中医院门诊楼资产变更的问题；关于同意原大埔县水泥厂“三旧”改造项目（一期）土地协议出让方案的问题；关于拨给大埔县已验收垦造水田项目报备外业拍照工作费用的问题。

2022年9月29日，召开常务会议，研究决定关于收取各镇（场）污水处理费的问题；关于同意大埔县城投实业有限公司作为大埔县科技创新产业园项目政策性开发性金融工具贷款主体的问题；关于同意大埔县城投实业有限公司作为大埔县“保交楼、稳民生”专项借款主体的问题；关于拨给2022年秋季学期公办幼儿园保教费的问题；关于拨给初中学业水平考试理化生实验操作考试和英语

广东省“最生态碧道”梅潭河碧道三河段

（2022年摄，县委办提供）

文化产业有限责任公司的问题；关于同意收回大埔县移民工作局部分国有土地使用权的问题；关于审定大埔县城工业小区内一宗国有建设用地使用权出让方案的问题；关于同意湖寮镇古城临时市场及周边地块列入2022年“三旧”改造年度计划的问题；关于同意拨付梅州市博富能科技有限公司2021年实体经济发展奖补资金的问题。

2022年11月17日，召开常务会议，研究决定关于批准广东省大埔县三河镇梓里村（东江、曙光组）滑坡特大型地质灾害避险工程变更实施方案的问题；关于同意调整乡村振兴驻镇帮镇扶村资金建设项目的问题；关于同意启动大埔县平安乡村高清视频监控点建设工作的问题；关于同意拨给疫情防控专项工作经费的问题；关于批准将原大埔县慢性病防治院办公楼公开招租的问题；关于同意由大埔县国有资产投资服务中心向大埔县城投实业有限公司以补充项目资本金增加企业注册资本进行注资的问题；关于同意2022年减免租金的问题；关于同意划拨高陂镇陂寨村新城镇道路建设项目用地等6宗国有建设用地的问题；关于完善大埔县广德中学等15所学校28宗教育建设用地手续的问题；关于审定湖寮镇过境公路旁两宗国有建设用地使用权出让方案的问题；关于批准公布实施大埔县城镇建设用地土地定级与基准地价更新成果的问题；关于批准调整湖寮镇双坑村国有建设用地使用权公开出让起始价

听说考试考场建设资金的问题；关于同意大麻镇汶水塘一宗国有建设用地使用权出让方案的问题；关于同意将高陂镇乌槎村大塘头经济合作社地块列入2022年“三旧”改造年度计划的问题；关于审定大埔县高陂污水处理厂建设项目用地等3宗国有建设用地使用权供地方案的问题。

2022年10月11日，召开常务会议，研究决定关于增加2022年正常离任村（社区）干部生活补助预算的问题；关于同意实施大埔县科技创新产业园标准化厂房建设及基础设施配套工程（一期）的问题；于同意实施优化和完善大埔县城工业小区基础设施工程项目的问题；关于同意划拨高陂实验学校建设项目等3宗建设用地的问题。

2022年10月27日，召开常务会议，研究决定关于审定省道221线湖寮至枫朗段公路改建工程安置地安置方案的问题；关于批准取缔百侯镇侯北村天宝仙庄等3座公益性骨灰存放设施的问题；关于批准“三旧”改造项目征收资产置换县城房屋用作大埔县青少年图书馆方案的问题；关于注销广东寿康

的问题。

2022年12月7日，召开常务会议，研究决定关于同意开展公务员（参照管理工作人员）嘉奖和记三等功表彰工作的问题；关于同意由大埔县城投实业有限公司作为出资人入股梅州市人才发展基金的问题；关于批准有偿划拨广东粤电大埔电厂二期工程建设用地供地方案的问题；关于审定大麻镇汶水塘一宗国有建设用地使用权出让方案的问题。

2022年12月15日，召开常务会议，研究决定关于解决大麻镇附麻村产业园征收土地安置地的问题；关于解决大麻镇新城区建设征收房屋安置地的问题；关于同意将洲瑞镇大坑村原大坑小学无偿划拨给洲瑞镇人民政府兴办居家养老服务站场地的问题；关于同意实施大埔县三黎水电站上游清淤工程的问题；关于拨给西河、桃源、洲瑞乡镇消防救援队建设经费的问题；关于同意调整大埔县森林消防大队（大埔县应急救援大队）管理模式、人员人数和装备配备的问题；关于审定《大埔县2022年省级财政农业应急救灾资金（第二批）实施方案（送审稿）》的问题；关于审定《大埔县2022年农村综合改革资金实施方案（送审稿）》的问题；关于审定《2022年农村综合改革转移支付资金（第一批）农村公益事业财政奖补资金分配方案》的问题；关于审定《大埔县2021年省级涉农统筹整合资金（美丽乡村建设项目）分配方案》的问题；关于审定《大埔县2022年土地指标跨省域调剂收入安排支出预算（支持农村“厕所革命”整村推进财政奖补）资金分配方案》的问题；关于同意拆除大埔县三河镇梓里公学教学楼的问题；关于同意实施大埔县三河镇梓里学校教学楼建设项目的问题；关于同意无偿划拨大埔县大麻镇中心幼儿园第二期教育建设用地的问题；关于审议大埔县韩江源生态环境整治与修复工程（山水项目）的问题；关于同意2022年县级预算调整方案的问题；关于同意收回2021年财政转移支付结转结余资金的问题；关于批准2022年年初预算预备费安排使用方案的问题。

【县长办公会议】2022年，大埔县政府召开县长办公会议5次。讨论研究关于批准申报2022年度提前下达新增债券项目计划的问题；关于拨给大埔县北环路自来水工程及路面提升改造工程项目征拆费用的问题；关于同意征收高陂镇农业服务中心林业组后面土地的问题；关于同意茶阳镇实施县第二自来水厂建设工程征地工作的问题；关于审议2022年大埔县中央财政补助农村饮水工程维修养护资金安排的问题；关于同意购买抗原检测试剂的问题。

【县政府工作会议】2022年，大埔县政府召开县政府工作会议80次。讨论研究关于推进2022年重大项目谋划储备工作的事宜；关于推进2022年度城乡居民医保参保缴费查漏补缺工作的事宜；关于协调解决新农村示范村EPC（工程总承包）建设项目结算（清算）工作有关问题的事宜；关于推进县城下坜路及下坜一街建设工程前期工作的事宜；关于推进2021年全域自然村集中供水工程新增配套项目工作的事宜；关于推进河道采砂管理暨打击非法盗采河砂专项行动工作的事宜；关于推进海珠区·大埔县对口帮扶工作的事宜；关于推进国道235线大埔县湖寮段改线工程（南线）、大麻莲塘大桥、省道227线高陂大桥至桃花段公路改建工程等项目工作的事宜；关于协调解决广东粤电大埔电厂“上大压小”新建工程征地结算工作有关问题的事宜；关于推进三河坝战役纪念园红色教育基地提升改造工程建设工作的事宜；关于推进三河坝文旅综合开发项目工作的事宜（第一期）；关于推进县城排污管网完善工程（城东段截污管道）剩余工程款拨付、2021

年两宗已完工碧道工程建设后管护、大埔县松材线虫病疫情防控五年攻坚行动实施方案（2021—2025 年）编制等工作的事宜；关于推进广州海珠（大埔）产业转移工业园二期规划开发及高陂镇土地利用相关工作的事宜；关于推进全县农贸市场升级改造工作的事宜；关于协调解决广东梅州高陂水利枢纽工程超概算资金调整工作有关问题的事宜；关于推进茶阳镇防洪工程项目建设工作的事宜（第一期）；关于协调解决县人武部办公楼背后挡土墙紧急除险项目工作有关问题的事宜；关于协调解决不动产登记历史遗留有关问题的事宜；关于推进大埔县西岭实验学校项目工作的事宜；关于推进县城工业小区基础设施建设项目（二期）工作的事宜；关于协调解决梅潭河（岭下段）治理工程路面及配套设施工程有关问题的事宜；关于协调解决广东梅州高陂水利枢纽工程项目征收广东浩森碳中和林业发展有限公司白千层补偿有关问题的事宜；关于推进三河坝文旅综合开发项目工作的事宜（第二期）；关于推进全县被征地农民养老保障资金分配工作的事宜；关于推进智慧停车场项目建设工作的事宜（第一期）；关于推进县城工业小区水土流失应急治理工作的事宜；关于推进殡葬违法用地整治工作的事宜；关于推进全县落实粮食安全责任制暨撂荒耕地复耕复种工作的事宜（第一期）；关于推进 2020 年、2021 年债券资金支付工作的事宜；关于推进全县矿山整治暨中央环保督察交办案件整改工作的事宜；关于推进城西健康文化登山公园建设工作的事宜；关于推进高陂工业园区科技创新园征地拆迁工作的事宜；关于协调解决高陂水利枢纽工程防洪库容运用期间临时淹没区人员转移避险工作有关问题的事宜；关于协调解决玉丰特陶延链扩产项目和茶叶产业园交界处边坡安全隐患有关问题的事宜；关于推进大埔县中医康复中心项目建设工作的事宜；关于推进 2022 年度中央专项彩票公益金支持欠发达革命老区乡村振兴示范区项目申报工作的事宜；关于协调解决广东梅州高陂水利枢纽工程避洪点和安置区自建房建设工作有关问题的事宜；关于推进打击非法采矿、洗砂专项整治行动工作的事宜；关于推进国道 235 线大埔县银江镇 K1961+500 路段山体滑坡应急抢险处置工作的事宜；关于协调解决茶阳镇新增乱占耕地建房整治工作有关问题的事宜；关于协调解决城西健康文化登山公园征地拆迁工作有关问题的事宜；关于推进征地社保留存资金分配落实工作的事宜；关于协调解决加强和规范新建居住建筑高度控制工作有关问题的事宜；关于协调解决茶叶产业园核心区建设工作有关问题的事宜；关于协调解决省道 221 线湖寮至枫朗段和省道 222 线坑口至高陂段公路改建工程建设工作有关问题的事宜；关于协调解决高陂镇古西村鹤山片特大型滑坡群地质灾害防治工作有关问题的事宜；关于协调解决大埔县中小河流治理工程建设工作有关问题的事宜；关于推进全县撂荒耕地复耕复种工作的事宜（第二期）；关于协调解决大埔县部分乡镇饮用水水源设立及优化调整工作有关问题的事宜；关于推进西气东输三线闽粤支干线天然气管道项目二期（潮州—27#阀室段）工程（大埔段）项目前期工作的事宜；关于协调解决大埔青溪抽水蓄能项目前期工作有关问题的事宜；关于推进全县垦造水田工作的事宜；关于推进茶阳镇防洪工程项目建设工作的事宜（第二期）；关于推进 2021 年卫片执法新增违法图斑整改工作的事宜；关于推进重点项目建设和债券资金支出工作的事宜；关于推进全县统计工作的事宜；关于推进大埔县山水林田湖草沙一体化保护和修复工程项目建设工作的事宜；关于协调解决小水电清理整改工作有关问题的事宜；关于推进智慧停车场项目建设工作，大埔县城区居民燃气橡胶软管、加装燃气安全装置等老化更新改造项目和城西健康文化登山公园建设等工作的事宜；关于推进“保交楼、稳民生”专项借款工作的事宜（第一期）；关于协调解决大埔县第二自来水厂及管网建设工程（自来水一期）项目建设工作有关问题的事宜；关于推进2021年河长制湖长制市对县考核工作及2022年全县河长制湖长制重点工作的事宜；关于推进工业稳增长、“小升规”、“保规上”和稳外贸工作的事宜；关于协调解决大埔县科技创新产业园前期工作有关问题的事宜；关于推进大埔碧桂园项目监管账户支付农民工欠薪工作的事宜；关于推进大埔县国家重点生态功能区县域生态环境质量考核和广东省生态保护补偿机制工作的事宜；关于推进“保交楼、稳民生”专项借款工作的事宜（第二期）；关于推进全县全面推行林长制工作的事宜；关于推进中小河流治理、小型水库除险加固和村村通自来水工程工作的事宜；关于推进大埔县建筑淤泥渣土收纳场及建筑垃圾综合处理项目征地工作的事宜；关于推进广东金柚优势特色产业集群项目工作的事宜；关于推进全县农村村内道路建设工作的事宜；关于推进茶阳镇防洪工程项目建设工作的事宜（第三期）；关于协调解决县城工业小区部分企业提出事项有关问题的事宜；关于推进全县自然资源重点工作的事宜；关于推进全县工程建设项目审批制度改革工作的事宜；关于协调解决垦造水田工作有关问题的事宜；关于推进大埔县2022年卫片执法新增违法图斑整改工作的事宜；关于推进35千伏光德（桃源）输变电工程项目建设工作的事宜；关于协调解决大麻恒福花园三期农民工欠薪有关问题的事宜。

【重大决策事项】2022年，大埔县政府作出40项重大决策事项。1. 推进突发环境事件应急处置。1月，印发《大埔县突发环境事件应急预案》。2. 推动国民经济和社会发展。2月，印发《大埔县2021年国民经济和社会发展计划执行情况与2022年计划草案》。3. 推进重点建设项目。2月，印发《大埔县2022年重点建设项目计划》。4. 深化国有资产管理体制改革。2月，印发《大埔县城投实业有限公司组织架构、经营范围优化方案》。5. 推进现代烟草农业建设。3月，印发《大埔县2022年度烟叶生产扶持奖励方案》。6. 推进垦造水田工作。3月，印发《大埔县垦造水田项目实施补偿方案》。7. 提高全民健身水平。3月，印发《大埔县全民健身实施计划（2021—2025年）》。8. 做好农业水价综合改革。3月，印发《大埔县葵坑水库灌区农业供水价格方案》。9. 做好三防工作。3月，印发《大埔县防汛防旱防风防冻应急预案》。10. 完善农村人居环境。3月，印发《关于进一步完善农村人居环境长效管护机制的实施意见》。11. 促进经济高质量发展。4月，印发《大埔县促进总部经济发展暂行办法》。12. 提高应急管理能力。4月，印发《大埔县突发事件总体应急预案》。13. 做好安全生产工作。4月，印发《大埔县工贸行业生产安全事故应急预案》。14. 推进污水管网建设。4月，印发《2022年大埔县镇村污水管网完善工程工作实施方案》。15. 加强项目经费使用管理。4月，印发《大埔县县本级重大项目前期工作经费使用管理暂行办法》。16. 做好法治宣传教育。5月，印发《县委宣传部、县司法局关于开展法治宣传教育的第八个五年规划（2021—2025年）》。17. 推进撂荒耕地复耕复种。5月，印发《大埔县撂荒耕地复耕复种攻坚行动工作方案》。18. 加强生态环境保护。5月，印发《大埔县生态环境保护责任清单（送审稿）》。19. 推进绿色发展。6月，印发《大埔县城市生活垃圾分类工作实施方案》。20. 提升应急管理标准化水平。6月，印发《大埔县应急管理“十四五”

规划》。21．推进卫生健康事业。6月，印发《大埔县卫生健康事业发展“十四五”规划》。22．推进乡村振兴。7月，印发《关于进一步加快推进乡村特色产业高质量发展的实施意见》。23．提升“三农”服务。7月，印发大埔县蜜柚现代产业信贷担保基金贷款业务实施方案。24．提高城镇化水平。8月，印发《大埔县开展“美丽梅州·美好家园”三年行动计划（2022—2024年）》。25．推动殡葬事业发展。8月，印发《大埔县公益性公墓建设总体规划（2021—2035年）》。26．促进婴幼儿照护服务。8月，印发《大埔县促进3岁以下婴幼儿照护服务发展实施方案》。27．深化教育改革。8月，印发《大埔县教育发展“十四五”规划》。28．保障妇女儿童发展。9月，印发《大埔县妇女发展规划（2021—2030年）》《大埔县儿童发展规划（2021—2030年）》。29．改善水环境质量。9月，印发《大埔县城镇生活污水处理厂运营监管试行办法》《大埔县农村生活污水处理设施运行维护管理办法》。30．促进人力资源和社会保障事业。9月，印发《大埔县人力资源和社会保障事业发展“十四五”规划》。31．加强耕地保护。9月，印发《梅州市大埔县2022年度耕地“进出平衡”总体方案》。32．推进生态文明建设。11月，印发《梅州市大埔县生态文明建设规划(2022—2035年)文本》《梅州市大埔县生态文明建设规划（2022—2035年）研究报告》《梅州市大埔县生态文明建设规划（2022—2035年）图集》。33．加强噪声污染防治。11月，印发《大埔县县城区声环境功能区划分方案》《大埔县县城区声环境功能区划分技术报告》。34．加强饮用水水源地保护。11月，印发《大埔县县级集中式饮用水水源地突发环境事件应急预案》《大埔县县级集中式饮用水水源地风险源名录》《大埔县乡镇集中式饮用水水源地突发环境事件应急预案》。35．促进电子商务发展。11月，印发《大埔县发展电子商务三年（2022—2024年）行动计划》。36．促进全县自然资源合理开发。11月，印发《大埔县自然资源统一确权登记工作实施方案》。37．保障残疾人权益。11月，印发《大埔县“十四五”残疾人保障和发展规划》。38．升安全防范能力。12月，印发《大埔县深化应急管理综合行政执法改革实施方案》。39．保障粮食安全。12月，印发《大埔县县级储备粮管理办法》。40．推动水利改革发展。12月，印发《大埔县水利改革发展“十四五”规划》。

【大埔县乡村振兴人才驿站揭牌运营】2022年7月1日，大埔县乡村振兴人才驿站揭牌仪式暨各镇乡村振兴人才驿站授牌仪式在大埔县蜜柚省级现代农业产业园农业科技馆举行。市委组织部副部长、市委老干部局局长钟利文，县委书记黄增国，县委常委、组织部部长张榆昌等为县级驿站揭牌，并为14个镇级乡村振兴人才驿站授牌，副县长罗春达主持揭牌仪式。

【大埔县西岭实验学校开学】2022年9月2日，大埔县西岭实验学校开学。大埔县西岭实验学校是大埔县委、县政府践行“我为群众办实事”，解决县城学位紧张、学生入学难等问题而兴建的县城唯一一所九年一贯制义务教育学校。项目于2020年12月16日动工，项目规划投资2.99亿元，总建筑面积7.32万平方米，包括1所九年一贯制学校和1所幼儿园。

【广东梅州高陂水利枢纽主体工程全面完工】广东梅州高陂水利枢纽工程于2015年10月13日动工，2022年8月18日，最后一台发电机组通过验收，高陂水利枢纽主体工程全面完工。作为广东省第一个享受国家原中央苏区政策的重大水利项目，高陂水利枢纽总投资59.19亿元，投资来源为中央资金、省级资金及社会资金三部分，其中中央预算内投资补贴30亿元。高陂水利枢纽工程是中华人民共和国成立后广东省单项投资最大的水利工程，是广东水利项目史上争取中央预算内补助最多的项目，也是大埔县涉及人数最广、资金数量最高的民生水利项目。

大埔县人民政府县长、副县长名录

县　长：凌晓文

副县长：刘晓泉（挂职）　李延海（常务）
吴丽丽（女）　饶凌云（女）
罗春达　赖　宽　钟刻铭　葛志发

（县府办）

县政府办公室

【综合文稿工作】2022年，大埔县人民政府办公室（简称大埔县府办）围绕市委、市政府各项工作部署，坚持以文立室，发挥以文辅政、以文鼎新的参谋助手作用。全年组写全县社会发展情况12期，整理各类会议纪要104篇，上报和汇报材料680篇。

【文秘工作】2022年，大埔县府办坚持“认真负责、积极主动、实事求是、注重实效”的原则，坚持把效率作为生命线，结合新技术、新平台，创新工作方法，在最短时间、用最快速度保质保量完成办公室各项工作。依托粤政易及一体化政务协同办公平台，于2021年12月实行无纸化线上办文，促进并联审批、协同办理、实时交互，最快可在5分钟内完成整个呈批流程并发送给相关单位和人员承办，减少人工送签时间，提高工作效率。运用粤视会远程协作平台，创新会议模式，实现跨部门、跨地域、跨层级实时视频沟通，降低会议成本、提高会议实效。

【政务公开工作】2022年，大埔县府办发布政府领导信息9条，政府工作报告1篇，主动公开文件42个，政策解读材料20个，财政预决算信息9条，工作动态类信息227条，受理并按时办结依申请公开政府信息3件。

【督办工作】2022年，大埔县府办督促县政府常务会议、县长办公会议决定事项和全县各类重点建设项目落实，推进落实2022年县政府工作报告主要事项和十件民生实事以及县人大、县政协提案建议意见。全年参与县委、县政府联合督办178人次，编发17期督办信息、8期督办专报、4期政务材料报送及参会情况通报等；完成办理6件省人大建议、政协提案，20件市人大建议、政协提案，120件县人大建议、政协提案；办结149项县政府常务会议决定事项；受理国务院、省政府“互联网+督查”平台问题线索清单54件，回复54件。

【金融工作】2022年，大埔县府办坚持稳中求进工作总基调，统筹推进疫情防控和经济社会发展，支持实体经济发展和乡村振兴。抓好联村兴业富民，开展“金融特派员”派驻，为农户、个体工商户发放优惠贷款，做好农村基础金融服务等。全县金融机构新发放贷款24.41亿元，其中发放优惠利率贷款14.97亿元，占新发放贷款金额的61.3%，最低年利率1.4%；鼓励各银行机构加大信贷支持力度，主动对接中小微企业融资需求，为中小微企业新发放贷款金额14.7亿元。推动农业保险扩面、增品、提标，降低农业风险。发动大埔县农户蜜柚参保0.5万公顷，生猪保险参保3.2万头，农业保险保费总收入943.94万元。发动组织企业参加第131届广交会和2022年中国（出海网）跨境电商选品在线展览会，动员全县44家企业参加。

【党务人事工作】2022年，大埔县府办党组做好党的建设和意识形态工作，严格落实党风廉政建设和机关作风建设制度，做好编制管理、岗位设置、职级晋升、规范提拔任用、公务员统计、事业单位工作人员统计、事业单位领导人员及工资统计工作。全年开展中心组学习12场次、12个专题，专题研讨2次。开展提醒谈话31人次。召开支委会37场次、支部会38场次，上党课18场次。收缴党费5.61万元。职级晋升5人次，推荐提拔股级干部10人、副科职干部2人，新进干部职工15人（招录2人，调入10人，借调3人），调出和退休9人。

【驻镇帮镇扶村工作】2022年，大埔县府办做好银江镇巩固拓展脱贫攻坚成果同乡村振兴有效衔接，推动乡村振兴各项工作落实。统筹资源力量，开展走访调研，协同组团单位、县农业农村局和镇党委抓好防贫动态监测、疫苗接种、撂荒复耕、抗洪救灾及灾后复产等工作。帮助10户监测户获得主管部门认可消除监测，发动组团单位投入银江镇乡村振兴资金79万元，发动扶贫济困捐款26万元，发动组团单位和社会人士认耕2公顷撂荒土地。

【外事工作】2022年，大埔县贯彻落实国家、省、市出台的稳外资安商惠企、助企纾困政策，做好稳外贸工作，组织发动企业开拓国际市场，促进企业平稳发展，服务大埔县经济发展。至2022年年底，大埔县发动组织企业参展参会2场，分别是第131届广交会和2022年中国（出海网）跨境电商选品在线展览会，全县有44家企业参加。

【应急值班工作】2022年，大埔县府办加强机构建设，执行领导带班和24小时轮流值班制度，做到不缺岗、不脱岗。提高值班人员的业务水平，健全信息互通机制，确保第一时间报告突发事件。运用办公电话、县委应急指挥中心和会商视频系统等途径联线各镇（场）和县直各单位，加强对节假日、双休日值班值守工作的督促检查。按照信息报送要求，第一时间向市政府报送突发事件信息，办理落实省、市领导有关处置突发事件的指示、批示，并及时向市政府报告落实情况。全年处理各类突发事件信息150篇，其中上报市42篇，办理落实省、市领导指示、批示件53件；收到市府办转来办理件4件。

大埔县人民政府办公室负责人名录

主　任： 何凯涛（—2022.12）
刘万兵（2022.12—）

副主任： 郭宣志　刘流生　张海琳（女）
张国修　赖俊浩　丘　炼

（县府办）

政务服务数据管理

【概况】大埔县政务服务数据管理局（简称大埔县政数局）以“便民、高效、廉洁、规范”为宗旨，坚持“强服务、便群众、利企业”的工作理念，组织大埔县政务服务中心集中办理本级政府的行政许可和公共服务事项，提供集信息与咨询、管理与协调、投诉与监督于一体的综合性政务服务。大埔县政务服务中心共有进驻单位42个，进驻事项1839项，办事窗口68个。一楼大厅配备3台自助终端和1台导航机器人，设置“一门式”综合窗口10个。

【实体政务服务建设】2022年，大埔县政数局按照事项性质设立5个政务服务中心分厅，将税务、退役军人、残联、公安等因场地限制等因素暂不能进驻政务服务中心的事项纳入分厅管理，对外开展服务，保障政务服务事项“应进必进”，实现“大厅之外无审批”。制订《大埔县政务服务中心“办不成事”反映窗口工作实施方案》，成立“办不成事”反映窗口工作专班，帮助企业和群众解决“不能办、不好办、不知怎么办”等办事痛点，将“办不成事”变为“能办成事”，提高办事企业群众的获得感和幸福感。在县政务服务中心一楼和各镇党群服务中心设置“全市通办”窗口，落实人员配置，公布“全市通办”清单，组织县、镇两级业务人员对统一申办受理平台“全市通办”模块进行培训。至2022年年底，1671项政务服务事项可实现全市通办，大埔县“全市通办”业务量4万件。全年县政务服务中心窗口受理各类业务15.81万件，同比增加1796件，办结15.8万件，同比增加2202件。业务流转中心收寄件1.28万件，为群众节省办事路程45.65万千米。

【数字政府建设】2022年，大埔县政数局强化“粤商通”平台的注册推广，方便商事主体在手机上办理市场登记等商事服务，全县2.6万个市场主体完成“粤商通”商事主体实名注册，注册率100%。汇聚各项监管数据，涉及33个县直单位共认领监管事项主项515项，实施清单636项，完成检查实施清单636项，完成率100%，有监管行为数据的事项505项，数据覆盖率98.1%。全面应用电子印章，实现县、镇、村三级政务部门电子印章全覆盖，申请制发426枚电子印章，签章58.16万次。推进线上审批办文，提升政府数字化履职能力，全县通过一体化政务协同办公平台办理公文100.86万件，发出公文5.9万件，公文超时处理率为零。开展“双百”工作，举办“双百”工作培训会，指导各单位梳理好线上办理渠道和流程，充分摸清底数，统一申办入口，核查事项网上可办性，梳理线下申请办理渠道和流程。至2022年年底，全县7类审批事项共1839个政务服务事项，实现“100%网上受理、100%网上办结”。

【政府热线和效能监督】2022年，大埔县政数局联合县纪委印发《关于做好基层小型工程建设项目在惠民信息平台公开工作的通知》，做好基层小型工程建设项目公开工作，公开小型工程建设项目309项。印发《关于精简和调整基层信息公开项目的通知》，做好基层信息公开项目精简和调整工作，减轻基层负担，优化惠民公开项目，提高惠民公开内容质量，调整后，公开事项由原来的48项精简到20项（其中党务5项、村务3项、财务12项）。平台发布惠民补贴信息587.75万条，监管资金40.56亿元，受益581.69万人次，发送惠民补贴短信133.55万条。咨询量691条，投诉量201条。建立沟通联络机制，加强行政效能投诉和“12345”政府热线工单处理工作，解决群众各类诉求。全年受理政府服务热线工单6825件，其中投诉5342件、举报379件、求助（建议）1014件，咨询89件，表扬1件，办结率100%，评价满意率99.8%。

大埔县政务服务数据管理局负责人名录

局　长：郭宣文（—2022.8）
　　　　黄更亮（2022.8—）

副局长：何学樑　何苑平（女）

（蔡高文）

信 访 工 作

【概况】2022年，大埔县信访局贯彻落实中共中央、国务院《信访工作条例》，坚持以人民为中心，落实信访工作责任，依法按政策解决问题，做好新时代信访工作，全县信访形势总体稳定。全年受理群众来信来访883件次，同比上升6.3%，到期案件全部办结。

其中，来访21件，同比下降60.4%；省一体化信访信息系统602件，同比上升35.8%；梅州民声信件1件，同比下降97.6%；省市督办件7件，同比下降22.2%；县领导信箱信件205件，同比下降12.3%；复查复核件37件，同比下降28.8%。

【重复信访攻坚】2022年，大埔县信访局制订《大埔县开展治理重复信访、化解信访积案专项工作集中攻坚的工作方案》《大埔县开展重点信访事项“百日攻坚”行动工作方案》，落实提级包案工作制度，化解信访积案、重点信访事项。成立专项工作领导小组，明确单位主要负责人为重点重复信访事项总包案人，按照“属地管理、分级负责，谁主管、谁负责”的原则，逐一明确重点信访事项攻坚责任，坚持把攻坚重点放在解决问题、化解矛盾上，完成省、市交办的重复信访压减任务。国家信访局交办的重复信访治理倒流件2宗，省信访局在“百日攻坚”行动中交办大埔县重点信访事项12宗，全部按程序办结。

【领导接访下访】2022年，大埔县在常态化开展领导干部接访的基础上，同时在各个重要时期采取轮值的方式，县、镇（场）每天安排一名党政领导干部接访下访，采取接访下访、重点约访、专题接访等形式，主动深入问题集中和矛盾突出的地方，面对面听取群众诉求，实打实解决问题，让群众在当地就能向领导干部反映问题。全年参与接访县领导112人次，接访群众94批274人次，参与接访镇（场）领导798人次，接访群众293批517人次。

【信访条例宣传】2022年，大埔县信访局学习宣传贯彻2022年5月1日起施行的中共中央、国务院《信访工作条例》，确保《信访工作条例》在大埔县落地见效。制订《大埔县关于学习宣传贯彻落实〈信访工作条例〉的工作方案》，在2022年5月10日全市集中宣传日，县信访工作联席办联合湖寮镇在县城文化广场进行现场宣传；在大埔县信访局人民来访接待厅摆放宣传展板、宣传册、《信访工作条例》等宣传资料，对到县走访的群众进行宣传，印发宣传资料1.55万份；把5月18日作为全县集中宣传日，运用广播电视、微信公众号等平台和载体加强宣传，营造办事依法、遇事找法、解决问题用法、化解矛盾靠法的良好环境。

大埔县信访局负责人名录

局　长：刘流生

大埔县信访接待中心负责人名录

主　任：黄继业

（黄辛杰）

住房公积金管理

【概况】梅州市住房公积金管理中心大埔管理部属市政府管理的公益一类事业单位，主要负责住房公积金缴存、提取、贷款等业务。至2022年年底，大埔县实行住房公积金制度的单位有377个，缴储住房公积金职工有1.83万人。住房公积金累计归集25.41亿元，职工支取16.87亿元，累计贷款发放13.63亿元，贷款余额6.14亿元，归集余额8.54亿元。

【住房公积金归集、提取和发放】2022年，大埔县住房公积金归集金额3.65亿元，比2021年同期的3.44亿元增加0.21亿元，增长6.1%。全年住房公积金提取3.29亿元，比2021年同期的2.35亿元增加0.94亿元，增长4%，累计提取16.87亿元。个人住房贷款受理231户，贷款金额0.58亿元，发放抵押贷款212

户，放款金额0.47亿元。

【住房公积金缴存比例执行、放贷额度及期限情况】2022年，大埔县行政事业单位住房公积金的缴存比例按工资总额的12%进行扣缴和补贴。职工住房公积金贷款额度，双职工最高额度40万元，单职工25万元；期限仍按2009年标准执行，即最高贷款年限30年。

梅州市住房公积金管理中心大埔管理部负责人名录

副主任：丘海越（负责全面工作）
林文茹（女）

（李　晖）

打私和消防安全工作

【打击走私】2022年，大埔县公安机关共侦破涉走私刑事案件3宗（走私罪名案件+走私关联罪名案件），刑拘犯罪嫌疑人6人，逮捕犯罪嫌疑人5人，取保候审2人，直接移诉5人，涉案值739.81万元。其中，侦破野生动物及其制品涉走私刑事案件1宗，逮捕犯罪嫌疑人4人，取保候审0人，移送起诉4人，查扣野生动物83只，案值77.58万元；侦破涉烟草走私刑事案件2宗，逮捕犯罪嫌疑人1人，取保候审2人，移送起诉1人，现场查扣烟草烟叶650公斤和假冒香烟1.89万条，案值662.23万元。

【消防安全】2022年，大埔县公安局加大公共安全管理力度，采取每周集中清查、日常联合排查等形式，在全县范围内开展安全检查和重点场所清理整治，围绕消防、交通、校园安全等重点领域，出租屋、娱乐场所、寄递物流、水电油气等重点行业场所，管制刀具、枪支弹药、危爆危化等重点治安要素，开展全县集中统一清查行动39次，校园安全隐患排查整治行动7轮次，清查重点行业场所2453间次，排查整改治安隐患48起，排查整改校园安全隐患67处。

（徐思宜）

政协大埔县委员会

主 要 会 议

【政协大埔县十五届二次会议】2022年3月1—2日，政协大埔县第十五届委员会第二次会议在县城召开，完成各项议程。大会应到会委员228人，实到会委员155人，符合政协章程有关规定。会议由县政协党组副书记、副主席张友群主持。会上，县政协主席陈德志代表政协大埔县第十五届委员会常务委员会作工作报告，县政协副主席刘广明向大会报告第十五届委员会常务委员会提案工作情况。大会举行专委会代表发言。与会政协委员列席县十六届人大二次会议，听取并讨论县政府工作报告和县人民法院、县人民检察院工作报告以及其他报告，一致赞同并提出建议。会议期间，委员们围绕县委、县政府中心工作和人民群众普遍关心的问题建言献策，大会收到委员提案30件，立案26件、并案3件，转作建议1件。县委书记黄增国在闭幕会上作讲话。

2022年3月1—2日，中国人民政治协商会议广东省大埔县第十五届委员会第二次会议在县城召开　　（县政协办提供）

【县政协主席会议】2022年，大埔县政协召开17次主席（扩大）会议。主要内容：1月6日，陈德志主持召开县政协十五届第二次主席会议。学习习近平总书记关于做好“三农”工作的重要指示精神，在中央政治局专题民主生活会和全国政协新年茶话会上的重要讲话精神及2022年新年贺词；学习省委十二届十五次全会精神；传达学习省、市、县委常委会会议有关精神；

研究重点提案工作、研究乡村振兴工作；研究有关工作等。

1月18日，陈德志主持召开县政协十五届第三次主席会议。学习习近平总书记在省级主要领导干部专题研讨班开班式上的重要讲话和对政法工作作出的重要指示精神，以及中共中央政治局常务委员会会议有关精神；学习市委、县委常委会会议精神；研究政协工作等。

2月17日，陈德志主持召开县政协十五届第四次主席会议。学习习近平总书记赴山西看望慰问基层干部群众、同党外人士共迎新春、在春节团拜会上的重要讲话精神；学习省、市、县委常委会会议精神；研究召开政协大埔县第十五届委员会第二次会议相关事项等。

3月9日，陈德志主持召开县政协十五届第五次主席会议。学习习近平总书记在中共中央政治局第三十七次集体学习的重要讲话、审阅述职报告提出的重要要求，在中央党校（国家行政学院）中青年干部培训班开班式上的重要讲话、中共中央政治局会议和中央全面深化改革委员会第二十四次会议精神；学习市委书记马正勇到大埔调研工作座谈会精神；研究县政协有关工作等。

4月1日，陈德志主持召开县政协十五届第六次主席会议。学习习近平总书记在全国两会上的重要讲话精神和全国两会精神、中共中央政治局常务委员会会议精神；学习省、市、县委常委会会议精神；研究确定县政协十五届二次会议重点提案有关工作；研究县政协有关工作等。

4月22日，陈德志主持召开县政协十五届第七次主席会议。学习习近平总书记在十九届中央纪委六次全会上的重要讲话精神以及中央和省、市、县纪委全会精神；学习习近平总书记在北京冬奥会冬残奥会总结表彰大会上的重要讲话精神；学习省委书记李希、省长王伟中到梅州调研讲话精神；学习省、市、县委常委会会议精神；研究通过其他有关事项等。

5月10日，陈德志主持召开县政协十五届第八次主席会议。学习中央、省、市、县有关文件会议精神；研究有关工作等。

5月19日，陈德志主持召开县政协十五届第九次主席会议。学习习近平总书记在庆祝共青团成立100周年大会上、中央财经委第十一次会议、中共中央政治局会议上的重要讲话精神和对湖南长沙居民自建房倒塌事故作出的重要讲话精神；学习中央和省、市政法和信访工作联席会议有关会议精神及《信访工作条例》有关内容；学习贯彻全市干部大会精神；学习省、市、县委常委会会议精神；研究决定有关事项等。

6月8日，陈德志主持召开县政协十五届第十次主席会议。学习习近平总书记在中共中央政治局会议上的重要讲话、重要文章精神和《中国共产党政治协商工作条例》；学习中国共产党广东省第十三次代表大会精神；研究召开县政协第十五届常委会第四次会议有关事项；研究其他工作等。

7月7日，陈德志主持召开县政协十五届第十一次主席（扩大）会议。学习贯彻习近平总书记在四川考察时的重要讲话精神，在中共中央政治局第四十次集中学习的重要讲话精神，6月7日中共中央政治局会议和中央全面深化改革委员会第二十六次会议精神；学习省、市、县有关会议精神；研究有关工作等。

7月28日，陈德志主持召开县政协十五届第十二次主席会议。学习习近平总书记在湖北武汉考察、在庆祝香港回归25周年大会暨香港特别行政区第六届政府就职典礼上、在新疆考察的重要讲话精神；学习省、市、县有关会议精神；研究政协有关工作等。

8月6日，陈德志主持召开县政协十五

届第十三次主席会议。传达学习习近平总书记在省部级主要领导干部专题调研班、党外人士座谈会、中央统战部工作会议上的重要讲话精神、中共中央政治局会议精神，中共中央办公厅转发中央宣传部、中央组织部关于认真组织学习《习近平谈治国理政》第四卷的通知精神；学习市有关意识形态工作文件精神；研究政协有关工作等。

9月15日，陈德志主持召开县政协十五届第十四次主席会议。学习习近平总书记在中共中央政治局第四十一次集体学习时、在辽宁考察的重要讲话和习近平总书记给“中国好人”李培生、胡晓春的重要回信精神，中共中央政治局会议精神；学习中央和省、市纪委监委关于对违反中央八项规定精神典型问题的通报精神，全省巡视巡察工作会议暨十三届省委第一轮巡视动员部署会、全市巡察工作会议暨八届市委第二轮巡察动员部署会议精神；学习省、市疫情防控电视电话会议精神；学习省、市、县委常委会会议精神；研究召开政协大埔县第十五届委员会常务委员会第五次会议有关事项等。

9月30日，陈德志主持召开县政协十五届第十五次主席（扩大）会议。学习贯彻习近平总书记致全国广大农民和工作在“三农”战线上的同志们的节日祝贺和诚挚慰问、致2022年全国专精特新中小企业发展大会和致中国新闻社建社70周年的重要贺信精神；传达学习市委、县委常委会会议精神；传达学习县委组织部《关于开展公务员（参照管理人员）登记自查自纠工作的通知》精神；研究政协工作等。

10月18日，陈德志主持召开县政协十五届第十六次主席（扩大）会议。学习习近平总书记为《复兴文库》作序言，参观“奋进新时代”主题成就展的重要讲话精神；传达学习省、市、县委常委会会议精神；传达学习安全稳定工作电视电话会议精神；研究有关工作等。

11月16日，陈德志主持召开县政协十五届第十七次主席（扩大）会议。学习习近平总书记在中央政治局会议和中央政治局第一次集体学习、在瞻仰延安革命纪念地、在陕西延安和河南安阳考察的重要讲话精神；学习贯彻《中共中央关于认真学习宣传贯彻党的二十大精神的决定》《省政协系统学习宣传贯彻党的二十大精神工作方案》和县委有关通知精神，研究制订县政协学习贯彻中共二十大精神工作方案；传达学习省、市、县委常委会会议精神；组织学习《碳达峰碳中和干部读本》；研究政协工作等。

12月6日，陈德志主持召开县政协十五届第十八次主席（扩大）会议。学习习近平总书记在中央政治局常务委员会会议上的重要讲话精神；传达学习省、市、县委常委会会议精神；研究政协大埔县第十五届委员会第六次常委会会议有关事项；研究政协工作等。

【县政协常委会会议】2022年，大埔县政协召开4次常委会会议。主要内容：2月22日，陈德志主持县政协第十五届委员会常务委员会第二次会议。学习习近平总书记同党外人士共迎新春和在春节团拜会上的重要讲话精神；协商通过政协第十五届委员会第二次会议日程、议程安排；协商通过政协大埔县第十五届委员会常务委员会工作报告；协商通过政协大埔县第十五届委员会常务委员会关于十五届一次会议以来提案工作情况的报告；讨论政府工作报告（征求意见稿）；协商通过政协大埔县第十五届委员会第二次会议特邀人员、部分参会人员名单及列席会议人员安排；协商通过政协大埔县第十五届委员会第二次会议委员发言题目及发言委员名单；协商通过政协大埔县第十五届委员会第二次会议分组讨论安排及各组召集人名单；

协商通过政协大埔县第十五届委员会第二次会议秘书处机构设置等事项。

3月2日，陈德志主持县政协第十五届委员会常务委员会第三次会议。听取各组汇报讨论和审议各项工作报告情况；听取和审议提案委员会关于十五届二次会议期间提案收集审查情况汇报；审议通过政协大埔县第十五届委员会第二次会议决议（草案）等。

6月28日，陈德志主持县政协第十五届委员会常务委员会第四次会议。会议学习贯彻习近平总书记在中共中央政治局会议上的重要讲话精神和《中国共产党政治协商工作条例》；学习贯彻省第十三次党代会精神，邀请县委宣讲团成员、县委党校副校长郭文招作专题辅导讲座；听取县委常委、副县长刘晓泉作“关于我县加快陶瓷产业转型升级，推动实体经济振兴发展”的情况通报；听取县政协提案委关于县政协十五届一次、二次会议提案办理工作情况汇报；书面通报县政协2022年上半年工作情况；通报县政协历届委员联谊会注销情况；协商通过个别同志辞去政协委员资格等。

9月29日，陈德志主持县政协第十五届委员会常务委员会第五次会议。学习贯彻习近平总书记在庆祝香港回归25周年大会暨香港特别行政区第六届政府就职典礼上、在中央统战工作会议上的重要讲话精神；听取县政府副县长葛志发通报大埔县用好驻镇帮镇扶村力量，合力推进乡村振兴的情况通报，与会政协常委围绕专题议政主题作发言；协商通过个别专委会副主任的人事任命等。

协商议政与调研视察

【聚焦实体经济协商议政】2022年，大埔县政协围绕“加快陶瓷产业转型升级，助力实体经济振兴发展”议题，由班子成员分别带队进行调研，召开常委会会议进行专题议政，形成议政报告，为推动大埔县陶瓷产业转型升级、提质增效献计出力。围绕“夯实工业基础，做大做强实体经济”议题开展专题调研，推动实体经济高质量发展。围绕“科技创新企业知识产权保护”议题开展专题视察，促进科技创新成果转化和加强知识产权保护。围绕“传承客家文化，推动陶瓷产业振兴发展”议题开展专题视察，促进大埔青花瓷融入客家文化元素，推动陶瓷产业体现特色、丰富内涵。坚持把招商引资作为政协工作的分内事，发挥委员人才荟萃、联系广泛的优势和桥梁纽带作用，坚持以商引商、招才引智，动员广大企业家委员、旅外杰出乡贤企业家回乡投资兴业，为推动大埔经济发展贡献力量。

【聚焦乡村振兴视察调研】2022年，大埔县政协紧扣乡村振兴战略实施，围绕巩固拓展脱贫攻坚成果同乡村振兴有效衔接开展视察调研，促进各项工作落实。围绕“用好驻镇帮镇扶村力量、合力推进乡村振兴”议题，县政协领导分别带队到各镇（场）开展深调研活动。召开常委会会议进行专题议政，听取县政府情况通报，与会政协常委围绕主题作发言，为助推乡村振兴高质量发展建言献策。围绕“撂荒耕地复耕复种”“镇级污水处理管网建设”议题开展视察协商，组织委员了解工作情况，针对存在问题建言献策。组织开展“助力撂荒复耕·政协委员在行动”专项活动，向全体政协委员发出倡议书，动员广大委员参与全县撂荒耕地认耕认种工作，并在县政协牵头负责乡村振兴驻镇帮镇扶村工作所在的洲瑞镇举办现场活动。县政协委员在全县共认耕认种撂荒耕地49公顷，其中在洲瑞镇认耕认种22.87公顷。引导广大委员响应“万企兴万村”活动，委员企业家参与乡村产业发展。

民 主 监 督

【重点工作监督】2022年，大埔县政协领导深入挂钩联系的镇村和直联挂点服务的重点项目、重点企业开展督导检查，推动工作落地落实、提质增效。组建县政协专项督查组，加强对县政协所负责的38项县重点项目建设工作的督查。围绕“粤电大埔电厂二期工程建设”议题开展专项视察，力促早动工、早建设、早见效。围绕“矿山石场治理复绿”议题开展专题调研，为矿山石场治理建言献策。围绕“全力抓好党校迁建工作，助力文旅融合促发展”议题开展专题视察，促进加快建设，做好“红色”文章。

【为民履职】2022年，大埔县政协践行人民至上、生命至上理念，围绕“传染性疾病应急处置工作”议题开展专题调研。组织医卫界委员到洲瑞、高陂、枫朗、大麻、光德、桃源等镇村（社区）开展送医送药免费义诊活动，受益群众3000人次，以实际行动为群众办实事，为民履职。

【民主评议】2022年，大埔县政协先后派出10批次政协委员参加庭审观摩，推荐委员担任特约监察员、检察院听证员和税务监督员等，履行民主监督职能，促进依法办事、公正司法，转作风、提效能。

【提案工作】2022年，大埔县政协围绕落实县第十三次党代会提出“1568”思路举措和县委十三届二次全会工作部署，紧扣人民群众普遍关心关注的热点难点问题，履行政协职能。大埔县政协十五届二次会议确立提案30件、建议1件，其中9件被列为重点提案，涉及教育医疗、交通公路、环境保护、文化旅游、乡村振兴等民生方面的问题，会后及时交由38个单位办理。加强县政协十五届一次会议36件提案和6件建议的督办，强化对提案办理的督促落实和跟踪问效，提高办理质量，推进民生提案落地见效。一、二次会议的提案和建议于2022年6月底前全部如期办复，办复率和委员满意率均为100%。

文 史 工 作

【文史宣传】2022年，大埔县政协重视文史编撰工作，立足抓重点、创特色、出精品，发挥文史资料“存史、资政、团结、育人”的重要作用，编辑出版《大埔文史·大埔县祠堂文化精粹》专辑，挖掘祠堂文化，弘扬传承中华优秀传统文化。编辑出版《大埔政协》会刊，宣传政协职能、传播政协声音、报道履职成果、反映社情民意、展示委员风采。

【文史交流管护】2022年，大埔县政协把库存文史资料的管护和利用作为一件重要工作来抓，逐步完善，有所创新。坚持管护好库存文史资料，设置文史资料室，购置柜箱，明确管理职责和有关制度，保证库存文史资料无霉烂、无虫蛀、无丢失，完善档案资料的管理。建立健全文史档案，印制《政协文史资料登记册》，建立专门电子邮箱，由专人管理，既方便管理使用，又有利于清点交接不致出错。拓展文史资料的开发利用，对于新出版发行的文史资料，与其他县开展交流，宣传大埔。编辑的《大埔文史》出版后向北京大学图书馆、清华大学图书馆、北师大图书馆和中山大学图书馆等高校和国家图书馆、省图书馆及周边省、市、县区政协赠送，宣传大埔的人文历史。

团结联谊

【联情联谊】2022年，大埔县政协建立健全《县政协党组成员联系党外常委、党员常委（委员）联系党外委员制度》，加强与党外知识分子、非公有制经济人士、新的社会阶层人士、民族宗教界代表和港澳台侨胞的联系。县政协领导分别带队深入博富能、吉玉陶瓷、穗瑞农林、龙发生态旅游、汇丰源陶瓷和兴瑞现代农业等委员企业，开展“走访企业委员、走进委员企业”走访调研活动。通过上门走访、实地察看、面对面座谈等方式，与委员们交流，为企业委员解难释疑、为委员企业排忧解难，推动营造良好营商环境。县政协领导带队到广州、佛山、韶关等地走访旅外委员及部分委员企业和大埔商会，鼓励引导旅外委员、乡贤投身粤闽赣苏区对接融入粤港澳大湾区振兴发展先行区建设，为大埔家乡加快振兴、共同富裕作出贡献。

【对外交流】2022年，大埔县政协坚持团结和民主两大主题，发挥政协特色优势，加强团结联谊，凝聚共识，推动大埔老区苏区振兴发展汇聚强大合力。加强与上级政协和兄弟县（市、区）政协的联系，配合做好省、市政协领导到大埔开展各项专题调研视察活动的服务保障工作。参加在蕉岭县举行的闽粤赣边三省十县（区）政协第51次联系协作会议，大埔县政协在会上作题为《发挥政协优势 助力大埔苏区与大湾区联动发展》的经验交流。全年接待20批230人次的省内外各地政协领导和政协组织到大埔考察交流。

【委员风采】2022年，大埔县政协在县融媒体中心新开设“大埔县政协委员风采”栏目，报道奋斗在实体经济、乡村振兴一线的政协委员先进事迹。至2022年年底，报道发展陶瓷、蜜柚、油茶和乡村旅游等产业的5位委员的履职风采，激发委员的履职积极性。

党的建设

【思想政治教育】2022年，大埔县政协强化思想政治引领，把学习宣传贯彻中共二十大精神作为首要政治任务，利用党组理论学习（中心组）学习会、党组会议、主席会议、常委会会议和“三会一课”、委员工作室等学习平台，在全县政协组织掀起学习贯彻热潮。按照习近平总书记“五个牢牢把握”的重要要求，组织政协“两支队伍”读报告、学原文、悟原理，学深悟透、学懂弄通二十大报告丰富内涵和精神实质，深刻领悟“两个确立”的决定性意义，切实把思想和行动统一到中共二十大精神上来。县政协领导带头宣讲中共二十大精神，在机关会议、专委会会议上，同时到挂钩镇村、企业、基层一线宣传讲解、阐释引导，深入学校上好思政课。参加全国政协和省政协组织的线上培训学习以及省、市、县组织的各类专题学习研讨活动，围绕学习贯彻好中共二十大精神，开展“大学习、深调研、真落实”专题调研活动，汇集众智形成《新时代更好发挥政协委员作用的思考》《学习宣传贯彻党的二十大精神,凝心聚力助推大埔红色苏区绿色发展》2篇调研文章。全年召开常委会会议4次、政协党组会议和主席会议45次，举办党组理论（中心组）学习会、专题党课、学习讲座等25场次，向县委报送重要工作请示、履职报告16份。

【委员服务管理】2022年，大埔县政协抓好政协委员学习教育，引导全体委员落实“懂政协、会协商、善议政，守纪律、讲规矩、重品行”的要求，强化“为国履职、为民尽责”的政治担当，提高履职本领，锤炼道德品行，发挥主体作用，推进委员队伍全面过硬。加强委员工作室建设，修订完善委员工作室优化意见和工作规则，规划布置市级委员大埔工作室 1 个和县级委员工作室 8 个，打造“委员之家”升级版，推进政协工作向基层延伸。经报请县委同意，十五届县政协委员规模由换届时的 233 人增加至 251 人。二次会议后，接受辞去委员职务 3 人，增补委员 9 人。至 2022 年年底，全县实有委员 234 人。

【机关工作效能】2022 年，大埔县政协推进党史学习教育常态化长效化，坚持把机关党建、意识形态和党风廉政建设等工作与政协工作同部署、同检查、同落实。抓好机关作风建设，严格执行中央八项规定及其实施细则精神，支持派驻纪检监察组履行监督职责，健全完善机关管理制度，开展干部职工谈心谈话、廉政谈话等活动，纠“四风”树新风，提升机关的服务质量和水平。全面落实中央《关于加强和改进新时代市县政协工作的意见》精神，机关增加行政编制 3 名和事业编制 2 名，解决机关人员力量薄弱问题。指导大埔县文体促进会做好换届筹备各项工作；2022 年 6 月，注销、解散大埔县政协历届委员联谊会。

政协大埔县委员会主席、副主席、秘书长名录

主　席：陈德志

副主席：张友群（女）　刘小平
杨竹玲（女）　刘广明
黄伟胜　严庆东

秘书长：罗同兴

政协大埔县委员会办公室负责人名录

主　任：罗同兴（—2022.8）
钟丹萍（女，2022.8—）

副主任：蔡　葵　刘红连（女）

政协大埔县提案委员会负责人名录

主　任：余志国

副主任：丘牡香（女）　刘红连（女）
李益辉

政协大埔县文史和学习委员会负责人名录

主　任：黄佳清

副主任：蓝达瑾　陈秀鸿　蔡永斌
蔡红霞（女）

政协大埔县经济和人口资源环境委员会负责人名录

主　任：饶庆远

副主任：肖庆裕　罗汉江　张正城
郭和麟　李勇华（2022.9—）

政协大埔县教科文卫体和社会法制委员会负责人名录

主　任：叶庆敏

副主任：张荣强　罗伟南　黄史伦
刘俊浩（2022.9—）

政协大埔县民族宗教和港澳台侨外事委员会负责人名录

主　任：李月茹（女）

副主任：罗瑞丹（女）　梁永志　黄胜科
蔡　葵

政协大埔县农业和农村委员会负责人名录

主　任：何道武

副主任：刘奕棋　黄宜秋　郭绍辉
李颂航

（**郭和麟**）

大埔县纪委监委

主要会议

【中共大埔县第十三届纪律检查委员会第二次全体会议】2022 年 2 月 16 日，中国共产党大埔县第十三届纪律检查委员会第二次全体会议在县科技信息大楼一楼会场召开。县委书记黄增国出席并讲话，县长凌晓文传达中央、省、市纪委全会精神。会议审议通过县委常委、县纪委书记、县监委主任叶慧玲代表县纪委常委会所作题为《发扬党的自我革命精神推动新时代纪检监察工作高质量发展，为开创大埔全面振兴发展新局面提供坚强保障》的工作报告和《中国共产党大埔县第十三届纪律检查委员会第二次全体会议决议》。县领导班子成员，县人民法院院长、县人民检察院检察长，县纪委副书记、县监委副主任，各镇（场）党委书记、镇（场）长、纪委书记，县有关单位主要负责人，县纪委委员、县监委委员，县纪委监委各派驻（出）机构、机关各室主要负责人，县委巡察机构副科职以上干部参加会议。

【中共大埔县第十三届县委第三轮巡察工作动员部署会】2022 年 8 月 3 日，中共大埔县第十三届县委第三轮巡察工作动员部署会在县纪委监委五楼会议室召开。县委常委、县纪委书记、县监委主任、县委巡察工作领导小组组长叶慧玲出席会议并讲话。会议传达学习中共中央政治局审议《关于十九届中央第九轮巡视情况的综合报告》会议精神，宣布本轮巡察组组长授权任职及任务分工决定。县纪委监委领导班子成员，各派驻（出）机构、机关各室，县委巡察机构全体在职在编干部职工参加会议。本轮县委巡察对象有县人力资源和社会保障局、县社会保险基金管理局、县直属机关工作委员会、县文化广电旅游体育局、县移民工作局、县公有房屋和保障性住房服务中心、县府办、湖寮镇、大麻镇、西河镇 10 个单位党组织，巡察时间为 8 月上旬至 12 月下旬。

纪检监察

【党风廉政建设】2022 年，大埔县纪委监委综合运用谈话提醒、日常督查、责任考核、追责问责等方式，督促各级党员领导干部落实第一责任人职责。全年全县共组织“一把手”书面述责述廉 103 人，各级领导干部开展提醒谈话 890 人次，警诫谈话 36 人次，问责领导干部34人，立案查处违反政治纪律问题2件2人。对全县82个单位开展党风廉政建设责任制考核，对排名靠后的8个单位进行约谈。全县回复党风廉政意见240人次，提出暂缓使用、不宜使用意见8人。

【监督重点】2022年，大埔县纪委监委围绕县委、县政府中心工作，整合“室组”力量，组建多个督查组，紧盯重点领域，加强对客运站、农贸商超等重点场所防疫工作的监督检查。全年开展监督检查217次，检查重点单位、重要场所511个，现场发现和督促立行立改问题587个。

【专项治理】2022年，大埔县纪委监委纠治作风问题，全年查处违反中央八项规定精神问题26个，给予党纪政务处分42人，其中享乐主义、奢靡之风问题19个，给予党纪政务处分29人；形式主义、官僚主义问题7个，给予党纪政务处分13人。治理民生问题，重点开展粮食购销、惠民补贴、占耕建房、生态环境、金融监管等领域监督检查。全年揪出粮食购销领域“蛀虫”3人，追赃挽损金额11.55万元；核查发现违规发放惠民补贴312人次，违规发放1.77万元，追回1.7万元，追缴率96%；查处党员干部、公职人员违法占用耕地和不作为、乱作为问题4件28人，给予党纪政务处分11人。立案查处群众身边腐败和作风问题29个，批评教育帮助和处理112人，其中给予党纪政务处分50人。联合县政数局推动基层小型工程建设项目在惠民信息平台公开，公开小型工程建设项目390项，公开金额5294.43万元。开展村（社区）干部受处分后薪酬扣减试点工作，出台相应试行办法，打通基层处分决定执行“最后一公里”。优化营商环境，建立营商环境监督“直通车”机制，成立8个营商环境监督服务组，畅通企业直接向县纪委反映职能部门履职情况的渠道。监督推进行政审批事项“100%网上受理、100%网上办结”改革落地，约谈提醒进展缓慢的单位领导干部17人，推动大埔政务服务事项可在线申办率由52.1%提升至92.1%。

【审查调查】2022年，大埔县纪委监委受理信访举报197件，处置问题线索340件，立案审查调查165件165人（其中科级干部26件26人，同比增长136%），给予党纪政务处分159人，移送检察机关审查起诉1人，挽回经济损失829.18万元。综合运用“四种形态”批评教育和处理441人次，其中第一种形态282人次，占比63.9%；第二种形态147人次，占比33.3%；第三种形态6人次，占比1.4%；第四种形态6人次，占比1.4%。制定问题线索处置专题会议制度和问题线索督办方法，规范问题线索管理工作，探索“室组”联动监督、“室组地”联合办案模式，提升案件查办能力。印发《案件质量评定方法》，通过对案件进行评分的方式，奖优罚劣，倒逼各办案部门规范审查调查工作，促进案件质量提升。对全县14个镇级谈话点进行安全检查，发现问题现场要求整改。改造县级谈话点，配齐各类办案设施和应急设备，实现全程监控和录音录像。2022年，县级谈话点开展“走读式”谈话44人次，实现办案“双安全”。

【政治巡察】2022年，大埔县纪委监委坚守政治巡察定位，完成2轮常规巡察，1轮县级交叉巡察，对13个单位党组织进行“政治体检”，发现问题303个，形成专报9份，线索27条。配合梅州市县级专项巡察组做好26个党组织专项巡察，整治和纠正乡村振兴资金和农村集体“三资”管理使用方面的不规范问题。制订巡察整改工作方案，会同各职能部门，直插被巡察单位一线开展整改督查工作，发现存在问题13个。开展十二届县委巡察整改“回头看”，对违规领取津补贴等整改未完成的问题，督促责任单位党组织整改，全年清退金额31.36万元，涉及70人。对标市委巡察指导督导反馈意见，制订整改工作方案，明确整改责任单位及整改时限，推动整改工作落实落地。制定《县委巡察工作责任清单（试行）》，构建巡察工作责任链条和运行机制。制定《大埔县巡察工作流程》，细化巡察工作的6个工作环节50项具体任务。完成全市首个设立巡察服务保障中心的试点任务，推动巡察工作高质量发展。

宣传教育

【廉政宣教】2022年，大埔县纪委监委协助县委以“勇于自我革命，永葆先进纯洁”为主题开展纪律教育学习月活动，以新查处的典型案例为“活教材”，摄制《“套路者”的不归路》警示教育片，用“身边事”警示“身边人”。活动期间，全县各级党组织征订警示教育资料1700套；观看警示教育片120场次，集中受教育6000人次；开展各类形式教育活动200场次。配合市纪委监委创作以高陂青花瓷为主题的廉洁公益广告《一束青莲·一路清廉》，在全省范围内展播。联合县检察院摄制微视频《没有如果——一个关于自洗钱的故事》，在“客都清风”微信公众号上展播。联合百侯镇、青溪镇开展纪念五四青年节暨“青春有为·廉洁有我”廉政教育活动，引导青年干部扣好廉洁从政的“第一粒扣子”。联合县直单位举办“讲廉洁故事·扬清风正气”线上诵读比赛活动，传递清廉之声。联合县教育局开展“小手拉大手·齐手反洗钱”主题宣传活动，推动廉洁标语、清廉挂画等廉洁文化进校园，打造廉洁文化教育“微阵地”。

【队伍建设】2022年，大埔县纪委监委以党支部为单位，40周岁以下青年干部为主体组建3个青年理论学习小组，强化党员学习教育。成立县纪委监委机关党委和机关纪委，推进机关党建向监督执纪一线延伸。坚持把监督执纪执法一线作为“练兵课堂”，通过实战练兵、以案代训，让年轻干部在实战中熟练办案专业知识和案件查办的全流程，破除“本领恐慌”。全年选送4名镇纪委书记、2名机关干部到市纪委监委实践锻炼，组织镇级纪检干部到县纪委监委跟班实训20人次。加强自我监督，严格落实《大埔县纪委监委干部个人廉政档案管理制度》，完善自身权力运行机制和管理监督制约体系。主动接受各方面监督，聘请县监委第二届特约监察员13名。对执纪违纪、执法违法者“零容忍”，全县立案查处纪检监察干部2人，调离2人。关爱干部职工，建设集中学习交流于一体的“职工书屋”。开展“分级走访”活动，了解干部职工的思想动态、家庭情况，关心“八小时以外”生活社交，实现单位与家庭的良性互动。

中共大埔县纪律检查委员会书记、副书记、常委名录

书　记：叶慧玲（女）
副书记：罗伟国　郭　勇（—2022.4）
　　　　李　浩（2022.8—）
常　委：邓仲繁　巫小义　杨良柱　尤向辉

大埔县监察委员会主任、副主任、委员名录

主　任：叶慧玲（女）
副主任：罗伟国　郭　勇（2022.1—2022.4）
　　　　李　浩（2022.9—）
委　员：巫小义　杨良柱
　　　　邓仲繁（—2022.1）
　　　　尤向辉（—2022.1）
　　　　古练邦（2022.1—）
　　　　李　浩（2022.1—2022.9）

大埔县纪委监委办公室负责人名录

主　任：邓仲繁（—2022.4）

（林启鹏）

群 众 团 体

总 工 会

【思想建设】2022年，大埔县总工会通过专题学习会、辅导报告会等形式，学习贯彻中共二十大精神，落实党建工作责任制和工会意识形态责任制，丰富职工的精神文化生活。联合县文广旅体局举办“庆五一·喜迎二十大”大埔县职工男子篮球邀请赛，举办新修订的《中华人民共和国工会法》学习培训班。

【劳动竞赛和劳模宣传】2022年，大埔县总工会开展主题劳动竞赛活动，落实产业工人队伍建设改革。联合县卫健局举办防疫技能比赛，组织开展“抗疫有你，关爱有我”慰问抗击疫情一线人员主题活动，慰问全县抗击疫情一线工作人员627人，发放慰问品1300件、慰问金18.8万元，支持受疫情影响企业11家22万元。弘扬劳模精神、劳动精神和工匠精神，做好劳模和先进集体的选树工作，推荐2家基层工会分别被授予“广东省五一劳动奖状”和“广东省工人先锋号”称号，1人获得“广东省五一劳动奖章”。

【服务职工】2022年4月，投入资金3600万元新建的大埔县工人文化宫投入使用，并于7月在大埔县工人文化宫召开全市职工服务阵地建设现场会。大埔县总工会把全县红色景区整合打包为一个大基地，以三河坝战役纪念园名义进行推荐，被省总工会命名为“广东省首批技术工人疗休养基地”。7月，梅州市首批技术工人和先进职工疗休养示范性活动启动仪式在大埔县举行，来自全市各行各业的67名技术工人和先进职工到大埔县进行疗休养。开展“春送岗位、夏送清凉、金秋助学、冬送温暖”等工会品牌活动，送温暖、送清凉活动惠及职工2100人次，发放款物总额28.7万元，发放困难职工子女助学金29人次18.8万元，15名患病职工获得20.5万元救助援助。推动工会服务由帮扶向普惠转型发展，加大职工“住院二次医保”和职工“两险”参保宣传力度。全年参加女职工安康互助保障计划883人，职工医疗互助保障计划2358人，住院医疗综合1.26万人，住院津贴830人，13名重病职工得到赔付，赔付总金额30.5万元，402名患病职工通过住院二次医保报销27.9万元。联合县新华书店在暑期开展职工子女爱心托管服务活动，缓解假期职工子女“看护难”问题。

【工会组织建设】2022年10月，大埔县总工会在县委党校新校区召开大埔县工会第十六次代表大会，选举新一届的工会领导班子。坚持党建带工建，工建服务党建，抓好“两新”组织、新业态组织的建会入会工作，新建新业态工会6家，新发展新业态会员538人。抓好所属和下属事业单位改革工作，优化提升服务职能，撤销中国教育工会大埔县委员会、大埔县非公有制企业工会事业单位建制，合并设立大埔县职工服务中心。

【经费审查】2022年，大埔县总工会加强和规范基层工会经费收支管理，依法合规收好、管好、用好工会经费，对50家基层工会开展经费审查工作，提出审计意见和建议342条。配合市、县巡察组督促指导14家基层工会对巡察发现工会经费收支管理方面存在的42条问题进行整改。

大埔县总工会负责人名录

主　席：张长先

副主席：郭文彬（常务）　罗爱琼（女）

（肖裕健）

共青团

【青少年思想道德教育】2022年，共青团大埔县委员会（简称团县委）以“喜迎二十大 永远跟党走 奋进新征程”为主题，开展青少年思想道德教育。组织全县团员青年学习习近平总书记在庆祝共青团成立100周年大会上的重要讲话精神、中共二十大开幕会上习近平总书记的报告精神。开展“新时代的伟大成就”“党的青年运动史”的学习，引导全县团组织、团员青年高举团旗跟党走，培养团员青年作为中国人的自信感、自豪感。

【共青团公益活动】2022年，团县委落实“广东省大学生志愿服务山区计划”建设，全年协助招募大学生乡村振兴志愿者42人、支教老师27人，投身于乡村振兴一线工作。开展“青春情暖”“七彩假期”“爱心助学”等活动，为困难青少年送去温暖和希望，助力建设和谐乡风。在全县青少年中开展志愿宣讲、学法普法、防电信诈骗、禁毒宣讲等系列活动，助力《梅州市实施“青梅计划”集聚优秀青年人才的若干措施》在大埔落地落实。开展“青年交友联谊”“展翅计划”“圆梦计划”“大学生暑期三下乡”等服务青年的活动，“展翅计划”开发125个岗位，为大学生提供参与社会实践的机会；开展其他各类活动36次，惠及青少年2000人次。结合大埔县创建全国县级文明城市和新时代文明实践工作要求，协助大埔县发展志愿服务事业。至2022年年底，团县委组织环境清洁、巡河护河、森林防火、防汛救灾等各类活动38场次，参与志愿者230人次。做好“i志愿”系统的运营维护工作，全年系统上有志愿服务组织285个，实名注册志愿者5万人，开展志愿服务活动3064场次，志愿服务时长30万小时。

【共青团组织建设】2022年，团县委完成县级团组织的换届工作，对县级团干部、团代表进行更新，增强团组织战斗力。团县委按照团中央、团省委、团市委关于县域共青团改革的要求，谋划大埔县共青团改革工作。按照省、市共青团关于整治软弱涣散基层团组织三年行动“命脉工程”工作的要求，团县委把握“智慧团建”这个“总抓手”，推进“两新”团建和社会领域团组织建设工作，逐步实现团组织各领域全覆盖。严把团员入口关，提高发展团员质量，严格合理控制中学团学比例，执行“一人一号”制度，强化团员教育管理，从源头上抓紧抓牢团员发展关。至2022年年底，全县建立团组织868个，其中团支部818个，报到团员1.43万人，录入团干1319人。宣传“青年文明号”“青年安全示范岗”“青年突击队”建设，扩大共青团的影响力。加强镇、村一级“青年之家”建设，规范“青年之家”活动的开展和发布。发挥团代表联络站作用，增强团干和团员青年之间的联系。推进团中央示范项目“童心港湾”运营，为乡村留守儿童提供服务。发挥团建带队建的作用，在全县中、小学校开展少先队工作。开展“红色故事宣讲”“红领巾爱学习”“云队课”等各项活动，帮助少年儿童扣好人生第一粒扣子。在2021年少工委建设的基础上进行查漏补缺，指导符合条件的小学完成学校少工委建设。开展“红领巾争章”活动，建设有代表性、先进性的少先队项目，为少先队工作注入新的动力。

共青团大埔县委员会负责人名录

书　记：魏伊婵（女，—2022.4）
　　　　　陈　鹏（2022.4—）
副书记：连增美（女）
　　　　　刘玉燕（女，2022.5—）
　　　　　李秋慧（女，挂职，—2022.9）

（**高晓生**）

妇　联

【妇女创业就业服务】2022年，大埔县妇女联合会（简称大埔县妇联）开展“巾帼心向党 奋斗新征程”“四个在我身边”群众性宣传教育活动，向省妇联推送参赛征文4篇、摄影作品4幅，获省级征文优秀奖1篇，向市妇联推送“巾帼心向党 喜迎二十大”宣讲1篇。开展巾帼大宣讲18场，覆盖1800人，在“南方+”“掌上梅州”“无线梅州”等新闻媒体报道信息36篇。发挥先进典型引领示范作用，挖掘推荐“三八红旗手”“巾帼建功标兵”等巾帼典型，推荐全国巾帼建功标兵1名、广东省“三八红旗手”1名。深化“巾帼好网民”活动，加强妇联系统网络信息安全及新媒体宣传工作，利用各类宣传媒介唱响主旋律、传播正能量。联合县农业农村局、县乡村振兴局启动“富美家园”建设行动，团结带领广大妇女和家庭参与全县乡村发展、乡村建设和乡村治理。推荐省级美丽庭院示范户10户、示范村1个。创建省女大学生创业实践和就业实习基地1个，市培育提升企业1个。联合县人社局推进“南粤家政”工程，开展“百千万妇女培训”“巾帼科技助农直通车”活动35场，培训妇女3760人次。争取省妇女创业小额担保贷款贴息金10万元，为15名妇女提供贴息贷款150万元。

【家庭文明建设】2022年，大埔县妇联联合县委宣传部、县文明办、县教育局寻找县“文明家庭”“最美家庭”“书香家庭”各10户，“孝老敬亲好媳妇”“自强不息好少年”各10名。获评省十大“最美家庭”1户、百户“最美家庭”1户，获评市“十大最美家庭”2户、“十大优秀书香家庭”1户，获评市“孝老敬亲好媳妇”4名、“自强不息好少年”3名。联合县纪委监委举办“讲廉洁故事 扬清风正气”诵读比赛，联合县委组织部、县总工会举办“青春在大埔 一起向未来”青年干部联谊会。举办“书香家庭”分享会、“少年儿童心向党——书香浸润心灵 强国复兴有我”亲子阅读、“筑梦新时代 传承好家风”、最美家庭宣讲等活动61场。发动广大家庭参与优秀家规家训征集活动，大埔县选送的好家风好家训有8篇入选《梅州市优秀家规家训选辑》一书。制订《大埔县妇联2022年家庭教育工作计划》，召开《中华人民共和国家庭教育促进法》工作部署会议、家庭教育工作推进会议，学习宣传贯彻《中华人民共和国家庭教育促进法》。实施2022年大埔县传承弘扬好家教好家风行动计划，新增13人补充招募为第二批大埔县家庭教育讲师团成员，专业队伍扩充到25人。组织50名家长参加“益家学堂”线上培训，获评优秀家长42名。开展家庭教育大讲堂进村（居）182场次、家庭教育普法宣传活动267场次。

【维权服务】2022年，大埔县妇联开展《中华人民共和国民法典》《中华人民共和国家庭教育促进法》《中华人民共和国未成年人保护法》等普法宣传活动30场，引导广大妇女学法、懂法、知法。开展法治宣教活动30场次，发放宣传资料3000份，参与群众2000人。联合县法院揭牌使用梅州首个县级婚姻家庭矛盾纠纷多元化解中心，聘请16名家事调解员。联合县公检法和教育部门建立维护妇女儿童权益联动工作机制，联合县检察院开展“关注困难妇女群众 加强专项司法救助”，实施“关爱女童 护苗成长”保护女童人身权益三年行动，实时共享求助信息。配合县民政部门开展困难家庭中特殊群体排查救助专项行动，组织对打拐专项行动重点排查的四类人员进行专项排查。“12338”妇女热线、舒心驿站心理咨询室为妇女儿童提供便捷服务，256个村（社区）妇女议事会让妇女群众自己“说事、议事、主事”，推动妇女参与基层社会治理。全年接待来信来访34宗，满意率100%。为特殊群体提供暖心服务15次，开展12场心理健康教育宣教活动，完成80宗咨询个案服务。完成2021—2030年大埔县妇女儿童发展规划，提出大埔县未来十年的妇女儿童发展目标任务及策略措施。推动“男女平等基本国策”教育进党校主体班次，在优秀青年干部培训班中举办“坚持男女平等基本国策 共建共享美好生活”主题讲座。

【关爱服务】2022年，大埔县妇联对全县残疾、单亲、留守、流动、生活困难妇女儿童和家庭等重点人群，全部进行造册登记，实行动态管理。实施“爱心父母牵手困境儿童大联盟”、深圳新桥街道“爱心一簇”助学、“春蕾助学澳鼎圆梦”、“农村母亲关爱工程”等公益项目，筹集资金88.16万元，帮扶妇女儿童602人次。向省妇联、省妇女儿童活动中心争取百万助力“粤美·家园”留守儿童关爱和“爱心家庭+留守儿童”公益项目资金13.06万元，开展活动46场。开展“她健康 家越美”关爱女性公益保险项目，对2.25万名妇女赠送“两癌”险，有14名患病妇女获得理赔款11.2万元。实施城乡妇女“两癌”免费检查和妇女常见病筛查工作，为2788名城乡妇女实施“两癌”免费检查。组织巾帼志愿者到村（社区）开展“把爱带回家”“微心愿”寒暑假关爱服务等活动20场，惠及1.08万人次，发放宣传册5000份。

【妇联组织建设】2022年，大埔县妇联深化理想信念教育、对党绝对忠诚教育、政治机关教育，推动党史学习教育常态化长效化，全年开展专题学习20次、领导干部讲专题党课9场。在“四新”（新领域、新业态、新阶层、新群体）领域中拓展妇女组织覆盖面，大埔县新的社会阶层人士联合会组建妇委会，大埔县优学园建立妇女之家。

大埔县妇女联合会负责人名录

主　席：钟丽惠（女，—2022.6）

副主席：何丽兰（女，2022年6月起负责全面工作）

杨怡娴（女）

赖丽婷（女，挂职）

（蓝建霞）

科　协

【科普宣传】2022年，大埔县科学技术协会贯彻落实《广东省科学技术普及条例》（以下简称“条例”），推动大埔科协各项工作的开展。依托科普示范基地，开展“条例”宣讲活动，让“条例”深入人心，全年举办宣讲活动 10 场次，受益 2000 人次。

【科普活动】2022 年，大埔县科学技术协会按照《梅州市全民科学素质行动规划纲要实施方案（2021—2025 年）》精神，组织科技工作者“上山下乡”，开展科普宣传周、全国科普日、全国科技工作者日等有影响力的科普活动，推进科普“四进”（进校园、进农村、进社区、进企业），扩大科普活动覆盖面，提升大埔县全民科学素质。加强与科技、农业、卫健、应急等部门联动，满足人民群众的科普需求，助力文明城市创建和乡村振兴发展。全年举办活动 40 场次，参加群众 2.4 万人次。

【科普服务】2022 年，大埔县科学技术协会以搭建完善科技服务平台为抓手，服务好大埔县支柱产业的发展。全年新建 1 个省级科技专家工作站、2 个省级科普示范基地，为大埔县陶瓷、蜜柚等产业实现高质量发展提供科技支撑。

大埔县科学技术协会负责人名录

主　席：罗伟南

副主席：赖良新（—2022.5）

饶志宝（女，2022.5—）

（吴　帅）

侨　联

【侨界思想引领】2022 年，大埔县归国华侨联合会（简称大埔县侨联）按照新时代侨务工作“党建带侨建、侨建促党建”的工作要求，贯彻中央、省委、市委、县委重要决策部署及上级侨联的工作安排，强化侨联组织的政治性、先进性，夯实侨联干部思想政治建设，向侨界宣传宣讲中共二十大精神，推动习近平新时代中国特色社会主义思想入侨心，引领广大侨界群众听党话、感党恩、跟党走。

【服务中心大局】2022 年，大埔县侨联配合做好中国侨商投资（广东）大会梅州相关工作，完成项目收集、投资意向摸查及上报、侨商考察洽谈接待等工作，向海内外侨商宣传大会，引导侨界投资兴业、创新创业，助力美丽侨乡建设。2022 年，大埔县有招商引资项目 9 个，其中重点招商项目 6 个，有侨商投资项目 6 个（含侨商投资意向项目 1 个），计划投资金额 12.95 亿元。通过电子邮件、微信和定期邮寄家乡侨刊、春节贺卡等方式与海外社团保持联系，加强交流与合作。做好侨胞联络服务工作，热情接待回乡考察、探亲的侨界人士，加强与政治上有影响、社会上有地位、经济上有实力、专业上有造诣的海外侨胞、华裔新生代和海外重要社团的沟通联系，汇聚发展合力。2022 年，接待潮州市侨联副主席陈鸿涌一行、潮州市侨界文艺家联合会一行、南源永芳集团总经理姚国华一行等 7 批考察团。

【为侨服务】2022 年，大埔县侨联做好困难归侨帮扶金发放工作，全年救助补助困难归侨 119 人，发放资金 47 万元。开展节日送温暖献爱心活动，元旦、春节期间，采取转账和上门慰问相结合的形式慰问困难归侨 16 户，发放慰问金（品）价值 1 万元；七一前后，为受水灾比较严重的高陂镇、三河镇、大麻镇、西河镇侨胞、归侨老党员及困难侨眷 50 户送去价值 1 万元的慰问品；做好侨界群众的信访工作，协助市侨联落实省侨联交办的瑞典华人房某某信访事项，及时发函到银江镇人民政府，协助了解具体情况，跟进调处情况；帮助枫朗镇低保侨眷林某某解决生活困难等诉求，坚持物资慰问与精神关怀相结合，做好政策宣传、法治教育、解疑释惑、疏导情绪；多次答复湖寮镇何某某关于认定“侨生”身份的办法及申请困难归侨帮扶金的条件等问题。全年受理群众来信来电12起，接待侨界群众8人次，办理案件3件。立足维护侨界群众合法利益的根本需求，联合县法院成立涉侨纠纷多元解纷领导小组，制订《关于开展涉侨纠纷多元化解工作的方案》，选派3名县侨联干部及15名镇（场）侨联干部充实到县法院调解员队伍中，推动大埔县涉侨纠纷多元化解机制建设。

【侨联组织建设】2022年，大埔县侨联坚持以“侨胞之家”为依托，把平台建设作为为侨服务的重要载体，至2022年年底，创建6个“侨胞之家”，县、镇、村三级各有示范点。推进基层侨联组织建设，到银江镇银村村、湖寮镇双坑村等示范点实地考察，打造为侨服务的温馨家园。加强对侨联干部政治历练和实践锻炼，推进党支部和在职党员到湖寮镇城西社区开展“双报到双报告双考核”工作。

【文化润侨】2022年，大埔县侨联弘扬中华文化、客家文化，办好《大埔乡讯》，实施讲述大埔好故事、传播大埔好声音、树立大埔好形象、传递大埔正能量的“三好一正”工程。在《大埔乡讯》出版内容中增强信息量、可读性和时效性，吸引更多的海外侨胞特别是侨二代、侨三代走进家乡、了解家乡，引导他们将个人事业融入大埔振兴发展中。

大埔县归国华侨联合会负责人名录

主　席：吴莲香（女）

副主席：李步锦　刘佳集

（张春花）

工商联

【民营经济】2022年，大埔县工商业联合会（简称大埔县工商联）深入走访民营企业，了解会员企业在疫情防控常态化下生产经营、转型升级、未来谋划以及存在的困难、意见建议等情况，梳理汇总会员企业存在的问题和意见建议，及时向上反馈，为县委、县政府决策提供依据，增强广大会员企业的发展信心。执行县工商联联系基层和党员领导干部联系挂片企业工作制度，推动县工商联机关和3个直属商会主动跟进，与县科工商务、市场监督管理、税务等相关职能部门建立联系机制，定期研究非公有制经济发展工作，以制度化、常态化的机制解决企业的急难愁盼问题。至2022年年底，全县共有非公有制企业3398家、个体工商户2万家，其中规模以上非公有制企业61家，总产值占全县规模以上企业的58%，解决劳动力就业占91%。

【会员发展与维权服务】2022年，大埔县工商联加强队伍建设，注重会员发展质量。至2022年年底，共发展会员93名，其中企业会员89个，团体会员4个。利用培训教育、政策信息平台，组织民营企业参加各类座谈会、研讨会3场，发布传递企业需要的有关政策及信息40条。利用法律维权平台，受理和解决民营企业诉求2宗，为民营企业提供法律维权服务。

【非公党建】2022年，大埔县工商联做好非公党建工作，全县有非公有制企业党支部82个，配强党支部班子，配合有关部门选派40名党建指导员，指导非公有制企业党组织开展工作。

【助力乡村振兴】2022年，大埔县工商联开展赋能乡村振兴“复耕一亩地”主题活动，发动广大非公经济人士认耕18公顷撂荒土地。开展“万企兴万村”行动，在民营企业一对一结对帮扶大埔县245个行政村的基础上，通过产业帮扶、就业帮扶和消费帮扶等方式，走村企合作共赢之路，助力实现乡村振兴。

大埔县工商业联合会负责人名录

党组书记：林开樊

主　　席：罗汉江

副 主 席：林开樊（常务）　庄满伟

肖伟彰

（李宏川）

文　联

【文艺活动】2022年，大埔县文学艺术界联合会（简称大埔县文联）围绕县委、县政府中心工作，用好用活大埔县2个“中国古村落”、19个“广东省古村落”、中华诗词之乡、广东省汉乐之乡、广东省汉剧之乡、广东省摄影目的地等品牌效应，组织举办“红色传承 闪耀童年”幼儿爱国主题教育资源包捐赠暨三八妇女节庆祝活动、“找寻大埔44年”历史图片征稿、“美丽大埔”人文摄影讲座、“强国复兴有我”客家筝（汉乐）公益培训班、“听党话、感党恩、跟党走”汉乐专场音乐会、“喜迎二十大　奋进新征程”系列活动之其命维新·谢汉仁书法教育（粤东）第二期研修班结业作品展等各项活动17场次。

【搭建平台】2022年，大埔县文联注重培养各类文艺人才，抓好平台搭建。至2022年年底，全县有各文艺家协会11个，会员1000人，其中国家级会员16人，省级会员258人，市级会员146人。加强人才库建设，组织艺术家进行主题创作规划和文化交流活动，形成多层次文艺人才培养体系，全年有2人注册中国文艺志愿者。指导推荐罗景龙、吴彬的作品投稿《广东民间工艺大观》、“梅开盛世 围龙天下”梅州民间工艺创意展，大埔县广东汉乐研究会蔡葵、罗启煊参加中国音乐学院“中国古筝的传承与发展”学术研讨会，大埔县摄影家协会邹捷亨的作品《红色山河·大埔三河坝》在太空天宫空间站向世界展播；大埔县作家协会钟秀丽、大埔县摄影家协会杨志洪获市“双精奖”，罗景龙作品分别获得市民间工艺创意展金奖、银奖、优秀奖。

【文艺队伍建设】2022年，大埔县文联注重文艺队伍建设，强化对各文艺家协会的监督指导。指导各协会规范完善各项制度和章程，联合县民政局到大埔县舞蹈协会开展“双随机、一公开”监督指导工作，指导成立大埔县第一个村级汉乐协会黎家坪汉乐协会、大埔县锣鼓协会，指导大埔县广东汉乐研究会、大埔诗社完成换届。组织各文艺家协会举办纪念毛泽东同志《在延安文艺座谈会上的讲话》发表80周年研讨会、《学深悟透践行党的二十大精神》专题宣讲报告会等专题研讨、专题学习会6场次。

大埔县文学艺术界联合会负责人名录

主　　席：罗质平

副主席：李陈邑（女）

（李陈邑）

残疾人联合会

【省、市、县民生实事】2022年，大埔县残疾人联合会抓好省、市、县民生实事工作。从2022年1月起，将困难残疾人生活补贴、重度残疾人护理补贴标准分别从每人每月181元、243元提高到188元、252元；依法保护残疾人权益；省、县共投入48万元完成80户困难重度残疾人家庭居家无障碍改造任务。

【残疾人康复服务】2022年，大埔县残疾人联合会开展残疾儿童的康复训练救助，全年收训脑瘫儿童25名，转介服务残疾儿童9名；假肢装配7例，矫形器15例，配送辅助器具253件；精神病患者免费服药1962例。为536名有康复需求的残疾人实现康复服务，康复服务率99.8%。实行政府购买服务，与县阳光康复医院签订残疾儿童抢救性康复服务协议，加强监督、指导，确保机构规范运行。

【残疾人教育】2022年，大埔县残疾人联合会做好适龄残疾儿童调查和在校残疾学生调查工作，发动符合条件的残疾学生报考省培英职业技术学校，保障残疾学生受教育权利，提高残疾人文化素养和职业技能。为参加高考的残疾学生创造条件，有15名残疾学生被大专以上院校录取。

【残疾人就业扶贫】2022年，大埔县残疾人联合会做好残疾人集中安置和分散安置工作，市、县两级残疾人就业扶贫培训基地——漳联瓷业发展有限公司安置28名残疾人就业。做好残疾人就业保障金征收工作，全年共有91家企事业单位按比例安排161名残疾职工就业，征收残疾人就业保障金270.94万元。开展社区康园中心星级评定工作，大埔县有16个社区康园中心，被定为一星社区康园中心5个，二星社区康园中心7个，三星社区康园中心1个。

【残疾人社会保障】2022年，大埔县残疾人联合会做好残疾人政策宣传，提高残疾人办证率，按要求足额发放补贴。至2022年年底，全县共有持证残疾人1.3万人，其中2022年办理残疾人证1233本。全县有3971名残疾人享受困难残疾人生活补贴，8288名重度残疾人享受重度护理补贴，4035名残疾人免费参加城乡居民医保，4763名残疾人免费参加城乡居民养老保险，12名残疾人享受燃油补贴。

大埔县残疾人联合会负责人名录

理 事 长：钟丹萍（女，—2022.8）
罗长江（2022.8—）

副理事长：李秋莲（女）　丘孝思

（肖永志）

红 十 字 会

【“三救”工作】2022年，大埔县红十字会开展应急救援、应急救护、应急救助“三救”工作。聚焦应急救援，凝聚人道力量。大埔县红十字蓝天救援协会是梅州市红十字系统和归属大埔县直部门管理的第一支民间公益性救援队伍，全年参与山野、水域搜救任务36次，寻找失踪人员12人，打捞溺水人员28人。6月13—18日，参与茶阳镇抗洪救灾任务，转移被困群众385人，运送补给物资28批次。聚焦应急救护，提升人道服务力。开展应急救护知识培训宣讲工作，联合县教育局、县直工委、团县委举办两期红十字救护员培训班，84名教师和机关干部职工取得红十字救护员证。大埔县红十字应急救护志愿服务队到13所学校对中小学生和教职工进行溺水知识、防踩踏知识、应急救护知识宣教，2860名师生参加培训，利用各学校多媒体平台播放应急救护知识；到企业、社区、机关、农村宣讲应急救护知识6场，378人参加，形成“人人学急救，急救为人人”的良好社会氛围。聚焦人道救助，彰显人性之美。开展“博爱送万家”和“敬老月”活动，全年筹集慰问款物价值4.2万元，为全县106户困难家庭、孤寡老人和麻风病人送去食用油、大米、床单、被套、棉被等慰问物品。

开展大病救助活动，对 11 户患有重大疾病的困难家庭拨付救助款项 2.2 万元；筹措资金 60.1 万元，用于减轻血透病患者透析费用，1.2 万人次受益；为 5 名白血病患者申请“小天使基金”项目补助，每人获得 3 万元的救助资金。开展“救心”关爱行动，为大埔县 28 名先天性心脏病患者义诊筛查，有 5 名患者具备手术指征且符合受助条件，安排到省中医院治疗，减免医疗费用 20 万元。

【“三献”工作】2022 年，大埔县红十字会开展无偿献血、造血干细胞捐献、人体器官捐献“三献”工作。组织全县干部群众参加无偿献血活动，全年发动 751 人次参与无偿献血，献血总量 22 万毫升。在献血活动现场，通过派发宣传手册、咨询问答、流动宣传等形式，向前来献血的群众普及造血干细胞捐献的相关知识，动员符合条件的献血者加入志愿捐献行列。全县累计有 44 人加入中华骨髓库，成功捐献 1 人。推进人体器官捐献工作，大埔县“95 后”退役军人黄祈錄器官捐献事迹在央视新闻、人民网、新华社、中国民兵等央媒和地方媒体相继转发报道。走访慰问遗体器官捐献者家属，让他们感受到爱的回馈和温馨。全年有 35 人在中国人体器官捐献公众号登记为捐献志愿者。

【组织建设】2022 年，大埔县红十字会争取县委、县政府的支持，加强与县委组织部、县委编办和人社、财政、卫健等部门的沟通，将原仅有 1 人在编在岗的大埔县红十字会发展成为 6 个参公编制，有 5 名专职人员，有办公场所和办公设备，有独立党组织，有独立工会组织，有工作经费，有独立财政账户和捐赠账户，有专属工作用车。坚持志愿服务“队伍建设机制化、活动项目特色化”方针，建队伍、搭平台，推动红十字志愿服务活动在疫情防控、应急救护、人道救助、养老服务等领域持续开展。全年招募 100 名志愿者参与疫情防控、应急救护、无偿捐献、文明交通劝导、“两美”行动等志愿服务 70 场次，参加志愿者 180 人次。

大埔县红十字会负责人名录

会　　长：饶凌云（女）

常务副会长：谢书进

（叶雨桐）

法　　治

政法委与综治

【政治安全】2022 年，大埔县委政法委围绕为中共二十大胜利召开创造安全稳定的政治社会环境工作主线，开展维护国家政治安全 9 个专项行动、社会矛盾问题专项治理和基层矛盾纠纷排查化解专项行动，严格落实意识形态工作责任制。

【社会治理】2022 年，大埔县委政法委实施《大埔县加快推进社会治理现代化“十四五”规划》，推进分层次治理，夯实筑牢平安建设根基。加强市域社会治理工作统筹协调。印发《大埔县市域社会治理现代化试点工作指引（第二版）》，按照工作指引明确的 103 项试点工作任务落实情况和 6 项负面清单要求，压实各职能部门责任，配合市级对口部门做好市域社会治理现代化试点终期评估迎检工作。加强社会治理创新和宣传。对照市域社会治理现代化三年建设目标和大埔县“五治融合”（政治强引领、法治强保障、德治强教化、自治强活力、智治强支撑）推广建设方案，坚持项目化推进和“以点带面”推广，推广群众参与公益“功德银行”和“党小组+村民自治组织”百姓议事等模式，推动各成员单位、各镇（场）创新项目，丰富基层治理实践。制订《大埔县“五治融合”宣传工作方案》，向全社会展示大埔县“五治融合”基层社会治理工作亮点，形成可复制、可推广的社会治理经验，打造大埔社会治理品牌项目。夯实基层社会治理基础。深化“中心+网格化+信息化”建设，按标准分两批（2022—2023 年）规范完善全县镇（场）综治中心的规范化建设，优化调整网格员巡查事项和人员配置，全县 560 个综合网格全部实现编码固定和置入“粤政图”，配备 560 名综治网格员（全部由村居干部兼任）。推进全科网格建设，做好“粤平安”系统初始化信息采集工作，统筹整合全县各类网格和网格员队伍，建立县、镇、村三级治理服务中心，实现全县各类政务服务事项“一网通管”综合网格服务管理体系。推进政法信息化建设，承接好“粤平安”社会治理云平台的地方推广应用，推进“雪亮工程”“综治信息管理系统”“政法跨部门大数据办案平台”等政法信息化建设及联网应用。

【综合治理】2022 年，大埔县委政法委开展为期 5 个月的打击整治养老诈骗专项行动，成立县专项办，召开动员部署会议，坚持宣传教育、依法打击、整治规范“三箭齐发”，依法维护老年人合法权益。全年共立涉养老诈骗案14宗，破案14宗，打掉团伙2个，追赃挽损195万元，挽损率95.1%，位居全市第一。加强对精神障碍患者的服务，为其发放监护补助和购买监护责任保险。至2022年年底，登记诊断录入严重精神障碍患者2559人，每月免费送医送药1300人，购买严重精神障碍患者监护人责任险2427人、24.27万元。牵头配合督促开展预防和治理未成年人违法犯罪专项工作、校园周边环境专项治理、铁路护路联防工作等专项治理工作，优化社会环境。

【扫黑除恶斗争】2022年，大埔县委政法委推进《中华人民共和国反有组织犯罪法》的宣传贯彻，开展宣传月活动，营造扫黑除恶良好舆论氛围。加强扫黑除恶斗争队伍力量建设，整治一批行业乱点乱象问题。至2022年年底，全县共立九类涉恶案件33宗，破案31宗，打掉涉恶团伙8个，查封、冻结、扣押涉案资产35.6万元，投案自首21人。

中共大埔县委政法委员会负责人名录

书　　记：蓝　欣

第一副书记：赖　宽

常务副书记：李益辉

专职副书记：曾建邦（—2022.3）
何永昭（—2022.8）
郭　勇（2022.4—）
邓声河（2022.8—）

专 职 委 员：刘标荣　余其概　汤颜明
房进强　杨初航　黄菊兰（女）
朱自勤

（张　璐）

法治政府建设

【推进全面依法治县】2022年，中共大埔县委全面依法治县委员会办公室（简称大埔县委依法治县办）加大政策支持力度，护航复工复产。全面推进法治政府建设，构建职责明确、依法行政的政府治理体系。推进镇（场）综合行政执法工作；深化“放管服”改革；抓住领导干部这个“关键少数”；做好规范性文件的制定、审查和备案工作；规范公正文明执法；推进行政复议应诉工作；推进科学民主依法决策；做好法治政府建设年度报告公开工作。深化司法体制改革，确保司法公正高效权威。大埔县公安机关深化公安执法规范化建设；大埔县检察机关深化检察职能；大埔县法院以审判工作促进法治建设；集中重点，推进刑事执行工作。完善公共法律服务体系，推进法治社会建设。加强创新社会治理；加强预防和化解社会矛盾机制建设；深化公共法律服务体系建设；加强法治宣传教育工作；推进社会信用体系建设。为全县重点工作提供法治保障，优化法治化营商环境。

【政府法治工作】2022年，大埔县委依法治县办加强行政规范性文件合法性审查工作，细化合法性审查标准和流程，提高合法性审查质量。全年审核县政府规范性文件3件，向市政府和县人大常委会报备规范性文件2件，开展规范性文件清理工作。全年审查县委、县政府决策事项484项，审核县政府会议纪要19期、县委县政府批复223件，审核县政府重大合同39件，各类通告公告22件；参加信访研判18场次，审查征地拆迁各类公告、补偿决定书36件，审查涉及农业供水价格、中长期供水计划、卫生健康事业发展、公益性公墓建设、生态文明建设等内容的重大行政决策事项15项，开展重大行政决策后评估工作。配合开展梅州市无证明城市创建工作。组织开展执法规范化建设，推进行政执法三项制度落实；落实行政执法人员持证上岗和资格管理制度，推行行政执法人员综合法律知识统一网上考试制度。加强对乡镇综合行政执法指导，2022年1—3月，到桃源、大东、银江、洲瑞、青溪、湖寮镇人民政府指导乡镇综合行政执法工作。7月5—8日，举办大埔县行政执法人员专题培训班，200人参加。7月12日，举办2022年大埔县行政执法人员综合法律知识网上考试，325人参加。全年核发各类行政执法证741张。加大对行政执法部门上报备案的重大行政处罚案件备案审查力度，审查案件102件。2022年，收到当事人向县政府申请行政复议的案件28件，受理24件，审结24件，其中复议机关决定维持的11件，驳回行政复议申请的5件，终止审理7件，确认违法1件；收到以县政府为被申请人的行政复议案件3件，确认违法1件，撤销、责令重新作出具体行政行为2件。收到以县政府为被告的一审行政案件28件（含经复议后作为共同被告的）；以县政府为被上诉人的二审案件18件；以县政府为被申请人的再审案件5件。

（刘文烽）

公　安

【打击刑事犯罪】2022年，大埔县公安局抓好打击刑事犯罪工作。全县共立刑事案件587宗，同比下降21.9%，破案366宗，同比上升1.1%，破案率59.7%，刑拘253人，移送起诉292人，提请逮捕63人。其中，破电信网络诈骗及关联案件49宗，打掉团伙9个、窝点16个，刑拘35人、提请逮捕6人，移送起诉38人；冻结和紧急止付挽损资金405万元，追回被骗资金4.4万元；盗抢类立案188宗，破159宗，抓获124人，刑拘53人，提请逮捕19人，移送起诉52人；八类案件发案13起，破案13起，破案率100%；全年命案、枪案两类案件实现“零发案”。开展“护苗”行动，筑牢未成年人权益“防护网”，全年立性侵害案件13宗（其中涉及未成年人12宗），破13宗，破案率100%；拐卖妇女、儿童案立案2宗，破2宗。全年破“盗抢骗”刑事“小案”399宗，抓获437人，刑拘88人，提请逮捕25人，移送起诉90人。群众安全感排名全省第五、全市第一，公安工作满意度排名全省第五、全市第三。

【治安管理】2022年，大埔县公安局优化社会面治安巡逻防控勤务机制，将“四警五区”（治安警、交通警、铁路警、森林警，全县辖区划分为五大区域）警务融合、网格化协同社区警务、“公安+民兵”联合武装巡逻等警务机制优化融合，建立最小应急单元，强化网格化布警、信息化衔接、联动化作战，抓好社会面治安巡防管控。全年出动巡防力量9748人次，设置巡线126条，开展巡逻670次，盘查人员4107人次、车辆3278辆次，抓获现行违法犯罪嫌疑人28名。全年办理出入境受理出入境证件1000证（次），受理各类户籍审核审批材料2200份，办理第二代居民身份证2.5万张，办理临时身份证3000张，办理新车入户1.2万辆，机动车年检1.2万辆，补、换证1.2万户。

【道路交通管理】2022年，大埔县公安局推进“减量控大”“降车速、减事故”、摩电整治等专项行动，开展交通安全隐患排查治理，排查治理重点隐患路段8条，其中完成2条省督重点隐患路段治理工作。依托“四警五区”警务融合机制，开展道路交通综合执法整治，全县查处各类交通违法行为 1.8 万起，同比上升 13.4%；查扣各类违法车辆 7322 辆，同比上升 12.3%。其中，查处摩电交通违法行为 7210 起，同比上升 18%；查扣摩电违法车辆 4231 辆，同比上升 27%。全年无发生较大以上交通事故。

大埔县公安局负责人名录

局　长：赖　宽

政　委：古锦鹏

副局长：何忠贤（常务）　杨培彬　邬德辉
钟用柱　邱军华

（徐思宜）

检　察

【打击刑事犯罪】2022 年，大埔县人民检察院依法严惩群众反映强烈的各类违法犯罪，维护国家政治安全和社会大局稳定，守护老百姓身边安全。全年受理移送审查批准逮捕案件 134 件 210 人，经审查后批准逮捕 60 件 69 人，不批准逮捕 74 件 141 人。受理移送审查起诉案件 198 件 308 人，经审查后提起公诉 178 件 245 人，不起诉 23 件 34 人，附条件不起诉 3 件 5 人。其中，受理审查批准逮捕涉未成年人犯罪案件 21 件 35 人，受理移送审查起诉 25 件 38 人。受理监察机关移送审查起诉职务犯罪案件 2 件 2 人。常态化开展扫黑除恶斗争，办理涉黑案件 1 件 20 人，涉恶案件 1 件 1 人。

【社会综合治理】2022 年，大埔县人民检察院与县科工商务局联合出台《关于设立法律服务点的工作意见》，在县城和高陂工业园区分别设立两个法律服务点，打造“园区+”服务模式，为企业提供法律政策解读、法律风险防控、合规体系建设等“订单式”服务。与县司法局等 7 个单位联合成立大埔县涉案企业合规第三方监督评估机制管理委员会，制定实施办法和细则，督促涉案企业开展合规建设，助推企业合规守法经营，减少和预防企业犯罪。回应民营企业司法需求，加大法律服务供给，听取企业意见建议，开展 3 次“法治进企业”普法宣讲活动。开展“群众信访件件有回复”工作，综合运用领导包案、检察长接访、带案下访等形式化解信访矛盾。全年受理来信来访案件 42 件，接待来访群众 58 人次。落实最高人民检察院第一至八号检察建议，通过溯源治理，守护群众健康、公共环境、邮政寄递、生产安全。针对相关领域制发检察建议 59 份。建立以司法救助、心理疏导、社会帮扶等为主要内容的“1+N”模式，办理司法救助服务乡村振兴案件 10 件，发放司法救助金 14.1 万元。建立检镇（场）结对共建共治工作机制，构建“检察官＋观察员（镇场主要负责人）＋联络员”检镇（场）网格化工作模式，以检察能动履职推动社会综合治理，为全县 15 个镇（场）建立图书角，陈列法治建设、乡村振兴等书籍。与县农业农村局签订《关于加强公益诉讼检察与行政执法协作配合，共同推动乡村振兴战略实施的意见》，推进农业面源污染治理、农村人居环境整治、传统村落和乡村特色风貌保护等领域公益诉讼检察工作。从严从重从快办理涉电信网络诈骗犯罪案件，全年受理电信网络诈骗罪及上下游犯罪 23 件 38 人。开展打击整治养老诈骗专项行动，批准逮捕养老诈骗 1 件 4 人，维护老年人合法权益。优化部门间的金融情报信息共享机制，预防打击洗钱违法犯罪活动，与县监委、法院、公安局和人民银行大埔县支行联合签订《关于预防打击洗钱犯罪的协作意见》，办理梅州市首宗自洗钱案件，审查起诉洗钱案件 2 件 2 人。成立青年干警法治宣讲团，围绕群众法治需求，开展 29 场次进机关、进企业、进乡镇、进社区、进校园“五进”法治宣讲活动，受益群众4000人。成立全市检察机关首个融媒体中心，建立有机协同的融合传播机制，推出主题鲜明的普法微视频和微动漫20期。与县人大常委会共同制作“人大代表+检察官”以案说法栏目，通过身边案身边事推动法律知识传播。

【未成年人检察】2022年，大埔县人民检察院加强未成年人权益综合保护和犯罪预防，成立梅州市首个未成年人警务中心检察工作室，实现涉未成年人案件办理端口前移。聘请大埔县风向标专业社工对涉案未成年人开展社会调查、帮扶帮教、心理疏导、跟踪回访等，加强涉案未成年人综合矫治工作。承办全县未成年人工作座谈会，与11个部门共商未成年人综合保护工作。与县妇联、关工委联合制定《关于在办理涉未成年人案件中全面开展家庭教育指导工作的实施细则（试行）》，开展家庭教育大讲堂进村（居）主题活动，强化家庭监护责任。与县教育局、田家炳实验中学、田家炳高级职业学校联合签订检校共建合作协议，开展全县小学生防性侵主题宣讲，在洲瑞镇实验学校设立“七色花”检察图书室，为学生健康成长保驾护航。

【检察监督】刑事诉讼监督。2022年，大埔县人民检察院与县公安局联合设立侦查监督与协作配合办公室，派员参加公安机关议案会15场次，提升检警监督配合质效。立案监督4件，书面纠正违法2件，改变定性4人，提前介入案件6件，追诉漏罪3人，变更强制措施9人。落实认罪认罚从宽制度，适用率92.9%，量刑建议采纳率95.2%。贯彻少捕慎诉慎押刑事司法政策，诉前羁押率31.3%，同比下降58.9%。民事、行政检察监督。健全完善审判违法监督等机制，加大民事检察精准监督力度，办理民事审判程序和民事执行活动监督案件2件，发出检察建议2份。发挥行政检察维护司法公正、促进依法行政的双重作用，办理行政违法和不作为监督案件5件，发出社会治理检察建议5份，办理行政非诉执行监督案件56件，发出个案监督检察建议55份。开展“森林资源保护”小专项活动，督促所在镇政府对违法占地行为人作出行政处罚，责令其恢复2244平方米农林用地用途。开展社会抚养费类案精准监督，与县法院协调跟进办结177件社会抚养费未执结案件。公益诉讼检察监督。全年办理公益诉讼案件108件，其中刑事附带民事公益诉讼案件29件、行政公益诉讼案件79件。开展文物保护专项监督，与县文广旅体局、退役军人事务局协作，全面排

2022年4月14日，未成年人警务中心检察工作室在大埔县公安局挂牌成立（县检察院提供）

查文物保护、红色革命资源等案件线索。向相关部门制发磋商函，推进大埔县南粤古驿道、中央红色交通线、三河坝战役指挥部旧址、闽粤赣边区红色遗址的保护修复和活化利用。针对散葬烈士墓未规范管理问题，督促县退役军人事务局及属地镇政府依法履行职能，加强散葬烈士墓的管理与保护。全面摸排辖区内“消”字号产品案件线索，立案办理12件“消”字号案件。推动“林长+检察长”工作机制落地，成立大埔县林业生态保护检察室，形成保护森林资源的合力。与福建省龙岩市永定区人民检察院签订《关于建立生态保护区域协作机制的实施意见》，打造粤闽两省和谐生态关系。刑罚执行和监管执法监督。全年核查在押人员诉讼期限273人次，开展在押人员谈话教育7人次。建立并核查195份财产刑执行档案。开展职务犯罪案件刑事裁判涉财产部分执行和执行检察专项活动，对2018—2021年生效职务犯罪案件财产刑执行情况开展监督，核查职务犯罪财产刑案件15件20人。

大埔县人民检察院负责人名录

检 察 长：王　青（女）

副检察长：罗敏淳　何向宏（—2022.4）

张创帆（—2022.5）

许国键（2022.5—）

童斯荣（2022.5—）

副 书 记：张旭辉（女，—2022.12）

（杨宝妮）

法　院

【概况】2022年，大埔县人民法院开展“两个确立”主题教育，党组会议“第一议题”学习30次，组织开展全员政治轮训、宣讲辅导320人次，各党支部开展“三会一课”学习248次。全年受理各类案件2904件（含旧存84件），结案2856件，结案率98.4%，同比上升1%，结案率排全市法院第二，法定审限内结案率继续保持100%。省、市主流报刊13次报道大埔县人民法院典型做法，3个集体、3名干警受到市级以上表彰。

【执法办案】2022年，大埔县人民法院履行职责，全年审结刑事案件177件，判处罪犯240人。审结危险驾驶罪、交通肇事罪35件，维护公共交通安全。审结电信网络诈骗、网络赌博、“套路贷”等涉众型犯罪案件22件，追缴处置涉案财产262万元。打击拐卖、性侵、虐待妇女儿童犯罪案件11件，维护妇女儿童权益。常态化开展扫黑除恶斗争，审结涉黑恶案件3件，追缴“黑财”156万元，判处罚金527.3万元，继续追缴违法所得7550万元，曾某某等16名黑恶犯罪分子被判处五年以上重刑，重刑率72.7%。审结平远县卫生健康局原党组书记、局长凌某某贪污受贿案等职务犯罪案件2件。防范涉诉信访等领域风险，化解吴某某等信访积案35件。审结“格兰云天”等问题楼盘，以及“中央城”“和城花园”“翰林华府”等涉房地产纠纷案件23件。成立法官走访企业工作领导小组，深入梅州市博富能科技有限公司、广东五虎山药业有限公司等14家重点企业解答法律问题，帮助企业解决法律问题30个。构建破产案件协调机制，办理大埔县城镇建设工程公司破产清算案件。注重善意文明司法，运用“活封”“活扣”等措施，办结涉企案件19件。化解因疫情引发的劳资用工、金融借款、商铺租赁等民商事案件14件。审结金融纠纷183件，诉前调解81件。化解涉张弼士故居旅游项目开发等涉乡村旅游、休闲农业新业态纠纷，服务助力乡村振兴。审结环境资源类案件9件，判决10名被告人赔偿和承担生态修复费用136.91万元。对广嘉宏投资公司非法占有林地拒不返还案件进行强制执行，将被侵占林地收回、返还给高陂镇党溪村田心村民小组复垦复绿。审结枫朗镇黄土凹至寨背“四好农村路”、大潮高速以及西河镇、茶阳镇、湖寮镇垦造水田工程等 12 件重大工程建设施工合同纠纷，结案标的 917.57 万元。贯彻实施《中华人民共和国民法典》，审结教育、就业、养老等各类民生案件 20 件，妥善化解 69 件商品房逾期办证纠纷、2 件老旧小区加装电梯纠纷。审执结欠薪案件 55 件，追回劳动报酬 178.43 万元。维护农民最现实、最直接的土地权益，审结原告吴某某、肖某某等承包地征收补偿费用分配纠纷案 6 件。传递司法关怀和温暖，对 6 名困难当事人发放司法救助金 9.3 万元。执结各类执行案件 1322 件，执行到位金额 5353.28 万元，有财产可供执行案件法定期限内执结率 99.1%，终本合格率、执行信访办结率 100%。打击失信被执行人，对 3 名不履行法律义务罚款 13 万元，发布限制消费令 815 例，对符合失信条件的 529 名被执行人录入失信被执行人名单库。推行网络司法拍卖，借助淘宝、京东等网络司法拍卖成交 64 宗，成交率 98.5%，成交金额 2874.17 万元，溢价率 8.3%。

【审判质效】2022 年，大埔县人民法院深化以审判为中心的刑事诉讼制度改革，83.6% 的刑事案件适用认罪认罚从宽制度，平均审理天数 53 天。结收案比 101.3%，同比上升 1.5%；小额诉讼适用率 13.9%，同比上升 4.1%；新收案件 2820 件，同比下降 7.9%；未结案件 48 件，同比下降 42.9%，长期未结案件实现清零。建立“四类案件”台账，对 6 件案件按照“四类案件”监督管理规定进行层报。定期对发改案件进行通报、轮阅和评析，一审案件发改率 2.9%，同比下降 0.6%。分别对 31 场庭审和裁判的裁判文书进行评查，对清理出的存在“文字错误”裁判文书 14 份出具补正裁定。推动人民陪审员实质化参审，人民陪审员参审案件 301 件。上网裁判文书 957 份，庭审直播 459 场，3.92 万人次在线观看。

【司法便民服务】2022 年，大埔县人民法院践行司法为民宗旨，提升司法为民水平。构建“庭、站、点”纠纷化解格局，发挥覆盖全域 14 个诉讼服务站的纠纷调处、诉讼服务、法律咨询职能，各驻点法官到站服务 419 次，成功调处矛盾纠纷 221 件。在法律资源薄弱的村创建 8 个诉讼服务点、6 个“无讼村”，法官入村开展矛盾排查调处，解答村民法律问题。联合县妇联成立大埔县婚姻家庭矛盾纠纷多元化解中心，对聘任的 16 名家事调解（查）员开展技能培训。针对执法办案

2022 年 9 月 1 日，大埔县人民法院在大埔县陶瓷产业服务中心设立诉讼服务点

（县法院提供）

中发现的普遍性问题，向有关单位发出司法建议15份。全年新收诉讼案件1759件，同比下降8.9%。推进“诉前调解+速裁”模式，开展诉前调解案件1014件，司法确认案件343件，速裁快审1118件。提高司法为民速度，网上立案498件，网上缴费1428笔，在线调解案件218件，网上开庭612件，电子送达文书1.58万份。

大埔县人民法院负责人名录

院　　长：陈声欢

副 院 长：黄爱京　许国键（—2022.4）

童斯荣（—2022.4）

张创帆（2022.5—）

黄伟宏（2022.5—）

党组副书记：黄　君（女）

（*杨善松　郭汉章*）

司法行政

【人民调解】2022年，大埔县司法局重视“健全社会矛盾纠纷化解机制”省、市民生实事工作，定期与不定期在各镇开展社会矛盾纠纷大排查大调解活动，维护社会和谐稳定，为中共二十大胜利召开营造良好的社会环境。全年全县各级人民调解委员会调解各类矛盾纠纷1838件，调解成功1823件，调解成功率99%。全县未发生因调解不及时或调解不当而引起的纠纷激化案件。全年发放人民调解案件补助款13.07万元。

【法治宣传】2022年，大埔县司法局多渠道开展法治宣传，全年开展宣传活动260场次，受教育2万人次。落实国家机关民法典普法责任，全年开展“美好生活·民法典相伴”主题宣传“八进”活动90场次，印制“民法典”50问小册子及其他宣传资料、各类宣传品3000份、宣传（单）折页1000份、海报300份、学法笔记本3000本，悬挂横幅60条，张贴宣传栏273处，为群众提供咨询350人次，开展“法律明白人”等各类学习培训（讲座）50场次。组织开展2022年国家机关“谁执法谁普法”履职报告评议活动，县审计局、团县委、县残联、县水务局4个单位接受评议。湖寮镇龙岗村、大麻镇小麻村创建为“广东省民主法治示范村（社区）”。

【刑事执行】2022年，大埔县司法局贯彻落实《司法部关于推进刑罚执行一体化建设的意见》，协调监狱戒毒警察参与社区矫正工作，市司法局派驻大埔县司法局延伸监管警察参与社区矫正日常工作全过程。开展远程视频会见工作，发挥视频会见亲情帮教作用，全年远程视频会见室接待监狱服刑人员家属272批540人次。开展社区矫正对象点名训诫工作，对全县14个镇社区矫正对象进行点名训诫，发现问题及时采取措施加以解决。全年接收社区矫正对象121人，解除社区矫正对象100人，在管社矫对象144人。

【安置帮教】2022年，大埔县司法局做好刑满释放人员身份核查、信息对接和衔接管理，落实救助安置和帮扶教育措施。推进过渡性安置基地建设，妥善安置生活困难刑满释放人员。

【扫黑除恶斗争】2022年，大埔县司法局开展社区服刑人员和刑满释放人员坦白检举活动，对问题线索进行“再排查”“回头看”，紧盯涉黑、涉恶重大案件罪犯，深挖彻查余、漏罪和背后“关系网”“保护伞”，确保问题线索“零放过”。持续开展律师辩护代理涉黑、涉恶案件专项培训，实现律师培训全覆盖，落实庭前约谈、庭上监督、庭后总结，执行专人到庭参与旁听指导制度，建立健全律师辩护代理通报机制，发挥监督指导实效作用。监督指导律师事务所落实好接案审查、请示报备、集体讨论和档案管理等事项制度。

【公共法律服务体系建设】2022年，大埔县司法局推进覆盖城乡居民的公共法律服务体系建设，抓好局机关公共法律服务大厅值班律师为群众解决问题的法律服务工作，加强对各镇公共法律服务工作站值班情况的检查督导。推进公共法律服务网络平台和“12348”热线平台建设。开展“一村（社区）一法律顾问”工作，全年法律顾问为全县256个村（社区）群众提供法律服务4053件，其中法律咨询3068件，法治宣传971次，出具法律专业意见4件，人民调解9宗，其他法律服务1件。全年发放法律顾问公益性服务补助金255.68万元。

【公证业务】2022年，大埔县司法局发挥公证法律服务职能作用，以开展“我为群众办实事”为契机，推动公证工作深入基层，协助其他业务股室开展各类便民利民活动。全年办理各类公证案件30件。

【法律援助】2022年，大埔县司法局贯彻《办理法律援助案件程序规定》，加强法律援助宣传，完善“5520148”舆情分析制度，提升法律援助公众满意度和社会影响力。全年受理刑事案件419宗（其中认罪认罚231宗）、民事案件26宗，为来访群众解答法律咨询900人次，代书26宗，开展法律援助宣传4场次。开展法律援助申请“市域通办”工作，方便困难群众就近申请法律援助。提升服务质量，加强法律援助案件质量管理。实施广东省刑事、民事、行政、劳动争议法律援助案件等4个服务规范，提升服务标准。开展法律援助法治宣传，2022年年初通过大埔县电视台宣传“法律援助法”的实施，制作“法律援助法”学习讲座视频并向14个镇发放宣传。

大埔县司法局负责人名录

局　长：刘万兵（—2022.12）

副局长：江启清（2022年12月起负责全面工作）

赖国营　罗小慧（女）

（刘文烽）

军 事

大埔县人民武装部

【政治工作】2022年，中国人民解放军广东省大埔县人民武装部（简称大埔县人武部）坚持把思想政治建设摆在首位，采取“党委示范带头学、创新载体深入学、军地联动互助学、进村入户宣讲学、进入实践转化学”的方式，把学习中共二十大、习近平总书记系列重要讲话精神这个首要政治任务、头等大事抓紧抓实。以《铁纪强军》《忏悔与警示》等为基本教材，坚持教育日、学习日常态化。加强军事新闻报道，全年在《中国国防报》《中国民兵》《南方日报》《广东武装》等各级新闻媒体上刊发稿件369篇。

【军事训练】2022年，大埔县人武部抓好战备工作落实，部党委严格落实议战议训，紧盯强敌对手开展作战问题研究，滚动修订非战争军事行动等方案预案。抓好战备教育、战备值班、战备演练等日常战备制度落实，参加战区部署演练。严格按纲施训，抓好国防动员力量“专攻精练”，组织民兵参加梅州市轻舟五大队集训、民兵教练员集训，完成防汛抗洪骨干、应急连、公路运输排、情报信息侦搜排、特种救援排、无人机侦察排、油料保障排等民兵分队集训。组织机关、专武干部和民兵开展开训动员拉练，重走三河坝义军路。与地方应急管理体系有机衔接，组织民兵对防汛抗洪、森林灭火等课目进行专攻精练，出动民兵参与洲瑞镇、湖寮镇、三河镇山火扑救。出动民兵支援大埔县各镇抗洪抢险一线，投入居民撤离、物资转移、警戒执勤、劝导群众等防汛救灾各项任务，安全疏散转移群众870人。驰援英德市完成抗洪抢险救灾任务。

【武装工作】2022年，大埔县人武部抓好民兵整组工作，按照应急基干民兵向乡镇编组、专业和新质力量基干民兵向企事业单位编组的总体思路，优化力量结构。坚持把红色文化和国防教育有机结合，将国防教育课堂“搬”到革命遗址，定期组织民兵解说班进校园。发挥县委、县政府在国防教育过程中的主导作用，将国防教育纳入领导干部党课培训和理论学习重要内容，纳入财政经费预算项目，纳入全民教育培训体系，纳入工作目标考评范围，增强各级党政领导的政治责任、国防意识。利用“全民国防教育日”，组织全县党政干部、学生群众开展形式多样的国防教育活动。筹划全县8所中学高中新生军训，强化学生国防教育意识。

【征兵工作】2022年，大埔县人武部狠抓兵役登记工作落实，通过悬挂横幅、发放宣传手册、电子屏滚动播放征兵宣传片等方式进行宣传，兵役登记工作在1月底达到100%，在全市率先完成。突出大学毕业生征集这个重点，发动各镇专武干部、民兵连长上门宣传各级有关大学生应征入伍的福利政策。针对疫情防控的实际，发动专武干部采取线上回访等形式进行政治考核，在提升征兵工作质量的同时将"阳光征兵"贯穿始终，确保征兵工作公正透明。全年为部队输送优质兵员，无退兵。

【后装工作】2022年，大埔县人武部紧贴平时遂行任务、战时支援保障的需求，科学制订预算计划，为应急分队购置配备各类装备器材，为专业分队协调落实装备预征预储，并签订预征协议。推进后勤重点行业领域整肃治理"回头看"工作，完善本级兵器室、装备物资库安全管理设施。常态化开展"学装、知装、管装、用装"活动，加强对后勤管理理论的学习，提高科学管理能力。

【管理教育】2022年，大埔县人武部紧盯安全管理关键要素，每月定期分析研判安全形势，开展为期5个月的微信泄密专项整顿行动，组织教育整训，教育引导所属人员保持"危险就在眼前、事故就在身边"的危机感。组织涉密岗位人员政治考核，开展"百日安全"活动，抓好年度安全稳定工作。

（罗　滢）

人民防空

【人防组织指挥体系】2022年，大埔县人民防空办公室（简称大埔县人防办）明确落实各警报器所在单位的管理责任，确定具体管理人员，做到每月一次检查、每季度一次维护，警报社会化管理率100%。按照市人防主管部门的统一要求，于9月18日圆满完成防空警报试鸣活动，鸣响率100%。争取县人武部的重视，组织对大埔县人防专业队伍进行相关业务培训，增强专业队伍建设的针对性。

【人防"结建"工作】2022年，大埔县人防办加强对人防工程结建、审批、检查、验收的管理；提早介入，及时规划，把城市建设与人防建设结合起来，推进人防工程建设。严格执行"结建"政策、法规，100%实行报建，对应建而因地质因素不宜修建人防工程的，按照梅州市人民政府办公室《转发市人民防空办公室关于结合民用建筑修建防空地下室的意见的通知》的规定上报市人防办审批，并按照易地建设费收费标准进行收取。

【人防工程质量管理】2022年，大埔县人防办执行《人民防空工程质量监督管理暂行办法》，制定人防工程建设监管流程，对人防工程设计、建设施工、建设监理、设备供应商的资质进行资格审查。对在建的人防工程，组织人员进行每月一次以上的现场巡查，了解进度，帮助开发企业解决实际问题。

【人防政策宣传】2022年，大埔县人防办通过电视、广播等新闻媒体进行人防宣传，利用联通、移动通信信息平台发放宣传短信。结合防空警报试鸣活动，开展人防政策宣传，发放人防资料和人防杂志，利用社区宣传栏进行宣传。在城区主要街道悬挂横幅标语，在党政机关及服务窗口发放人防知识宣传资料，提高全民人防意识。

大埔县人民防空办公室负责人名录

主　任：刘志强

（**房福祥**）

退役军人事务

【提高服务保障水平】2022年，大埔县退役军人事务局利用退役士兵适应性培训，开展党的基本知识、安置就业政策和红色文化教育培训，增强退役军人听党话、跟党走的思想自觉和行动自觉。发挥基层党组织作用，协助退役军人做好党员组织关系转接，明确党组织关系归属，确保每一名退役军人党员都纳入党组织管理。巩固星级示范创建成果。2022年，大埔县退役军人事务局多次召开镇（场）服务站长会议，学习宣传贯彻《中华人民共和国退役军人保障法》。大埔县退役军人服务中心督导服务镇村级服务站58次，落实每季度工作清单，指出存在问题，提出针对性意见，及时进行整改。建立关爱帮扶退役军人台账。对有困难、有需要帮扶的退役军人逐一建立台账，并全部完成实地走访调查。全年为13名服务对象成功申请应急救助资金。携手深圳大埔商会青年委员会开展“助学困难退役军人家庭 弘扬社会正能量”活动，为5户困难退役军人家庭分别发放2000元助学金。

【移交安置和就业创业】2022年，大埔县退役军人事务局为无军籍职工、军休干部遗属、军转干部发放各项节日补助、困难医疗补助、生活补助。举办2022年大埔县退役军人短期技能低压电工培训。整合社会力量，与广东省吉玉陶瓷股份有限公司、广东晖祥陶瓷有限公司、大埔县天子岌种养农民专业合作社和大埔县供销宏森农产品有限公司4家企业合作建立退役军人就业创业孵化基地，推荐退役军人参与基地就业创业培训。退役军人移交安置。加强与人社部门及用人单位的沟通联系，协助做好退役士兵的就业创业工作，完成2022年转业士官安置任务，聚焦广大退役军人返乡报到、关系转接、就业服务、优抚安置等民生热点，提供“一站式”服务，实现自主就业退役士兵“即退即交即接”。

【拥军优属】2022年1月，大埔县全面提高在册优抚对象优待金标准，8月再次提高在册优抚对象的抚恤和生活补助标准，提高幅度从6%至13%不等。优待金、抚恤和生活补助全部按时、准确、足额进行社会化发放。推进帮扶纾困，对全县申请临时困难补助的优抚对象进行困难补助，发放临时困难补助资金；对因病住院的定恤定补优抚对象实行“一站式”医疗结算，为优抚对象办理住院医疗补助。巩固军政军民团结，结合军地走访慰问，了解部队需要地方支持的事项和需要解决的问题，解决部队改革急需、备战急用、官兵急盼的重难点问题，服务和支持部队练兵备战。向全县退役军人和其他优抚对象发放光荣对联和双拥挂图，为大埔县6名获三等功现役军人家庭送立功喜报。开展双拥创建，印发大埔县创建全省双拥模范县考评实施细则及任务分解表，召开大埔县创建全省双拥模范县动员部署会暨双拥工作领导小组全体成员会议，对标对表考评细则，细化分解工作任务，推动双拥创建落实落细。

大埔县退役军人事务局负责人名录

局　长：何聪华（—2022.4）
邓秀丽（女，2022.4—）

副局长：杨文新　罗概良

（**黎明翔**）

农业·水利·气象

农业农村工作

【概况】2022年，大埔县全年粮食作物播种面积9040公顷。其中水稻种植面积7266.67公顷。全县蜜柚种植面积1.46万公顷，总产量30万吨，产值16.8亿元。茶叶面积7200公顷，总产量0.95万吨，产值11.3亿元。

【耕地质量提升】2022年，大埔县对2022年已移交管护的493.6公顷垦造水田实施地力培肥项目，通过增施有机肥，提高农田综合地力水平和生产能力，推动垦造水田项目发挥效益，促进农业增产增效、农民持续增收、农村加快发展，确保大埔县粮食生产安全。

【农技推广体系建设】2022年，大埔县农业农村局引进人心果、银妃三华李、蛋黄果、黑玫瑰樱桃、岭南山竹、释迦凤梨等果树新品种，做好新品种栽培技术研究。根据县政府与航天生物集团广梅航天育种研发中心签订的战略合作框架协议，县农科所参与航天柚·大埔柚项目，提供温室大棚开展航天育种成果试种工作，安排技术人员参与育种、育苗、试种工作。组织党员和技术人员到全县各镇农业龙头企业、果树专业合作社等果园田间、地头，开展水稻种植、果树栽培和病虫害防治等技术交流活动，为广大果农提供实用基础的技术服务。

【现代农业产业发展】2022年，大埔县农业农村局通过提升产品品质、建立产销对接、参加展销会等多种方式，提高大埔蜜柚、大埔乌龙茶主导产业生产效益。推进大埔蜜柚产业园（扩容提质）项目建设，完成总投资7000万元的农产品产地冷藏保鲜整县推进试点项目，推动丝苗米、预制菜产业发展。

【农产品质量安全体系建设】2022年，大埔县农业农村局加强全县农产品质量安全监管工作。县级监管机构有农产品质量安全监管与市场信息化股、执法股、农产品质量检验测试中心（农产品质量检验测试组），14个镇有农产品质量安全公共服务中心（镇农业农村服务中心加挂牌子）。全面推行农产品质量安全追溯管理，列入国家农产品质量安全追溯管理信息平台监管的农业生产主体有100家，列入广东省农产品质量安全追溯管理平台的企业200家，规范企业生产经营行为，规范农产品质量安全溯源管理。全年开展畜禽、水产、种植业产品抽检工作，完成每千人1.5批次检测,完成定量检测500批次、速检2000批次以上，合格率分别为100%、100%、99.5%。

【壮大村级集体经济】2022年，大埔县农业农村局持续开展扶持壮大村集体经济试点工作，加大政策、资金和项目支持力度，村集体经济从“输血”向“造血”功能转变，拉动和提升帮扶村的集体收益，推进农村经济发展。至2022年年底，全县245个行政村中村集体经济收入10万元以上的有200个，占比81.6%；10万元以下的有45个，占比18.4%。

粮食生产

【概况】2022年，大埔县全年粮食作物播种面积9040公顷，其中水稻种植面积7266.67公顷。

【粮食工作】2022年，大埔县抓好粮食生产工作，完成3亩（0.2公顷）以上复耕复种面积2324.57公顷，占2022年撂荒耕地复耕复种总任务2324.03公顷的100.02%。完成总规模632.09公顷、总投资2133万元的2021年度茶阳、西河镇高标准农田建设项目，推进总规模200公顷的2022年百侯、枫朗镇高标准农田建设项目。完成政策性水稻保险3666.67公顷，投保金额82.5万元，下发应急救灾水稻种子2800公斤，协调保险公司为受灾农户进行理赔，理赔金额101.18万元。通过“一卡通”方式，发放耕地地力补贴和实际种粮农民一次性补贴资金1575万元。

畜牧业

【概况】2022年，大埔县生猪存栏量15.21万头，同比增长6.8%，其中能繁母猪存栏1.46万头；全年出栏生猪25.02万头；家禽存栏113.1万羽，同比减少2.3%，其中蛋鸡存栏1万只，肉鸡存栏79.66万羽；家禽出栏405.87万羽，同比减少2.7%；牛出栏0.9万头，同比下降0.07%；羊出栏1.31万头，同比增长1.3%；肉类总产量2.57万吨，同比增长1.3%。

【畜牧生产】2022年，大埔县农业农村局加强生猪规模养殖场的基础设施改造，重点改善养殖废弃物处理、疫病防控等基础设施和装备条件，完善设施装备，引导规模养殖场向标准化、自动化养殖，提升养殖效率和生物安全水平，推进规模化养殖场向标准化现代化猪场发展。大埔县团村牧业有限公司、大埔县昌裕实业有限公司2家生猪规模养殖场被评为2022年广东省畜禽养殖标准化示范场。加大生猪品种改良服务和推广力度，加强生猪优良品种的选育和遗传改良、地方良种猪的保护与开发利用，引进优良生猪品种，提高良种覆盖率。落实生猪保险、信贷支持政策，全年承保110户（次），承保生猪53.95万头；养殖险全年理赔768件，已决赔款1193.17万元，受益农户751户（次）。鼓励农业银行等金融机构对种猪场、规模猪场在资金投向、期限、利率等方面予以倾斜，扩展抵押担保物范围，协助中国邮政储蓄银行广东省分行、广东省农村信用社省联社等国有银行、股份制银行开展“真知码”畜禽活体抵押贷款工作。推进种养结合生态养殖，培育生猪养殖家庭牧场。结合全县蜜柚种植面积大、对有机肥需求量大的实际，推广“猪+沼+果”生态养殖模式，鼓励发展农场式的中型猪场养殖，解决蜜柚有机肥来源问题，促进养猪业可持续发展。发展“短平快”鸡鸭鹅等家禽以及肉兔、牛羊等草食动物的养殖，增加禽肉禽蛋、牛羊肉等猪肉替代食品供给，确保群众肉食需求。

【动物检疫】2022 年，大埔县农业农村局推行产地检疫“现场检疫—报检点出证”模式，从报检出检、检疫操作、检疫结果处理等方面严格按程序要求操作，做好产地检疫工作，从源头上控制动物疫病传播。全年全县完成生猪产地检疫 31.84 万头，牛产地检疫 0.05 万头。抓好屠宰检疫，严把入场查验关、检疫申报关、待宰巡查关、同步检疫关和检疫出证关。全年全县完成生猪屠宰检疫 8.68 万头，牛屠宰检疫 0.07 万头，对没有免疫标识和检疫证明的畜禽依法处理，确保肉品合格率 100%，防止染疫肉类上市销售，保障广大消费者吃上“安全肉”“放心肉”。

【主要动物疫病监测】2022 年，大埔县农业农村局加强对重点场所、重点环节的监测，加强动物流行病学调查，掌握主要动物疫病的免疫效果和流行趋势，强化动物疫情预警预报与风险分析，提升预警预报能力。对高致病性禽流感、口蹄疫、小反刍兽疫、猪瘟、高致病性猪蓝耳病、新城疫等动物疫病进行血清学监测。全年全县送市检测鸡血清样品 3 批次 90 份、猪血清 9 批次 299 份、羊粪便 2 批次 14 份、羊拭子 2 批次 60 份、羊血清 2 批次 40 份、牛鼻腔拭子 2 批次 20 份、禽拭子 3 批次 107 份、犬血清 1 批次 14 份、猪淋巴结 1 批次 10 份，进行口蹄疫、猪塞内卡病毒病、猪瘟、非洲猪瘟、高致病性蓝耳病、禽流感、新城疫、华支睾吸虫、小反刍兽疫等监测。全年全县自行监测 H7 亚型禽流感抗体 4 批次 300 份、H5 亚型禽流感抗体 4 批次 300 份、猪 O 型口蹄疫抗体 3 批次 300 份、A 型口蹄疫抗体 3 批次 300 份、羊小反刍兽抗体 3 批次 300 份、猪瘟抗体 3 批次 250 份、高致病性猪蓝耳病抗体 3 批次 250 份、新城疫抗体 3 批次 250 份，经县动物疫病预防控制中心检测，各种动物疫病免疫抗体合格率均在 80%以上。开展布鲁氏杆菌病普查监测 500 头，经虎红平板凝集试验检测，结果全部为阴性。开展牛结核病普查监测，应检奶牛 14 头，用牛型结核分枝杆菌 PPD 皮内变态反应进行检测，结果全部为阴性。

渔　业

【概况】2022 年，大埔县水产养殖面积 529 公顷，同比减少 6.2%，其中特色水产养殖面积 142.4 公顷，同比增长 2.4%；水产品总量 6695 吨，同比减少 1.1%，其中特色水产品产量 509 吨，同比增长 5.4%；渔业总产值 6002 万元，同比增长 0.7%；旧池塘改造 24 公顷。

【调整养殖结构】2022 年，大埔县农业农村局组织专业技术人员参加科技下乡活动 130 人次，加强特色优质品种南美白对虾、黄颡鱼、光倒刺鲃的健康养殖示范，调整养殖结构。通过开展池塘循环水健康养殖技术模式行动和水产养殖用药减量行动的示范和辐射带动，推进水产养殖绿色发展。

【水产绿色健康养殖】2022 年，大埔县农业农村局开展水产绿色健康养殖示范区创建工作，开展科普宣传、培训活动 3 次，参与人数 400 人，推进水产养殖绿色发展。大埔县 1 家企业被评为省级水产健康养殖和生态养殖示范区。

【水生野生保护动物监管】2022年，大埔县农业农村局加强水生野生保护动物监管工作，开展水生野生动物保护科普宣传月等活动2次，加强对水生野生动物新目录和标识管理的宣传，提高公众了解和关注度。全年出动监督执法人员96人次，开展执法联动2次，加强监管和执法，规范水生野生动物养殖业管理。

【水产品质量安全监测】2022年，大埔县农业农村局抓好水产品质量安全监测工作，完成省、市、县级32批监督抽检，抽检合格率100%。

农业机械管理

【概况】2022年，大埔县农业农村局优化农机装备结构，加大农业生产新机具及新技术的推广力度，提高农业生产科技水平、装备水平、作业水平和安全生产水平，强化农机安全监管，推进现代农业机械化建设和乡村振兴建设。至2022年年底，全县农业机械总动力12.03万千瓦，同比增长3.8%，联合收割机51台，水稻插秧机43台，水稻机收6296.67公顷，机收率91.4%，机播率23%，水稻综合化机械化水平73.5%，全县主要农作物综合机械化作业水平60.2%。

【农机推广管理】2022年，大埔县农机购置补贴资金80万元，完成补贴资金发放23.35万元，补贴各类农机具274台（套），直接受益农户274户。

【农机监理】2022年，大埔县农业农村局贯彻实施《中华人民共和国道路交通安全法》《广东省农业机械安全管理条例》，按照《广东省农业农村厅关于印发〈广东省农机安全生产重大事故隐患整治实施方案〉的通知》要求，抓好全县农机重大安全风险防范化解工作，印发《大埔县农机安全生产重大事故隐患整治方案》，开展“农机安全生产月”活动，全年全县没有发生农机安全事故。

乡村振兴

【概况】2022年，大埔县贯彻落实习近平总书记关于“三农”工作重要论述和重要指示精神，围绕到2025年前争创全省乡村振兴先行示范县总体目标和大埔乡村振兴工作走在全市前列工作要求，把握国家和广东省支持梅州“融湾”的重大机遇，紧抓产业振兴，建设宜居宜业和美乡村，推动乡村振兴工作上新台阶。制定《关于进一步完善农村人居环境长效管护机制的实施方案》等3项完善农村人居环境长效管护机制的政策措施，修订新的奖补考核机制，实现工作机制从“建好”到“管好”转变。在全县范围内组织开展大埔县2022年村庄清洁行动和“百日攻坚·献礼二十大”城乡人居环境整治专项行动，定期组织专班人员对人居环境整治提升工作进行督查督导。实施“一镇一示范、一村一亮点”工程，谋划推进“红色三河”和“古镇百侯”等乡村振兴示范带建设，推进百侯镇文旅发展型、桃源镇陶瓷产业型、枫朗镇上山下村农业产业型和三河镇汇城村文旅融合型产业社区建设。

【防止返贫动态监测和帮扶】2022年，大埔县印发《大埔县2022年防止返贫动态监测和帮扶工作要点》《2022年大埔县防止返贫监测帮扶集中排查工作方案》，落实每月一通报，精准做好排查监测。全年防返贫监测对象新增1户3人，“风险消除”32户130人，共有60户199人。

大埔县农业农村局负责人名录

局　长：黄庆清（女，—2022.8）
　　　　黄杏锋（2022.8—）
副局长：郭绍辉　饶志宝（女，—2022.5）
　　　　黄明宏　丘伟科
　　　　刘遐昶（2022.5—）

（罗向前）

林　业

【概况】2022年，大埔县林业局立足国家重点生态功能区定位，围绕县委、县政府重点工作，开展造林绿化和生态修复，推进林业产业融合发展，加强森林资源保护，推进林业各项工作。全县有林地面积19.7万公顷（其中森林面积19.49万公顷），活立木总蓄积量1063万立方米，森林覆盖率79.15%，生态公益林面积12.52万公顷；森林公园23个（其中国家级1个、省级3个），湿地公园1个，自然保护区6个（其中省级1个、县级5个）。

【林业生态建设】2022年，大埔县林业局以“绿美广东”“绿满梅州”行动为契机，以科学绿化为指导，实施高质量水源涵养林种植和森林抚育生态工程，完成当年抚育779.2公顷、新造林抚育629.47公顷，完成年度计划任务。实施广东南岭山区韩江中上游山水林田湖草沙一体化保护和修复工程项目（自然保护地生物多样性），完成全县20个自然保护地（包含2021年度梅州市山水林田湖草沙项目）勘界立标、科学考察和总体规划编制工作及初步成果编制，提升各类生态系统服务功能。开展义务植树活动，发动全县参加义务植树活动15.6万人次，栽植苗木58.78万株，义务植树尽责率100%，完成湖寮镇龙岗村、双坑村，三河镇五丰村，西河镇东塘村，洲瑞镇南村村5个义务植树点项目。

【林长制工作】2022年，大埔县林业局完善县、镇、村三级林长体系，落实各级林长1537人（其中县级林长、副林长32人，镇级林长232人，村级林长1273人），聘用护林人员682名。投入435万元用于设立全县263块林长公示牌和“智慧林长”综合平台建设，明确各级林长责任区域和职责及保护发展目标，公布监督电话，引导群众共同参与林长制推行。建立包含森林资源管理、森林防火、森林病虫害防治等在内的森林管护体系，建立“林长+检察长”“林长+警长”及林长巡林，部门协作等制度，下发《关于切实做好林长制重点工作的令》，制定《大埔县2022年林长制考核实施细则》，全年县、镇、村三级林长巡林5.3万人次。

【森林防火】2022年，大埔县林业局健全完善森林火灾预防体系，增设森林火灾预防股和森林防火监测中心，定编12名，保障全县防火工作的连续性和稳定性。开展大埔县森林火灾风险普查工作，通过《广东省第一次全国森林火灾风险普查项目阶段性成果验收意见》。投入300万元用于湖寮、百侯、西河、枫朗等镇建设30.42千米生物防火林带及重要设施生物防火林带维护，加强森林防火基础建设，筑牢森林防火防线。投入各类宣传防火经费600万元，在主要进山路口、高速公路、国道、省道等交通要道和人群密集的圩镇、街道，张贴宣传标语，制作固定宣传牌，悬挂森林防火横幅。开展全县森林火灾隐患排查，对辖区内重点区域进行“拉网式”排查，全年排查清除隐患点756个。落实“包山头、守路口、盯重点、签责任、打早小”网格化管理责任，发挥森林防火临时检查点作用，组织各镇（场）设立临时检查站2820个，在重要路口、重点区域设卡口、密巡查，严查火种进山入林。加大对野外违规用火行为的打击力度，做到野外“见烟就查，见火就罚”。

【森林资源管护】2022年，大埔县林业局加大林业有害生物防治力度，打好松材线虫病除治攻坚战，全年投入资金1790万元，完成松材线虫病秋季普查调查松林面积10.97万公顷，确定疫点镇13个，科学防治面积1.03万公顷，实现无疫情小班面积145.33公顷。执行年度森林采伐限额，在全县范围内实行一小班一证制，对符合规定的申请伐区加强审核，确认无误后方予发证。全年全县审核审批人工商品林采伐48宗，批准采伐人工商品林采伐蓄积15.2万立方米，剩余4829.47立方米。落实林地定额管理和用途管制，做好建设项目使用林地项目审核批准后的监督检查工作，保障省、市、县重点建设项目用林指标。全年审核审批使用林地项目14宗，面积102.33公顷，其中建设项目长期使用林地12宗（省道221线大埔县湖寮至枫朗段公路改建工程新增用地项目、大潮高速公路大漳支线枫朗互通连接线出口枫朗公路服务区三通一平工程和大埔县第三自来水厂项目等），面积41.62公顷；建设项目临时使用林地2宗，为西气东输三线闽粤支干线天然气管道项目（梅州—大埔段）二期临时用地和闽粤联网工程（梅州—大埔段）临时用地，面积60.71公顷。加强林地林木保护，依托县、镇、村三级林长体系加强森林资源监管力度，做好森林督查、绿盾行动等相关工作，指导和协助各镇（场）查处林地内建坟建房、毁林开垦、破坏林地洗砂制砂等各类涉林违法行为。全年指导和协助各镇（场）查处各类涉林违法案件46宗，其中违法使用林地行政案件38宗，查处38人；滥伐林木行政案件8宗，查处8人，共罚款96.6万元。移交森林警察大队滥伐林木刑事案件1宗，追究刑事责任1人。开展2022年度森林督查工作，2022年国家林业和草原局下发大埔县的421个变化图斑完成外业调查、归类工作，形成调查报告上报省林业局，录入国家森林督查管理平台，完成2022年度图斑监测工作，并在森林监测系统进行更新。加大野生动植物保护的宣传力度，结合“爱鸟周”“生物多样性日”等活动，采取张贴标语、发放宣传单、悬挂宣传横幅、发放倡议书、深入校园科普讲座等方式开展宣传，会同县农业农村局、县市场监管局、县公安局等部门对相关交易市场等进行拉网式排查，严查非法收购、出售国家重点保护野生植物及其制品的行为。加强古树名木保护管理，建立完善古树名木图文档案和电子信息数据库，实现动态管理，新增古树27株，投入5万元对全县古树名木进行挂牌，实现“一树一档，一树一牌”，建立古树名木保护管理日常巡查制度和动态管护机制，做好古树名木日常监测工作。

【“创森”工作】2022年，大埔县林业局对照《国家森林城市评价指标》体系和标准，对创森项目任务清单进行收集汇总，于11月15日进行广东省大埔县国家森林城市建设总体规划评审会，审议通过广东省大埔县国家森林城市建设总体规划。

【林业产业经济】2022年，大埔县林业局坚持现代林业发展理念，实施标准化种植基地建设，培育林业龙头企业、省级森林康养基地、省级示范家庭林场、南粤森林人家等企业基地。全年申报4家省级林业龙头企业，1家省级林下经济示范基地，1家国家级农民合作社示范社，完成广东穗瑞农林发展有限公司等6家企业和2户个人333.33公顷省林业局下达油茶低产林改造任务。全年林业经济总产值26.96亿元。

大埔县林业局负责人名录

局　　长：何维龙（—2022.9）

何凯涛（2022.12—）

副 局 长：李万贤　张运得　赖特成
总工程师：黄启旋

（柳秋红）

水　务

【概况】2022年，大埔县投入水利水电水务工程建设资金6841万元，完成土方21.93万立方米，石方5.66万立方米，砼22.8万立方米，投入劳动工日8.84万个。治理修复水土流失4.24平方千米。至2022年年底，全县水电装机261处447台21.84万千瓦。

【水利项目建设】2022年，大埔县水务局推进全域自然村集中供水工程（第二批）建设，全年完成投资3647万元，占总投资的100%。完成109个自然村工程点建设，新增集中供水覆盖人口5.93万人。完成实施小型水库除险加固工程6宗（三扎水、大石门、经稳、南坑、船枋坑、大畲角）主体工程建设任务，完成投资2605.58万元，完成率100%。完成银江水中小河流治理河长18.2千米，完成投资2060万元，占批复总投资的28%。完成汀江支流虎市段中小河流治理河长4.6千米，完成投资500万元，占批复总投资的34%。推进韩江治理工程（广东梅州段）大埔段前期工作。抓好移民后扶工作，批复项目计划35宗，后扶资金2179.2万元，竣工验收27宗。其中县移民工作局23宗，1496.5万元，竣工验收17宗；省属水库移民管理办公室12宗，682.7万元，竣工验收10宗。指导镇村抓好农村集中供水工程管理，建立长效管理机制，确保工程发挥效益。

【水资源管理】2022年，大埔县水务局利用各种媒体宣传水法规，宣传水资源保护、节约用水等政策，依法加强河道管理，保护江河水源水质。开展水规划调查，完成《大埔县城市节水专项规划（2018—2030年）》和《大埔县水资源保护规划报告（2018—2030年）》编制工作，为水资源利用提供技术、安全指导等服务。执行水资源管理制度，完成全年用水统计填报，完成新发7宗取水许可、取水许可到期延续73宗、变更6宗、注销5宗，共91宗审批工作；完成行政执法案卷法制审核3宗。全年全县实际用水总量1.65亿立方米，其中地下水采用0.01亿立方米，工业和生活用水量使用0.39亿立方米，城镇供水水源地水质合格率100%。2022年，征收水资源费631万元。强化小水电管理，全县实现发电量5.18亿千瓦时，产值2.27亿元，其中国有电站发电量4241.73万千瓦时，产值1858.73万元。

【水旱灾害防御】2022年，大埔县水务局抓好水旱灾害防御工作，全县5宗中型水库、45宗小型水库、168宗山塘、32宗万方以上小水电站和20宗重点堤围均落实防汛责任人，重新签订水利工程防汛安全责任书，调整充实全县15个镇（场）的防汛指挥机构。结合2022年汛期的天气特点，3月中旬召集全县防汛骨干人员和新上任的防汛责任人参加水旱灾害防御培训班，提高防汛责任人的业务水平。加强防汛检查，从2月下旬开始，全县水利部门和各工程管理单位开展地毯式汛前防汛检查，汛期不定期对梅潭河、汀江、梅江、韩江的蓄水电站、重点堤围、小型水库、万方以上蓄水电站、山塘存在的隐患进行检查和督办。强化值守、预警，坚持汛期24小时领导带班值班制度，加强监测、及时发布预警信息42次，通过各类短信平台发出预警短信1.18万条。对全县48座水库落实好“三个责任人”（安全度汛行政责任人、技术责任人和巡查责任人），并在县政府官网公示，接受社会监督。全县全年降雨量1439.2

毫米，同比增加 627.8 毫米。全县未出现大面积干旱情况，但水库、山塘蓄水少，至 2022 年年底，全县塘库蓄水 1.4 亿立方米。全县作物无受灾情况；全县因旱用水受影响人口 860 人，采取分时段供水、临时引接调水及自行挑水等方式临时解决应急供水情况，无饮用水困难人口。

【水土保持】2022 年，大埔县水务局抓好水土流失治理工作，完成省下达疑似违法违规生产建设项目扰动图斑（共计 17 个）复核工作，其中省级下达一期图斑 6 个（其中历史遗留图斑 2 个），二期图斑 11 个，三期图斑 0 个。完成大埔县（湖寮镇、茶阳镇）崩岗水土流失治理工程，完成投资 350 万元，治理崩岗 6 宗，防治面积 347 公顷，治理崩岗面积 9.42 公顷，营造水保林 2.36 公顷。完成大埔县（湖寮镇、百侯镇）崩岗水土流失治理工程，完成投资 110 万元，治理崩岗 4 宗（湖寮镇 3 宗、百侯镇 1 宗）。完成大埔县西河水生态清洁小流域治理工程，完成投资 2977 万元，综合治理面积 45 平方千米，治理崩岗 13 处，生态护岸 6.8 千米。做好生产建设项目的水土保持方案审查审批、监督检查、安全生产等工作，开展生产建设项目监督检查，检查项目 28 宗，检查人次 123 人次，督促生产建设项目完成自主验收，做好水土流失防治工作。

【“河长制”工作】2022 年，大埔县全面落实河长责任制。各级河长履职巡河，全年召开 1 场县委常委会会议、3 场县级河长制专题会议和 1 场“河长+检察长+警长”联合会议。县级河长巡查 62 人次，发现问题 7 宗，落实整改 7 宗，县河库保护中心发出督办函 13 次；镇级河长巡河 1.21 万人次，村级河长巡河 2.73 万人次，镇、村两级河长巡河发现问题 83 宗，整改落实问题 83 宗。抓好“四乱”（乱堆、乱建、乱采、乱占）治理，县水利部门督查“四乱”问题 53 宗，全部整改完成并销号；省遥感“四乱”问题 134 宗，销号 121 宗，申请延期整改 13 宗；妨碍河道行洪排查问题 10 宗，全部整改完成并销号。做好河道水面清漂工作，全年全县“清漂”河流长度 194.06 千米，“清漂”水域面积 49.35 平方千米，清理漂浮物 375.68 吨。开展 2022 年流域面积 50 平方千米以下河流 374 千米划界工作，通过县政府审批，电子成果上传平台系统，开展界桩安装工作。

大埔县西河镇水生态清洁小流域治理

（2022 年摄，县水务局提供）

【河道采砂管理】2022 年，大埔县水务局贯彻《大埔县加强河道采砂源头管理工作实施意见》《大埔县河道采砂源头管理细化方案》要求，落实“政府牵头，部门配合，上下联动，综合整治”的长效机制，加大水法规宣传、教育力度，划定河道采砂的禁采区和可采区，实行“河道采砂权”公开招投标，结合开展扫黑除恶专项斗争，加强巡查，打击违法采砂行为，维护河道安全。联合公安等部门成立联合执法检查组，采取常规巡查、昼伏夜击等相结合的办法，针对涉黑涉恶违法犯罪案件多发的时间节点，围绕农村水资源、水利建设工程、矿产资源等重点领域、重点行业、重点地区拓展线索来源，打击非法采砂行为，遏制非法采砂现象。全年出动925辆车（船）次，出动人员3574人次，巡查河道2.39万千米；取缔整治非法抽（洗）砂点6处，捣毁抽砂管线60米；制止向河道管理范围内倾倒渣土2起；查处非法采砂和非法装运河砂案件4宗（其中查扣铲车、挖掘机共2台、货车8辆、抽砂机1台），行政处罚5.5万元。

【民生服务】2022年，大埔县水务局推进“我为群众办实事”实践活动。推进3件人大代表建议，按照人大重大事项报告制度的程序开展工作。“关于加快推进高陂防洪堤建设的建议”，到省水利厅汇报优化情况、沟通协调。“关于打造大麻关上堤至莲塘大桥绿道的建议”，大麻关上堤至莲塘大桥段列入韩江碧道规划内，起点为三河坝朱德纪念大桥，终点为高陂与丰顺交界处，规划长度为48千米，已完成韩江碧道三河段2.6千米建设任务。“关于维修加固茶阳镇梅林村、角庵村防洪堤的建议”，会同茶阳镇人民政府对梅林村、角庵村防洪堤进行现场调查研究，将梅林村、角庵村防洪堤维修加固工程列入水利防灾减灾项目，争取上级项目和资金的支持。做好技术服务工作，为农村小水电、农田水利、水土保持等提供技术设计、技术审批、上报立项、技术指导等服务。参与防汛救灾工作，2022年6月，全县持续遭遇强降雨袭击，局机关党员干部坚持24小时应急值班值守，组织水务青年骨干力量深入高陂、三河、茶阳等汛情一线，支援全县防汛抢险救灾。加强维稳和综治工作，落实领导下访，全年完成信访、来访、网信答复等40宗。对全县45宗小型水库、169宗山塘、重点堤围管护人员汛期分别给予每人每月补助300元和150元，确保管护到位。抓好安全生产监督管理日常工作，围绕局机关安全、防汛防旱防风安全、河道采砂安全、国有水电企业生产安全、农村小水电安全、小型水库安全、堤围工程安全等，细化安全措施，抓好源头管理、现场管理、安全生产隐患排查治理，对检查中发现的隐患和问题立即责令整改，不能现场整改的提出防范措施，明确整改期限和责任人，对严重危及安全的重大问题责令停产整改，确保水务系统安全生产。

大埔县水务局负责人名录

局　长：官营生

副局长：赖俊欢　杨佐沐　梁国锋

（吴雪杏）

省属水库移民

【概况】2022年，大埔县省属水库移民工作管理办公室（简称大埔县省属水库移民办）贯彻落实大中型水库移民后期扶持政策精神，突出工作重点，强化工作责任，改善库区和安置区移民的道路、饮水、农田水利等生产生活基础设施环境，促进大埔经济发展。大埔县省属水库移民分布在青溪、茶阳2个镇12个村（社区），75个自然村，2022年核定移民后扶人口5880人。

【后期扶持资金使用】2022年，大埔县省属水库移民办收到上级下达2022年水库移民后期扶持资金1016.8万元。安排实施后扶项目资金1016.8万元，其中发放直补到人资金

352.08 万元，实施库区和移民安置区基础设施建设项目 12 个。

【移民人口核减和直补资金发放】2022 年，大埔县省属水库移民办对青溪水库移民进行人口动态核减，经村报、镇审、县核定，大埔县省属水库移民人口核减 27 人，核定为 1368 户 5880 人。2022 年度直补到人资金 352.08 万元，通过县财政部门直接发放到移民户的银行账户中，于 2022 年 7 月全部支付完毕。

【项目计划实施管理】2022 年，大埔县省属水库移民办项目计划申报 25 个，批复实施 12 个，投入水库移民后期扶持资金 664.72 万元。完成道路建设工程 7 个、饮水安全工程 1 处，新建移民文体活动场所 3 处、农田水利设施建设 1 处。

大埔县省属水库移民工作管理办公室负责人名录

主　任：罗铁锋（—2022.12）

副主任：郑礼华（—2022.12）

黄竟国（—2022.12）

（刘　常）

韩江高陂水利枢纽移民

【概况】广东省韩江高陂水利枢纽工程是国家重大水利工程项目，也是国家发改委、财政部、水利部三部委确定的第一批引进社会资本参与重大水利工程建设运营的 PPP 试点项目。2022 年，大埔县移民工作局以国家重点民生水利项目——高陂水利枢纽工程建设为抓手，按照省、市、县对高陂水利枢纽工程建设的工作部署和要求，配合做好工程建设征地拆迁和移民安置工作。2022 年 7 月 22 日，韩江高陂水利枢纽工程第四台机组投产发电，工程征地移民工作进入收尾阶段。

【工程建设】2022 年，韩江高陂水利枢纽工程完成投资 0.17 亿元。工程自开工至 2022 年年底，完成工程总投资 59.19 亿元，占工程总投资的 100%，其中完成征地移民投资 24.3 亿元，完成征地移民协议投资任务。

【移民后期扶持工作】2022 年，水库移民后期扶持到位移民后扶资金 1927.64 万元，其中大中型中央水库移民后期扶持资金 1446 万元、省级涉农资金 481.64 万元，到位率 100%；直补 886.24 万元、项目资金 1041.4 万元。大埔县移民工作局把项目资金重点用于改善库区移民村基础设施，完善边、穷移民生产生活设施，编制规划 24 宗，发放直补到人资金项目 1 个，移民生产补助金项目 1 个，供水工程 1 处，移民村路灯工程 3 处，道路交通工程 9 处，环境整治 9 处。

大埔县移民工作局负责人名录

局　长：陈亿岳（—2022.12）

副局长：郑伟鑫（—2022.12）

赖承昌（—2022.12）

（郭元璋）

气　象

【2022 年气候概况】2022 年，大埔县年平均气温 21.2℃，比历年平均气温低 0.2℃；年总降水量 1439.2 毫米，比历年雨量少 58.1 毫米，年降水量≥0.1 毫米降水日数 148 天，比历年多 2.4 天；年日照时数 2100.4 小时，比历年多 371.6 小时。年极端最高气温 39.4℃，出现在 7 月 25 日；年极端最低气温-0.5℃，出现在 12 月 19 日。最冷月（12 月）平均气温 11.4℃，比历年同期平均气温低 2.5℃；最热月（7 月）平均气温 28.5℃，比历年同期平均

气温偏高 0.3℃。一日最大降水量 86.8 毫米，出现在 6 月 16 日。2022 年平均气温较历年正常略偏低，年降雨量较历年正常略偏少，年日照时数较历年偏多。全年有 7 次暴雨天气过程：2 月 1—3 日，过程最大雨量在大麻检民广场为 100.6 毫米；2 月 19—23 日，过程最大雨量在大东福光村为 178.6 毫米；3 月 22—26 日，过程最大雨量在洲瑞田背村为 216.7 毫米；5 月 12—13 日，过程最大雨量在枫朗三溪茶场为 127.6 毫米；6 月 3 日，过程最大雨量在银江冷水坑村为 131.3 毫米；6 月 7—8 日，过程最大雨量在湖寮泰安楼为 153 毫米；6 月 14—16 日，过程最大雨量在丰溪林场为 246 毫米。全年有影响的台风 2 次，分别为："马鞍"，8 月 24—26 日，中到大雨；"暹芭"，7 月 3—4 日，中到大雨。

【气象服务】2022 年，大埔县气象台发布各类预警信号 150 次。所有预警信号发布、对预警信号进行确认，以及预警信号的解除均严格依照《广东省突发气象灾害预警信号发布规定》实行。全年发布气象决策服务短信 368.96 万条，其中发布《重大气象信息快报》59 期，《重大气象信息专报》14 期，《天气报告》95 期，启动应急响应 11 次（暴雨 7 次，高温 2 次，寒冷 2 次），发布地灾气象风险预警 67 条。在台风、暴雨等天气过程中，大埔县气象台密切关注天气变化，及时发布预警信号，并用短信、电视台、微博、微信、电子屏等多渠道向全县发布预警情况，使大埔县各有关单位、群众及时了解天气变化，做好灾害防御工作，最大限度降低灾害损失。

2022 年大埔县气象台发布预警信号情况表

表 1　　单位：次

信号 颜色	台风	高温	暴雨	寒冷	森林火险	雷雨大风	大雾	冰雹
白	0	0	0	0	0	0	0	0
蓝	0	0	0	0	0	0	0	0
黄	0	10	37	5	8	40	3	0
橙	0	5	9	4	6	7	1	9
红	0	1	5	1	2	0	0	0
合计	0	16	48	10	16	47	4	9

【气象决策】2022 年，大埔县对气象事业作出 5 条重大决策事项。1 月 12 日，县政府同意《大埔县 2022 年人工影响天气作业计划》，要求大埔县气象局会同有关单位依法依规组织实施。为缓解旱情和严峻的森林防火形势，在市人影指挥部的统一指挥下，全年开展人工影响天气 6 次，发射增雨火箭弹 24 枚。3 月 14 日，县府办印发《大埔县气象防灾减灾第一道防线建设实施方案》，就做好大埔县气象防灾减灾第一道防线建设，明确和落实

相关部门职责分工等作出具体安排。4月22日，大埔县气象局联合县委编办、县应急局印发《关于大埔县基层气象服务体系全面融入基层应急管理体系的通知》，提升全县基层综合防灾减灾能力，推进基层防灾组织体系整体建设和融合发展。6月29日，县府办印发《大埔县防雷安全管理联席会议制度》，就统筹推进全县防雷安全管理工作作出相关部署，由分管气象工作副县长为第一召集人，由发改、应急等18个部门组成成员单位，协同推进全县防雷安全管理。8月27日，县府办印发《大埔县气象灾害应急预案（2022年修订）》，完善党委领导、政府主导、统一指挥、上下联动、规范协同的气象灾害应急管理体系，最大限度减少和避免因气象灾害造成的人民群众生命财产损失。

【全年灾情】2022年5月21日至6月20日“龙舟水”期间，全县受持续性较强降水和上游来水影响，韩江干流三河坝（三）水位站6月17日4时出现最高水位46.48米，超警戒水位4.48米；茶阳镇水位站6月16日23时出现最高水位52.09米，超警戒水位3.09米。各镇（场）均出现不同程度的险情灾情，茶阳、高陂镇街区低洼地受淹浸，受灾严重。全县受灾人口2.64万人，转移6269人，作物受灾面积4058.45公顷，倒塌房屋14间，严重损坏房屋56间，受损公路25.56千米，阻断公路长度67.14千米，直接经济损失3.54亿元。

【特色服务】2022年，大埔县气象局开展特色气象服务。到重点茶业龙头企业“三溪茶”生态茶园基地开展春茶采摘专题气象服务，全年发布7期《大埔县三溪云岽茶场气象专题服务》。到西河镇开展烟叶和水稻的春耕春播专题气象服务及农情调查。3月26日，大埔县气象台17时08分发布暴雨橙色预警信号，17—18时洲瑞镇田背村小时累积雨量69.1毫米，及时启动叫应服务，立即叫应地方政府领导、防汛办及乡镇领导，提醒做好防暴雨应急和抢险工作，助力防汛抢险部门转移洲瑞镇田背村易受灾群众。启动道路交通安全保障联动机制，提前预警助力县公路事务中心完成道路应急抢通工作，保障大埔县国道235线长教塥方路段恢复通行，助力应急、交通、公路等部门保障人民群众生命财产安全。联合中国人寿保险股份有限公司大埔县支公司，到青溪镇溪口村进行救灾复产情况调研和气象保障服务。开展蜜柚采摘气象服务，发布2期《大埔县蜜柚专题预报服务》。

大埔县气象局负责人名录

局　　长：彭尚永（—2022.10）
　　　　　　罗锡浪（2022.11—）
副 局 长：杨海东
纪检组组长：李鸿洲

（黄秀娟）

工 业

工 业 综 述

【概况】2022年，大埔县科工商务局着力推动工业经济高质量发展。完成规上工业总产值44.97亿元，同比减少9.8%；实现规上工业增加值14.12亿元，同比减少10.7%；完成工业投资10.01亿元，同比增长2.4%；完成技改投资4.97亿元，同比增长210.8%；完成外贸进出口7955.45万美元，同比减少58.6%；完成实际使用外资170万元；社会消费品零售总额47.99亿元，同比减少0.9%；签订招商引资合同项目10个，完成计划投资总额95.09亿元。

【重点项目建设】2022年，大埔县科工商务局推进工业领域重点项目建设。开展县城工业小区基础设施工程竣工验收和结算审核，根据审核情况开展专项债支付。推进实施县城工业小区一期基础设施水土保持综合治理工程，提升园区防洪排水能力。推进县城工业小区二期规划打造半导体先进材料产业园，完成项目立项工作。建设完成198个5G站点，加强覆盖圩镇周边区域及部分行政村。指导有技术改造投资需求的企业进行备案，全年备案2个技改项目，备案总金额1072万元。成立规上工业企业和“小升规”培育库企业“一对一”挂点联系服务机制，组织梅州市博富能科技有限公司、广东宝丰陶瓷科技发展股份有限公司、广东吉玉陶瓷股份有限公司、梅州市金源海陶瓷发展有限公司4家企业获得2022年省级专项技改资金330.97万元。

【科技交流与合作】2022年，大埔县科工商务局成功申报31家科技型中小企业，组织9家企业通过省级科技计划大专项项目的结题验收，组织博富能做好省工程技术研究开发中心和“大专项+任务清单”申报工作。宣传科技创新政策和科普知识，组织开展8场次的科技科普主题类活动，发放资料1970份。

【优化营商环境】2022年，大埔县科工商务局抓好商务工作。通过国家级外贸转型升级基地（陶瓷）复评初审，发动组织84家次企业参展参会4场，促进内外贸对接和进出口融合，助力企业开拓国内外市场。组织8家企业申报中央财政2022年度外经贸发展专项资金（促进外贸转型升级项目），有7家企业获得299万元政策扶持奖励，促进外贸稳定发展。开展出口信用保险承保工作，新增引导出口企业2家。落实稳外资安商惠企政策，新成立广东新翔森信息咨询合伙企业（有限合伙）、广东瀚翔工贸实业合伙企业（有限合伙）2家外资企业（台资）。组织零售、餐饮、文旅三大板块21家企业参加促零售消费券发放促消费活动，零售板块核销券额77.8万元，带动消费409.6万元。2018年国家电商进农村综合示范项目建设通过省厅验收和评估。

【招商引资】2022年，大埔县科工商务局抓好招商引资，推动项目落地建设投产。全年引进招商引资项目10个（农业项目2个、工业项目4个、文旅项目2个、商贸项目1个、增资扩产项目1个），计划投资总额95.09亿元，实际完成投资7.32亿元，均动工建设，建成投产2个。成立2支县驻外招商队，驻点深圳、厦门开展招商工作。

大埔县科工商务局负责人名录

局　长：陈培先

副局长：陈毕贤　苏志强　罗俊坚　连增发　李艳阳（挂职）　李子庆（挂职）

（钟紫荆）

陶瓷工业

【企业安全生产管理】2022年，大埔县陶瓷产业服务中心加强陶瓷企业安全生产工作。全年开展检查79次，出动218人次，检查陶瓷企业79家次，发现隐患80处，安全生产复查出动44人次，陶瓷企业安全事故发生率为零。结合安全生产月、“119”消防宣传月等活动，开展“以案释法”“以案普法”消防安全事故警示教育，联合县检察院开展法治宣讲进企业专题讲座，有17家企业参加；联合县总工会、县园区管委会、高陂镇政府等开展“宣讲培训进园区，凝心聚力助发展”安全培训活动，有18家企业参加。

【拓展营销渠道】2022年，大埔县陶瓷产业服务中心坚持“政府搭台、企业唱戏”模式，组织企业参加国内展览展销会。配合市商务局组织36家次企业参加在广州举办的国际跨境电商交易博览会、2022THE海南（东盟）酒店及餐饮用品博览会，组织22家企业抱团参加第十八届中国（深圳）国际文化产业博览交易会。在会展现场设立陶瓷主题展区，宣传展示大埔县工艺陶瓷、青花瓷、茶具、餐具、定制类瓷器等百余种陶瓷产品，吸引众多行业嘉宾及跨境电商企业到现场交流合作，现场成交额50万元，达成意向合作金额800万元。

【发挥服务职能】2022年，大埔县陶瓷产业服务中心配合县科工商务局开展第三届“市长杯”工业设计大赛培训辅导工作，组织31家规模以上陶瓷企业40人参加培训。与广东知融产评估有限公司、大埔县陶瓷行业协会共同承办梅州市知识产权质押融资“入园惠企”活动暨“大埔青花瓷”运用与保护业务培训（大埔县陶瓷产业园专场），为陶瓷企业提供政策解读，便利银企对接。配合市商务局、县科工商务局召开梅州市稳外贸政策宣讲暨外贸企业风险防控培训会，向企业宣讲外贸政策和分析外贸风险，参会陶瓷企业18家。

【提高大埔陶瓷知名度】2022年，大埔县陶瓷产业服务中心推进实施名牌名标战略，鼓励陶瓷企业在各类文博会、展览展销会和其他宣传平台上统一使用“大埔青花瓷”“高陂”商标；组织大埔县陶瓷企业参加中国陶瓷工业协会举办的“第十二届中国陶瓷艺术大展”，有12件作品获奖，其中金奖2件、银奖5件、铜奖5件。

大埔县陶瓷产业服务中心（陶瓷公司）负责人名录

主　任（经　理）：吴景礼（—2022.9）

郑　彦（2022.9—）

副主任（副经理）：黄胜泉　罗伟宁

（罗慧思）

城镇集体企业

【安全生产管理】2022 年，大埔县城镇集体企业联社（简称大埔县城镇联社）抓好安全生产工作，落实安全生产责任制，落实企业的主体责任和主管部门的监管责任，组织相关人员对下属企业、门店、仓库开展安全生产检查，发现消防器材过期、乱拉电线等安全隐患 3 处，现场要求场所负责人及时进行整改。

【机构改革】2022 年，大埔县城镇联社按照县委、县政府的统一部署，配合县有关部门做好单位机构改革工作。机构改革前，县城镇联社事业编制 11 名，设主任 1 名，副主任 2 名，正股级领导职数 3 名，副股级领导职数 1 名，内设机构 3 个（综合股、资产财务股、规划发展股）。2022 年 6 月机构改革后，县城镇联社事业编制保留 6 名（减少 5 名，人员分流 4 名），设主任 1 名，副主任 2 名，正股级领导职数 1 名，副股级领导职数 1 名，内设机构 1 个（综合组）。

大埔县城镇集体企业联社负责人名录

主　任：郭伟军

副主任：唐　燕（女）　张功庆

（邓颖琦）

工业园区建设

【概况】大埔县有 4 个工业园区，其中省级工业园区 1 个，为广州海珠（大埔）产业转移工业园；省级产业集聚地 1 个，为县城工业小区；县级工业园区 2 个，分别是三河、茶阳工业小区。广州海珠（大埔）产业转移工业园位于高陂镇城区南部，总规划面积 333.73 公顷。至 2022 年年底，开发建设面积 143 公顷，供用地面积 121.67 公顷，收储可

广州海珠（大埔）产业转移工业园全景　　（2022 年摄，大埔工业园管委会提供）

利用土地3.27公顷。入园企业25家，主要以陶瓷企业为主，其中投产企业23家，规上企业20家。全年园区产值4.17亿元，税收0.51亿元。大埔县产业集聚地县城工业小区位于湖寮镇山子下村大沙坝，分近、中、远三期规划建设，首期规划52.67公顷。至2022年年底，开发建设面积40.19公顷，供用地面积28公顷，收储可利用土地11.73公顷。入园企业7家，其中投产企业2家，规上企业2家。全年园区工业总产值1.91亿元，税收267.85万元。三河工业小区位于三河镇，占地面积38.7公顷。至2022年年底，入园企业7家。全年园区产值3.9亿元，税收760万元，其中梅州市博富能科技有限公司产值3.5亿元，税收657.9万元。茶阳工业小区位于茶阳镇，占地面积21.9公顷。至2022年年底，入园企业9家。全年园区产值4105万元，税收167.29万元。

【园区建设】2022年，广州海珠（大埔）产业转移工业园管委会（简称大埔工业园管委会）按照推动园区提质增效的工作思路和建设要求，推进园区项目建设。高陂园区投入资金14亿元，完成“七通一平”（道路通、给水通、电通、热力通、电信通、燃气通，土地平整）基础设施建设，建成一座日处理2000吨污水处理厂，新建园区道路8千米；高陂大道旁高水高排改线工程，高陂青花瓷景观大道1、2号地块扩大部分13.33公顷场地平整，青花瓷展示中心及广场项目建设进入收尾阶段。大埔县科技创新产业园标准化厂房建设及基础设施配套工程项目有序开展，完成土石方开挖回填73.6万立方米，占土方工程的50%；完成场地清表面积20万平方米，占施工场地的90%。县城工业小区投入资金0.66亿元，完成“三通一平”（道路通、给水通、电通，土地平整）基础设施建设，投入资金0.63亿元规划建设占地面积9.87公顷工业小区配套设施项目。

【招商引资】2022年，大埔县主要领导及工业园管委会利用外出乡贤回大埔的契机，宣传推介大埔投资环境和储备项目，通过拜访外出乡贤、接待来访企业家、发放招商宣传手册等方式做好招商引资工作，开展招商引资对接洽谈活动。全年实施“三个一批”（签约一批、开工一批、投产一批）项目4个，分别是梅州旭平首饰有限公司、恒得源科技（大埔）有限公司、梅州市嘉颖新材料科技有限公司和广东三分厂实业有限公司，总投资额17.9亿元。

【安全生产检查】2022年，大埔工业园管委会开展危险化学品、燃气安全等集中排查整治，防范化解重大安全风险，守住不发生较大以上事故的底线，每周定期对广州（海珠）大埔产业转移工业园区、县城工业小区、三河工业小区、茶阳工业小区进行安全生产检查，排查整改安全隐患。

广州海珠（大埔）产业转移工业园管委会负责人名录

主　任：陈表宇（—2022.5）
刘斯民（2022.7—）

副主任：罗向前　邓英才
李艳阳（广州海珠挂任）

（吴丽丽）

供　电

【落实决策部署】2022年，广东电网有限责任公司梅州大埔供电局（简称大埔供电局）落实上级决策部署，服务乡村振兴。农网改造升级投资3416万元，投入20万元为帮扶点建成集体光伏发电项目。获得梅州大埔峡能100兆瓦农光互补项目接入系统工程线路路径方案及环保的批复。建成充电枪28支，快速接入374个光伏项目，全额消纳新能源2200万千瓦时。市场化现货交易总电量0.8亿千瓦时，实现“零差错”。

【安全生产】2022年，大埔供电局加强风险管控能力，签订“安全生产目标责任书+杜绝违章安全承诺书+党群结对责任书”821份，举办安全宣誓15场。运转“1+4”作业风险管控机制，安全管控作业6041项，湖寮供电所获评市局“1+4”作业风险管控机制应用标杆所。优化《安全工器具管理配置标准》，安全工器具信息化管控100%，实现全生命周期管理。实施“奋战五十天 安全保稳定”专项行动，排查发现各类安全隐患3019项，整改1242项。生产计划部和智能作业班、配网综合班3个集体以及罗钊军、杨科等14人获得市局通报表扬；湖寮供电所配电运维一班被市局评为中共二十大安全保障工作先进集体。大埔供电局所属供电所与属地政府建立电力线路线行清障工作机制，完成存量和新增116户销户专变未脱网隐患整改工作。开展各项安全生产大检查，发现并整改问题583项。举办“三不一鼓励”（不记名、不处罚、不责备，鼓励主动暴露安全问题）劳动竞赛活动，收集优秀案例16篇，光德供电所案例获市局二等奖。自主拍摄的《安全用电记心间》作品参加省公司第五届安全文化节投票，排名第二。开展防风防汛“双盲”应急演练，修编《应急值班工作指引》，应对自然灾害影响，完成中共二十大召开期间等33项保供电工作任务。

【供电管理】2022年，大埔供电局加强供电管理，成立智能作业班，机巡业务集约化完成率100%，全市排名第一；制定的10千伏公用线路设备台账表单被省公司机巡中心推广应用，受邀分别参加南方电网有限责任公司和广东电网有限责任公司无人机自动巡航技术演讲授课；绘制基于南网智瞰应用的“电力数字地图”，打造全市首个配网智能巡检机巢试点。获得市局多旋翼无人机技能竞赛团体及个人三等奖，获得全市首个“三星级智能作业班”称号。制订《基于网架的配网运维及服务水平分析提升方案》，获得省公司表扬。深化“两精两通巡视”（两次精细化巡视，两次通道巡视），发现各类缺陷2995个，完成整改1451个。对44条10千伏线路开展82次五类反措消缺，对27条10千伏线路加装新型防雷绝缘子。中压线路故障率3.82次/百千米，同比下降48.2%，降幅全市第一，中共二十大召开期间首次实现月度“零跳闸”。全年完成低电压台区治理121个，治理完成率90.9%。完成台区低压沿布图绘制，进度全市排名第三。

【电网发展】2022年，大埔供电局加快电网规划建设步伐，提质增速。完成年度项目库滚动修编，入库问题411个，储备规划项目275个，总投资3.49亿元。完成47个投资项目储备，总投资4592万元。提前三个月完成35千伏湖寮至茶阳线路转接入西河站线路工程15座塔位青赔工作；取得500千伏大埔电厂二期送出工程大埔段线路路径方案批复；初步完成110千伏银江、岭下输变电工程变电站和35千伏青溪站、岩上预仓式站、桃源台区站址选址。投产智能台区项目23个，智能网关上线率100%，全市排名第一。基建工程结算及时准确率97.2%，全市排名第一。新增配网自动化有效覆盖线路24回、自愈线路33回，建成全市首条集中式自愈线路，投运全市2022年首个“3供1备”馈线组，光纤通信模式自愈馈线组实现“从0到1”的突破。配网可转供电率79.7%，同比提升8.6%；配网自动化有效覆盖率84.6%，同比提升38.5%；自愈覆盖率80.8%，同比提升45.2%。

【客户服务】2022年，大埔供电局优化电力营商环境，提升客户服务。制定增供扩销行动方案，累计中压接电容量4.9万千伏安，同比增长29.9%。创新“供电+源头设备厂家”“政府搭台+多部门多行业”合作模式，完成可量化电能替代电量488万千瓦时，同比增长375%。自主实施低压业扩配套项目1198个，低压业扩服务时限达标率98.1%。落实业扩投资界面延伸政策，为小微企业、居民客户节省办电成本400万元。多渠道宣传服务，张贴海报4000张，发送主动服务短信1500条。政府公共服务满意度排名提升13个名次。完成3万只宽带模块改造任务，专项用电检查发现隐患1413项。完成199间小水电电能表无功计量改造，实现152台残旧终端及5台油浸式互感器全部轮换，自动化抄表率99.9%，全市排名第一。营销移动APP应用率全市排名第一。组织开发2项营销管理数字化工具，实现营销领域数字化创新应用“零”的突破。

【经营管理】2022年，大埔供电局加强依法合规治企，提高经营管控水平。开展“决战二十天”反窃电专项行动，全年查处违窃电153宗、计量故障追补84户，追回电量32.5万千瓦时，同比增长333%。完成治理高损线路21回和线损超5%台区328台。线损异常率2.4%，同比下降31.1%，降幅全市排名第三。新增四星供电所1个（累计2个）、三星供电所5个（累计9个），配网综合班获得“四星级”称号。大埔青年人QC小组获得“2022年度广东省质量管理小组活动优秀质量管理小组”称号，获得省电力行业质量管理小组活动成果通报表扬1项、市优秀质量管理小组活动成果二等奖1项、市电力行业协会质量管理小组活动成果一等奖和三等奖各1项。《电网设备全生命周期可视化管理应用》获市局年度职工技术创新成果三等奖，《低压业扩新装工作单附件缺失筛查》获市局数字化创新应用三等奖。印发治理主体权责清单和“三重一大”权责清单，挂牌成立大埔电网警务室，首次发起主动诉讼案件3起，被评为大埔县“七五”普法工作先进单位。

广东电网有限责任公司梅州大埔供电局负责人名录

党委书记、副总经理：刘森泰

党委副书记、总经理：周　毅

副总经理：洪旸锦　韩雄辉　吴广斌

纪委书记：赖　俞

（袁国堪）

对外经济服务

【单位人员分流】根据2022年4月18日召开的大埔县委机构编制委员会成员会议精神，对大埔县对外经济服务中心重新核定编制，富余人员分流到其他事业单位。至2022年年底，已按人事调动有关要求做好分流人员调动工作。

【车队运营管理】2022年，大埔县对外经济服务中心做好合作单位广港汇亿贸易运输公司安全运营工作，抓好运输车辆的新冠疫情防控，执行上级各部门的防疫要求，确保车队安全运行，各项运输业务有序运转。

大埔县对外经济服务中心单位负责人名录

主　任：胡振城

副主任：连宏亮

（黄继兴）

交 通 运 输

交通运输综述

【公路桥梁建设】2022年，大埔县交通运输局锚定“构建内通外畅、融湾联海的立体交通网络”的新定位，推动交通基础设施建设，为大埔红色苏区绿色发展提供交通支撑。全年计划实施交通基础设施建设项目16个，包含省道改建、农村公路建设、危桥改造及治超停车卸货场建设等，总投资12.71亿元，其中年度计划总投资3.95亿元，1—9月完成投资1.87亿元。推进交通公路重点建设项目，至2022年9月底，完成大麻镇莲塘韩江大桥建设项目主体工程；省道227线西河镇纯德至岩下段路面改造工程和省道227线西河镇岩下至大东镇清泉溪段路面改造工程完成路面挖补和排水设施建设；推进省道227线高陂镇赤山至桃花段改建工程和大东镇坪山至花萼楼旅游产业公路改建工程；治超停车卸货场建设项目全面完工。完成2座危桥改造，剩余1座（青溪桥）改建项目完成施工图设计；推进通行政建制村单车道改双车道建设项目，11月动工建设。抢抓建设“交通强省”战略机遇和粤闽赣苏区对接融入粤港澳大湾区振兴发展先行区政策机遇，科学谋划交通建设项目。大丰华高速公路大埔至丰顺段基本确定路线方案，开展招标确认项目投资人；省道222线桃石至坑尾段路面改造工程完成改建方案和施工图设计批复，上报省争取列入资金补助计划；推进青溪中央红色交通线和虎市大桥建设项目前期工作。争取上级资金支持，全年争取中央和省下达专项补助资金1.95亿元。

【公路养护管理】2022年，大埔县交通运输局开展道路交通应急抢险，组织人员加强受损道路的巡查，及时组织施工班组清理路障、修复损毁路面等。全年共清除坍塌方1267处39.74万立方米，修复混凝土路面损毁5.02千米、2.82万平方米，护墙损毁480处3.15万立方米，涵洞损毁455道，确保人民群众通行安全。

【交通执法、行业管理】2022年，大埔县交通运输局开展“两客一危一重货”重点车辆监管和道路交通安全隐患整治等，全年交通运输行业安全生产形势稳定，未发生重大交通安全事故。落实道路交通安全隐患整治，加强巡查，对存在交通安全隐患路段及时完善公路标志、标牌、标线及减速带，对遮挡视线的广告牌等非公路标志进行清理整治。

至2022年10月底，完成安全隐患整治4处，增设公路标志21个，减速带及中心线416平方米。加强部门联合执法，定期开展路警联合执法，在固定超限检测站、重点路段、货运源头及非现场执法监测点等执法监管，推进“两客一危”运输市场专项整治，保障交通运输行业安全稳定。1—10月，出动治超执法人员5637人次，出动执法车辆1232辆次，检查车辆4485辆次，查处运政案件10宗，查处治超案件278宗（其中联合治超案件157宗、非现场执法案件121宗），交通治超行政处罚27.95万元（其中非现场执法18.05万元、道路运输违法违规经营9.9万元），卸载货物2824.81吨，公安处罚20.37万元，扣分489分。

【公路运输】2022年，大埔县交通运输局开展节假日道路运输企业安全大检查，确保全县无重大以上道路交通安全事故发生。春运期间，全县公路运送旅客5.46万人次，同比下降23.7%。

大埔县交通运输局负责人名录

局　长：何政文（—2022.4）

黄海军（2022.4—）

副局长：郑联光　邓贺阶

大埔县交通运输服务中心主任：吴国威

（吴苏游）

国（省）道养护管理

【公路建设】2022年，大埔县公路事务中心推进实施的公路工程项目有4项，总投资11.64亿元。其中，2项续建：省道221线大埔县湖寮至枫朗公路改建工程路基用地基本交付，通信管线迁移基本完成，进行路基边坡开挖防护、土方填筑、桥涵等，路基工程完成进度95%，桥涵工程完成进度98%，百侯至枫朗段完成半幅沥青混凝土路面通车，全线施工路段实现硬底化通车；省道222线大埔县坑口至高陂公路改建工程征地拆迁基本完成，通信管线、高压电力线迁移基本完成，进行路基边坡开挖防护、土方填筑、桥涵及路面工程等，路基工程完成进度95%，桥涵工程完成进度100%，完成路面工程85%。2项新开工：国道235线大埔县胜坑至丰埔桥段改建工程、国道235线大埔县三河镇区及西河茶笼至丰村段路面改造工程均完成招投标，进行施工前准备。

【养护工作】2022年，大埔县公路事务中心强化为民养路意识，提升精细养护水平。落实各养护道班责任，做好预防性各项养护工作，提高养护工作质效，好路率98%。开展公路、危桥改造、水毁整治、桥梁碰撞等养护专项工作，包括省道224线K99+160—K99+400段重点水毁修复工程（银江重点水毁）、双溪桥修复工程、八角宫桥维修加固工程、茶阳大桥维修加固工程、三河服务区排水设施应急抢修、高陂田家炳大桥“船舶碰撞桥梁隐患治理专项行动”防撞工程等工程，工程总投资1966.8万元。

【路政管理】2022年，大埔县公路事务中心坚持依法行政，依法维护路产路权，及时发现和制止违反公路法律法规、损害公路权益的行为，保障公路畅通。抓好普通干线公路路域环境整治，整治公路沿线乱堆、乱放、乱拉、乱搭、乱建等行为。全年巡查里程2.34万千米，巡查天数266天，巡查人数1912人次，路产索赔案件24宗，清除路障35处，拆除广告牌29块87平方米。

【安全生产】2022年，大埔县公路事务中心抓好公路安全生产工作，制订安全应急预案，落实安全生产岗位责任制，明确职责，落实责任，定期开展安全生产大检查，排查安全隐患，全年无安全事故发生。6月27日和6月30日，组织相关部门在省道222线大埔县坑口至高陂段和县城过境公路举行2022年大埔县公路事务中心安全应急演练，现场进行高边坡塌方应急处置，将安全知识宣传教育和应急救援培训融入演练活动，提高防灾减灾和应急处置能力。

大埔县公路事务中心负责人名录

主　　任：巫运发

副 主 任：邓铭武　何红星　杨家基
肖育标（—2022.5）
刘增福（2022.5—）

总工程师：罗庆韬

（余贤进）

航道养护与管理

【航道管理】2022年，广东省梅州航道事务中心大埔航标与测绘所（简称大埔航标与测绘所）开展航道巡查、技术核查等航道监督检查技术服务工作，全年巡查航道3260千米，监管涉航施工项目4宗，保护辖区航道资源，保障辖区航道安全畅通。做好辖区航道、航标、码头、水位站、水情信息等基础信息的收集及报送，配合测量队对高陂韩江田家炳桥至三洲河段水深测量，开展战枯保通、防汛、防台工作，全年进行扫床10次254.4千米。加强辖区航道维护，完成东山电站下游口门区及连接段航道应急疏浚维护，完成对高陂水利枢纽船闸下游永久航道进行礁石破碎及清理施工。完成韩江高陂水利枢纽航运设施迁改工程航标工程的交工验收，完成韩江三洲浅滩丁坝维修工程效果分析，完成2022年航道养护计划和2022年度养护专项工程实施计划的编制上报。做好智慧航道（一期）项目特殊基础设施服务整体试运行期间的检查工作，做好检查记录，及时反馈发现的问题。完成辖区内河Ⅷ、Ⅸ级航道发展规划技术等级和现状技术等级调整工作，完成2021年度船舶密度观测工作及2022年度第一至三阶段的船舶密度观测工作。提升航道服务水平，加强与韩江流域局的协调，调水保障航道畅通，全年协调船舶过闸51次185艘，帮助社会船舶脱浅4次。

【航标管理】2022年，大埔航标与测绘所做好航标日常、春运及节日期间维护管理工作，缩短巡标周期，根据水位变化及时调整配布。全年维护航标355座，维护工程量12.9万座·天，航标维护正常率100%。完成航标资料的更新归档整理及年度报表的统计上报。做好年终大保养油漆、材料的购买及航标年终大保养各项工作。完成辖区桥梁、电站、采区施工临时助航标志等代管代维护标的合同签订工作。完成2022年航标器材维修、制作加工等项目，并做好6月“龙舟水”洪灾期间航标损失情况的统计上报。完成广东省韩江高陂水利枢纽工程船闸下游永久航道及下游锚地助航标志的优化调整。定期检查各站对智慧航道系统及移动巡检平台的应用工作。

【船舶管理】2022年，大埔航标与测绘所做好船舶日常维护管理工作，完成所属船舶检验换证及海事、船检换证检查和船舶上排维修工作。根据梅州中心规范船舶修理和油料采购及消耗量统计工作要求，重新修订《大埔航标与测绘所关于印发船舶修理管理办法的通知》。通过项目公开招标，完成《大埔、梅县航标与测绘所船艇维修服务资格采购项目》。规范船舶修理、油料采购及消耗统计工作。根据《广东省梅州航道事务中心关于落实航道船舶水污染防治措施的通知》，制订《大埔航标与测绘所船舶水污染防治工作方案》。

【安全管理】2022年，大埔航标与测绘所抓好安全生产管理工作。完成2022年春运工作方案、安全培训教育、安全检查计划、隐患排查的编制和上报，对安全责任人员及航道站、班组进行年度考核。开展年度安全生产应急演练活动，并在大麻站组织实施船舶五项应变部署演练。对站房、船舶等存在有限空间作业进行隐患排查，对存在问题立行立改。做好防台防汛及防暑降温工作，完成6月“龙舟水”的防御，并落实9号台风“马鞍”工作部署。做好“防范船舶碰撞桥梁专项治理”中的“航道安全治理”工作，协助桥梁管理单位做好船舶碰撞桥梁隐患治理工作。做好《中华人民共和国安全生产法》和《班组安全标准化》宣贯工作，提高干部职工安全防范意识，完成全年节假日期间的值班值守及综治维稳工作，全年安全生产形势稳定。

广东省梅州航道事务中心大埔航标与测绘所负责人名录

书　记：张瑞清

所　长：胡雪峰（2022.1—）

副所长：林友辉（挂职，—2022.5）

刘东波（2022.5—）

（*刘东波*）

海事监管

【水上安全监管】2022年，中华人民共和国梅州大埔海事处（简称大埔海事处）坚持依法履职，开展各类专项检查行动，聚焦重点水域、重点时段、重点船舶，做好涉客船舶、水工及季节性安全监管工作，确保辖区水上交通安全形势稳定。全年安全保障船舶进出港2587艘次，旅客运送量7.39万人次；巡航里程8115海里；行政处罚14宗，规费收入2.54万元；船舶安检31艘次，检查发现缺陷数74个；燃油抽检19艘次，处罚1艘次；船舶检验质量监督7艘次；船员履职检查29人次；参与大型综合水上应急演练2次；参与水上救助行动6次。坚持隐患治理，提升监管效能。落实风险隐患排查治理要求，推动将行业安全生产隐患纳入地方政府挂牌督办、整改销号。开展“水上交通安全专项整治三年行动”，共摸排安全隐患46项（含立行立改），行政处罚38次，处罚金额10.91万元，安全隐患整改完成率100%。推进闲置船舶防汛安全管理和“三无”船舶拆解工作，实现市级督办“三无”船舶清零。防汛隐患排查集中停泊点19个，覆盖船舶220艘，消除防汛安全隐患12个，推动各停泊点加装系缆桩15组，处置汀江水域6艘船舶断缆漂移险情，推动地方政府投资700万元建设集中停泊区。做好乡镇自用船舶隐患治理，推动拆解非法载客、涉渔“三无”船舶32艘，纳入乡镇编号备案管理自用船舶301艘。打击农自用船非法载客、违规航行，针对相关违法行为行政处罚6次，处罚金额9400元。推动防范船碰桥治理，完成三河汀江铁路桥防撞设施加装，推进高陂大桥、隬隍大桥加装桥墩防撞设施。坚持统筹推进，完善治理体系。推动大埔县、丰顺县建立水上交通安全工作联席会议制度，建立完善部门联合执法长效机制，推动相关部门落实安全责任，实现信息共享、协同共治，形成监管合力，强化水上交通安全综合治理。推动韩江首个县级水上搜救分中心获批成立，完善辖区应急搜救体系建设，加强水上搜救工作的统筹协调。推动大埔县、丰顺县印发《关于加强水上运输和渔业船舶安全风险防控工作的实施方案》《关于切实做好船舶防汛安全隐患整治工作的通知》《关于加强汛期船舶安全管理的紧急通知》等文件，明晰各方职责，压实属地管理责任，增强执法合力。

【海事监管服务】2022年，大埔海事处坚持融入发展，助力地方经济建设。全年完成党溪采区、蓬辣滩电站下游清淤、潭江码头加固等水工监管服务工作，做好在建水工包括甜竹窝码头、潭江渔政码头、三河坝文旅综合开发项目及高陂水利枢纽船闸下游永久航道维护施工在内的安全监管和服务指导工作。针对部分新业态水工建设，走访相关业主单位、施工单位，现场勘察水域施工条件，了解相关水上工程设计方案、施工计划及作业模式，提出水上交通安全监管、通航安全保障、相关手续办理等方面意见，服务各项水工建设安全开展。推进航运公司规范化管理，走访青溪江畔人家，联合东山海事处、梅州海事局船舶船员处举办航运公司安全与防污染体系管理经验交流座谈会，为航运公司落实组织管理、员工教育、船舶维护、应急响应提供专业指导。

【水上民生服务】2022年，大埔海事处聚焦辖区人民群众急难愁盼问题，开展“我为群众办实事”系列活动。针对丰顺县溜隍渡船无法完成渡船换证检验问题，联合地方政府、中国船级社梅州办事处、船舶修造企业等做好渡船上排事宜，开辟绿色通道，及时跟进船舶隐患整改及检验发证。对溜隍镇另外两艘安全隐患较大的渡船进行拆解，完善船舶注销手续，消除近两年来的渡运安全隐患。以“海趸1563”为依托，建设韩江“船员驿站”，打造船员学习交流平台、宣传教育阵地、加油充电驿站。联合地方政府和县农业农村局、交通运输局、气象局、水上派出所、红十字蓝天救援协会等单位，深入企业、社区、农村、学校开展商渔共治、水上安全知识宣贯、典型案例警示教育活动。全年开展水上交通安全知识进校园活动2次，进企业4次，进社区4次。

中华人民共和国梅州大埔海事处负责人名录

处　长：李明辉

副处长：王吾平（—2022.3）

陈其汉（2022.3—）

黄子焘（2022.11—）

刘志鹏（2022.11—）

（钟俊文）

邮 政 通 信

邮 政

【概况】2022年，中国邮政集团有限公司广东省大埔县分公司（简称中国邮政大埔分公司）围绕“提金融、调寄递、降成本”工作思路，全年邮政业务收入完成计划进度的100.5%，同比增长11.1%，实现经营效益稳中有进。全年金融收入完成进度的100%，同比增长9.5%，全县同比增量578万元。余额累计实现规模38.7亿元，全年新增1.33亿元，完成目标进度的84.5%。全年新增保险收入同比增长29.7%。全县有效客户5536户，完成目标进度的109%；VIP客户新增1380户，完成目标进度的95%。

【寄递业务】2022年，中国邮政大埔分公司根据固定成本与业务量、流量流向与资费设置之间关系做好成本把控，清理效益低下的客户，盘活做优现有客户。重点拓展1000克以下轻小件客户，抓住节日促销活动，做大节点业务量。

【农村电商】2022年，中国邮政大埔分公司推进农村电商业务，以“做大规模、做出影响力”为总体要求开展各项工作。通过金融优惠购形式开展徐闻菠萝、茂名荔枝、阳东渔品等团购活动，通过消费帮扶平台南粤分享汇帮扶农产品上行，通过邮乐平台开展粮油类农产品营销。围绕大埔聚德蜜柚产品基地专项营销集订分送、线上营销、直播等多渠道销售，CCTV-17农业农村频道到大埔采访报道。

【邮政网路运营】2022年，中国邮政大埔分公司实施县城以上揽投网作业优化，将县投部快包邮件剥离出来，提升快包邮件投递作业效率。剥离快包邮件后的县投部以“特快+普邮”形式重新规划道段，原普服道段辅助特快邮件投递，实现特快邮件、快包邮件差异化服务，提升特快邮件、普服邮件处理时效、投递时限质量。优化农村投递网，推进农村投递汽车化。至2022年年底，全县有汽车化农村道段16条。加快村级便民服务站建设，叠加自提代投功能。调整区内农村邮路，减少邮路单趟里程，提高光德、平原、枫朗等支局进口邮件时限。试点推进交邮合作，开通12条交邮合作线路，减轻投递员摩托车投递装载能力低的问题。

【企业管理】2022年，中国邮政大埔分公司按照零基预算思路，强化预算过程管控。按月开展监控分析，确保成本开支、现金流出与业务发展相匹配。加强预算执行偏离度监控，开展滚动预算。强化预算刚性约束，对各单位预算对标、定额的成本费用实行预算强管控。根据梅州市分公司储备人才库管理办法，选拔1位二级储备人才、8位三级储备人才，涵盖综合管理、金融经营、邮务经营、寄递经营四类。优化人员结构，管控用工总量，压降金融劳务工占比。提升服务质量，普遍服务重点指标“一确保，两提升，三杜绝”全面达标，未发生“两条红线”案件，无重大质量事故和中央级、省级媒体负面曝光事件。全年全县邮政机要通信未发生失泄密事件、未发生保密安全突发事件，完成全国两会、冬奥会、各类涉密考卷等重大活动和特殊秘密载体的机要通信服务工作。

中国邮政集团有限公司广东省大埔县分公司负责人名录

总 经 理：张志新

副总经理：郑先锋　陈演城　李　锋

（曾海平）

电　信

【概况】2022年，中国电信股份有限公司大埔分公司（简称中国电信大埔分公司），践行以客户为中心的经营理念，推进实施云改数转战略，将企业发展融入大埔县经济社会发展大局，通过信息化赋能全县各行业发展。公司承担大埔县通信普遍服务、党政专网通信、应急通信、战备通信和抗洪救灾通信保障重任，连续15年获“全国用户满意企业”称号、连续16年获“全省用户满意企业”称号，中国电信大埔义招路营业厅爱心驿站获评中华全国总工会“最美工会户外劳动者服务站点”。全年完成业务收入5742万元，完成年度预算的97.9%，全市排名第二；连续3年同比增长10%，全市排名第二。全年固话用户2.4万户，移动用户4.62万户，宽带用户4.16万户，天翼高清3.32万户。

【履行社会责任】2022年，中国电信大埔分公司落实网络与信息安全管理工作要求，完成自营网站备案、落实语音中继规范受理与备案、执行实名制认证、配合公安部门做好防范通信诈骗等工作。配合政府推进基础设施重点项目建设，配合开展高速公路、公路改造的线路迁改和5G网络覆盖优化、镇村“三线”整治工作，完成中共二十大通信保障、当地抗击疫情应急通信服务、防汛防台风等各项重要通信保障任务。响应政府“提速降费”号召，以3千兆引领，开展各项服务活动，让客户在节省通信费用的同时，享受到光纤、无线网络以及5G网络的千兆高速率上网和服务。推进“新基建”建设，保障县重点工程、工业园区、产业转移园通信需求，推进5G建设。全年投资1200万元，121个5G基站正常运行，信号覆盖全县乡镇主要街道（含英雅、古野、平原、长治、双溪等圩镇）、主要旅游景点和人口密集行政村；全县光端口9.65万个，实现城市、圩镇、行政村、自然村集中区域全光覆盖。

【推进信息技术应用】2022年，中国电信大埔分公司发挥综合智能信息服务优势，提升大埔县信息基础设施水平。助力数字政府建设，大埔县基层服务平台、大埔县政务信息资源共享平台、大埔县应急管理平台、大埔县河长制综合信息管理平台等13个应用实现政务应用上云。打造“乡村振兴”信息化平台，中国电信乡村实现电脑和电视大屏、平安乡村视频监控、云广播、AI摄像头+智能音柱、乡镇电视等功能，融通智慧家庭、天翼看家、视觉智联、天翼高清、AIoT连接、大数据、综合信息服务等能力，推进数字乡村应用场景融通。该平台是中国电信集团免费提供给各级政府使用的平台，大埔县有123个行政村与中国电信签订协议，并陆续建设投入使用。建设梅州社会治安监控联网系统，在县委政法委和县公安局的指导下，采取统一部署、统一规划、统一标准、统一政策等措施，推进全县三级联防体系，覆盖全县15个镇（场）和所有行政村（居委）。推进视频资源整合，实现视频资源跨区域、跨部门的共建共享共用。推动教育信息服务上云工作，支撑“智慧校园”建设，将大埔县西岭实验学校打造成全县首间5G智慧校园。持续推进综治E通、智能交通、企业上云、物联网应用、安全大脑等一系列信息化项目，助力“智慧大埔”建设和大埔经济社会发展。

中国电信股份有限公司大埔分公司负责人名录

总 经 理：罗　刚

副总经理：赖欢辉　魏坤华

（*杨海莲*）

移动通信

【助力政务信息化】2022年，中国移动通信集团广东有限公司大埔分公司（简称中国移动大埔分公司）紧抓落实粤政易在线审批工作通报契机，在已签42家主要行局集团基础上，签约增加至70家。发挥5G优势助力党政业务发展，推出大埔县茶阳镇智慧消防建设项目、大埔县三河镇退役军人信息化服务平台建设项目、大埔县公有房屋和保障性住房服务中心出租房监控项目。落实乡村振兴战略，建设数字农业和智慧乡村，推出大埔县“智慧林长”系统建设项目、大埔县5G赋能乡村振兴农业大数据二期升级服务项目、大埔县城（城北片区）老旧小区内外基础设施改造工程（智能安防）项目和大埔县乡村振兴数智化平台建设项目。联合拓展全县120家单位食堂智慧燃气，助力餐饮行业安全建设再升级，协同政府专班拓展早中晚、消夜场所推广智慧燃气，共同安装700台智慧燃气。

【5G基站新基建项目建设】2022年，中国移动大埔分公司围绕《大埔县人民政府“十四五”规划重点项目》《大埔县2022年重点建设项目》，承建大埔县智慧区县5G基站新基建项目，全年完成新建203个5G基站，累计建成353个5G基站，实现县城、所有圩镇和行政村覆盖。

【4G网络建设】2022年，中国移动大埔分公司巩固提升4G网络深度及广度覆盖水平，建设满足容量需求的4G网络。全年完成新建21个4G基站，加强覆盖乡镇农村、新建区域及新建道路，针对无4G网络覆盖的自然村，完成43个自然村4G网络覆盖建设。加快自然村光纤宽带覆盖，全年新增覆盖0.5万户，实现全县行政村主村及大部分人口密集的自然村光纤覆盖。

【保障网络安全运行】2022年，中国移动大埔分公司配合大型重要活动通信保障，在6月份茶阳镇、高陂镇洪灾期间及时发电保障现场救援通信顺畅。配合市政项目及创文管线迁移整治，完成县城西堤路、第二自来水厂、枫朗高速出口、高陂镇桃花村复垦等40处管线迁改。落实“断卡”行动和实名制执行要求、工号使用规范，加强“断卡”行动宣传及全渠道人员的警示教育学习，加强与反诈中心的沟通联动，综合治理。

中国移动通信集团广东有限公司大埔分公司负责人名录

总 经 理：李森榕

副总经理：林郡华

项目经理：吴德兴

（温惠英）

联合通信

【网络建设】2022年，中国联合网络通信有限公司大埔县分公司（简称中国联通大埔分公司）加速5G和数据中心等新基建，助力智慧城市建设。通过梅州电信承建、联通共享，完成县城、乡镇15个通信网络基站5G建设补强，基本实现5G网络覆盖到镇。省、市、县“云网一体化”端到端落地到大埔节点，助力大埔“新基建”、智慧城市建设、云端布局和大数据等互联网产业发展。继续推进大埔县通美实业有限公司与联通共同打造柚产品全果深加工生产5G+工业互联网应用标杆项目，以5G+工业互联网对生产流程的管控优化为结合点，利用在5G网络的高速、大带宽、低时延的应用，实现对生产过程中的4M1E（人、机器、材料、方法、环境五大要素）进行全面科学的管控，确保柚产品深加工过程中各个环节的品质安全性、可追溯性、流程可控性。至11月，5G用户发展0.5万户，同比增长33.3%，优先在网络建设开通区域匹配线上线下营销，推出老用户套餐服务升级、新用户入网优惠等提速降费政策。通过网络光纤升级改造、互联网出口带宽扩容提升至200G、用户1000M光猫普及等，升级网络提速。

【服务贴心】2022年，中国联通大埔分公司在传统的业务受理、咨询、投诉等人工热线服务和自助查缴费等电子服务的基础上，为VIP客户配备专属服务经理、自助服务终端系统、绿色通道，并为政府单位及中小企业提供便利的商用服务（包括大数据、云计算、物联网、OA办公、电子商务等），创新推出延伸服务业务。致力于回馈用户，关注民生。加大投资释放，加速信息基础建设，推进无线网和宽带网建设。继续宽带提速降费，完善农村4G信号建设，服务民生。

中国联合网络通信有限公司大埔县分公司负责人名录

总经理：谢达良

（管燕珑）

商　业

商业综述

【机构改革】2022年，根据中共大埔县委编办《关于印发大埔县商业服务中心主要任务、内设机构和人员编制规定的通知》，重新核定大埔县商业服务中心编制数为12名，原有4个内设机构调整为2个，分流6名干部到其他县直单位。

【档案管理服务】2022年，大埔县商业服务中心做好离退休和下岗干部职工档案管理服务工作，对档案实行专人管理、专人负责，并造册登记。全年为已转制下属企业职工办理退休16人，查阅档案资料28人。

【牲畜食品安全保障】2022年，大埔县辉凌食品有限公司抓好生猪肉食品质量安全，确保人民群众吃上“放心肉”。执行生猪进仓前非洲猪瘟批批检和“瘦肉精”等违禁药物检测及猪肉产品出厂检验，强化检验检测，做到“三把关”（把猪源关、把屠宰关、把质量关）、“五落实”（落实生猪入场检验、落实清洗消毒、落实屠宰检验检疫、落实无害化处理、落实生产记录和疫情报告），加强猪肉品批发、冷链配送，保障生猪肉品质量安全供应和市场有效供给。

大埔县商业服务中心负责人名录

主　任：孙双级

副主任：蓝旋明　罗志雄　范瑞仕

（郭声沐）

大埔县辉凌食品有限公司负责人名录

董事长、总经理：陈发坤（—2022.4）
朱天中（2022.4—）

副　总　经　理：张昕发
朱天中（—2022.4）
姚永召（2022.4—）

（张元元）

烟草专卖

【概况】2022年，大埔县烟草专卖局（分公司）围绕省局（公司）卓“粤”创一流高质量发展战略，对标市局（公司）重点工作，科学统筹生产经营管理，持续巩固经济运行和市场状态，提升发展质量和基础管理，完成全年重点任务。全年实现主营收入7亿元，同比增长10.8%；实现税利1.77亿元，同比增长7.9%；实现利润1.47亿元，同比增长8.3%。

【烟叶生产】2022 年，大埔县烟草专卖局（分公司）抓好烟叶生产各项工作，烟叶生产平稳发展。全县规划安排 6 个镇 30 个村 210 户烟农合同种植烟叶 547.6 公顷，合同约定收购量 1150 吨，全县收购烟叶 1140 吨，占收购计划 99.1%。

【卷烟销售】2022 年，大埔县烟草专卖局（分公司）抓好卷烟营销工作。全年销售卷烟 9.02 亿支，同比增长 5.9%；实现销售收入 7.06 亿元（含税），同比增长 11.9%；实现毛利 1.9 亿元（含税），同比增长 11.6%；实现单箱销售收入 3.9 万元，同比增加 1850 元。

【专卖监管】2022 年，大埔县烟草专卖局（分公司）加强专卖监管措施，推进涉烟打假打私专项整治与日常监管双管齐下。全年开展联合排查 22 次、联合检查 28 次，出动联合执法人员 283 人次。查处涉烟刑事案件 4 宗、行政案件 79 宗；查获各类涉案卷烟 610.22 万支，同比增长 15.5%；协助公安机关涉烟刑拘 4 人，法院判刑 2 人。

【综合管理】2022 年，大埔县烟草专卖局（分公司）推进数字化转型，将工作业绩考核与季度督查相结合，夯实基础管理工作。抓好百侯烟叶工作点验收及西河烟叶工作点建设和机关经营业务用房整改工作。协助西河镇完成 10.7 公顷撂荒耕地复耕复种工作，邀请农业技术团队为农户开展培训。筹集帮扶资金 19.8 万元为下黄砂村 3 千米道路安装 77 盏太阳能路灯；筹集 19.8 万元为西河镇区提升改造自来水工程，受益村民 1600 户 4200 人。常态化抓好安全管理，防范化解各类风险隐患，维护企业和谐安全稳定的发展环境。全年开展月度检查 12 次，专项检查 5 次，排除安全隐患 13 宗。

大埔县烟草专卖局（分公司）负责人名录

局长（经理）：张维祥（—2022.12）
谢志东（2022.12—）
副　局　长：蓝建汕
副　经　理：卢小明（—2022.12）
李　煌　余永超（2022.12—）

（**林海峰**）

供销合作

【概况】2022 年，大埔县供销合作社联合社（简称大埔县供销社）贯彻落实中共中央、国务院《关于深化供销社综合改革的决定》精神、习近平总书记对供销合作社工作的重要批示精神，根据总社关于深化供销社综合改革的总体部署和省社、市社的工作要求，按照县委“1568”思路举措，抓紧抓实抓细常态化安全生产工作，守住供销系统安全防线，推动广东供销（梅州大埔）天业冷链物流产业园续建项目建设，推进县域放心农产品直供配送子平台建设等工作。

【安全生产】2022 年，大埔县供销社抓好安全生产工作。组织开展 2022 年“安全生产月”和“安全生产大埔供销行”活动，组织观看《生命重于泰山》专题片，举行应急救援演练和消防器材操作技能培训。开展消防安全检查，全年下基层开展消防安全及疫情防控检查 50 场（次）。明确岗位职责，压实工作责任，县供销社主要负责人与公司、基层社负责人之间分别签订《安全生产及消防工作责任书》。

【重点项目建设】2022 年，大埔县供销社加快广东供销（梅州大埔）天业冷链物流产业园续建工程进度，至 2022 年年底，完成场地平整，冷库主体施工进行收尾，加工车间主体施工全面完成，进行装饰装修。推进广东供销放心农产品直供配送大埔子平台项目建设，通过项目申报，县供销社争取到涉农资金200万元，项目确定在湖寮镇过境公路冷链物流园加工厂房实施建设。县供销社牵头成立项目公司，对接省、市供销社和梅州市宏森实业有限公司，与县供销社下属企业大埔县合和资产经营管理有限公司共同出资成立"大埔县供销合森农产品配送有限公司"，注册资本400万元，完成工商登记和"食品经营许可证"办理等前期工作。

【为农服务】2022年，大埔县供销社联合省电子商务高级技工学校和大埔小吃文化城，推进"粤菜师傅"工程人才培养工作。在湖寮镇下坜村、莒村村和枫朗镇黄沙坑村等地举办4期培训班，培训学员200名。做好农村供销合作社建设和领办农民合作社工作，按照"党建带社建、村社共建"的思路，采取"开放办社、投资主体多元化"和"合作共建、共享、共管"等模式，全年共建1家村级供销社，创办3家农民专业合作社。

【保春耕复种】2022年，大埔县供销社立足部门"为农服务"职责，落实农资保供稳价工作，推进农业面源污染防控，引导推进撂荒地复耕复种，助力全县春耕生产、复耕复种。落实农资保供稳价工作责任，指导下属企业大埔县合和资产经营管理有限公司入股的广东天禾农资梅州配送有限公司，承接全县农资化肥储备和供应工作。广东天禾农资梅州配送有限公司组织化肥农药货源调度，全年销售肥料498吨225万元，销售农药78万元，防止全县农资供应断档、货源脱销。推进农业面源污染防控工作，向省供销社申报250万元资金，实施"地力提升项目与优质植保解决方案"。根据《梅州市撂荒耕地复耕复种攻坚行动工作方案》精神，引导系统内专业合作社参与撂荒耕地复耕复种，开展适度规模种植。在西河镇东塘村和北塘村打造6.67公顷荠菜种植基地，通过订单包收购的方式，引导村民参与种植。

大埔县供销合作社联合社负责人名录

主　任：刘　韬（—2022.6）
吴景礼（2022.9—）

副主任：杨展甜　田怡凯（—2022.4）
刘晓华（女，2022.5—）

（巫胜光）

食盐经营

【概况】2022年，广东省盐业集团梅州有限公司大埔分公司（简称盐业大埔分公司）围绕契约化管理目标，推进"降本增效、提质增效"经营思路，确保大埔盐业持续稳健发展。全年实现盐产品总销售1019吨，比2021年减销32吨，同比下降8%。其中，销售小包装食用盐447吨，比2021年减销32吨；销售低钠盐45吨，比2021年减销18吨；销售高端盐7.63吨，比2021年减销4.37吨。

【盐业市场宣传】2022年，盐业大埔分公司抓好品牌宣传，优化盐产品结构。开展食盐安全宣传行动，利用"3·15"消费者权益保护日、"5·15"食品安全周等重要节点，宣传普及碘缺乏病防治知识和食盐安全知识，联合政府和各部门倡导群众"少吃盐，吃好盐"的科学用盐观念，提高消费者的用盐知识。全年组织乡镇地推和超市导购活动120场次，发宣传广告1200份。

【市场营销】2022年，盐业大埔分公司提升服务质量和服务水平，加强食盐市场巡访，对乡镇、县城边界未能覆盖的零售店、食品加工店、食堂、餐饮饭店等进行食盐直配直送，占领市场份额。

【食盐安全保供】2022年，盐业大埔分公司保障食盐质量安全、供应安全以及生产安全，主动与政府部门对接协调，办理人员、车辆通行证,与生产企业对接，做好食盐的购进、调运工作。快速梳理各类盐品库存数量，科学研判市场，精准充实食盐储备，区域“粤盐”不脱销、不断档，确保食盐货源充足、价格稳定，防止断档脱销、市民抢购。

广东省盐业集团梅州有限公司大埔分公司负责人名录

经　理：吴文平

（吴文平）

物资服务

【机构改革】2022年，根据中共大埔县委编办《关于印发大埔县物资服务中心主要任务、内设机构和人员编制规定的通知》，重新核定大埔县物资服务中心编制数为8名，原有3个内设机构调整为1个，分流3名干部到其他县直单位。

【民生实事】2022年，大埔县物资服务中心开展“我为群众办实事”实践活动，出资5000元帮助挂扶茶阳镇新村村新农村建设；全体机关干部职工捐款1900元巩固脱贫成果。开展“两美”志愿服务活动，组织干部职工参与爱国卫生运动和网格化区域环境整治。

大埔县物资服务中心负责人名录

主　任：连军强（—2022.9）

　　　　吴振佳（2022.9—）

副主任：刘建雄　李俊标

（李俊标）

石油经营

【概况】2022年，中国石化销售股份有限公司广东梅州大埔石油分公司（简称中石化大埔石油分公司）下设虎山、环城、运发、杨梅田、枫朗、高陂、古野、茶阳、勤丰9座在营加油站。践行“每一滴油都是承诺”“质量永远领先一步、服务永远领先一步”的社会责任，以“全力以赴保障大埔成品油市场稳定供应”为己任，以“扩销量、强三基、保安全、塑形象”为工作主线，主动服务于大埔社会经济发展，实现社会效益和企业效益双丰收。

【零售工作】2022年，中石化大埔石油分公司抓好石油零售工作。全年完成销售总量2.4万吨，其中汽油销售1.88万吨、柴油销售5161吨，全年缴纳税金130万元。

【安全管理】2022年，中石化大埔石油分公司加强安全管理，稳定员工思想动态，保障国家财产和员工人身安全，预防事故发生。各站健全HSE管理体系，加强油站安全工作领导，健全安全生产责任制，落实三级值班制，确保人员准时到位；开展安全检查防事故工作，组织隐患自查整改，确保设备正常安全生产。全面做好抗击各类自然灾害的准备工作；抓好员工队伍思想教育，提高员工对安全生产的自觉性，对存在安全隐患又未得到整改的重点部位，落实责任到人，重点监控，全年实现安全生产。

【便利店服务】2022年，中石化大埔石油分公司开展非油品业务，加油站开设便利店，及时补充质量合格、价格合理适销的商品，既给广大顾客购买带来生活的便利，又提高加油站经营服务水平和经营质量。

中国石化销售股份有限公司广东梅州大埔石油分公司负责人名录

经　理：汤　峰

（林秋玉）

财税·金融

财 政

【财政收支】2022年，大埔县财政局做好抓收入保支出工作。全年本级一般公共预算收入完成5.15亿元，占年初计划调整数5.18亿元的99.4%，同比减收1.37亿元，减幅21%（剔除留抵退税口径收入1.71亿元，完成6.86亿元，增幅5.2%）。其中，税收收入1.42亿元，占一般公共预算收入的27.7%，同比减收1.91亿元，减幅57.3%；非税收入3.73亿元，占一般公共预算收入的72.4%，同比增收5418万元，增幅17%。全年本级一般公共预算支出完成43.76亿元，占年度预算的109.6%，同比减支2.21亿元，减幅3.5%。

【财政惠民】2022年，大埔县财政局落实民生保障，在保证工资正常发放、机关正常运转的情况下，优先保障民生重点领域的支出，全年用于教育、文化、社会保障、医疗卫生等方面民生支出完成36.77亿元，占一般公共预算支出的84%。保障县级重点项目建设和县级基础配套工程资金需求，全年拨出各项建设资金4.67亿元，包括卫生强县项目、市政道路基础设施提升改造、农村人居环境整治集中供水、北环路自来水工程及路面提升改造、县第二自来水厂及管网建设、县城下坜路及下坜一街建设等民生工程。

【财政监督】2022年，大埔县财政局落实好坚持长期过“紧日子”的要求，压减非急需、非重点事业发展支出，严控会议费及“三公”经费支出。全年全县会议费支出445.77万元，比2021年同期减少892.47万元，减幅66.7%；“三公”经费支出1508.02万元，比2021年同期减少485.31万元，减幅24.4%。开展惠民惠农财政补贴资金“一卡通”资金发放排查清理工作，对县教育局、县农业农村局“一卡通”资金发放情况进行抽查，配合县纪委做好“一卡通”问题专项监督检查工作。加强预决算公开检查工作，对全县2022年度173个单位的预算及2021年度155个单位的决算公开情况进行全面检查，梳理问题逐项整改，规范预决算公开相关工作。开展2022年县级财政资金绩效自评工作，将政府预算管理的所有财政资金纳入绩效自评的范围，实现花钱必问效、无效必问责的政策要求，在一定程度上实现预算绩效管理全覆盖。

【财政融资】2022年，大埔县财政局拓宽融资渠道，研判财经形势，配合税务部门加强税收征管工作，挖潜增收，确保依法征收、应收尽收，缓解重点项目资金压力。争取地方性政府债券资金，全年省厅下达大埔县新增债券资金 6.43 亿元，其中一般债券资金 1.47 亿元，专项债券资金 4.96 亿元。加快拆旧复垦指标交易，推进耕地指标交易收入入库，带动非税收入保持持续增长，比 2021 年同期增收 5418 万元，同比增长 17%。配合做好土地收储工作，加快土地出让进度。加大国有资产资源盘活力度，通过市拍卖行处置银江冠山道班、高陂镇木检站二处资产，成交总价值 173.46 万元。

【财政管理】2022 年，大埔县财政局改进财审和政府采购工作，提高财政服务水平。加快工程项目的财政审核，全年财审中心完成工程（预）结算审核 454 宗，送审造价 25.83 亿元，审定造价 22.13 亿元，核减工程造价 3.69 亿元，核减率 14.3%；规费审核 625 宗，送审造价 1.42 亿元，审定造价 9563.32 万元，核减规费 4646.77 万元，核减率 32.7%。深化政府采购制度改革工作，优化营商环境。项目交易系统从 2022 年 4 月 1 日起在广东智慧云平台上线运行，实现政府采购全流程电子化和政府采购业务“一网通办”，规范采购行为，提高采购效率，全年备案政府采购 1271 项，预算金额 5.35 亿元。

【财政改革】2022 年，大埔县财政局落实国企改革三年行动，深化国资国企改革，加速实现国有企业的整合组建。根据企业主责主业、经营现状，对全县 26 家国有企业进行合并重组、注销处置或维持现状，县交投实业有限公司、县红色三河发展有限公司已完成注销，县现代农业发展有限公司办理注销手续。按照应享尽享、能减尽减、能快则快的原则，用好中央转移支付资金，强化资金保障，落实减税降费“大礼包”，确保组合式税费支持政策的红包精准“落袋”，全年办理留抵退税 6.85 亿元。统筹整合涉农资金，承担好牵头单位的主体责任。全年省下达大埔县涉农统筹整合资金 4.18 亿元，全县安排使用 1.08 亿元；2023 年度大埔县省级涉农资金项目入库储备 139 个项目，资金总额 30.13 亿元。

大埔县财政局负责人名录

局　长：张回里（—2022.12）

副局长：赖丕汉　房向东

（林　智）

税　务

【退税减税】2022 年，国家税务总局大埔县税务局（简称大埔县税务局）落实新的组合式税费支持政策。成立退税减税办，全年召开 20 场专题会议部署工作，研究完善退税工作机制，优化内部审批流程，把好退税风险防控关，强化与财政、人民银行等部门的互联互通，加强政策宣传和纳税辅导的靶向精准，实现退税审批一日办结，退库交接无缝衔接。2022 年增值税制度性留抵退税政策出台后，退税 51 笔，退税金 5.47 亿元；加上一季度继续实施此前出台的留抵退税老政策退税 1.43 亿元，全年办理留抵退税 6.9 亿元。1—12 月（所属期）新增减税降费 6045.3 万元，继续实施的制造业中小微企业缓缴税费 2711.68 万元。

【组织收入】2022 年，大埔县税务局盯准“挖潜增收”，依法依规组织税费收入。强化收入形势分析研判，加强收入进度督导，主动与地方党政汇报沟通，通过加强对重点税种、重点行业、重点项目、欠税企业的管理，最大限度挖潜增收。全年组织税收收入（返加留抵退税）8.1 亿元，同比减收 3194 万元，下降3.8%；费金收入11.94亿元，同比增收2.12亿元，增长21.6%。

【纳税服务】2022年，大埔县税务局聚焦税费服务，持续优化税收营商环境。推广“粤税通”“广东办税模拟学堂”“预约办税”等“非接触式”办税服务，让纳税人“多跑网路、少跑马路”；在落实好224项“全程网上办”、100项“一次不用跑”的基础上，筛选线上、线下高频办理业务和特殊性业务，制定简化、清晰的办理流程、操作指引，让纳税人缴费人第一时间掌握了解相关的便民办税信息；针对农村群众办事不便的情况，通过深化“政务+税务”合作，打造“税村共建”便民办税缴费服务点，实现群众办事“小事不出村、大事不出镇”的目标；对全县15个镇（场），266个党群服务平台的工作人员开展“粤智助”税费业务专题培训辅导。开展第9个便民办税春风行动，推出5类20项121条便民办税服务措施，让纳税人、缴费人办税缴费更便利、更智能、更高效；用好电子税务局，推进出口退税备案单证留存电子化，出口退税流程压缩至3个工作日内。办税厅全年服务2万人次，办理线上+线下业务7万笔，每笔业务平均办理时长1.7分钟，在全市各县税务系统中排名第一，评价满意率100%，“非接触式”线上办税率保持在97%以上。以全国第31个税宣月、纳税人满意度调查和“问计问需”大走访等活动为契机，加大对纳税人、缴费人各类税费支持政策的宣传辅导力度，确保纳税人缴费人懂政策、会操作。全年线上+线下开展税费政策培训500场次，深入企业开展“问计问需”走访60次，辅导纳税人缴费人6000人次，派发宣传册3000份，解答各类问题1000个，制作税收宣传产品10个，相关内容在人民日报数字版、“学习强国”学习平台、中新网等主流媒体宣传100篇。高陂税务分局获得“一星级全国青年文明号”称号。

【税费征管】2022年，大埔县税务局抓好税费征管工作，打造税费管理品牌。基于“一个目标导向”，运用“两套分析指标”，创新探索打造“三个闭环”的税费管理体系。自主研发19个日常监控指标和20个执法风险分析指标自动化分析脚本，运用批量数据自动化分析，提升工作效率、降低执法风险和创新管理模式。推广数字化电子发票，通过制作操作指引、培训课件、线上线下宣传辅导等形式，引导纳税人开具数字化电子发票。将辖区内2846户符合条件的纳税人全部纳入数字化电子发票改革试点范围，试点率100%。打造“以网上办税为主”的办税缴费新格局，通过优化升级硬件设施、统筹调配软件资源等举措打造智能化、集约化、高效化的纳税服务运营中心，选优配齐服务团队，配备多功能可视装备，与V-tax（远程可视化办税服务）平台相连，实现线上“面对面”为群众解决涉税费问题。开展以“分类管事、团队管事、专业管事”为核心的管事制改革，完成枫朗税务分局、大麻税务分局办税服务大厅整合工作，优化调整基层分局的职能。制定与县财政局、政数局联合召开涉财税源数据共享工作联席会议机制，与县政府和财政、人民银行、公安、各商业银行等部门沟通协作，推动数据共享，实现县级涉财税源数据目录编目挂接完成率100%，共享数据2万条，推进涉财税源数据应用工作。

国家税务总局大埔县税务局负责人名录

局　　长：陈喜望

副 局 长：肖卓希（—2022.7）
池运军（2022.3—）　刘万兴
曹红兵　陈　昂

纪检组组长：何　峰（—2022.3）
杨永强（2022.3—）

（喻思敏　曾　悠）

中国人民银行大埔县支行

【金融惠企利民】2022年，中国人民银行大埔县支行（简称人行大埔县支行）做好稳企业保就业工作，加强金融对实体经济有力支持。第一时间贯彻落实国务院稳住经济大盘电视电话会议精神，研究金融支持辖区稳住经济基本盘工作。发挥再贷款、普惠小微贷款支持工具的引导撬动作用，将普惠小微贷款支持工具奖励额度增加1倍，刺激地方法人金融机构加大对惠小微企业的信贷投放力度。全年为大埔农商行提供278.21万元奖励资金；落实普惠小微贷款的阶段性减息政策，为2434户市场主体减免利息299.09万元。引导银行用好“粤信融”稳企业保就业平台，对接重点支持企业。全年“粤信融”平台撮合银企融资对接174笔，金额2.49亿元。

【金融风险防范】2022年，人行大埔县支行抓好金融风险防范工作，维护辖区平稳健康的金融环境。至2022年年底，不良率为0.7%，较年初下降0.12%，全县整体金融风险保持较低水平。运用央行金融机构评级、存款保险风险差别费率等多项政策工具，引导地方法人银行金融机构完善内部治理和风险控制水平。落实辖内地方金融组织的全量统计，将长期游离于金融统计体系之外的地方金融组织纳入统一的金融信息采集，监测地方金融组织服务实体经济成效，加强薄弱环节风险防控，维护金融稳定。人行大埔县支行负责梅州市11家采集机构的地方金融组织数据审核工作，保持与小额贷款公司的联系与沟通，按制度要求及时审核月度、季度、年度报表归集工作。

【金融安全管控】2022年，人行大埔县支行加强金融安全管控力度，从支付源头打击新型网络电信诈骗行为,增强金融安全保障。大埔辖内7家银行机构柜台拦截案件2起，为群众挽回经济损失7990元；协助有权机关查询案件255宗，涉及1565人，向公安机关移交涉赌涉诈线索15条。关注各银行机构存量账户涉案情况与排查进度，畅通信息共享和快速联动机制，与公安部门加强日常协作，保障涉案线索实现双向移送、双边核查，协助开展涉案账户查询冻结止付。开展进校园、下乡镇、进村入户等反电诈专题宣传20场次，新媒体推文宣传12篇，提高群众反诈意识和能力。简化企业退税流程，助力减税政策释放红利，全年办理留抵退税80笔，金额6.9亿元；办理个人所得税综合所得汇算清缴和代扣代缴手续退税8136笔，金额351.39万元。组织开展金融业务核查、国债巡查等督查工作，对县内4家银行机构开展现场核查28人次，对县内7家银行开展严管控暗访50人次、开展督导11人次。指导银行机构推进小微企业和个体工商户降费工作，全年县内7家银行机构为小微企业、个体工商户降低开户和各类支付结算手续费38万元，惠及客户2.1万户。指导银行定期开展抽样回访，发放调查问卷了解小微企业及个体工商户的政策知晓度、满意度，动态掌握市场反应。

【金融服务】2022年，人行大埔县支行拓宽金融服务覆盖面，提升金融管理质效。组织人员走访辖区银行金融机构网点，督促金融机构落实疫情防控相关要求，做好信用报告查询便民惠民服务，实现企业和个人征信查询“马上办”式随到随受理服务。全年受理群众个人信用报告查询1.05万笔、企业信用报告查询194笔。不动产登记金融服务在大埔县7家银行机构全面铺开应用，实现与银行业金融机构抵押权相关的不动产登记信息协同共享，将不动产登记窗口延伸至银行网点，压缩办理时限，让群众少跑路。选取农行、邮储、农商行、客家村镇银行等银行业金融机构的24个营业网点开展小面额人民币基础服务暗访工作，强化小面额人民币服务督导工作。强化账户服务管理，全年开展账户服务督查7场次、账户服务暗访12场次、支付结算降费巡查5场次；开立核准账户972户，其中开户158户、变更726户、撤销88户。

【金融基础设施建设】2022年，人行大埔县支行推进移动示范镇建设，优化农村支付服务环境。完成建设移动支付示范镇1个，建成示范点30个、示范街区1个。104户商户完成受理环境“一码通用”改造，发生银联移动支付交易笔数0.96万笔，同比增长357.3%；交易金额7.86万元。

中国人民银行大埔县支行负责人名录

行　长：邓诗康

副行长：杨劲松　邹伟红（女）

（涂凌媚）

中国工商银行股份有限公司大埔支行

【概况】2022年，中国工商银行股份有限公司大埔支行（简称工行大埔支行）增强责任意识，唱响“奋斗+追赶”主旋律，坚持问题导向，强化过程管理，开拓市场，优化客户服务，加强风险管理，统筹抓好新冠疫情防控和经营管理工作，实现安全运营管理目标。至2022年年底，人民币各项存款余额12.2亿元，较年初增加2.25亿元。其中，对公存款余额1.7亿元，比年初增加0.86亿元；储蓄存款余额9.5亿元，比年初增加1.49亿元。人民币各项贷款余额13.24亿元，比年初增加1.62亿元。实现拨备前利润5287万元，同比增加113万元。

【业务发展】2022年，工行大埔支行抢抓个贷资源，以优质服务和效率推动存款业务发展。宣传普惠金融产品，拓展结算账户，提升客户经理对于存量无贷户的挖掘提质能力。做好建工客群代发、退役军人优待证、社保卡、商户、私人银行客户等工作。制定日常存款管理长效机制，配套绩效激励考核，鼓励全员营销存款。加强对理财经理管户客户走访维护的帮扶辅导，提升理财经理对于管户客户的挖掘提质能力。发展商户收款二维码，持续推动产品渗透率的提升。发展基础业务，降低费改息对中间业务收入的影响，推动中间业务的稳健发展。发展结算、电子银行、银行卡等基础性业务，实现更多自营性中间业务收入。加强资产质量管理，防止出现不良风险。严把准入关，实施客户经理集体审议制度，强化贷前调查，关注第一还款来源，加强抵押物、抵押率控制。加强贷后管理，定期召开法人客户风险分析会，对存量客户的经营状况、抵押物等情况进行分析和重新审议，及时发现和防范风险。

【客户服务】2022年，工行大埔支行坚持做好服务工作，严格要求员工做好每一个动作，用心服务客户。坚持做好每一次的培训，把培训变成日常工作。践行“服务先行”理念，唱响“客家香格里拉，工行服务最佳”服务口号，做到标准化、正规化，打造服务标杆，为广大人民群众提供优质的金融服务，提升顾客满意度。

【内控案防】2022年，工行大埔支行抓好内控案防工作，实现全年零案件、零重大责任事故，实现安全运营。开展内控合规“价值提升年”主题活动，坚持内控案防工作常态化，围绕实现“一个确保、两个压降”管控目标，坚持“管住人、看住钱、扎牢制度防火墙”总要求，落实案件防范工作责任制，提升案防工作执行力，履行案防主体责任，及时排除隐患，确保案件防范各项措施落到实处，遏制大案和恶性事故的发生。强化培训及警示宣传，把警示教育延伸到每个岗位、每位员工，组织员工签订相关承诺书，开展案防工作排查和各项业务检查，开展综合整治，排查各类潜在风险，揭示存在的突出问题，遏制和消除风险隐患。全年开展反诈断卡宣传 10 场次，排查企业风险结算账户 956 户，排查个人风险结算账户 2737 户，锁定 100 户涉赌涉诈个人风险账户，对与企业经营实际不匹配或长期无业务发生的 240 户对公账户调低网银转账日累计额度。

中国工商银行股份有限公司大埔支行负责人名录

行　长：林志钦

副行长：叶伟青（—2022.6）

蓝广森（2022.6—）

（张俊航）

中国农业银行股份有限公司大埔县支行

【概况】2022 年，中国农业银行股份有限公司大埔县支行（简称农行大埔支行）以党建为统领，推进从严治党、从严治行，提升市场竞争力、风险防控力、价值创造力、队伍战斗力。至 2022 年年底，本外币各项存款时点余额 27.19 亿元（其中对公存款余额 5.2 亿元、储蓄存款余额 22.01 亿元），比年初增加 2.21 亿元。存款时点增量排名“五行一社”第三，市场份额较年初提升 0.2%；日均增量 2.95 亿元，日均增量排名四行第一。

【资产业务】2022 年，农行大埔支行做好资产业务有效营销，助力乡村振兴。至 2022 年年底，各项贷款余额 26.09 亿元，比年初增加 1.58 亿元。12 月增量排名“五行一社”第二，市场份额较年初下降 0.6%。其中，对公贷款余额 6.84 亿元，比年初增加 974 万元；个人贷款余额 18.7 亿元，比年初增加 0.94 亿元。

【巡视整改】2022 年，农行大埔支行做实中央巡视反馈意见整改工作，对照分行认领的 31 条问题，建立支行的问题清单、任务清单、责任清单，研究制定整改措施 70 个，形成整改工作方案，支行党委担起整改主体责任，从根源上推动整改问题措施的落实，至 2022 年年底，对制定的 70 个整改措施全部完成整改。

中国农业银行股份有限公司大埔县支行负责人名录

行　　长：谢家裕（—2022.11）

刘　军（2022.11—）

纪委书记：苏志光

副 行 长：李　顺　龚　拔（—2022.1）

杨秀丽（女，2022.1—）

（蓝东升　邱温馨）

中国银行股份有限公司梅州大埔支行

【概况】2022 年，中国银行股份有限公司梅州大埔支行（简称中行大埔支行）以党建为引领，贯彻落实分行各项工作措施，提升经营业绩。至 2022 年年底，人民币存款时点余额 9827 万元，较 2021 年年底新增 2755 万元；各项贷款余额 13.41 亿元，其中普惠金融贷款 1.66 亿元。

【业务发展】2022 年，中行大埔支行响应国家普惠金融工作要求，支持和服务地方经济建设，加大对实体经济贷款支持力度，主动对接重点领域融资需求，拓展普惠金融产品，开展“乡村振兴南粤行”融资对接活动，推动“惠如愿·千岗万家”“南粤家政”等系列融资服务产品，加强对小微企业的服务支持。至 2022 年年底，各项贷款余额 13.41 亿元，较年初增长 3.71 亿元，其中支持普惠金融贷款余额 1.66 亿元，比 2021 年净增 0.29 亿元。

【金融知识宣传】2022 年，中行大埔支行在做好新冠疫情防控措施的基础上，通过进社区、进企业开展金融消费者权益保护、防范电信诈骗、反洗钱、反假货币等各类金融知识宣传教育活动，重点加强对中老年人、农民工、学生等人群权益保护的宣传，将金融知识带进万家，送到群众身边，增强群众的自身金融风险防范意识和风险识别能力，维护消费者的切身权益。

【风险防控】2022 年，中行大埔支行坚持强内控防风险，提高抵御能力。深化内控案防建设，落实好新冠疫情防控、案件防范和安全保卫，全年未发生经济案件和安全责任事故，实现“零案件、零重大违规违纪、零重大责任事故”的内控案防工作目标。

中国银行股份有限公司梅州大埔支行负责人名录

行　长：钟伟宏（—2022.9）
　　　　刘助振（2022.9—）
副行长：李俊伟（—2022.10）
　　　　张　义（2022.10—）

（张　义）

中国建设银行股份有限公司大埔支行

【概况】2022 年，中国建设银行股份有限公司大埔支行（简称建行大埔支行）围绕“转型发展、创新驱动、合规保障”指导思想，开展员工关爱、文化宣导、合规教育、机制建设、风险整治、问题整改、科技运用、安全管理、合规护航“九个系列”活动，各项业务实现高质量发展，实现安全运营。获得 2022 年客户价值提升年“银牌”“金牌”各一次和 2022 年首季普惠金融烟草客群拓展奖。至 2022 年年底，企业存款时点余额 3.62 亿元，余额市场占比 30.7%，四大行排名第二，比年初下降 0.14 亿元；公司类贷款余额 1.53 亿元，比年初下降 0.07 亿元。个人存款时点余额 13.96 亿元，余额市场占比 30.4%，四大行排名第二，比年初新增 1.9 亿元，新增市场占比 29.9%，新增四大行排名第二；个人贷款余额 10.03 亿元，比年初新增 1.35 亿元，新增市场占比 27%，新增四大行排名第二。实现中间业务净收入 654 万元。国际业务完成跨境人民币结算量 2 万元；完成国际结算量 691 万美元，完成全年计划的 97%。不良贷款余额 407.12 万元，比年初减少 113.23 万元，不良贷款率 0.2%，比年初下降 1.15%；逾期贷款余额 644.7 万元，逾期贷款率 1.4%，比年初下降 0.72%。公司机构客户新增 30 户，完成全年计划的 85.7%；公司机构有效客户加权新增 34 户，完成全年计划的 24.5%。对公客户产品覆盖度 4.03 个，手机银行活跃客户全年新增完成率 80%。个人有效客户实际新增 1127 万户，全年计划完成率 40%；加权新增 0.11 万户，完成全年计划的 94%。全年分期金额 1480 万元，完成全年计划的 44.19%。

【合规平安年】2022 年，建行大埔支行围绕市分行“合规平安年”工作方案，开展合规各项工作。支行主要领导、营业室主任与市分行一把手签订《2022 年“两防”与合规风险管理责任书》，支行主要负责人、新提拔的管理人员与市分行签署《管理人员履职责任告知书》。开展“以案为鉴”主题教育，组织观看案件警示教育片，用身边的事教育身边的人。开展“三线”专题教育，约束员工“不越监管底线、不踩规章红线、不碰违法违规高压线”，确保实现“合规分行、平安分行”的目标。开展每季“合规之星”评选活动，赖燕飞被市分行评为二季度合规之星。全年主动识别，并向市分行和当地人行上报4起可疑交易线索。在2022年下半年开展的“断卡行动”中，拦截可疑开户47起，为公安机关提供相关线索6条。

【拓展业务】2022年，建行大埔支行坚持抓好个人存款，开展“客户拓展”活动，强化个人客户资产及存款的常态化管理和目标管理，一手抓基础客户（代发工资、CTS等客户，并落实专人加强维护管理），一手抓中高端客户，推进存款“责任田”制度，建立客户分层维护营销责任制，营业室和龙山支行分别对各自前30名、前20名和前10名大客户建立大客户名单台账，重点展开营销。挖掘中高端客户存款资金，满足客户投资理财渠道多元化的需要，吸引客户转入行外资金。大埔支行日均和时点完成率位列市分行前茅，超额完成2022年度个人存款确保目标。保证账户的稳定，多方争取账户，取得大埔县文教、卫生系统统发工资代理，统发工资量由原来3000人2700万元提高至4000人3100万元，争取开立财政零余额账户11个，促成行内资金在内部循环，确保机构存款稳定。

【普惠金融】2022年，建行大埔支行落实普惠金融，促进资产业务增长。利用税易贷、云税贷、小微快贷、个人助业、个人住房按揭等信贷品种，把落实普惠金融、支持小微企业、乡村振兴等作为促进贷款增长的重点工作，采取储备、挖潜、抢占、跟踪、维护等方法并举，上下联动、用足政策、拼抢市场。把民营企业作为信贷资金重点支持对象，全年向梅州市安雅居实业有限公司、大埔县炬福商贸有限公司等中小企业发放贷款3540万元、个人助业贷款1450万元、抵押快贷1370万元，签约楼盘5个，发放个人住房按揭贷款1.25亿元。普惠金融信贷余额比年初新增1984万元，支持当地企业发展。

【风险管理】2022年，建行大埔支行加强信贷结构调整，注重不良资产的清收和转化，全面系统摸查不良贷款户的经营情况、法人和担保人情况。针对不同的企业采取量体裁衣、跟踪调查的方式，本着有重点、有目标，先重后轻、先缓后急的策略，做好贷款质量的管理。

【客户服务】2022年，建行大埔支行规范和强化员工服务，提高服务水平，为客户提供优质服务。把服务工作融入为客户周到细致的业务指导中，对公业务无论从开户、开票到对账、咨询，都做到随喊随到，有问必答，来则即办，办则能成。个人业务则有针对性地对客户宣传产品，通过加快自助银行、智慧柜员机等电子渠道建设步伐，实现电子渠道和人工网点协调发展。2022年度大埔支行大零售板块KPI得分位于市分行前列，全年建融家园新增客户683户，新开立民工惠专户8个，新增裕农通签约农户532户，实现民生缴费6347笔，各项指标完成率位列分行前茅。

【金融科技】2022年，建行大埔支行全员参与商户拓展，助力金融科技。上下联动，支行员工营销商户，商户外包人员一同前往现场进行商户申请，联动操作，共同做好商户拓展与维护工作。及时向客户传递最新优惠活动，让商户自主自觉使用金融科技产品，全年商户考核市分行KPI排名第二。

中国建设银行股份有限公司大埔支行负责人名录

行　长：罗斌斌

副行长：*廖成志　林岳龙（2022.9—）*

（李基谋）

中国农业发展银行大埔县支行

【概况】2022年，中国农业发展银行大埔县支行（简称农发行大埔支行）统筹做好新冠疫情防控，服务粮食安全、脱贫攻坚、乡村振兴和区域发展战略，实现全行各项工作平稳发展。至2022年年底，各项贷款余额1.68亿元，日均贷款1.9亿元；存款余额9189.05万元，日均存款7570.5万元；利息收入1198.27万元，收息率100%。

【业务发展】2022年，农发行大埔支行发挥政策性银行“当先导、补短板、逆周期”作用，联系“三农”需求，主动走访重点客户和政府有关部门，推进重点项目进程。贯彻执行中央和地方粮油储备政策，支持地方储备粮油的轮换工作，保证粮食最低收购价资金足额供应，在确保粮油政策性收储贷款资金供应的基础上，服务粮油全产业链建设。支持地方政府完成粮食储备计划，全年储备稻谷8083.6吨；配合地方政府完成486吨大米及60吨食用油的轮换任务；配合地方政府完成505吨大米和33吨食用油的增储任务，投放粮食贷款4906.93万元。配合当地粮食安全责任考核工作，以实际行动擦亮“粮食银行”招牌。对县发改局发布的重点项目进行分析考量，梳理出符合农发行贷款要求的重点建设项目，加强与党政部门和重点企业对接，实行精准营销。全年投放农发基础设施基金6558万元，用于支持大埔县科技创新产业园标准化厂房建设及基础设施配套工程。推进已对接项目建设，加强与贷款企业沟通协调，根据施工进度及时做好各个项目资金供应工作，确保项目顺利施工。重点跟进大麻镇莲塘韩江大桥项目工程进度，该项目贷款金额5.25亿元，已发放1.26亿元。做好稳存增存工作，全年到位粮食风险基金813万元，到位率120%。营销项目下游企业开立账户，合理延伸支付链条，筹集低成本支农资金。及时收回贷款利息，保障收入稳定增长。至2022年年底，收回贷款利息1198.27万元，利息收回率100%。践行普惠金融，把支持和扶持小微企业发展作为疏通实体经济“毛细血管”的重要内容，引进省农担公司担保方式助力“三农”领域小微企业发展和壮大。全年向辖内小微企业营销小微企业贷款400万元，其中投放流动资金贷款100万元，用于补充企业运营资金，解决企业抵押不足导致的融资难问题。

【合规管理】2022年，农发行大埔支行在业务转型发展的同时，统筹好发展与安全，坚持底线思维，推进全面风险管理，做好合规经营、全面风险管理自查及检查工作，加大案件防控工作力度。抓好制度学习，以各相关专业条线应知应会的政策制度和管理要求为主要内容，开展专业技能内部学习培训。落实好内控管理机制，客户部严格把控贷款资金支付，做好贷后管理工作。客户经理落实贷款资金支付条件，审核企业递交申请材料的真实性、完整性和有效性，核实工程进度，按照资金支付流程逐级上报申请。每月按时完成授信后管理工作，关注抵质押物及承贷主体偿债能力变化，做好押品检查、抵质押物重评，确保贷款的抵质押物足值有效，防控信贷风险。财会部门把控重要风险点，落实印证分管分用、同业资金往来、银企对账、资金汇划等内控管理要求。开展反洗钱工作，关注大额资金进出，提取可疑交易数据，填写客户尽职调查表。对需要上报的大额和可疑交易及时准确上报，并提交报告说明。办公室落实好基础管理、安全保卫工作，实现安全运营无事故。牵头做好新综合办公平台上线工作，抓好后勤保障工作，确保办公秩序正常运转。开展警示教育、内控评价、授权管理、合规自查、操作风险管理，抓好案防、消费者权益保护，强化内部控制管理。组织全员签订《合规履职承诺书》，提高合规执行力。

中国农业发展银行大埔县支行负责人名录

行　长：钟志勇

副行长：赖秋丽（女）

（肖　皓）

中国邮政储蓄银行股份有限公司大埔县支行

【概况】2022年，中国邮政储蓄银行股份有限公司大埔县支行（简称邮储银行大埔支行）坚持党建引领，坚持以客户为中心，贯彻新发展理念，服务新发展格局，各项业务稳健发展。至2022年年底，个人存款余额51.06亿元，比年初增加1.61亿元；公司存款余额1.84亿元，比年初增加0.57亿元；各类贷款结余17.77亿元，比年初增加1.61亿元。

【普惠金融】2022年，邮储银行大埔支行完善服务体系，丰富服务品种，承担起“普之城乡，惠之于民”的社会责任，服务实体经济，支持乡村振兴，坚持风险为本，落实普惠金融工作。推出小额“极速贷”“小微易贷”等产品，满足涉农客户日常经营资金需求。“极速贷”全年投放2.27亿元，净增0.7亿元。全面建设农村信用体系，成立信用村，建立信用户，为乡村振兴发展提供融资渠道。至2022年年底，共成立信用村223个，采集信用户3417户，线上信用户贷款结余金额659.71万元。为小微企业减费让利，降低融资成本。全年发放“小微易贷”贷款36笔3369万元，其中信用贷款32笔2651万元，发放无还本续贷5笔2560万元。配合县退役军人事务局推进退役军人优待证发卡工作，全年发卡超1000张。打击治理电信网络诈骗犯罪，做好客户身份识别，加强账户风险排查。加强消费者权益保护，做好适老化服务。全年开展进农村、进社区、进工厂等主题宣传活动20场，开展上门延伸服务30笔。

【风险管控】2022年，邮储银行大埔支行加强资产质量管控，对不良客户采用一户一策（多策），分批分组进行催收。至2022年年底，消费贷款不良金额256.18万元，不良率0.7%；“三农”贷款不良金额561万元，不良率1.6%；小企业贷款不良金额95万元，不良率0.7%；信用卡不良金额67万元，不良率1.7%，总体风险可控。

中国邮政储蓄银行股份有限公司大埔县支行负责人名录

行　长：连志烽（—2022.6）

　　　　郭铭先（2022.6—）

副行长：赖嘉华

（张栋贤）

广东大埔农村商业银行股份有限公司

【概况】2022年，广东大埔农村商业银行股份有限公司（简称大埔农商银行）以“坚守支农支小，服务乡村振兴”为工作总定位，围绕“共富、法治、勤劳、转型”，从“户户通”到“小而美”，在服务乡村振兴中推动高质量发展。至2022年年底，各项存款余额66.79亿元，比年初增加3.69亿元，增长5.9%；各项贷款余额44.04亿元，比年初增加8129.9万元，增长1.9%；存贷款市场份额均位于县域金融机构之首。不良贷款率1%；实现净利润9549.68万元，同比增加37.93万元，增幅0.4%；全年纳税4447.86万元，较

2021年增加274.47万元，持续成为全县纳税大户。大埔农商银行总行机关设立15个部（室），下辖营业部1家、支行23家，全行布放自助存取款一体机32台，离行式自助银行3家，智慧柜台22台，助农取款点250个，城乡金融服务站250个，经营网点遍布各镇。

【支农支小】2022年，大埔农商银行坚守“支农支小支微、服务县域实体经济”定位，坚持稳企业保就业金融服务功能，支持涉农贷款、小微企业贷款和个体工商户经营贷款，主动对接全县重点涉农企业，缓解小微企业融资难融资贵难题。全年投放各类贷款24.34亿元。至2022年年底，涉农贷款余额36.06亿元，占比81.9%；普惠型小微企业贷款12.24亿元，比年初增加1.83亿元，增速17.7%，占比27.7%；支持个体工商户1477户，贷款余额6.76亿元。管控房地产贷款结构，压降房地产贷款占比，完成监管指标要求。至2022年年底，房地产贷款占比21.7%，对比年初下降0.5%，房地产贷款实现两项指标双降。全年向中国人民银行大埔县支行申请获得1.95亿元的支农支小再贷款，投放至“三农”和小微企业，并执行低于普惠型小微企业贷款185BP的优惠利率。结合大埔县蜜柚、陶瓷、茶叶、旅游等产业，聚焦“一镇一业”“一村一品”，拓宽信贷市场。至2022年年底，支持蜜柚产业贷款余额1.94亿元，旅游产业贷款余额1.09亿元，茶叶产业贷款余额6800万元，陶瓷产业贷款余额6065.5万元。针对普惠型小微企业，贷款加权利率由2021年的6.8%下调至2022年的6.4%，支持小微企业发展。

【合规建设】2022年，大埔农商银行围绕“合规银行”建设，开展风险管理工作。健全内控合规治理架构，规范内部制度、流程体系，开展“内控合规管理巩固年”活动。开展以“合规护航 行稳致远”为主题的征文比赛活动，选取3篇作品参与梅州市农商行系统党委评选，其中2篇分获二等奖及优秀奖。召开合规案防暨员工警示教育大会，对全行中层干部开展消费者权益保护工作培训。全年开展“3·15”消费者权益保护日、“4·15”国家安全教育日、“防范非法集资主题宣传月”“反假货币宣传月”等系列宣传活动80场次，并开展重点问题自查自纠、员工异常行为风险排查等。

【企业文化】2022年，大埔农商银行联合多部门组织开展反电诈主题宣传活动、打击和防范经济犯罪宣传活动、反假币宣传活动、志愿服务活动、“金融知识进校园”活动等，全年开展送金融知识下乡、进校园、进社区、进工厂活动450场次。组织党员到枫朗镇中共南方工作委员会旧址开展“强国复兴有我”爱国主义教育活动；组织以“喜迎二十大 永远跟党走 奋进新征程”为主题的“为山区孩子加餐”红色公益暨反电诈宣传教育活动。

【普惠金融】2022年，大埔农商银行继续推出第三代社保卡、智慧柜台、移动终端平板、“不动产登记+金融服务”等业务，网点设置无障碍通道、老人专座、爱心窗口，配备急救箱、便民雨伞、老花镜等物品，为客户提供方便快捷的金融服务。践行“用心服务 心系大埔”的服务理念，分别在营业部和高陂支行挂牌成立“梅州市新市民金融服务示范网点”。举办大埔县反假货币宣传月活动暨加强农村地区反假货币工作启动仪式，与大埔县西岭实验学校签约共建反假教育基地，采用“线上+线下”“集中性+阵地化”相结合的方式，丰富宣传渠道，增强重点人群假币风险防范意识和假币危害抵御能力。

【数字金融】2022年，大埔农商银行利用省联社开发的悦农e付·收银台低成本、门槛低等优势，主动对接校园、菜市场街区、医院、超市、食堂等重点行业，优化支付环境，提升便民支付水平。加强农村金融服务，推进农村支付服务环境建设，配合大麻镇建设移动支付示范镇。成功上线“三农易”“小微易”移动办贷业务，对贷款进件小程序、CRM系统、省信贷系统、大数据风控等多个系统间进行整合交互，实现客户足不出户即可办理贷款。

广东大埔农村商业银行股份有限公司负责人名录

董事长：梁铭杰

行　长：陈育平

监事长：郑　挺（2022.4—）

副行长：黎伟平　张敏燕（女）　黄杰华

（陈文瑜）

人寿保险

【概况】2022年，中国人寿保险股份有限公司大埔县支公司（简称中国人寿大埔支公司）围绕“聚焦两条主线，打造受人尊敬的标杆公司”战略部署，推进“重塑队伍 发展破困局 短险创费 管理出效益”的工作路线，打造系统高质量发展标杆示范公司。全年保费收入7200万元，同比下降5.8%，其中个人新单保费1085万元，同比增长11%；死亡给付198万元，一年期人身意外险保费742万元，赔款支出315万元（其中80万元和60万元各一单），赔付率42.4%；医疗给付224万元，满期给付786万元。

【风险管控】2022年，中国人寿大埔支公司强化对风险问题和风险形势的分析，采取针对性的管控措施，化解存量风险，抓紧入口，严防增量风险，实现业务发展与风险管控两手抓，守住不发生系统性金融风险的底线。开展重点风险治理、防范和处置非法集资、中介市场乱象整治、反洗钱等工作，把控排查工作成效，排查风险点，做到发现问题不解决不放过、问题解决不好不放过、长效机制不健全不放过。加强基础建设，夯实风险管理根基，培育和打造合规文化和风险文化，将风险管理意识转化与经营管理相融合，促进公司建立风险管理体系。

【客服工作】2022年，中国人寿大埔支公司客服中心坚持柜面标准化建设，坚持以客户为中心，以考核为导向，推广电子化流程。做好无纸化投保、保全管家、电子保全、电子理赔等工作，开展客户风险行为的排查、识别；在投保、保全、理赔业务中做好反洗钱、现金管理、投诉各项工作。推动业务为一线提供后勤保障，做到客户满意、伙伴满意，全年零投诉案件。

中国人寿保险股份有限公司大埔县支公司负责人名录

经　　理：刘东彬

副 经 理：陈柏方（—2022.11）

经理助理：柯湘芳

（曾宇驹）

财产保险

【概况】2022年，中国人民财产保险股份有限公司大埔支公司（简称中国人保大埔支公司）秉承“人民保险，服务人民”的初心使命，服务当地经济社会发展，助力巩固脱贫攻坚成果同乡村振兴有效衔接。承保政府政策性农房保险、精神病监护人责任险、“保尚保”医疗补充保险等险种，每年提供风险保障114.2亿元。全年保费收入3903万元，同比减少8.3%。其中，车险业务保费收入2349

万元，同比增长 14.8%；商非业务保费收入 1536 万元，同比增长 18.9%；农险业务保费（受招标影响）收入 17 万元，同比减少 98.1%。

【业务发展】2022 年，中国人保大埔支公司明确发展目标，细化销售政策，加快发展车险和团险及其核心业务，遵循体现政策向一线倾斜、向销售倾斜、向优质业务倾斜的原则。针对具体险种、业务渠道进行具体细化，以政策引导销售。加强渠道建设，合理配置资源，扩大销售能力，拓宽渠道业务，引导和鼓励辖内机构加强对渠道的分析和取舍，整合资源，开辟新兴渠道，实现业务的突破。

【业务管理】2022 年，中国人保大埔支公司严格执行上级公司条款、费率和执行各项承保管理规定，抓好承保风险管控，做好保前风险评估。加强对大埔理赔分部的管理，强化理赔管理工作，增强理赔责任心，做好人伤跟踪工作，提高现场查勘率，打击假赔案和挤水分，准确合理定损。

【保险服务】2022 年，中国人保大埔支公司加强法律法规学习，开展依法合规经营活动，提高干部职工的思想认识，促使干部职工用心想事、用心谋事、用心干事。提高服务水平，常态化开展文明礼貌用语、规范操作流程培训。

中国人民财产保险股份有限公司大埔支公司负责人名录

经　　理：杨有林

经理助理：李智勇

（李　洋）

城乡建设·环境保护

住房和城乡建设

【城乡建设】2022年，大埔县住房和城乡建设局（简称大埔县住建局）按照县委、县政府的发展思路和工作部署，落实工作机制，统筹推进城市高质量发展。配合做好大埔县西岭实验学校周边配套基础设施建设，启动大埔县城下坜路及下坜一街建设工程，项目总投资3400万元，新建总长610米的道路及面积1.84万平方米的道路基础配套设施。持续推进老旧小区改造工程，根据《大埔县2021—2025年老旧小区改造计划》，完成2021年申报的日华、大昌、地税等6个老旧小区改造工程。将城北片区12个老旧小区与城西片区15个老旧小区改造项目统一打包，申报专项债券资金5000万元，其中城北片区老旧小区完成改造工程量的85%。继续推进大埔县内环东路综合市场建设项目，总投资5864万元，占地面积4000平方米，建筑总面积1.57万平方米，完成总工程量的90%。

【民生实事】2022年，大埔县住建局抓好农村削坡建房风险点整治，全年全县完成1830处农村削坡建房风险点整治。抓好农村危房改造和农房抗震改造，全年全县完成8户农村危房改造和48户农房抗震改造。落实农房安全隐患排查整治，对全县农村房屋进行全面排查，对经鉴定为C、D级危房的非经营性农村自建房256户进行安全隐患整治，完成整治171户。开展房屋建筑和市政设施承灾体调查，对全县52条市政道路、15座市政桥梁及15.7万栋房屋建筑进行全面外业调查。开展自建房安全排查和“回头看”，全县排查自建房9.56万栋，其中经营性自建房3868栋、其他自建房9.08万栋。初步判定存在一定安全隐患经营性自建房23栋，采取停用、加设安全警示等管理措施，未发现存在严重安全隐患经营性自建房。

【圩镇建设和历史文化保护】2022年，大埔县住建局实施美丽圩镇建设攻坚行动，全年全县14个圩镇全部建成“宜居圩镇”，其中湖寮镇、百侯镇和银江镇建成“示范圩镇”，完成预期任务。开展历史文化名镇名村街区及历史建筑活化利用工作，至2022年年底，历史建筑测绘成果和历史文化街区申报资料已提交省住建厅审查，3处历史建筑（百侯镇侯南留福井、湖寮镇莒村松山公祠、西河镇车龙寿南公祠）修缮活化和百侯镇三十六巷围墙修缮项目已完工，茶阳镇建设路道路升级改造项目完成勘察设计和施工招标工作。开展历史文化名镇名村保护规划修编工作，对历史文化名镇名村（百侯镇、三河镇、茶阳镇、西河镇车龙村）开展保护规划修编工作，项目经过基础材料收集、初稿汇报、征求意见、专家评审、成果公示，保护规划成果基本定稿，上报省厅初审。开展茶阳镇历史文化名镇修缮活化工作，广东省梅州市茶阳镇历史文化名镇改造项目属于“十四五”时期文化保护传承利用工程国家文化公园建设项目，项目估算总投资4500万元，完成立项审批。

【工程项目监管】2022年，大埔县住建局坚持“房子是用来住的、不是用来炒的”定位，围绕“稳地价、稳房价、稳预期”目标，支持房地产市场满足购房者的合理住房需求，因城施策促进房地产业良性循环和健康发展。组织250人次对全县34个销售楼盘开展新冠疫情防控、房地产市场秩序整治专项检查；会同属地镇政府、县消防救援大队、县公有房屋和保障性住房服务中心等部门开展联合检查，为房地产市场平稳健康发展创造条件。处理问题楼盘相关信访案件，全年受理关于延迟交房、退房、商品房质量等方面的群众来信、来访168宗，完成回复165宗，3宗办理中。做好“保交楼 稳民生”专项借款工作，同意西湖御景、东景城、大埔奥园广场、安嘉·云山御景4个项目作为大埔县申报专项借款项目，借款金额1.85亿元。至2022年年底，4个项目全部复工，1774套交付套数任务中已交付394套。加强商品房预售及销售管理，全年办理预售许可证17宗，办理商品房预售许可面积30.53万平方米。成交商品房面积25.25万平方米，同比减少14.6%；成交商品房2652套，同比增长2.8%；成交均价每平方米4767.65元，同比减少3.9%；总成交金额12.03亿元。依法依规抓好房屋建筑市政基础设施工程项目报建工作，全年发放施工许可证26份，其中公建项目14项，建筑面积8.72万平方米，投资额4.73亿元；非政府投资项目12项，建筑面积33.43万平方米，投资额5.52亿元。强化对房屋市政工程招投标监管工作，全年办理房屋市政工程公开招标的招标文件告知性备案12项，招标文件事后备案归档登记26项。牵头编印《大埔县依法打击建设工程招投标领域串通投标违法行为宣传册》，按照“双随机、一公开”原则，对4个项目的招标相关文件进行检查，并发出整改通知书，落实招标投标事中事后监管。做好建筑工程验收工作，全年办理工程竣工验收备案28项，建筑面积33.12万平方米，投资额6.81亿元；受理办结特殊工程消防验收9件；消防验收备案抽查22件。做好保障农民工工资支付工作，配合县人社局协调处理大埔奥园广场项目、大埔湖寮镇碧桂园、大麻汶水塘安置房恒福花园三期项目农民工工资上访问题8宗，涉及650人次，涉及金额1987万元，保障农民工权益。继续开展打击非法搅拌站整治工作，全年打击取缔无资质预拌混凝土企业1家。会同县自然资源局等9个单位研究制订《大埔县绿色建筑创建行动实施方案（2021—2023）》，明确绿色建筑全流程管理要求，提高全县建筑水平。

【安全生产】2022年，大埔县住建局抓好安全生产，组织3个工作专班不定期重点针对房屋市政工程在建工地、售楼中心、混凝土搅拌站等行业场所日常消杀进行全面检查，保障行业防疫防线。开展房屋市政工程质量安全检查工作，全年出动检查人员938人次，检查在建工地135项次，检查中发现安全隐患452处，发出限期整改通知书107份。对检查发现的质量安全隐患责令立即整改，并指定专人负责，加强隐患整改跟踪落实，加强巡查排查，及时消除安全隐患。做好维稳和行业扫黑除恶工作，重点推进大埔翰林华府二期、格兰云天大酒店项目等群众反映较为强烈的历史遗留问题协调处理，维护社会大局稳定。

大埔县住房和城乡建设局负责人名录

局　长：罗海涛（—2022.8）
　　　　郭宣文（2022.8—）

副局长：张永昭　蔡淑娟（女）
　　　　丘德志　刘志强

（邹杏丹）

房产管理服务

【公房经营管理】2022年，大埔县公有房屋和保障性住房服务中心（简称大埔县住房服务中心）做好房屋、店铺租金收缴工作，促进国有资产增值保值，全年收取租金540万元。对承租公有房屋的服务业、小微企业、制造业和个体工商户166户租赁户减免10—12月租金146万元。加强直管公房的安全管理，危房安全鉴定和安全隐患排查工作制度化和常态化，并建立台账。全年投入维修资金48万元，维修公房19间、公租房22间；在安全隐患排查中发现45处一般安全隐患，发出整改通知书41份，全部完成整改。

【房地产市场监管】2022年，大埔县住房服务中心做好保民生、保交楼、保稳定工作，6项政务服务事项100%实现网上受理，引导办事群众网上办、指尖办和自助办。深化“放管服”改革，提高工作人员业务水平，提升服务质量和办事效率。全年办理存量房备案1172宗，一手房备案3250宗；受理继承备案181宗，赠与备案42宗；受理房产测绘业务43宗，测绘面积31.39万平方米，测绘收入91.98万元；办理商品房交易合同网签2190套，建筑面积23.9万平方米，合同成交价格11.68亿元。

【保障性住房管理】2022年，大埔县住房服务中心落实住房保障政策，加大住房保障力度，提升住房保障水平。全县公共租赁住房总房源545套，全年收取租金110.13万元；租赁补贴发放任务95户，审核发放124户，发放19.6万元，超额完成任务；加强动态管理，核查3000人次，清理清退不符合条件住户26户。全年轮候分配入住53户，解决困难家庭的住房保障问题。提升公共租赁住房的居住环境，以五虎山公租房为试点推进物业管理，设立值班室，聘请专人负责小区公共区域卫生清洁、消防检查、安保、公共设施管理等。

大埔县公有房屋和保障性住房服务中心负责人名录

主　任：胡锦坤

副主任：江爱美（女）　邓周兵
　　　　张建林　邓继新

（张惠敏）

城市综合管理

【市政公共设施建设】2022年，大埔县城市管理和综合执法局（简称大埔县城综局）升级改造市政公共设施，提升城市品质。大埔县北环路自来水工程及路面提升改造工程完成路面硬化施工，进行沥青铺筑和道路绿化亮化部分施工；大埔县智慧停车场项目完成工程量的40%；大埔县第二自来水厂及管网建设工程（自来水一期）完成工程量的43%；大埔县城区截污管网建设工程基本完成施工；大埔县县城第二水质净化厂建设工程完成工程量的30%；完成大埔县高陂镇陂寨村等45个自然村农村生活污水处理设施建设工程和大埔县三河镇等4个镇村污水管网完善工程；大埔县城区居民燃气橡胶软管、加装燃气安全装置等老化更新改造项目完成总工程量的20%。

【市政公共设施管护】2022年，大埔县城综局加强市政设施维修管理，提升市容市貌。按照“景观新美、节能减排”原则，加强城区公园公共设施和绿化提升改造，对西湖、滨江、梅河和长寿4座公园亮化工程进行全面整改，独立照明线路、优化灯光等，用电量同比下降13万千瓦时。修缮破损市政道路设施，全年修补路面3364平方米，同比增长142.8%；路缘石60米，同比减少3%；石墩35只，同比增长191.7%；修缮桥梁桥面75平方米，同比增长15.6%；更换路灯、电源、时控器、交流接触器等286只，同比减少27%；修复线路1600米，同比增长171.1%，确保市政公共设施和路灯修复率98%以上。加强市政排水管道日常巡查，及时清理影响排水的下水道，更换、维护损坏井盖，安装更换缺失、漏装、损坏的防蚊闸，预防、控制和消除“四害”，防止相关传染病的发生与传播。全年维修、更换雨箅730只，同比减少5.2%；井盖680套，同比增长4.6%；垫胶皮790只，同比减少9.7%；清理维护防蚊闸660套，同比增长6.5%；排除下水道淤塞134处，同比减少12%。加强园林绿化管理，以“管理园林绿地，美化城市环境”为宗旨，对城区绿化进行系统性管护。全年补换、改造、点缀种植时花等灌木袋苗5.6万袋，同比增长15%；种植路树1800株，同比增长10%；提升改造、建植绿地面积7500平方米，同比增长4%。至2022年9月，城区绿化覆盖面积375.6公顷，同比增长1.3%；绿地面积321.6公顷，同比增长12.3%；公共绿地面积234公顷，同比增长5.5%；绿化覆盖率47%，绿地率42.7%；人均公园绿地面积23.28平方米，同比增长0.8%。

【城市管理服务】2022年，大埔县城综局开展“两美”行动，改善城乡人居环境。根据《大埔县开展“美丽梅州·美好家园”三年行动计划（2022—2024年）》，将任务分解落实到具体工作部门。推行生活垃圾分类，制订《大埔县城市生活垃圾分类工作实施方案（2022—2025年）》，完成城区的城西、城东社区创建，推进城北社区创建。至2022年年底，城区50%的村（社区）建成垃圾分类示范社区。按照“分步实施，整体推进”原则，利用“数字城管”平台，清理规范出店经营7100间（次），同比减少4.2%；清理背街小巷、楼梯口小广告“牛皮癣”1.2万处，同比减少16.7%；阻止露天焚烧51宗，同比减少62.8%；清理占用公共停车位的“僵尸车”32辆，同比增长88.2%，优化县城城区环境。坚持预防为主、打防结合、综合治理的原则，优化违法建设查处工作规程，全年查处“两违”建筑25宗，其中拆除19宗（面积0.35万平方米），处理未取得施工、规划许可证6宗（面积13.12万平方米，处理罚款369.63万元）。开展全县农村生活污水治理督导工作，向各镇（场）及有关单位发出5次开展全县农村污水处理设施整改情况检查的通知，会同县政府督办室、市生态环境局大埔分局到各镇检查指导污水处理设施整改工作，针对检查中发现的问题发出整改通知23份。

【安全生产监管】2022年，大埔县城综局突出安全生产工作重点，健全行业安全管理制度，全面开展拉网式全覆盖隐患排查。成立大埔县城镇燃气安全整治工作专班，全年出动执法力量3784人次，突击检查餐饮场所812间（次），检查气站59间（次），检查供应点169间（次），发现安全隐患217处，查处“以车代库”“无证经营”“非法运输”11宗，查扣违规气瓶596瓶。开展全县燃气安全专项整治，全县存在不规范、不安全的供应点45间，完成整改4间，搬迁29间，停业6间，不规范供应点清理整治率86.7%。推行餐饮等行业安装可燃气体报警装置，至2022年年底，餐饮场所安装可燃气体报警装置安装率100%。抓好基础设施隐患排查，从市政道路日常养护管理出发，加强对多发、易发事故路段、节点的改造，对县城公路、桥梁、下水口、公园游廊栈道等市政公共基础设施开展隐患排查，全年排除安全隐患561处，保障城区安全通行。

大埔县城市管理和综合执法局负责人名录

局　长：吴文新

副局长：林文礼　李志浩　沈镜章

（卓可帆　罗钰弘）

生态环境保护

【概况】2022年，市生态环境局大埔分局贯彻落实中共二十大精神，立足国家重点生态功能区定位，守牢“环境质量只能变好、不能变差”的底线，打好污染防治攻坚战，完成全年目标任务，全县水环境质量考核名列全市排名第一，县城环境空气质量全市排名第二。

【国家重点生态功能区县域生态环境质量考核】2022年，市生态环境局大埔分局编制完成《大埔县“十四五”国家重点生态功能区县域生态环境质量考核工作实施方案》，于2022年7月28日由县政府印发实施；完成2022年大埔县重点生态功能区考核相关资料汇编和自查报告，于10月底上报省生态环境厅。

【争创国家级生态文明示范县】2022年，市生态环境局大埔分局编制完成《梅州市大埔县生态文明建设规划（2022—2035年）》，于2022年10月31日由县政府印发实施，推进创建国家生态文明县各项工作。

【污染防治攻坚】2022年，市生态环境局大埔分局聚焦空气质量优良天数，打好蓝天保卫战。启动秋冬大气污染防治百日攻坚行动，持续推进VOCs（挥发性有机物）综合治理，联合县有关部门强化油品质量监管、柴油车和工业污染源排放管理和污染天气应对。全年县城环境空气质量达标率（AQI）100%，排名全市第二；PM2.5（细颗粒物）平均浓度为17微克每立方米，同比（19微克每立方米）下降10.5%，六项污染物指标浓度均符合国家二级标准。聚焦断面水质达标，打好碧水保卫战。规范工业企业污水达标排放，按上级规划逐年开展入河排污口整治。2022年，国考、省考、市考断面水质和县级集中式饮用水水源地水质达标率保持100%，水环境质量全市排名第一；编制完成《大埔县农村生活污水治理攻坚行动方案》，于2022年8月5日由县政府办公室印发实施；持续推进243个村庄农村生活污水整治工作，全县农村生活污水治理率53.9%，完成4个自然村治理的省民生实事任务。聚焦重点领域污染治理，打好净土保卫战。构建土壤污染防治责任体系，加强对县城生活垃圾填埋场土壤污染重点监管单位环境监管，将4个地块纳入全国污染地块土壤环境管理系统，组织开展危险废物规范化考核评估和危险废物专项排查整治工作，完成15个行政村年度环境综合整治任务。聚焦固体废物管理，抓好固体废物污染防治。加强医疗废物全过程规范化处置和风险防范，加强固体废物污染防治监督管理，督促企业在广东省固体废物环境监管信息平台注册申报，指导企业完善资料和做好现场的规范化管理。

【中央生态环保督察问题整改】2022年，市生态环境局大埔分局落实好中央生态环境保护督察问题整改。至2022年年底，第二轮中央生态环境保护督察期间交办的40件信访案件全部办结;《梅州市贯彻落实第二轮中央生态环境保护督察报告整改方案》中涉及大埔县的13个整改任务完成2个，其余11个按照时序进度抓好整改。

【环境执法监管】2022年，市生态环境局大埔分局坚持联合执法、重拳执法、规范执法，聚焦重点领域、重点区域，开展环境保护大检查专项行动、环境安全隐患排查治理等环保专项行动，检查排污单位和建设项目，督促企业落实环境风险隐患防范主体责任。做好案件审理工作，确保及时、准确审理行政处罚案件。全年出动执法人员540人次，检查企业188家次，发出整改通知11份，完成整改企业11家。督促企业完成环境应急预案备案39家，审理行政处罚案件1件。

【行政许可管理】2022年，市生态环境局大埔分局守住生态保护红线、环境质量底线、资源利用上线。对重点流域、重点行业和重点区域限制审批和不符合环保规划和产业政策、未取得排污总量指标、环境风险难以防范的项目一律不批，控制新污染源的产生。全年审批建设项目环评文件30宗,退件3宗;加强排污许可管理，审核通过首次申领发证5宗，整改后发证2宗，变更后发证5宗，延续发证5宗，完成2022年固定污染源排污许可证质量审核工作。

【环保政务服务】2022年，市生态环境局大埔分局做好环保政务工作，对于被列入国家、省、市、县重点的项目，实行领导挂联制度，提前介入，加强指导。健全环评审批协调服务机制，所有建设项目均被纳入并联审批范围，压缩审批时限，原则上报告书项目审批时限压缩至15个工作日（法定时限60个工作日），报告表项目审批时限压缩至7个工作日（法定时限30个工作日），报告书（表）的受理公示和审批前公示同时挂网公示。

【生态环境宣传】2022年，市生态环境局大埔分局强化法制宣传，组织开展“5·22”国际生物多样性日“共建地球生命共同体”和“6·5”世界环境日“共建清洁美丽世界”主题系列宣传活动，发放宣传单2000份、环保袋2000只、法律读本1000份、宣传卡1000份，利用电视台和电子屏等媒介播放活动宣传标语。抓好环保知识进校园工作，组织志愿者进校园开展宣传讲座2场次。

【生态环境监测】2022年，市生态环境局大埔分局开展污染源监督性监测，强化污染源长效监管力度，规范企业环境行为，为环境监管提供科学依据；加强质量监管工作，保证环境监测数据的有效性和可信度；全面开展地表水、集中式饮用水水源地水质、环境空气等环境质量监测，掌握全县环境质量状况和变化趋势。

梅州市生态环境局大埔分局负责人名录

局　　长：丁练昌（—2022.12）

副 局 长：郭敬旋（女）　刘增仁　蔡广宁

（刘思权）

综合经济管理

发展和改革工作

【国民经济和社会发展计划执行情况】2022年，大埔县发展和改革局（简称大埔县发改局）完成全县经济增长目标任务测算及建立经济运行监测调度机制；牵头完成《大埔县2021年国民经济和社会发展计划执行情况与2022年计划草案的报告》，并提交县十六届人大二次会议审议通过；牵头完成《大埔县2022年上半年国民经济和社会发展计划执行情况报告》，并提交县人大常委会审议通过；印发《大埔县人民政府关于下达大埔县2022年国民经济和社会发展计划的通知》，保障经济行稳致远。

【推进重点项目建设】2022年，大埔县发改局完成大埔县2022年省、市、县重点项目的编制和计划中期调整，调整后，全县重点项目有65项，总投资212.74亿元，年度投资计划32.46亿元。1—12月完成27亿元，占年度投资计划的83.2%。20项市重点完成14.12亿元，占年度投资计划的81.1%；4项省重点完成5.43亿元，占年度投资计划的104.1%。32项基础设施项目完成投资17.37亿元，占年度投资计划的85.5%；20项产业工程项目完成投资4.87亿元，占年度投资计划的78.4%；13项民生保障工程完成投资4.74亿元，占年度投资计划的80.3%。广东粤电大埔电厂二期工程完成4.4亿元投资，3号、4号锅炉及冷却塔、烟囱区域灌注桩全部完成，共完成灌注桩施工1457根，占比49%，主体建筑工程施工中。省道222线大埔县坑口至高陂段公路改建工程完成投资8060万元，路基工程完成进度96%，桥涵工程完成进度100%，完成路面工程79%。大埔县产业转移工业园（县城工业小区）标准厂房项目完成7000万元，一期1号厂房及研发楼完成规划验收及消防验收；二期2号厂房完成主体封顶，推进甲类仓库及事故池建设。大埔县旭平五金饰品加工项目完成2000万元，宿舍楼二层、三层已装修好。大埔县中医康复中心项目完成4100万元。做好项目立项审批服务工作，全年受理审批政府投资项目建议书4项、可行性研究报告49项，初步设计概算审批94项；核准招标方式84项；受理企业投资项目核准和备案410项。

【投资、债券项目申报】2022年，大埔县发改局做好中央预算内投资项目和地方政府专项债申报工作。申报2022年中央预算内投资项目4项，申请中央预算内投资资金6963万元，共获得2658万元中央预算内投资补助，其中大埔县三河坝战役纪念园红色教育基地提升改造工程纪念碑山体护坡修护项目获800万元中央预算内投资补助，大埔县城（城北片区）老旧小区内外基础设施改造工程获1365万元中央预算内投资补助，大埔县城区居民燃气橡胶软管、加装燃气安全装置等老化更新改造项目获493万元中央预算内投资补助。申报2022年中央预算内投资项目省级补助资金项目3项，申请省级补助资金2644.49万元。大埔县2022年发行地方政府专项债券4.96亿元。在国家重大建设项目库储备申报2023年专项债券项目25项，总投资80.92亿元，2023年专项债券需求31.28亿元。

【统筹协调重大区域发展平台】2022年，大埔县发改局推进老区苏区扶持政策落实，配合国家、省、市相关部门做好出台《国务院关于新时代支持革命老区振兴发展的意见》具体配套支持政策前期工作，提出请求支持将大埔列入国家或省乡村振兴重点帮扶县等政策事项9项，请求支持粤电大埔电厂二期工程、大丰华高速公路大埔至丰顺段、梅漳厦高铁、大埔至潮州港疏港铁路等重大项目17项。主动融入粤港澳大湾区，支持深圳中国特色社会主义先行示范区、横琴、前海合作区等重大区域发展平台建设，定期评估建设工作成效。谋划粤闽赣苏区对接融入粤港澳大湾区振兴发展先行区（大埔先行区），将大埔县新型陶瓷产业园、县城工业小区二期（半导体先进材料产业园）纳入先行区大埔启动区。对大埔县新型陶瓷产业园规划建设方案进行修编完善，开展县城工业小区二期（半导体先进材料产业园）规划建设可行性论证。把握省直机关及有关单位对口支援重点老区苏区机制的机遇，主动跟进省农业农村厅、广东电网有限公司和建设银行广东省分行对口支援大埔县的工作进展，促成支援单位出台含金量高、可操作性强、成效显著的支援方案。

【应急物资中转接驳站建设】2022年，大埔县成立中转站工作专班，制订《大埔县关于加快建设并用好应急物资中转接驳站的实施方案》和《大埔县应急物资中转接驳站改造建设和运行管理指引（第一版）》，选定正在运营的大埔县蜜柚省级现代农业产业园进行改造，设置生产物资中转站、生活物资中转站各1个，严格划分消杀区、中转区、临储区、综合服务区，并明确广东顺兴种养股份有限公司、大埔县通美实业有限公司为中转站运行主体。9月7日，“梅州市大埔县应急物资中转接驳站”正式挂牌。成立大埔县应急物资中转接驳站启用应急预案工作领导小组，制订《大埔县应急物资中转接驳站启用应急预案》，分类建立生产生活物资调拨、物资运输、交通秩序维护、“白名单”管理、垃圾清运、进出车辆消杀和工作人员、送接货司乘人员健康防护等应急作业工作方案。

【社会信用体系建设】2022年，大埔县发改局开展“双公示”数据治理，加强对数据的校验、反馈和跟踪。至12月7日，全县共收录行政许可、行政处罚数据2.06万条，其中行政许可1.97万条、行政处罚926条，实现全县“双公示”数据迟报率、漏报率、错误率“三清零”。规范信用修复和异议处理工作，落实《广东省公共信用修复管理办法》，按国家信用修复流程开展审核和信用修复结果同步工作。提升数据归集共享质量，及时核查处理国家、省、市下发的异议信息。推进农村信用体系建设，以“农融通”平台为抓手，结合驻镇帮镇扶村以及信用户、信用村、信用乡（镇）创建工作，将农民合作社、家庭农场、规模养殖场和农业产业龙头企业、农业社会化服务组织等新型农业经营主体纳入信用信息采集范畴。至12月7日，通过信用中国为24家申报市级示范的农民合作社查询信用报告。推进营商环境制度改革工作，完成迎接省营商环境评价各指标组准备工作落实情况和市营商环境调研发现问题整改进度情况材料汇报，定期汇总上报营商环境工作进展。

【价格管理】2022年，大埔县发改局加强新冠疫情防控期间市场保供稳价工作，关注重要民生商品市场动态，加强居民生活必需品的价格监测预警。做好价格管理工作，对全县水电气领域涉企违规收费进行调研，推进专项整治各项工作，制定大埔县葵坑水库灌区农业供水价格，建立健全大埔县农业水价综合改革精准补贴和节水奖励机制。大埔县发改局价格认定中心全年参与刑事、行政案件和仲裁案件涉案财物价格认定231宗，认定金额1717万元，为公安部门依法行政提供涉案物品补充材料通知书228宗。

【粮油安全管理】2022年，大埔县发改局严格执行2022年度粮食轮换计划，于3月25日完成轮换工作，全县轮换成品粮（大米）486吨。按要求先入后出，确保实物库存任何时点达到90%。轮换地方储备食用油50吨，根据任何时点实物不得低于90%要求，于7月7日在梅州市嘉应粮食交易中心完成公开招标工作，7月10日全面完成轮换工作。轮换原粮（稻谷）8084吨，轮换出入库（销售、采购）全部在梅州市嘉应粮食交易中心完成公开招标工作，10月22日完成出库；根据《梅州市发展和改革局关于严格落实成品粮油储备规模的通知》，调整储备结构，入库稻谷7363吨，完成出入库工作。根据《梅州市发展和改革局关于严格落实成品粮油储备规模的通知》要求，全县增储备成品粮（大米）505吨（折稻谷721吨）、食用植物油33吨，于8月18日在梅州市嘉应粮食交易中心完成公开招标采购，完成入库工作。

【能源安全管理】2022年，大埔县发改局开展安全集中整治及监管工作，完成电网改造投资2976.58万元，整治存量低电压问题台区430个；新增324户分布式光伏并网发电，100%消纳清洁能源发电上网。大埔峡能新能源项目接入系统工程线路路径方案取得县政府批准。提前3个月完成20个充电桩投运任务；排查发现整改各类涉电安全隐患2591项，开展电力安全生产大检查，检查发现整改问题167项；推进各类应急保电工作，全年完成33项保供电任务，全县没有发生因自然灾害而导致的大面积停电事故事件。全年检查成品油企业单位97间（次），填写《现场检查记录》97份。推进新能源开发利用和能源项目建设，西三线闽粤支干线（潮州—27#阀室段）工程项目开展征地合同签订，大埔境内已开工4个作业点，分别是高陂1个作业点、光德3个作业点；省管网“县县通工程”梅州—大埔项目进行施工图设计路由选线、站场选址工作；广东粤电大埔电厂二期工程项目于2022年8月22日获得省发改委核准批复，9月21日动工建设；大埔抽水蓄能电站（青溪）项目、华能梅州大埔风电场项目开展前期工作。抓好能耗双控工作，2022年全县单位GDP能耗下降目标为6.01%。前三季度全县单位GDP能耗为（等价值）0.57吨标准煤/万元，对比2021年同期下降6.2%；单位工业增加值能耗为0.89吨标准煤/万元，对比2021年同期下降4.9%；能源消费总量新增量减少2.34万吨标准煤，对比2021年同期下降5.5%。前三季度全县能源消费总量为40.49万吨标准煤，对比2021年同期下降5.5%。其中，工业14.46万吨标准煤，占比 35.7%，同比下降 11.4%，拉动全县能源消费下降 4.4%；第三产业 9.67 万吨标准煤，占比 23.9%，同比下降 2.5%，拉动全县能源消费下降 0.6%；城乡居民生活用能 10.49 万吨标准煤，占比 25.9%，同比下降 2.6%，拉动全县能源消费下降 0.7%。大埔县实行环保“一票否决”，从源头上控制污染企业入园和新上项目能耗水平不合理增长。强化落实节能审查制度，履行事前监管职责，对开工项目严把入园审核关，对市级节能审查权限范围的固定资产投资项目实行告知承诺制，对能耗水平不达标的项目实行不予立项。前三季度，大埔县发改局节能中心办理大埔恒得源可降解环保新材料环保颗粒项目、大埔恒得源可降解环保新材料无机粉体项目建设工程项目、广东省梅州市大埔县科技创新产业园标准化厂房建设及基础设施配套工程、大埔县城工业小区基础设施及标准厂房建设项目（二期）4 份节能审查报告。

大埔县发展和改革局负责人名录

局　长：刘南泉

副局长：陈宇淦　刘春明　刘木兰（女）
刘小玉（女）

（罗春婷）

市场监督管理

【登记注册与行政许可】2022 年，大埔县市场监督管理局抓好登记注册管理与行政许可工作，按照就近办理、多点可办、少跑快办的基本原则，减少办事环节，提高登记注册和行政许可的工作效率，服务全县重大项目、重点工程落户登记和审批工作，开辟“绿色通道”。实行企业开办一审一核制，将企业设立登记时间压缩到 0.5 个工作日内，实现即来即办。深化“证照分离”改革，实施市场准入负面清单，按照《市场监管总局关于调整企业登记前置审批事项目录的通知》规定，执行《企业登记前置审批事项目录（2021 年）》和《企业变更登记、注销登记前置审批目录（2021 年）》要求，对不需要前置的均直接办理。全年窗口涉及后置许可的食品生产许可业务 9 笔，特种设备使用登记业务 85 笔，均依法作出相应的行政许可决定。推进数字政府改革建设，大埔县市场监督管理局行政许可事项全面进驻广东政务服务网，推动市场主体登记全程电子化进程，实现登记注册“零纸张”“零跑路”。为实现“2022 年年底前，行政审批事项 100%网上受理，100%网上办结”的工作目标，提升行政许可的网办率（其中企业开办网办率纳入省营商环境评价指标），全年对已符合网上申报的市场主体登记事项均执行 100%网上受理、100%网上办结。在推进网上申办的同时，将企业名称自主申报、经营范围规范化表述、“粤商通”手机 APP 实名验证、登记注册身份验证 APP 等实现系统自动对接，规范企业自主申报行为。结合营商环境考评工作，县市场监督管理局会同县政务服务中心、税务、住房公积金、公安等部门，在县市场监督管理局窗口设立企业开办一站式服务专区。设立开办企业综合受理窗口、出证窗口、咨询窗口及证照联办窗口，其中“综合受理窗口”围绕开办企业的五个环节开展业务受理，实现一个办事窗口、提交一套材料、同一办事人员，并为办理结果设立一个出证窗口，为开办企业实现商事登记、刻章申请、申领发票、社保登记、公积金开户为一体的办事体验。全年全县符合开办企业免费刻章 405 户，为企业节约成本 6.7 万元。引导企业进行网上申办，在窗口前台设置双屏同步电脑，设立“企业开办一网通办自助网办服务台”，申请人足不出户就可办理营业执照成为现实。实施市局委托县局实施的行政许可事项，全年执行市局委托行政许可事项涉及特种设备安装告知

39 笔、特种设备作业人员证件复审 88 笔、气瓶充装许可 7 笔、计量标准器具核准 3 笔、医疗器械经营许可证（第三类）核发 27 笔，第二类医疗器械经营备案 35 笔，医疗器械网络销售备案 37 笔。简化市场主体登记程序，个体工商户申请“个转企”，由企业登记机关一并办理转型后的企业设立登记和原个体工商户注销登记，核发企业营业执照，出具个体工商户转型为企业等相关文书；放宽企业名称登记，在不影响其他企业名称权、不违反法律法规的前提下，允许最大限度保留原个体工商户名称中的字号和行业特点；至 2022 年年底，全县有 104 家个体户升级为企业。

【信用风险监管】2022 年，大埔县市场监督管理局加强事中、事后监管，推进年报公示工作。至 7 月 1 日，全县市场主体应报 3786 户，已报 3662 户，年报公示率 96.7%。在年报工作中发放宣传资料 800 册，发布短信提示 2.2 万条，发布微信 20 条，张贴公告 100 份，张贴年报海报 300 张。开展失信企业联合惩戒，实行“黑名单”、经营异常名录等制度，在各领域形成联合惩戒机制，将未年报的企业 139 户列入经营异常名录。结合双随机抽查，通过登记住所（经营场所）无法联系的 4 户被列入经营异常名录，同比 2021 年列入异常的户数增加 70 户。强化部门协同监管，建立健全市场主体信用信息管理机制，完善跨部门信用约束和联合惩戒机制，将随机抽查结果与市场主体的社会信用挂钩，构建“一处违法、处处受限”的社会共管共治的良好格局。开展“双随机、一公开”抽查工作，按照《大埔县市场监督管理局 2022 年度双随机抽查工作计划》，随机抽取定向和不定向抽查，动态完善随机抽查“一单、两库、一细则”。对随机抽查事项清单及时进行动态调整，明确抽查项目和内容，实现“双随机、一公开”抽查事项全覆盖。至 2022 年年底，建立随机抽查事项清单 69 项，建立含有 2.22 万户（个）检查对象和 92 名（次）执法检查人员的名录库，制订抽查计划 40 条，检查市场主体 530 户（次），其中单部门抽查 510 户（次）、部门联合抽查 20 户（次）。开展企业登记事项抽查 10 项、抽查企业 195 户，其中包括省局、市局抽查的户数，占股室全部事项的 100%。规范抽查流程，依托市级工作平台，完善随机抽取程序，全县实现“双随机、一公开”监管工作全程留痕可追溯、任务指标量化可考核。强化抽查检查结果公示运用，县直各单位按照“谁检查、谁录入、谁公开”的原则，在抽查任务完成后 20 个工作日内，将抽查检查结果录入监管平台，通过国家企业信用信息公示平台进行公示，接受社会监督。清理长期停业未经营企业，结合“双随机、一公开”监管工作，对连续两年及以上未年报被列入经营异常名录的企业、农民专业合作社加强统计梳理。至 2022 年年底，清理出长期停业未经营市场主体 27 户，比 2021 年增加 3 户。坚持查处与疏导、处罚与教育、整顿与规范相结合的原则，针对不办证照、营业执照、食品经营许可证期限已过的市场主体进行全面清查。全年出动执法人员 377 人次，出动执法车辆 126 辆次，检查市场主体 843 户，发出《行政告诫书》61 份；全年引导新办营业执照 166 户，立案查处无证无照经营烟草 3 宗，罚款 2040 元，没收违法所得 830 元。

【食品安全监管】2022 年，大埔县市场监督管理局落实民生实事，全年开展食品抽检 1357 批次，开展食用农产品快速检测 1.99 万批次。加强全链条监管，全年全覆盖检查食品生产企业和食品小作坊，实现从事接触直接入口食品工作的食品从业人员健康证明持有率 100%。开展食品小作坊提质、湿粉统一查、农村假冒伪劣食品治理、餐饮质量安全提升等专项行动，查处并无害化销毁未经检验检疫猪肉826.1公斤。推进大埔县餐饮从业人员培训，保障13场（次）重大活动的食品安全。加强校园及其周边食品安全监管，春秋季全覆盖检查学校食堂91家，培训学校食堂从业人员598人次，培训率100%，现场抽考合格率100%，抽考食品安全管理员110人，现场监管抽考通过率100%。开展“查餐厅”直播活动2期，直播以“规范餐饮秩序 引领节俭风尚 全民参与查餐厅”为主题，共有12万人次在线观看。

【药品化妆品医疗器械监管】2022年，大埔县市场监督管理局开展药品流通领域安全专项整治行动，对涉药单位开展日常监管，规范药店、医疗机构日常购进渠道、票账货款一致、药品按要求陈列存储、执业药师在职在岗、处方药凭处方调配等。结合日常检查和跟踪检查，开展中药饮片、第二类精神药品、药品网络销售违法违规行为、持虚假药学资格证从业等专项整治行动。全年检查药品经营使用单位307家次（其中疫苗配送和接种单位13家次，药品GSP跟踪检查16家），对23家存在问题的企业要求责令整改，核查涉假药师证从业人员7人。开展化妆品经营企业日常监管和儿童化妆品经营企业专项检查，开展化妆品安全专项、“线上净网，线下清源”专项行动，全年检查化妆品经营企业94家次（含儿童类、染发类、祛痘和面膜类经营企业），饿了么、美团等平台内化妆品经营企业23家次，对未如实记录进货查验情况并保存相关凭证的6家企业要求责令整改。开展防疫用医疗器械、无菌和植入性医疗器械经营使用环节监督检查、装饰性彩色平光隐形眼镜、避孕套、医疗器械网络销售等专项整治行动，全年检查经营使用单位126家次，全覆盖检查3家医疗机构新冠病毒检测试剂使用单位、12家牙科诊所、4家隐形眼镜经营企业。检查发现存在未及时更新供货方合法资质证照、未按要求建立符合要求的计算机管理系统，均现场要求企业落实整改，对其中1家未取得医疗器械经营许可证经营一次性使用输液器的药店予以立案查处。抓好抽检工作，全年开展药品抽样20批次、医疗器械抽样3批次、化妆品抽样8批次；上报药品不良反应221宗、医疗器械不良事件99宗、化妆品不良反应13宗。开展“化妆品安全宣传周”、医疗器械安全宣传周、安全用药宣传等活动，全年展示药化械相关宣传标语126条，进店派发宣传小册、相关法规单行本180本。利用小程序、微信转发相关科普文章6篇，“掌上梅州”报道大埔县化妆品《线上净网、线下清源》动态1篇，动员企业制作1个安全用药宣传视频参加第二届广东省药品安全公益短视频大赛，利用“大埔县食药协管”小程序开展食品药品安全知识竞赛1期。

【网络交易监管】2022年，大埔县市场监督管理局组织开展格式合同检查行动，全年出动执法人员15人次，检查19家经营户和19份合同，发出《大埔县市场监督管理局监管记录》检查表19份。开展“网络市场监管”专项行动、集中整治互联网等行业专项行动，完善大埔县网络市场监管部门间联席会议制度，加强对网络商品交易及有关服务行为的监管，查处网络商品交易中的虚假宣传、假冒伪劣、不正当竞争等违法违规行为，依法规范和维护网络商品交易秩序。加强互联网重点领域广告监管，围绕网络销售电子产品、汽车配件、服装、化妆品等重点商品，以第三方交易平台、大型购物网站为重点整治目标，重点查处网上销售假冒伪劣商品、虚假广告等违法行为，净化全县网络交易环境。

【价格监督检查与反不正当竞争】2022年，大埔县市场监督管理局开展涉及民生的商品、医疗服务、供水、供电、燃气、物业、旅游景点、教育收费等重点领域的价格监督检查，对疫情期间出现的价格问题采取严厉措施，打击哄抬物价等违法违规行为。全年出动执法人员163人次，检查超市、旅游景区、药店、水电气等市场经营主体268家次，检查学校、卫生院21间（次）。处理价格投诉32宗，查处价格案件1宗，规范全县市场的价格秩序。

【执法监督】2022年，大埔县市场监督管理局保持执法工作高压态势，全年查办食品药品、特种设备、产品质量、无照经营、打非治违、“双打”、广告、不正当竞争等各类违法案件109宗，涉案货值38.19万元，罚没金额36.53万元，维护安全有序的市场环境。开展扫黑除恶专项行动，深入摸排线索，从源头上整治市场监管领域各种违法行业乱象，铲除黑恶势力赖以滋生的土壤。全年向县扫黑办报送3宗行业整治类线索。

【消费者权益保护】2022年，大埔县市场监督管理局整合“12345”政府服务热线和“12315”消费者维权热线工作制度和流程，畅通消费维权投诉渠道，加大消费维权工作力度。全年受理各类投诉举报377件，为消费者挽回经济损失34.51万元，接受消费者咨询98人次。

【质量监督检查】2022年，大埔县市场监督管理局开展非法违法“小化工”专项联合整治、建筑产品专项整治、塑料污染治理行动、烟花爆竹质量安全检查等行动，检查相关企业65家。加强对电动自行车产品质量安全监管，开展电动车及配件专项检查及机动车检验机构监督检查，发出责令整改通知书8份。开展“质量月”活动，在商场、学校举办现场宣传活动，发放产品质量安全小常识等宣传手册100份，接受群众咨询30人（次）。举办质量政策宣贯与标准业务免费培训。开展小微企业质量管理体系认证提升行动，帮扶指导梅州市大埔逢兴堂农业发展有限公司建立ISO 9001质量管理体系。

【计量监督管理】2022年，大埔县市场监督管理局强化计量检定与检验检测服务，开展强制检定、计量校准和商品量检测、食品及童车童床检验、液化石油气钢瓶检验。全年为企、事业单位检定、校准各类计量器具6922台（件），集贸市场、医疗卫生检定4092台。企、事业单位强检免征51.78万元，集贸市场、医疗卫生免征收入34.99万元，委托技术服务收入18.4万元。

【知识产权保护】2022年，大埔县市场监督管理局开展假冒侵权商标、专利、地理标志产品的专项检查，开展2022年奥林匹克标志知识产权保护专项行动、汕头第三届亚洲青年运动会知识产权保护工作、面向未成年人无底线营销食品专项治理工作、梅州市2022年民生领域案件查办“铁拳”行动、2022年度茶叶类地理标志保护专项行动、2022年重点领域关键环节知识产权行政保护专项行动、2022年省营商环境评价自查工作、进一步完善工作机制+深入推进打击无资质专利代理行为有关工作、“双随机、一公开”抽查工作等。2022年1—8月，发明专利授权量6件、实用新型授权量70件、外观设计授权量74件，累计专利授权量150件。组织“大埔县通美实业有限公司”参加2022年粤港澳大湾区高价值专利培育布局大赛，组织“梅州市中兴达知识产权代理有限公司”申请国家知识产权局办公室开展2022年度国家知识产权信息公共服务网点备案申请工作，发动企业参加“千名企业高管培训精品班暨千名企业高管线上培训班”。“大埔蜜柚”商标使用许可备案于2022年9月6日在国家局正式公告，全县共有22家企业取得备案许可，并按程序收集材料向省局申请使用该专用标志。2022年9月27日，举办“2022年大埔县地理标志商标品牌建设系列讲座——大埔蜜柚证明商标使用、保护与促进”专题培训班。推进知识产权质押融资工作，全县有两家陶瓷企业（梅州市顺源陶瓷有限公司、广东富大陶瓷文化发展股份有限公司）成功利用知识产权质押融资1500万元。

【标准化建设】2022年，大埔县市场监督管理局推进标准化试点示范工作，大埔县漳北昌华种养农民专业合作社承担省级农业标准化示范区项目建设，督导其做好迎检准备。发动梅州万川千红农业发展有限公司申报广东省蜜柚种植农业农村标准化试点项目。推进企业产品和服务标准自我声明公开，至9月底，指导辖区企业34项标准的声明公开，公开标准数同比增长3%。推进标准制修订工作，大埔县漳北昌华种养农民专业合作社主导制定1项广东省地方标准《梅州蜜柚栽培技术规范》，进入征求意见阶段。

【特种设备安全监察】2022年，大埔县市场监督管理局加强特种设备安全监察，开展气瓶、电梯监管改革、电梯、叉车、起重机械等专项整治和城市风险点、危险源排查整治专项行动。全年检查危化品企业29家次，检查大型商场14家次，大型游乐设施使用单位5家次，电梯使用单位84家次，检查设备416台（套），发现并现场消除一般安全隐患30宗。

大埔县市场监督管理局负责人名录

局　　长：刘锦坤

副 局 长：王杰华　徐伟根　刘以荣　房亦淦　梁耀华

总工程师：邓旭漳

（李　吉）

自然资源管理

【规划编制】2022年，大埔县自然资源局坚持规划引领，优化空间布局。推进县级国土空间总体规划编制，形成中期阶段成果并通过专家评审，完成“三区三线”试划，将多个全县重点平台纳入集中建设区，为县域未来发展争取到足额空间保障。完善产业升级和城市更新前期规划，完成海珠产业园、县城工业小区、高陂自来水厂等核心产业园区和重点项目调规工作，共有24宗96.73公顷。结合市、县国土空间总体规划编制进度，推进镇级国土空间规划编制和村庄规划。坚持统筹保障，增强要素支撑。用地报批。取得全县2022年度土地征收成片开发方案批复，开发面积119公顷，拟征收面积103公顷，计划2年实施完成，涵盖县城工业小区（二期）片区、高陂工业园片区和赤山工业园片区；取得广东粤电大埔电厂二期工程、省道222线大埔县坑口至高陂段公路改建工程、茶阳镇群丰村公益性生态公墓园、大埔县2021年度第一批次、2022年度第三批次城镇建设用地等批复，项目面积59公顷，新增建设用地55公顷；推进国道235线大埔胜坑至丰埔桥段改建工程、大埔县湖寮镇公益性生态公墓园建设项目（长教公墓）等项目组卷报批，为全县重点项目、民生工程建设提供强力保障。土地征储供应。完成收储土地94.8公顷（其中重点项目征收土地27.73公顷），拆迁房屋42座；完成供应国有建设用地139.47公顷，收取土地价款1.58亿元；开展批而未供土地处置工作，2022年市级下达任务数为121.47公顷，完成处置135.33

公顷，年度处置率111%，并完成失效撤回2宗28.13公顷建设用地批文；加强土地供后跟踪监管，收回低效产业用地再利用4宗，面积2.93公顷。规划建设。完成出具用地规划红线图86宗，涉及用地规模32万平方米；出具工程规划红线图26宗，涉及建筑占地面积5.9万平方米；核发用地规划许可284宗、工程规划许可32宗、规划核实验收16宗，收取市政基础设施配套费3165万元，支持恒得源、冷链物流园、智慧停车场、海珠产业园标准厂房项目（二期）等重点项目落地建设。

【资源保障】2022年，大埔县自然资源局坚持底线管控，强化资源保障。抓好耕地保护，完成编制2022年度耕地“进出平衡”总体方案，方案计划流入19.87公顷耕地，综合2022年度耕地流出情况和增量任务，分解各镇耕地流入任务38.93公顷，完成49.8公顷，超额完成任务目标。抓好耕地卫片整改，市级下发全县2021年度整改图斑71个5.93公顷，完成上报59个5.47公顷，通过省级审核56个5.2公顷，完成率88%。

【垦造水田项目】2022年，大埔县自然资源局全面推进水田垦造。为兑现大埔县375.33公顷历史承诺垦造水田任务，自行实施垦造水田项目75个，均完成市级验收，新增水田面积368.67公顷，占任务数的98%；完成报备64个，形成指标300.07公顷（其中2022年度完成报备32个，形成指标128.67公顷）；新一轮垦造水田市下达垦造任务44公顷，完成项目立项8个47.07公顷，其中7个总体工程进度79%；同步实施县垦项目6个34.6公顷，其中3个通过市级验收，另外3个总体工程进度70%。

【生态绿色发展】2022年，大埔县自然资源局坚持生态优先，加快绿色发展。加快山水修复项目建设，全年大埔县实施山水中央资金配套项目10个，其中2个已完工、8个实施中，涉及中央资金1.53亿元，完成支出1.22亿元，支付率80%。韩江源历史遗留矿山治理项目全面开工，治理面积12.8公顷；开展矿山石场治理复绿，全年完成1.35公顷任务。

【矿产资源管理】2022年，大埔县自然资源局严格矿产资源管理，全年矿业总税收4000万元。完成茶阳西湖东心坑新增储量采矿权协议出让1宗，收益162万元；办理采矿权延续变更登记1宗，开展新立采矿权前期工作2宗，关闭2家矿山；矿业权人勘查开采信息公示年检率100%。

【民生保障】2022年，大埔县自然资源局坚持惠民利企，完善基础设施。抓好南粤古驿道施工管护工作，项目涉及专项资金2100万元，完成支付1026万元，支付率49%，打造完善主题线路，承载红色文化助力乡村振兴。完成国土“三调”，并于5月26日向社会公告，为经济发展和社会管理提供准确有效数据。超额完成“三旧”改造年度任务，完成新增实施改造任务19.40公顷和改造任务10.67公顷。完成全县经营性集体建设用地摸底调查，全面开展园、林、草地分等定级和基准地价评估工作，细化自然资源管理决策和土地市场资源配置参考“底图”。提升不动产登记质量，整合优化存量数据，“不动产+金融”“不动产+法院”登记顺利运行。全年完成办理不动产权证书1.4万份（其中产权证书7904份、登记证明6139份）、其他登记3274份，出具查询证明3950份。加快“房地一体”农村不动产登记发证，保障群众合法财产权益，完成发证1763宗。加强测绘管理，全年完成发证测量1987宗、勘测用地测量

116 宗 85.53 公顷、土地划拨、出让测量 23 宗 27.6 公顷；开展地图市场监管检查单位 5 个，组织地理信息安全检查单位 2 个,国家版图意识宣传活动 2 次，维护自然资源测绘安全。主动与人大代表、政协委员沟通商讨，完成办结相关建议提案 9 件，按时办结率和办理态度满意率均为 100%。

【拆旧复垦】2022 年，大埔县自然资源局推进拆旧复垦工作，全县批准拆旧复垦项目立项 237 个 478.67 公顷，规划设计批复 229 个，组织验收 172 个，已交易 57 个，进入县财政资金 6.7 亿元。

【地灾防治】2022 年，大埔县自然资源局做好地灾防治工作,完成地质灾害防治三年行动 99 处中小型地灾点和 11 处大型及以上地灾点治理，三河梓里、高陂古西专项治理项目收尾，涉及专项资金 9550 万元，支出 6247 万元。全年出动地灾巡查 3750 人次，巡查在册地灾点（风险点）865 次，排查险情 11 处，安全转移群众 380 人，妥善处置“龙舟水”期间应急险情，守护人民群众生命财产安全。

大埔县自然资源局负责人名录

局　　长：刘汉华

副 局 长：张中斌　丘伟贤

　　　　　蒋琳琳（女，—2022.9）

总规划师：郭亮峰

（*杨子钧*）

审　计

【概况】2022 年，大埔县审计局贯彻中共二十大精神和习近平总书记对审计工作的重要指示批示精神，落实县委“1568”思路举措，按照县委审计委员会批准的审计项目计划，实施重大政策措施落实跟踪审计、财政审计、民生审计、公共投资审计、企业审计和经济责任审计等审计工作。全年完成审计项目 24 个，查出违规金额 2809 万元，管理不规范金额 13.48 亿元，发现非金额计量问题 103 个，收支不实 3 亿元，审计发现侵害人民群众利益 128 万元，审计期间整改金额 1287 万元，出具审计报告和审计结果报告 35 篇。应上缴财政 2789 万元，减少财政拨款或补贴 25 万元，归还原渠道资金 20 万元，调账处理金额 635.51 万元，移送处理事项 1 宗、金额 7 万元，提出审计建议 98 条，通过审计增收节支 1261 万元，挽回或避免损失 34 万元，完成交办配合事项 8 件。

【财政审计】2022 年，大埔县审计局加强对财政运行审计监督。财政预算执行审计。对 2021 年度县级财政管理及决算草案进行审计，审计发现：财政资金审批制度建立健全和执行方面，未按规定用途动用预备费 288.14 万元。财政预算管理和结算草案编制方面，多编制和少编制国有资本经营预算；公务用车购置费预算编制不够细化；未按规定时间及时下达上级转移支付资金指标 181.62 万元。财政收入质量方面，少列预算收入 1498.07 万元；未及时收取土地出让金及违约金等 1955.45 万元；未及时收取城市基础设施配套费 466.78 万元；少缴河道采砂权出让收入 830.41 万元；少缴水资源费 352.1 万元。财政支出约束方面，县财政编制的年初预算缺乏精准度，预算调整幅度大，涉及预算调整金额 4 亿元；县财政超范围安排或使用老区苏区转移支付资金 409 万元；县财政未及时拨付项目资金 202.46 万元；部分生态公益林补偿资金发放不及时，涉及金额 1841.76 万元；有 3 个镇卫生院公共卫生结余资金 258.47 万元存放超一年以上未收回盘活使用；县林业局对育林工程管理不到位，有2项育林工程部分项目未达到设计要求；县农业农村局对“一村一品、一镇一业”项目管理监督不到位，有1个2019年度项目虚大结算文件多计工程款。财政风险防范方面，县财政资金缺口大，支出高度依赖于上级转移支付资金及调入资金，财政运行存在风险。专项债券审计方面，1个新增专项债券项目前期准备不充分，仍未正式开工，涉及债券资金1500万元；以拨代支虚列债券支出，涉及2021年度债券资金2.96亿元；1个已投入运行的专项债券项目实际收益难以覆盖还本付息支出，涉及专项债券资金1000万元。一级部门预算执行审计。对61个一级部门预算单位2021年度预算执行和其他财政收支情况进行审计，并延伸审计部分二级预算单位，审计发现：部门预算编制执行方面，8个单位预算编制不准确，预算执行率低或有预算无支出，其中3个单位公务接待费当年预算支出完成率低，5个单位会议费及培训费编制不准确。7个单位超预算列支公用经费、项目经费等334.82万元，其中3个单位超预算列支“三公”经费，3个单位超预算列支公用经费，1个单位超预算列支项目经费。3个单位无预算列支人员经费、公用经费69.78万元；1个单位项目预算执行率低，涉及金额18万元；未及时拨付下属单位公用经费16.48万元；2个单位违规从零余额账户向实有资金账户转款316.4万元。公务支出和公款消费方面，1个单位用公款为职工购买商业保险2.05万元；3个单位多付误餐补助、1个单位多付市内交通费；1个单位多付物业管理服务费；1个单位多缴住房公积金；3个单位不合规支出个人费用5.16万元。6个单位公务接待管理不到位，涉及金额4.15万元，其中有4个单位部分公务接待费报销凭证不齐全或接待清单填写不规范，有2个单位陪餐人数超标准、超次数接待。1个单位会议费支出超标准；4个单位差旅费7.64万元报销手续不完善；2个单位的设施设备维修保养费7.26万元未据实结算；8个单位部分费用支出9.23万元未执行公务卡结算管理规定；1个单位扩大支出范围1.8万元。津补贴发放方面，1个单位变相发放津补贴2.07万元。盘活资金方面，4个单位未及时将非税收入257.9万元上缴财政；1个单位存量资金2.5万元未收回财政统筹使用。资产管理方面，6个单位未严格执行政府采购规定，涉及金额24.96万元；6个单位少记固定资产28.51万元；3个单位固定资产账账不符，涉及金额201.18万元。往来款长期挂账方面，4个单位往来款项长期挂账，涉及金额2850.78万元。财务管理和核算方面，13个单位会计核算不规范，涉及金额250.3万元；1个单位超限额使用现金结算3.62万元；6个单位劳务费支出55.31万元未取得发票；1个单位未及时结账；12个单位部分费用支出116.23万元依据不充分；1个单位挤占专项资金500万元。工会经费管理和使用方面，1个单位工会经费提取依据不充分，涉及金额7.42万元；1个单位未按规定标准收缴工会会员费；1个单位超标准购置文体活动服装费。财政财务收支审计。对县6个单位财政财务收支情况进行审计，审计查出：财政财务收支管理方面，未执行“收支两条线”管理规定9万元；未及时上缴非税收入6.18万元；少列收支7.25万元；扩大支出范围13万元；不合规支出17.26万元；超限额使用现金支付费用72.17万元；多付办公设备维护费或提前支付设备维修保养服务款；支付凭证不齐全不规范或支出未取得发票24.97万元；未办理政府采购手续或采购流程不规范218.4万元；代收代付款管理不规范33.12万元；会计核算不规范103.81万元；账实不符9.72万元。国有资产管理方面，少记固定资产11.54万元；固定资产未计提折旧115.58万元；资产管理和处置手续不规范44.27万元。内控制度建设和执行方面，大额资金使用未经集体决策86.58万元；未执行公务卡结算制度22.38万元；单位内控制度内容不够完善，不够具体、细化；网银转账支付未执行二级以上审批程序；未按内控制度处理“两违”建筑；购置和领用办公用品未办理出入库手续；未制订工会相关制度；未按规定收缴工会会员会费。贯彻执行中央八项规定精神方面，违规发放补助14万元；多报误餐补助；公务接待不规范或报销凭证不齐全2.1万元；公务用车运行监督管理不到位；部分车辆费用支出不实。工程建设和管理方面，多付工程款2.68万元；4项工程监理合同酬金条款设置不合理。其他方面，占道执法管理不到位；超标准、超限额、超次数重复收费4.44万元；将不符合医保报销的医疗费违规纳入医保报销3.34万元；部分药品耗材未按要求及时调价；药品耗材购销零差价政策执行不到位；医用耗材占比未达市定目标。

【民生审计】2022年，大埔县审计局加强民生资金审计监督，对大埔县2021年度学生资助资金的管理和使用情况进行审计，审计发现：部分学校少提或未提学生资助经费43.68万元；学前教育家庭经济困难儿童资助金2.05万元未按规定方式发放；部分学校未严格审核申请资助学生资料；部分受助学生信息录入不完整；档案管理不够规范。

【公共投资审计】2022年，大埔县审计局加强公共投资审计监督，对大埔县2021年重点项目建设推进情况、大麻镇“六个一”建设项目、大埔县城区截污管网建设工程项目进行审计，审计发现：5项工程施工进度滞后；2个项目征地拆迁进度缓慢等。

【企业审计】2022年，大埔县审计局加强企业审计监督，对县某食品有限公司2019年1月至2021年6月资产负债损益情况进行审计，审计发现：违反发票管理规定14.64万元；公务接待不规范；支付手续不完善1.67万元；多发补助等1.04万元；国有资产管理不到位8.44万元。

【经济责任审计】2022年，大埔县审计局对县9个单位的主要领导任期履行经济责任情况进行审计，审计发现：重大经济事项决策和管理方面，“三重一大”决策制度内容不具体、操作性不强；大额资金支出未经集体决策286.24万元；大额资金使用先支付后决策11.22万元。收支管理方面，扩大支出范围231.86万元；不合规支出28.49万元；应缴未缴财政资金122.92万元；费用支出76.65万元依据不充分；多支付培训费用5.23万元。财务管理和核算方面，未执行政府采购规定23.85万元；未执行公务卡结算制度6.91万元；超限额使用现金结算；办公费用或活动经费支出不规范1.21万元；多列支出少确认债权181.49万元；支付手续不完善或支付凭证不齐全不规范76.38万元；未取得发票付款49.5万元；会计科目设置或核算不规范5.99万元；未设置现金日记账；会计核算不及时1.57万元；代收代付款58.83万元未纳入单位会计账核算；网银转账支付未执行二级以上审批程序；对培训外包工作监管不到位；未经批准采用第三方代理记账。国有资产管理方面，少记资产36.48万元；固定资产账账不符22.64万元；往来挂账长期未清理449.92万元；未及时收取投资收益4.02万元。机构编制管理方面，劳动合同管理不到位，部分临聘人员聘用手续不完善，未履行报批手续或合同到期未续签；未与1名职工共同缴纳社会保险费。项目建设管理方面，建设项目管理监督不到位，现场签证不严谨、评审报告不实；建设项目实施进展缓慢；项目建设内容不实 48 万元；2 项工程结算造价偏差率较大；工程结算不实多付工程款 40.8 万元；2 项建设工程设计变更或建设内容变更未按规定审批；3 项工程未批先建；2 项工程发包给不具有相应资质等级的单位实施；部分项目资金申报、安排没有公示公开；建设项目实施审核把关不严，财政资金未能发挥绩效；建设项目验收不规范；建设项目未达到合同要求；未及时支付工程款 124.3 万元。民生保障和改善方面，某镇饮用水水源部分指标不达标。生态文明建设方面，河长制政策和河长会议工作制度落实不够到位；部分河长巡河次数不足；1 个公众投诉上报河湖问题处理缓慢；制止非法占地行为执法力度不够。党风廉政建设方面，公务用车管理使用不规范；公务用车费用未实行单车核算；未按规定向县中标供应商租用汽车；车辆费用报销凭证不齐全 6.61 万元；4 辆公务用车使用效率低下；部分车辆维修费用不实；公务接待支出报销凭证不齐全不规范；公务接待费列支不规范 7.88 万元；公务接待管理规定执行不到位 22.09 万元；公务接待人数不实或陪餐人数超标准，超次数安排公务接待；违规发放或无依据发放津补贴 15.16 万元；奖励金发放依据不充分 6.06 万元；超标准报销差旅费，多报差旅费用或补助。

【审计服务】2022 年，大埔县审计局围绕上级审计机关和县委、县政府中心工作，配合加强监督检查，服务大埔经济社会高质量发展。开展案件查处、巡视巡察、经营性产业扶贫资金审计调查、韩江高陂水利枢纽工程项目建设情况审计、闲置用地情况审计调查、惠州市 2021 年度财政管理和收支情况审计、隐性债务审计调查、整治打击基本医保基金骗保行为、“保交楼”专项审计调查、疫情防控、“红色村”党建示范工程资金使用情况专项审计调查，助力乡村振兴、河长制、林长制等工作。

【审计整改】2022 年，大埔县审计局要求被审计单位制订整改措施，落实整改责任人，组织力量抓好整改，整改一个销号一个，总体整改率 90%以上。及时审后回访跟踪检查，了解审计建议采纳情况、存在问题整改情况，听取被审计单位意见。找准“经济体检”切入点和着力点，坚持把微观查问题与宏观提建议结合起来，促进完善制度、规范管理、推动改革。

大埔县审计局负责人名录

局　　长：周　威

副 局 长：罗永忠　黄咏辉（女）　罗光陆

总审计师：赖则千

（廖志营）

统　计

【统计“双基”建设】2022 年，大埔县统计局按照《广东省一套表联网直报单位统计工作规范》要求，加强镇村两级和企业的统计台账建设，督促指导网报企业完善原始记录和电子台账。开展常态化检查，完善镇村两级统计台账，落实统计人员备案制度。全年完成县统计局规范化建设达标验收工作和百侯镇、洲瑞镇两个统计规范化建设先进镇创建工作。

【统计数据质量】2022 年，大埔县统计局按照统计方法制度实施好各项统计监测调查，履行预防和惩治统计造假职责，保障统计数据质量。贯彻落实中办、国办印发的《关于深化统计管理体制改革提高统计数据真实性的意见》等有关文件精神，以入户形式对不同区域、不同行业、不同类型企业开展数据质量检查，对发现的问题弄清原因，限时整改，并跟踪整改落实到位。以“两防”（防弄虚作假、防少报漏报）加强基础数据报送工作，提高统计数据质量。抓好入库纳统工作，大埔电厂二期等49个固定资产投资项目在第一时间入库纳统，新增5家规上工业企业、2家限上贸易企业。

【统计服务】2022年，大埔县统计局为党委、政府和社会各界提供统计优质服务，开好每月网报业务分析会，加强经济运行情况分析，抓住难点、突出重点、找准亮点。做好《大埔统计月报》资料的整理、编印和发送工作，确保统计资料的时效性。全年印制精装版《大埔统计月报》11期1000份，发送至各镇（场）及相关单位。开展调查研究，分析大埔县工业、固定资产投资、房地产、建筑业、农业、商贸业和服务业的发展现状，人口变动情况等。全年撰写20篇统计分析材料，供领导决策服务。做好《大埔县统计年鉴（2021年）》资料的收集整理、编辑印刷和发送，及时公布统计数据资料。

大埔县统计局负责人名录

局　长：刘坚城（—2022.4）
　　　　连军强（2022.9—）

副局长：廖广企

（林浩全）

统 计 调 查

【重要经济数据发布】2022年，国家统计局大埔调查队根据统计调查发布经济数据。大埔县居民人均可支配收入2.33万元，同比增长4.2%；城镇居民人均可支配收入2.9万元，同比增长3.2%；农村居民人均可支配收入1.8万元，同比增长4.7%。

【常规统计调查】2022年，国家统计局大埔调查队执行国家统计局办公室关于印发《2022年住户调查大样本轮换抽样方案》和《2022年住户调查大样本轮换抽样实施细则》的要求，做好样本轮换工作，依法依规调查，确保样本的随机性和代表性。组织开展住户调查、劳动力调查、农产量调查、畜禽调查，坚持入户访户常态化，深入各调查点检查指导工作，坚决避免错记、漏记、混记、代记现象发生，提高源头数据真实性，优化统计调查工作服务质量。

国家统计局大埔调查队负责人名录

队　长：吴文清（女，—2022.2）

副队长：汪　鹏（2022年3月起负责全面工作）
　　　　黄宇峰（挂职，—2022.11）

副队长级纪检员：吴蔚祺

（余　倩）

社 会 民 生

人力资源和社会保障

【就业创业】2022年，大埔县人力资源和社会保障局（简称大埔县人社局）坚持就业优先战略，做好保就业保民生工作，落实落细各项就业创业扶持政策。全县城镇新增就业2083人，城镇失业人员再就业1205人，就业困难人员实现再就业192人，城镇登记失业率2.9%，完成梅州市下达的目标任务。发挥就业服务的指导作用，抓重点群体就业。全年发布招聘岗位信息12期，举办“就业援助月”“春风行动”系列网络招聘会16场，公益性岗位安置脱贫劳动力和边缘易致贫户共101人。发挥扶持政策的帮扶作用，抓创业带动就业。全年发放企业吸纳岗位补贴、创业补助等就业创业补贴资金540人469.84万元，发放29笔创业担保贷款1353.7万元，其中含2笔小微企业创业担保贷款603.7万元。发放创业担保贷款利息补贴219人54.41万元。

【推进“三项工程”】2022年，大埔县人社局加大“三项工程”（粤菜师傅、广东技工、南粤家政工程）技能培训力度，推动技能提升与促进就业衔接，以培训促进就业、就业带动创业、就业创业增收致富。“粤菜师傅”工程。大埔县瑞锦职业培训学校协同有关单位举办“粤菜师傅”工程短期技能培训班，开展进农村、进校园、进家庭活动，支持有意愿的城乡劳动力参加培训。“广东技工”工程。全年举办职业技能培训16期610人，促进创业263人，带动就业601人。发放职业技能提升行动专项资金93.59万元，惠及909名群众。“南粤家政”工程。截至2022年底，全县已建设“南粤家政”基层服务示范站4个，打造“15分钟家政服务圈”。全年培训家政技能人员591人次，带动就业创业900人次，获证332人次。组织参加技能竞赛，获梅州市第二届“南粤家政”技能大赛优秀团体奖、组织奖，选派3名选手代表梅州市参加广东省第二届“南粤家政”技能大赛，获优秀奖1人。

【社会保障】扩面征缴。2022年，大埔县社会保险总参保人数26.7万人次，全县参加企业养老、机关养老、失业、工伤人数分别完成梅州市下达任务的88.2%、99.6%、72.3%和78.9%。全县社保基金总收入6亿元，同比增长7.9%，企业养老、失业、工伤征缴收入分别占梅州市下达目标任务的99.7%、89.4%、99%，主要指标完成达到序时进度。

社保服务。持续推进“清减压”行动，事项办理时限比法定压缩50%以上，办事材料精简60%以上，11个服务事项13类证明材料实行告知承诺制，推进每个“一件事”所涉相关服务事项打包办理。2022年，审批机关事业单位工作人员退休248人，规范开展工伤认定45起，劳动能力鉴定申请20起。开展社会保险基金管理提升年行动，成立专项行动工作领导小组，确保基金规范安全运行。及时足额发放社保待遇，全年共发放社保待遇14.89亿元，提高企业、机关事业单位退休人员基本养老金待遇，按月领取养老金的企业离退休人数4万人、机关离退休人数6005人，领取失业保险待遇218人，享受工伤保险待遇19人次，领取城乡居民养老保险待遇6.5万人。助企纾困。打好“降、缓、返、补、扩”助企纾困政策“组合拳”，落实稳经济一揽子政策和稳岗就业措施。2022年，开展送政策、送资金、送服务“三送”暖企活动2次，实地走访企业6家。向1270户企业发放稳岗返还资金116.4万元，向369户企业发放一次性留工培训补助183.15万元，缓缴各项社会保险费326.05万元，为参保单位减免失业保险费840.44万元、工伤保险费322.15万元，累计发放失业补助金1016人次52.76万元。

【人事人才】2022年，大埔县人社局公开招聘规范有序，全年事业单位工作人员集中招聘计划3个、高层次紧缺人才招聘计划1个，全年组织考试4场，累计服务考生1.2万人次。加速集聚人才资源，全年引进2名卫生类紧缺人才，接收30名“三支一扶”大学生，对26名服务期满“三支一扶”大学生全部安置到位，推进乡村振兴人才驿站运营，提升人才对县域经济社会高质量发展的支撑力。畅通专技人才成长通道，2022年全县事业单位共有661名专业技术人员实现岗位等级晋升，完成2021年度教育、卫生及其他行业职称评审送评工作。深化事业单位岗位设置管理和假药学职称证书整治工作，全年审核认定1444名事业单位人员及2名机关工勤技能岗位的聘任，完成对辖区药品零售企业使用假药学职称证书非法从业专项工作的专项整治工作。

【劳动关系】2022年，大埔县人社局强化劳动保障监察服务。发挥县根治拖欠农民工工资领导小组作用，联合开展专项执法检查，全年检查在建工程项目30个。全年共受理调解案件145件，涉及2132人3894.13万元；立案受理案件8件，结案8件，涉及289人757.92万元。及时核处欠薪案件线索147条，清偿被拖欠工资2914万元。优化劳动人事争议调处，稳妥处理各类劳动人事争议案件及职工来信来访，设立巡回仲裁庭，主动下沉企业，实行现场开庭、现场办案。全年审结劳动人事争议案件44件，调解劳动纠纷335件，调解率92.1%，为劳动者挽回经济损失713.13万元。

大埔县人力资源和社会保障局负责人名录

局　长：余　伟

副局长：刘赞华　刘志达　廖万安

（陈佩蓉）

社会保险

【民生保障】抓好扩面征缴。2022年，大埔县社会保险基金管理局（简称大埔县社保局）压实行业部门责任、镇村属地责任，狠抓扩面征缴工作落实，完成上级下达的征收任务。全年全县参加企业职工养老保险、失业保险、工伤保险和城乡居民养老保险人数分别为4.09万人、2.51万人、3.52万人和17.4万人，分别占梅州市下达目标任务的100.1%、

100.4%、100.4%和100.3%；征缴企业职工养老保险、失业保险和工伤保险分别为3.78亿万元、472万元、296万元，分别完成梅州市下达任务的98.2%、89.9%和98.7%。提高各项待遇。按照中央、省有关调整社保待遇的部署要求，及时调整各类社会保险待遇，提高参保群众社保待遇水平。到2022年年底，全县企业退休人员人均养老金1884.23元/月，较2021年人均增加98.01元/月；机关事业单位养老保险月人均基本养老金4959.85元/月，较2021年人均增加188.43元/月；工伤保险一次性工亡补助金94.82万元，全年共发放失业补助金1800人次80万元。提升宣传效应。印制一批最新的政策解读和办事指南分发至各乡镇和企业，利用“大埔社保”微信公众号宣传解读社保政策法规，营造扩面征缴的良好社会氛围，提升社保政策和经办流程的知晓度；深入企业、社区和农村，开展社保基金反欺诈宣传志愿服务活动，提高广大群众对社会保险法律法规和欺诈骗保危害性的认识，推动全社会共同维护社会保险基金安全，共同守护好人民群众的“养老钱”“保命钱”。

【社保制度改革】机关事业单位养老保险改革。2022年，大埔县社保局全面落实机关事业单位退休“中人”按新办法计发待遇工作，完成2017年度收尾工作。至2022年年底，全县新办法计发比例为96.4%；完成退休人员生存认证工作，已认证5935人，认证进度100%；做好关系转移接续工作，转移700人次3238.68万元。企业职工养老保险全国统筹。企业职工养老保险全面上线部平台，做好上线全国统筹信息系统后续工作，清理历史数据，应用新系统经办业务，推进企业职工养老保险全国统筹经办落地。失业保险省级统筹。失业保险基金实现省级统收统支统管，严格按照省级统筹经办规程开展经办工作，保证基金管理和待遇发放各项基础数据完整规范。

【经办管理】提升经办服务水平。2022年，大埔县社保局持续推进“清减压”行动，所有事项的办理时限比法定时限压缩50%以上，办事材料精简60%以上，11个服务事项14类证明材料实行告知承诺制，推进每个“一件事”所涉相关服务事项打包办理，全县89项公共服务事项实现全流程网办，33项社保服务上线“粤系列”，实现“掌上办”，82个社保高频服务事项实现“全市通办”，15个事项实现“省内通办”。提升风险防控水平。开展2022年度“清数”和“筑墙”行动，截至2022年年底，全县已核查“清数”和“筑墙”疑点数据3.02万条，核查率100%，需要整改数据14004条，已整改13996条，整改率99.9%。开展社会保险基金安全教育警示月活动，增强干部职工法纪意识、自律意识和风险防控意识，通过加强经办管理、开展资格认证、数据比对核查等举措，防范冒领社会保险待遇行为。开展社保基金管理问题专项整治工作，共稽核户数60户，稽核人数9000人，对企业申请开具社保证明进行核查40次，协查协办证明200宗，开展专项稽核10次，追回金额30万元。提升经办队伍能力。打造“党员先锋岗”，开展“主题党日”“业务技能练兵比武”活动，引导党员在日常工作中不断创优争先作表率。开展“领导干部走流程转作风”活动，组织班子成员分别以办事人员、经办人员的身份，全面体验线上线下办事流程，推进服务再优化、流程再简化、能力再强化。

【落实“三个助力”】助力乡村振兴。2022年，大埔县社保局落实困难群体城乡居保最低缴费标准全额代缴养老保险费政策，符合待遇申领条件的按时足额发放待遇，巩固困难群体应保尽保工作成果。全年共有1.2万名致贫返贫人员、低保特困人员、原建档立卡贫困人员、重度残疾及精神智力残疾人员办理财政代缴业务，代缴金额163.25万元。助力企业纾困解难。打好“降、缓、返、补、扩”助企纾困政策“组合拳”，宣传社保援企稳岗政策，加强人社、税务和财政部门的工作协同，落实特困行业阶段性实施缓缴企业职工基本养老保险费、失业保险费、工伤保险费政策，主动对接联系困难企业，点对点发送短信，确保缓缴政策应知尽知、应享尽享。全年共为企业减免失业保险费777.78万元；为企业减免工伤保险费298.45万元；缓缴各项社会保险费260.55万元；发放稳岗返还资金116.4万元，惠及参保单位1270家；为362家企业发放一次性留工培训补助182.35万元；失业补助金共发放894人次，发放金额44.89万元。助力志愿服务。加强党建引领，结合社区共建工作，助力城北社区开展创文巩卫各项活动，领导干部主动与社区干部研究工作，安排社保志愿者到社区开展大清扫、社保政策入户宣传、维持交通秩序等工作，并给予资金支持。

大埔县社会保险基金管理局负责人名录

局　长：蓝尚柏

副局长：罗丽清（女）　罗富健

（陈文露）

民政工作

【基本民生保障】2022年，大埔县民政局全面完成省、市、县十件民生实事涉民政提标任务，提高城乡低保标准、特困人员供养标准、孤儿和事实无人抚养儿童基本生活保障金标准、残疾人两项补贴，全年共发放各类救助补助资金1.44亿元。从2022年1月1日起，农村低保标准由560元/人·月提高到580元/人·月，农村低保对象平均补差由304元/人·月提高到315元/人·月。城镇低保标准由800元/人·月提高到828元/人·月，城镇低保对象平均补差由631元/人· 月提高653元/人·月。农村特困供养标准由896元提高到928元，城镇特困供养标准由1280元提高到1325元。集中供养孤儿标准由1883元/人·月提高到1949元/人·月。分散供养孤儿和事实无人抚养儿童标准由1227元/人·月提高到1313元/人·月。困难残疾人生活补贴由181元/人·月提高到188元/人·月，重度残疾人护理补贴标准由243元/人·月提高到252元/人·月。开展规范社会救助兜底保障动态管理专项行动，完成4647户建档立卡脱贫户的入户核查，入户率100%。开展困难家庭中特殊群体排查和救助专项行动，排查困难家庭45人，已纳入救助44人，1人为非中华人民共和国国籍人员。完善社会救助兜底保障成果与乡村振兴有效衔接工作联动协作机制。

【基本社会服务】2022年，大埔县民政局推进全国未成年人保护示范县创建工作，大埔县代表梅州市参加全国未成年人保护示范县创建省级评价会，获得92.5分的优秀成绩，并被国务院未成年人保护工作领导小组办公室评为全国未成年人保护示范县。依法依规做好婚姻登记工作，全年共办理国内结婚登记1569对、离婚登记648对、离婚申请950对、离婚冷静期和登记期届满撤回309对、补领结婚证466宗、补领离婚证59宗；涉外登记11对、开具无婚姻登记记录证明2份；个人查询婚姻档案343宗，公、检、法查询婚姻档案42宗。推进婚姻档案电子化工作，现存纸质婚姻档案共20.91万份，已全部完成档案的扫描上传工作。先后投入资金1500万元，对大埔县殡仪馆进行全面提升改造，2022年6月成功创建省二级馆。做好殡仪服务工作，全年共火化遗体 3651 具（其中本地户籍异地火化 97 具，异地户籍本地火化 93 具），免除七项基本服务费遗体数量 3647 具，免除七项基本服务费用 629.15 万元。印发《大埔县公益性公墓建设总体规划（2021—2035）》，开展殡葬业价格秩序、安葬（放）设施建设经营专项整治及巩固和深化“活人墓”等突出问题整治规范工作。做好社会组织登记工作，全县有社会组织 182 家，其中社会团体 120 家、民办非企业单位 62 家。立足登记管理职责，引导社会组织开展慈善公益活动，全县各类社会组织共派出疫情防控志愿者 920 人次。组织参加全省社会组织党组织党建工作示范点创建活动，大埔县万川爱心协会支部委员会被评为第一批全省社会组织党建工作示范点。推进行政审批事项“双百”（100%网上受理、100%网上办结）工作。召开“双百”工作推进会，成立大埔县民政局“双百”工作专班，确保全局行政审批事项（78 项）“应上尽上”（进驻梅州市统一申办受理平台）、“应进尽进”（进驻大埔县政务服务中心实体大厅），提升政务服务能力和水平。

【养老服务事业】2022 年，大埔县民政局加大基本养老服务基础设施保障，做好城乡养老设施建设工作，督促指导、推进 6 个居家养老服务站点建设进度，完成 150 户特殊困难老年人家庭居家适老化改造。开展养老护理员技能培训，全年共培训养老护理人员 589 人次。

【基层社会治理】2022 年，大埔县完成全县村（居）委会换届选举和 2022 年“广东兜底民生服务社会工作双百工程”社工公开招聘工作，大埔县民政局组织开展岗前培训，提升服务能力。健全村规民约等自治规则，丰溪林场七里溪村村规民约入选 2022 年省民政厅广东百篇优秀村规民约（居民公约）汇编。选取百侯镇侯南村作为大埔县村（居）议事协商创新实验试点单位，以点带面推进村（居）议事协商创新实验工作。从 2022 年 1 月起，村（社区）“两委”干部工作补贴由 3200 元/人·月提高到 3300 元/人·月，村（居）务监督委员会成员补贴从 800 元/人·月提高到 825 元/人·月。

大埔县民政局负责人名录

局　长： 刘剑涛

副局长： 袁春华（女）　赖国新　邱云期
魏繁华（—2022.4）

（黄伟忠　王炜坚）

应急管理

【概况】2022 年，大埔县应急管理局贯彻落实习近平总书记关于应急管理、安全生产、防灾减灾救灾的重要论述，以庆祝中共二十大召开为主线，统筹做好安全生产、森林防灭火、防汛防风防旱和防灾减灾等各项工作。全年全县工矿企业未发生生产安全事故；发生生产经营性道路交通事故 2 起，死亡 1 人；森林火灾 2 起，无人员伤亡；未发生较大自然灾害事故，未造成人员伤亡，全县安全生产和应急管理形势总体保持稳定。

【安全防范】压实安全防范责任。2022 年，大埔县应急管理局组织实施国务院安全生产 15 条硬措施，以及省 65 条、市 79 条具体措施，开展全县安全生产大检查，统筹推进全县安全生产、森林防灭火责任制考核，压实各镇（场）防灾减灾救灾主体责任。提请县政府对 24 宗突出事故隐患进行挂牌督办，对 6 起森林火灾开展事故调查。开展安全专项整治。安全生产专项整治三年行动圆满收官，聚焦重点行业领域，推进非煤矿山、危化品安全风险集中治理和醇基燃料油等专项整治。全年检查生产经营单位239家次，排查隐患135处，立案查处违法违规行为20起，行政处罚3.55万元。发挥安委办职能作用，推动开展系统防范化解道路交通安全风险、消防、城镇燃气、经营性自建房、三无船舶等领域安全隐患排查整治，防范化解突出风险隐患386宗，化解一批重大安全风险。加强自然灾害防治专项检查和综合督查，强化汛前安全检查，从严管控野外火源，查处违规用火行为，强化源头管控。

【确保人民生命安全】2022年，大埔县应急管理局组织应急会商15次，启动应急响应5次，发布暴雨预警信号48次，派出5轮督查组深入一线，战洪涝、灭山火、化危机，把确保人民生命安全放在第一位落到实处。强化应急准备。完善多部门联合会商研判机制，建立气象预警和应急响应联动机制，建立直达基层灾害信息员的临灾预警机制。加强灾情监测跟踪和防范应对准备，开展森林防灭火实战化演练和应急技能培训，推进各类应急预案制修订工作。应对极端灾害。2022年全县降雨量为1439.2毫米，比2021年多633.8毫米，洪水、森林火警多发。加强统筹协调，科学组织抢险救援，提前预置队伍和装备，打赢6月龙舟水期间茶阳镇、高陂镇洪涝灾害抢险救援突击战，打赢高陂镇、茶阳镇、兴宁市等森林防灭火攻坚战。争取省级救灾资金1080万元，下拨应急救援救灾物资2批，及时转移安置受灾群众。

【应急管理体系和能力建设】完善应急救援力量体系。2022年，大埔县应急管理局建成大埔县森林消防大队（大埔县应急救援大队），并投入实战，一批抢险救援实用装备投入使用，租借直升机开展灭火行动。健全社会应急力量参与抢险救援协调机制，县专业扑火队、大埔红十字会蓝天救援协会等社会应急队伍纳入应急救援力量体系。加强监测预警能力建设。安装使用全省森林火险预测预报系统，基本完成第一次全国自然灾害综合风险普查，灾害综合监测预警系统平稳运行，管道燃气、市政工程等城市生命线安全纳入监测预警。深化应急管理改革。制订《大埔县深化应急管理综合行政执法改革实施方案》，镇级应急管理改革初显成效，镇村成立应急指挥中心，应用视频会商、网络广播等信息化技术。普及推进村（社区）防灾减灾建设，创建全国综合减灾示范社区7个，组织开展全国“安全生产月”“防灾减灾日”“消防宣传月”“宪法宣传周”等宣传，常态化开展安全宣传活动，“全国安全生产举报系统”和微信小程序上线运行。

【防灾减灾】开展防灾减灾宣传。2022年，大埔县应急管理局发挥到镇到村的天翼大喇叭、电视广播、微信、粤政易等媒体，普及安全生产、防汛、森林防灭火等知识，发布气象、水文、地质灾害等预警信息。在“5·12”全国防灾减灾日，开展进学校、进社区、进企业、进农村、进家庭“五进”宣传活动，发放宣传资料3000份。开展自然灾害风险普查。完成自然灾害综合风险普查应急系统调查工作，包括297条承灾体、740条减灾能力、718条历史灾害数据的录入质检上报工作，摸清灾害底数。落实惠民政策。全年为全县86.98万户农村住房办理政策性农村住房保险，协调农户办理赔付49.7万元，减轻受灾群众负担。

大埔县应急管理局负责人名录

局　长：刘日新

副局长：林华北　刘顺波　郭永辉

（饶盛源）

长 寿 事 业

【品牌宣传推广】2022年，大埔县长寿事业发展中心组织参加中国寿乡联盟品牌建设亮点工作评选活动，大埔县“寿乡品牌引领药膳养生产业发展”亮点工作参加“长寿之乡2021年度品牌建设十大亮点工作网络投票”活动，经网络投票成功进入前十。参与第31届“世界客属恳亲大会”主题曲《Hakka客家》MV拍摄，组织干部职工参与主题曲MV取景拍摄，获得世界客属第31届恳亲大会主题曲《Hakka客家》贡献奖。通过此次世客会主题曲拍摄取景，将大埔的美景、人文通过世客会推向全球华人、客家人。配合香港卫视拍摄《寿乡密码》大埔专辑纪录片，于8月22日至26日采访长寿老人，拍摄“柚见丘香”珍膳馆制作长寿宴过程、泰安楼古民居内广东汉乐演奏等长寿主题影视素材。拍摄献礼祖国——《长寿大埔欢迎您》主题宣传曲MV，以“国庆重阳喜相逢，爱国敬老迎盛会”为主题，组织领导干部进行MV取景拍摄，共庆国庆节与重阳节，表达对祖国和长寿老人的美好祝愿。

【搭建产业平台】2022年，大埔县长寿事业发展中心指导多家县内企业参加首批长寿之乡养生名优产品精选名录活动，助力大埔蜜柚、大埔番薯干、大埔蜂蜜、大埔盐焗鸡、大埔金针菜等长寿食品走出大埔走向全国。引导百侯古镇旅游景区参与老年游学基地评选，完善大埔县长寿养生产业链。做好“寿”字logo的商标保护、市场转化和品牌增值等知识产权工作，完善“寿”字logo商标使用申请流程，与多家企业签订大埔“寿”字Logo商标使用协议，让长寿文化为企业产品赋能，实现“寿”字商标的品牌价值转化为经济效益。

【开展重阳庆寿活动】2022年，大埔县长寿事业发展中心组织开展重阳庆寿系列活动。重阳节前夕，全县上下开展重阳庆寿慰问活动。通过走访慰问详细了解老人们的生活起居、健康状况，为他们送上寿金、寿匾、寿礼，并向他们致以节日问候和诚挚祝福，在全县范围内营造浓厚的尊老敬老氛围。

【党建工作】2022年，大埔县长寿事业发展中心加强学习，通过“三会一课”、专题党课等形式，组织全体党员干部学习习近平总书记系列重要讲话精神、中共二十大精神和《中国共产党章程（修正案）》等党内重要法规和条例。推进党建常态化工作，按要求开展组织生活，规范开展党员领导干部谈心谈话，做好党内统计，执行党费收缴工作。推进模范机关创建活动，及时调整模范机关创建领导小组，按照“党建引领添动力，奋勇争先促发展”的主题，研究制订开展模范机关创建活动的实施方案，拟订《2022年度县长寿事业发展中心关于创建模范机关工作方案》，确保模范机关建设工作有序有质有量进行。开展党风廉政建设，及时调整党风廉政建设工作领导小组，开展廉政风险排查，制定完善“县长寿事业发展中心廉政风险及防控措施一览表”等，开展纪律教育月活动。

大埔县长寿事业发展中心负责人名录

主　任：邓秀丽（女，—2022.4）
　　　　杨志业（2022.9—）

副主任：杨志业（—2022.9）　罗淑珍（女）

（**郭海鑫**）

教育·科技

教育综述

【概况】2022年是中共二十大召开之年，大埔县教育局贯彻落实县委“1568”的思路举措，紧扣“办强虎山中学、办大家炳职校、办特一批学校、办优义务教育”的总体目标，围绕“党建引领，精细管理，提升质量，内涵发展”的工作思路，坚持为党育人、为国育才，落实立德树人根本任务，发展素质教育，促进教育公平，办好人民满意教育。

【基本情况】2022年，大埔县有中、小学校111所，其中示范性高中1所，完全中学7所，职业学校1所，初级中学11所，九年一贯制学校10所，特殊教育学校1所，小学80所（县直小学5所、镇中心小学10所、村完全小学28所和教学点37所）；幼儿园61所，其中公办幼儿园21所、民办幼儿园40所。全县中小学生已入学注册约5.49万人，其中普通高中7498人、职业高中2208人、初中1.6万人、小学2.9万人、特殊教育140人；在园幼儿1.14万人。全县有教职工编制4821名，实有4612人，其中中小学编制4032名，实有4078人（普通高中694人、初级中学1299人、小学2085人）；公办幼儿园编制561名，实有371人；特殊教育编制76名，实有18人；中职编制152名，实有145人。全县有正高职称教师3人、副高职称教师968人，占比21.1%；中级职称教师2269人，占比49.2%；初级职称875人，占比19%。

【主要工作成效】党的建设　2022年，大埔县教育局落实“全面学习、全面把握、全面落实”的要求，全县教育系统共召开学习宣传贯彻中共二十大精神会议150场次。开展党组织领导的校长负责制试点工作，选取桃源中学、古埜中学、茶阳镇中心小学、青溪镇实验学校作为先行的试点学校，实行党组织书记、校长分设，健全和完善学校党组织会议、校长办公会议职能分工，明确党组织在学校重大事项决策中的地位、作用、权责、工作方式等，确保学校党组织的领导核心与政治核心作用。推进教师校长交流轮岗，对任职满8年的校（园）长、任职满9年的副校（园）长进行轮岗，全县学校正副校长轮岗26个，新任命正副校长44个；全县新提拔156名学校行政干部。做强“头雁工程”，调整配强13所学校党组织书记，选拔16名年富力强的人员担任专职副书记。落实意识形态工作责任制，抓实思政课教育教学工作。

疫情防控　守住“绝不允许疫情输入校园、绝不允许校园发生聚集性疫情”这条底线，开展防疫知识宣传教育，加强人员健康信息管理，落实晨午检制度、值班值守制度，购置备足各类疫情防控物资。

项目建设　县委、县政府用足用尽政策、优化财政供给、团结各方力量，确保总投资4.3亿元、总建筑面积7.32万平方米的西岭实验学校、西岭实验幼儿园如期开学，新增学位5490个。城东实验学校教学楼、实验幼儿园教学楼、古埜中学综合宿舍楼建成使用，进光高级职业学校建设进展顺利，全县中小学校实现护眼灯光全覆盖。

安全工作　强化校园安全工作组织领导，落实工作责任，细化校园安全管理，加强各类安全知识宣传教育和应急演练，开展防溺水、防性侵等专项治理。加强学校安全风险防控体系建设，夯实校园值守力量，强化进出校园管理制度，配齐配足防暴器械，制定完善防暴方案，常态开展防暴安全演练，落实一键式报警装置和视频监控安装工作及联网工作，开展护校护园行动，巩固提升中小学幼儿园“4个100%”（校园封闭式管理达标率、专职保安员配备率、一键式紧急报警和视频监控系统达标率、“护学岗”设置率均达到100%）安全防范建设，创建更高水平“安全文明校园（平安校园）”。

教育公平　在2021年县城教育集团的基础上，2022年新组建茶阳、高陂片教育集团，集团成员学校内部加强优质教育理念和资源共享，推动集团教育向农村学校、弱势学校、学前教育延伸。实施全学段各类政策性资助项目，全年发放助学资金1856万元，受益学生2.57万人，发放国家生源地信用助学贷款1698万元，受益学生1544人，167名建档立卡、孤儿、特困供养学生实现资助保障全覆盖。化解涉教育领域的信访举报投诉，及时化解社会矛盾，维护社会平稳安定。

德育工作　加强思政建设，县领导班子带头上思政课，强化思政教育，全县中小学书记、校长接力授课，全年共授212课时，听课学生7.32万人次。组建大埔县中小学思政课教学指导委员会，指导各校做好思政课教学组织工作。各校以喜迎中共二十大为契机，以社会主义核心价值观、爱国主义教育和培育民族精神为主线，举办“扣好人生第一粒扣子”“童心向党”“喜迎二十大”主题教育实践活动等639场次，唱响爱党爱国爱社会主义的新时代主旋律。创建文明校园，围绕测评标准，将创建工作与日常业务、创文工作相结合，加大劳动教育实践的组织力度，提升文明校园创建水平。至2022年年底，全县有“广东省文明校园”1所、“梅州市文明校园”32所、“大埔县文明校园”47所，文明校园参与率和创建率实现“两个100%”。全县14个镇已建立乡村学校少年宫，覆盖率100%。在2022年梅州市未成年人思想道德建设工作检查考评中，大埔县考评总分96.23分，被评为优秀等次。

体艺卫语工作　推广校园足球，举办大埔县校园足球联赛；组队参加梅州市青少年校园足球夏令营选拔活动，其中田家炳实验中学郭劭鹏、大埔二小李智柔、林秋玲代表梅州市参加省级选拔活动；组队参加2022年梅州市“市长杯”青少年校园足球联赛和梅州市第一届青少年足球联赛。在梅州市第五届童谣节活动中，田家炳小学《国富民强乐淘淘》获一等奖、张云栽实验小学《锡圆圆圆庆百年》获二等奖。组织青少年环保创意大赛、书画摄影比赛、音乐交流展示等系列活动，丰富学生精神生活。加大国家通用语言文字推广力度，组织开展主题为“推广普通话，喜迎二十大”的县第25届全国推广普通话宣传周活动。联合县委宣传部、县文明办和县语委办举办县级国家通用语言文字征文比赛，并组织参加市级征文比赛，杨紫妍等28名师生获奖，县教育局被评为优秀组织单位奖。组织学校参加2022年中华经典诵写讲广东省分赛（梅州市选拔赛），罗东源等55名师生获奖，县教育局、县语委办被评为优秀组织奖。

教育督导　在2021年省对县级政府履行教育职责评价中，大埔县获优秀等次，做好2022年省对县级政府履行教育职责自评工作。加强教育督导队伍建设，推进督导责任区督学挂牌公示工作制度的落实。对12所中小学校开展督导评估，挖掘学校办学特色和存在短板，客观、全面地出具督导评估意见。完成2022年广东省义务教育质量监测工作，强化监测结果运用。推进湖寮镇、百侯镇教育"强镇"复评督导验收工作。

提高治理能力　重新编印《大埔县教育局管理制度汇编》，制定出台《大埔县中小学校（园）长应知应会财务事项》，对城东实验学校、龙岗幼儿园、银江镇中心小学、西河镇横溪学校、湖寮镇中心小学开展审计工作，加强中小学校管理，促进学校健康发展。

学前教育

【概况】2022年，大埔县有幼儿园61所，公办幼儿园幼儿5965人，占比52.1%；规范化幼儿园59所，占比96.7%；普惠性民办幼儿园34所，占比94.4%；公办园和普惠性民办园在园幼儿数占比96.5%；学前教育毛入学率98.2%。

【学前教育管理】2022年，大埔县教育局完善学前教育管理体制、办园体制和政策保障体系，遵循儿童身心发展规律和教育规律，深化基础教育课程改革，加强幼儿园和小学教育教学管理，建立"幼小衔接"长效机制，优化城乡园的办园条件，推动城乡学前教育规范发展。扶持民办幼儿园发展，按每生每年政府补助500元的标准鼓励全县普惠性民办幼儿园改善办园条件，做好民办学前教育监管工作，促进普惠性民办幼儿园提高保育教育水平。

义务教育

【概况】2022年，大埔县有义务教育阶段学生4.51万人，其中初中生1.6万人，小学生2.9万人，特殊教育学生136人。小学和初中入学率100%，九年义务教育阶段巩固率98.9%。全县中考总平均分606.57分（按中考卷面分统计，且不含体育科目分数），位列全市第五，超过梅县区、五华县、丰顺县，低于平远县、蕉岭县、兴宁市、梅江区。

【教育教学】2022年，大埔县教育局规范学籍管理，围绕"义务教育有保障"的目标任务，出台解决建档立卡贫困家庭适龄子女义务教育有保障突出问题的实施方案，组织开展控辍保学专项行动，抓好中小学生防流控辍工作，九年义务教育阶段巩固率98.9%，比2021年提高0.5%。落实"双减"工作，按国家规定开齐开足开好音体美等课程，整合实施拓展性课程，保证每天在校体育锻炼1小时。统筹学科作业布置，严控作业总量，减轻学业压力。优化课后服务内容，丰富开设特色课程，增强课后服务的趣味性和吸引力。开展丰富的课外活动，联合广州满天星青少年公益发展中心在大埔县阅读推广联盟学校实施"满天星公益社区图书馆项目"，培养孩子良好的阅读习惯；联合团县委、县妇联组织"喜迎二十大，童心颂党恩，筑梦新时代"亲子诵读评选活动等。

高中教育

【概况】2022年，大埔县有在读普通高中学生7498人，全县户籍人口高中阶段教育毛入学率96%。2022年有高考学生3029人，全县600分以上14人，650分以上1人；虎山中学600分以上高分人数居全市14所重点高中第6位；全县特控上线164人，比2021年增加9人；本科上线人数1045人，首次突破“千人”大关。虎山中学李宜东、谢荣键2名优秀生成功考取浙江大学，实现连续10年有优秀生考取五大名校深造，完成年初县委、县政府提出的“一个确保”（有考取五大名校的学生）、“两个突破”（特控投档线上线人数有突破、本科上线人数有突破）的奋斗目标。

【开设创新班】2022年，大埔县教育局在虎山中学高一级设立创新班，创新班招收学生50名，实行“小班制”教学，集全校的优质教学资源，重点培育拔尖创新人才。

特殊教育和职成教育

【特殊教育】2022年10月，成立大埔县特殊教育资源中心，整合特殊教育资源，加强随班就读和送教上门工作，提升大埔县残疾学生的教育康复水平。

【职业教育】2022年，大埔县田家炳高级职业学校（简称家炳职校）实施县委、县政府“做大做强家炳职校”教育发展战略，内强素质、外树形象，扩大办学规模，提升办学实力。家炳职校在2021年5月被列入广东省高水平中职学校建设单位的基础上，有序推进计算机和汽车运用与维修专业群建设。2022年，全县初中毕业生人数4670人，其中就读家炳职校929人。2022年家炳职校毕业生总数495人，就业学生数465人，直接就业人数174人，就业率93.9%。“3+证书”高考毕业班人数290人，达专科线291人，专科入围率100%；达本科线56人，其中学生房佳文被嘉应学院本科护理专业录取，本科录取实现零的突破。

【终身教育】2022年，大埔县教育局加强镇成人文化技术学校软硬件建设，发挥镇成人文化技术学校的功能，开展“双转移”（产业转移和劳动力转移）、农业实用技术、工艺美术等培训，引导社会各界特别是企业支持职业教育，推进全县职业教育和成人终身教育改革与发展，促进职业教育与成人终身教育服务县域经济社会发展。

民办教育

【校外培训机构管理】2022年11月1日，大埔县教育局挂牌成立校外教育培训监管股，加强校外培训机构监管，主动公布校外培训监督电话及电子邮箱，畅通线索举报渠道，对各类违法违规办学行为快查严处。发挥监管机构的专项治理协调机制，联合相关部门对县内校外培训机构进行办学行为的规范化督查和指导，查处校外培训机构违法违规行为，推动“双减”工作落实落地。

【民办幼儿园督导】2022年，大埔县人民政府教育督导室开展大埔县幼儿园办园行为督导评估（复评）工作，由督导室牵头、抽调人员组成督评组，对全县公民办幼儿园进行实地督导评估，规范幼儿园办园行为。

教育队伍建设

【人才引进】2022年，大埔县教育局面向社会公开招聘教师163人和急需紧缺人才2人；公费定向培养师范生毕业48人，除4名研究生申请违约外，其余8名研究生、36名本科生已到岗，为大埔教育注入新鲜血液。

【名校长名教师示范引领】2022年，大埔县教育局开展县级名校长、名教师等工作室主持人遴选工作，遴选出张春艳、罗敏、李淑惠、张伟荣、张丽宝5位名教师工作室主持人和杨梅亮名园长工作室主持人。支持名教师、名校（园）长工作室主持人聚焦自身成长、热点难点、示范引领，做读书治学的先行者、教育教学改革的探索者、先进教育理念的传播者，带领团队开展教育研究，示范推动全县中小学教师、校（园）长队伍建设。

【教研教改】2022年，大埔县教育局抓好教研教改工作，组织全县中小学各学科教研员开展内容丰富、形式多样的教研活动，共开展送课或送培下乡50场次，组织专题研讨30次，开展“优课展示”“同课异构”“名师大教研”活动190场次，组织各级各类教学评比43次，获奖师生1800人次，受益师生3万人。在教学常规检查中增加“高质课堂开展”“达美嘉质量分析”“教育云平台使用”“信息技术与学科教学融合”等内容，督促学校和教师科学规范、严格精细做好教学常规工作。组织全县各校参加课题研究，在2022年广东省中小学教师教育科研能力提升计划项目中，大埔县有3个项目立项；市级教育科研立项课题有39项结题，32项课题开题；开展大埔县第十一届教育科研课题成果评比活动，有45项获一等奖，60项获二等奖，30项获三等奖。参加2022年广东省中小学项目式学习案例和STEM课程案例征集活动，组织送评案例20项，获奖16项，其中获一等优秀案例2项。开展德育课题研究，有2项省级课题、2项市级课题、8项县级课题获得立项并开题。组织教师参加第三届广东省中小学青年教师教学能力大赛，获市级一等奖11人、二等奖17人；获省三等奖7人。组织专家对2022年大埔县教育教学年度优质论文进行线上评审，有112篇获一等奖，187篇获二等奖，62篇获三等奖；推荐149篇论文送市参评，获一等奖43篇、二等奖68篇、三等奖38篇。推进第二阶段“高质课堂”活动，抽选186名教师（高中28名、初中74名、小学84名）参加“高质课堂”县级教学评比展示活动，营造“比、学、赶、帮、超”的教研氛围，夯实校本教研，助力教师成长，促进全县基础教育高质量发展。根据国家课程标准要求，依托县域资源，有意识、有目的地开发利用地方特色资源，以素质教育为抓手，推动学校校本课程建设。至2022年年底，基本形成“弘扬苏区红色基因”“发扬田翁精神”“传承非遗广东汉乐”“陶陶文化”“儒雅文化”“烹饪劳技教育”“学陶求真”等一批地方特色的校本课程。2022年12月，虎山中学入选广东新课程新教材实施省级示范校名单。

大埔县教育局负责人名录

局　长：汪德欢

副局长：朱佳远　郭小娜（女）　谢昌发

（郑乐云）

2022年大埔县高考文（理）科成绩前五名学生一览表

表2

序号	科类	毕业学校	姓　名	性别	本科总分	录取院校	专业
1	物理	虎山中学	黄剑唯	男	659分	北京航空航天大学	工科试验班类
2		虎山中学	陈思宇	女	643分	中山大学	数学类
3		虎山中学	何中宇	男	640分	中山大学	数学类
4		虎山中学	赵展鸿	男	637分	中山大学	物理学
5		虎山中学	李宜东	男	627分	浙江大学	工科试验班
1	历史	虎山中学	连莎莎	女	599分	东南大学	日语
2		虎山中学	谢荣键	男	584分	浙江大学	社会科学试验班
3		虎山中学	涂媛媛	女	583分	华南师范大学	汉语言文学
4		虎山中学	刘　扬	女	581分	深圳大学	汉语言文学
5		虎山中学	刘梦茹	女	570分	深圳大学	英语

2022年大埔县中考成绩前十名学生一览表

表3

序　号	姓　名	性　别	毕业学校	总　分	录取学校
1	赖相宇	女	虎山中学	800.9分	大埔县虎山中学
2	徐睿汀	女	虎山中学	794.7分	大埔县虎山中学
3	郭季锌	男	虎山中学	792.2分	大埔县虎山中学
4	苏嘉鹏	男	虎山中学	789.9分	大埔县虎山中学
5	杨文豪	男	虎山中学	789.7分	大埔县虎山中学
6	张　萌	女	虎山中学	789.3分	大埔县虎山中学
7	陈佳明	男	虎山中学	789分	东山中学
8	陈紫娴	女	虎山中学	788.6分	大埔县虎山中学
9	雷雅露	女	虎山中学	788.1分	大埔县虎山中学
10	郭　蓥	女	实验中学	788分	东山中学

开放教育

【教学工作】2022年，大埔开放大学发挥“互联网+优势”，引导学员网上自主学习；发挥课程教学实施团队作用，指导学员在国家开放大学学习网和“一网一平台”进行学习，学习网上资源、回答学员问题、指导学员完成各门课程的形成性考核任务。2020年秋季班学员邬伟东、郑寿业、杨展贵3人获得国家开放大学2021年度奖学金。2022年12月，大埔开放大学被评为2022年梅州开放大学体系乡村振兴教育“先进单位”。落实教学要求，组织实践环节教学。2022年度，国开、广开共有50个教学班，开设300门课程，在教学班和科目门类众多的情况下，学校安排足够的网上辅导课时。组织辅导老师对国开2020年秋、2021年春的学员进行毕业论文指导，并开展社会调查活动和调查报告的辅导。组织开展考试，做好毕业审核和办证。2022年1月和7月，先后组织2021年秋季和2022年春季国家开放大学期末考试，其中2021年秋季有1675人次报考，2022年春季有1700人次报考。全年办理355人的毕业资格审批和资料审核，其中国家开放大学277人、奥鹏网络教育78人。组织2021年秋季各专业学员进行毕业证照片采集。对标对表，完成国家开放大学广东分部2021年度质量报告、广东开放大学体系2022年春季学期教学检查、2021年度基层开放大学绩效考核等工作。

【招生工作】2022年，大埔开放大学结合大埔经济发展要求和生源特点，利用国家开放大学和广东开放大学教学资源开设招生专业，实行全员招生，把招生任务层层落实责任、层层传导压力，将招生任务完成情况与评先评优挂钩。坚持“招好生、多招生”，加强招生过程的组织、管理，做实做细、做好做优招生过程的每个环节。2022年，大埔开放大学招收开放大学新生268人，其中本科116人、专科152人，涉及本、专科10个专业。有各类在校生802人，其中大埔开放大学开放教育在籍生756人（本科305人、专科451人），大埔奥鹏、远程教育在籍本、专科生46人。2022年度，大埔开放大学开放教育毕业生277人（本科116人、专科161人），奥鹏远程教育毕业生78人（本科76人、专科2人）。主动参与村（社区）“两委”干部学历提升人才培养工程，与县委组织部联合举办村干部大专班，有80名村干部报名参加学历提升。

【教学服务管理】2022年，大埔开放大学规范教育教学行为，以教学管理工作为中心，落实教学环节，加强学生管理与服务，对接学员需求，让学员取得学历的同时能学知识、长本领、增才干。推进“一网一平台”教学组织和管理，落实年度开设课程的教师导学活动。制定各专业开课计划，设置教学任务，做好外聘教师的选聘工作；对新学员开学后分班教学；在统设的思想政治理论必修课程教与学活动中，按照相关要求进行教学安排和课程考核；集中进行《国家开放教育入学指南》的课程教学；加强网络统考课程教学；狠抓线下面授辅导学员的到课率和线上网改课程上网学习点击率，对班主任工作实行量化绩效考核；建立规范的班级档案，针对疫情防控要求，组织学员开展线上学习活动；加强班主任对班级管理工作。建立大埔开大微信公众号，班级建立班QQ群，开通班级微信号，落实上级开放大学“停课不停教，停课不停学”的工作要求，做到防疫教学两不误，教师与学员“双向互动”，提高开放大学学生的学习能力和学习素养。

大埔开放大学负责人名录

校　长：吴振佳（—2022.9）

黄伟平（2022.9—）

副校长：蔡红丽（女）　梁　礽

（李宗柱）

科学技术

【科技平台建设】2022 年，大埔县科工商务局组织企业做好申报认定工作。成功申报国家高新技术企业 7 家,科技型中小企业 31 家，市级工程技术研究开发中心 1 家，广东省名优高新技术产品 3 个，为壮大大埔县科技型企业群体提供政策支持。

【科技专项资金申报】2022 年，大埔县科工商务局组织梅州市博富能科技有限公司和大埔县农业农村服务中心做好 2022 年省科技创新战略专项（“大专项+任务清单”）项目的申报工作，获市科技局立项，项目立项经费 149 万元。

（钟紫荆）

陶瓷研究

【概况】2022 年，广东省大埔陶瓷工业研究所（简称大埔陶研所）坚持以习近平新时代中国特色社会主义思想为指导，学习贯彻落实中共二十大精神和习近平总书记系列重要讲话、重要指示批示精神，按照省、市、县工作部署，做好各项工作，促进科研生产发展。全年获国家发明专利授权 1 项，获叶剑英基金科学技术进步奖二等奖 1 项，获中国陶瓷艺术大展铜奖 1 项。

【生产经营】2022 年，大埔陶研所抓好生产经营管理，全年主营业务收入 71.92 万元，研发投入 140.06 万元。

【科研开发】2022 年，大埔陶研所加强科研项目开发，“一种在陶瓷平面上进行硅酸锌定位结晶并制备陶瓷的方法”获国家发明专利授权，“陶瓷平板产品硅酸锌定位结晶技术的研究与应用”获叶剑英基金科学技术进步奖二等奖，28 寸荷口瓶《喜上眉梢》获第十二届中国陶瓷艺术大展铜奖。组织实施 2 个项目，“高抗热震性耐热陶瓷釉料的研制”项目按项目合同规定完成各项指标要求，资金投入和使用已按规定完成，项目完成率为 100%，已提交验收申请并通过审核；“低碳环保型结晶釉制备关键共性技术研究”项目按合同规定进度完成项目实施工作，资金投入和使用按规定执行，项目完成率为 80%，因项目资金未全部到位，申请延期验收至 2023 年 6 月 30 日。

【安全生产】2022 年，大埔陶研所围绕“遵守生产安全法、当好第一责任人”主题开展全国安全生产月活动，贯彻落实习近平总书记关于安全生产重要论述，宣传贯彻《中华人民共和国安全生产法》，落实“以人为本、关爱生命、关注安全”。加强安全隐患治理工作，将安全隐患消灭在萌芽状态，消除人的不安全行为和物的不安全状态。每月定期召开一次安全生产工作会议，传达和学习安全生产工作重点及方向。不定期开展安全生产演练，提升全体员工安全生产技能，掌握应急安全处置办法，全年未发生对企业和社会造成严重影响的生产安全等事件。

广东省大埔陶瓷工业研究所负责人名录

所　长：黄南兴

（黄萌柱）

社 会 科 学

社科联工作

【队伍建设】2022年，大埔县社会科学界联合会（简称大埔县社科联）充实完善社科队伍建设，开展群众性广东汉剧活动，培养大埔广东汉剧苗子，打造高标准社团组织。

【理论研究】2022年，大埔县社科联编辑出版《大埔社会科学》杂志1期，对接广东省社科院做好建设“省情调研网”试点工作。经梅州市哲学社会科学工作领导小组核准，县委党校张秋婷负责的《乡村振兴战略背景下乡风文明建设研究——以大埔县红色村为例》等4篇论文成功申报为梅州市哲学社会科学2022年规划课题。

【基地创建】2022年，大埔县社科联做好县级社科普及示范基地创建申报工作，至2022年年底，全县已创建15个省、市、县社科普及示范基地，其中省2个（八一起义军三河坝战役烈士纪念园和大埔县博物馆）、市7个、县6个。

【科普惠民】2022年，大埔县社科联围绕“喜迎二十大，奋进新征程”主题，在各社科普及基地举行线上线下的群众性、公益性科普宣传，推动科普惠民。在县博物馆举办第三届“爱我大埔”小小讲解员培训班等社科普及系列活动，在县图书馆开展2022年“粤读越精彩”全民阅读系列活动，在科普基地举办群众喜闻乐见的人文社科普及活动。

大埔县社会科学界联合会负责人名录

主　席：陈秀鸿

副主席：张云彩（女）

（邓祥友）

党 史 研 究

【党史征研编】2022年，中共大埔县委党史研究室（简称大埔县委党史室）开展党史征研编，推动党史工作出新出彩。《中国共产党广东省大埔县历史第二卷（1949—1978）》数易其稿，在征求上级部门和县相关部门及县委领导意见的基础上，提交县委常委会审议，同意交付省委党史室统一出版。编印《大埔党史（34期）》（年刊），组织调研组赴龙岩市、井冈山市征集李明光烈士史料以编辑《李明光纪念文集》。开展党史业务提升年活动，全面提高干部的党史业务素质和编研能力，提交市社科联党史研究课题《中央红色交通线是智慧的生命线》课题报告1篇，参加省、市、县有关单位的征稿活动，分别撰写《从八一起义军“四境”探寻元勋建军贡献》《东江革命根据地与中央红色交通线》《三河坝战役的启示》等文章。

2022年5月12日，县委党史研究室举办“传承红色基因　弘扬红色文化”大埔县重要红色革命史迹展览

（县委党史研究室提供）

【党史宣传】2022年，大埔县委党史室以“赠红色书籍、讲红色故事、上红色党课”的“三红”形式开展“七进”（进机关、进企业、进农村、进校园、进社区、进军营、进网络）活动，开展专题宣讲45场，受众5952人。尤其是与县博物馆联合开展以“传承红色基因 弘扬红色文化——大埔县重要红色革命史迹展览”为主题的展览活动11场，发放书籍500本，涉及中小学校和幼儿园、部分乡镇、县人民武装部和博物馆，受众面广，社会反响好。协助中央、省、市、县有关单位完成《中央红色交通线》《秘密红色交通线》《杨兰史》《红色甜竹》《三河坝战役历史影响》《闽粤赣边区边纵历史》《中央红色交通线秘密战线》等节目的拍摄、录制及采访报道等工作。2022年12月，县委宣讲团成员、县委党史室主任张建新被评为全省基层理论宣讲先进个人。

【革命旧址保护利用】2022年，大埔县委党史室遵照“坚持正确导向，严把政治关；严格核对展陈内容，严把史实关；对照权威表述，及时调整更新”的原则，协助有关部门做好青溪中央红色交通线与南粤古驿道活化使用、全国保密教育基地（青溪）、大东饶和埔县委旧址群和高陂李明光事迹陈列室等项目开发利用工作，发挥展馆在党史学习教育和“五史”（党史、新中国史、改革开放史、社会主义发展史、中华民族发展史）宣传教育中的作用。

中共大埔县委党史研究室负责人名录

主　任：张建新

副主任：甘海洋　余美兴

（李佳发）

地方志工作

【概况】2022年，大埔县人民政府地方志办公室（简称大埔县方志办）贯彻落实国务院《地方志工作条例》、《广东省地方志工作条例》及省委办公厅、省政府办公厅《关于进一步加强新时代地方志工作的通知》精神，坚持依法治志，抓好修志编鉴、地方志资料年报、自然村落历史人文普查、地方志资源开发利用、镇村（部门）志编纂、旧志整理再版、地方志数字化建设等工作，《大埔年鉴（2021）》被评为广东省二等年鉴、梅州市优秀年鉴。

【自然村落历史人文普查】2022 年，大埔县方志办按照《全粤村情编辑出版规范》和省方志办、出版社反馈的审核意见，做好自然村落历史人文普查成果《全粤村情·大埔县卷》文稿的核实查补、修改完善，突出村落特色，严把人物关，丰富充实随文插图，提高出版综合质量。至 2022 年年底，已完成卷（一）（二）（三）（四）的出版发行。

【《大埔年鉴（2022）》编纂】2022 年，大埔县方志办以 2022 年“精品年鉴品读季”活动启动暨 2022 年中国年鉴精品工程研讨会、第七期全国年鉴主编培训班为契机，召开领导班子年鉴整改专题会议，专题研究部署年鉴质量评价发现问题推进整改落实，提高年鉴综合质量。至 2022 年年底，《大埔年鉴（2022）》已由方志出版社出版。按时完成《广东年鉴（2022）》和《梅州年鉴（2022）》的供稿工作。加强地方志资料年报的指导和审核验收，完成 2021 年度全县地方志资料年报任务。

【镇村（部门）志编纂出版和旧县志再版】2022 年，大埔县方志办加强镇村（部门）志编纂出版的指导、审定，保证志书综合质量。中国名镇志文化工程《茶阳镇志》已由方志出版社出版，《大埔县教育志》已完成审定，《旧寨村志》《长新村志》已出版发行。继续开展明嘉靖、清朝和民国时期 6 部《大埔县志》的整理再版工作，已完成数字转化，有序推进校点工作。

【地方志数字化建设】2022 年，大埔县方志办抓好大埔县人民政府门户网站下设的“大埔志鉴”地情频道和广东省情网内容建设。建设全文数据库，对已入库广东省情数据库的 23 本地方志书籍进行复核校对；将 23 本存量《大埔年鉴》和地情书籍进行数字化，上传至广东省情数据库。做好 2023 年广东省经济欠发达地区地方志编修经费项目申报工作，申报拍摄《西岩乌龙茶》《广东汉剧》《茶阳花环龙》《田家炳纪念馆》《邹鲁故居——椿森第》5 集微视频。

【开发利用地方志资源】2022 年，大埔县方志办组织实施 2022 年“多彩乡村 弘扬岭南文化”主题教育实践活动，结合村志编修，开展“百村（校）行”活动。组织报送多彩乡村作品 4 个（摄影作品 3 幅，微视频 1 个），其中《乡村沃野——大埔县西河镇秋收季》（杨开城）获摄影作品二等奖。向省方志办提供《广东乡村经典菜肴》16 篇，《粤鉴话你知》5 篇，《粤故事》2 篇。围绕县委、县政府中心工作，配合开展中央红色交通线（大埔段一期）保护利用项目工作。

大埔县人民政府地方志办公室负责人名录

主　任：曾令根

副主任：黄万海（—2022.7）　肖继海

唐上清（2022.7—）

（张梦婷）

档案管理

【档案接收、利用】2022 年，大埔县档案馆有馆藏档案全宗单位 136 个，馆藏文书档案总数 7.44 万卷又 77.8 万件、照片档案 8220 张、光盘档案 408 张、实物档案 110 件、资料 8860 件；对比 2021 年度新增文书档案 65 卷又 8451 件、专门档案 2671 件、照片 119 张、光盘 9 张。完成重大事件疫情防控档案进馆任务，接收 2021 年度疫情防控档案目录

1587条，完成精准扶贫档案数字化扫描电子档的接收和挂接任务。鉴定馆藏114个全宗应开放档案1.51万件，依法开放档案1.47万件，暂不开放档案有421件。提供档案利用436人次，利用档案2569卷（件），分别为解决矛盾纠纷、核实人事档案、核查村干部任职年限、司法取证等提供档案依据，为大埔红色产业、客家文化发展提供档案支撑。落实“小切口大变化”民生实事办理制度，掌握了解全县近期中心工作，归纳汇集专题档案利用线索，提升档案服务能力。

【档案信息化工作】2022年，大埔县档案馆推进数字档案馆建设，加大档案事业经费的投入力度，加快档案信息化建设进程。接收文件级目录1.11万条，100%完成馆藏档案文件级目录、资料目录电子化。推进馆藏档案数字化扫描工作，至2022年年底，共扫描馆藏纸质档案折合4.83万卷，数据合计1500千兆，占馆藏纸质档案的59.2%，逐步实现馆藏档案全文数字化。对电子目录与挂接的档案扫描件进行校对，人工纠正错漏，提高档案的查全率和查准率，缩短出档时间。

【档案培训、宣传】2022年，大埔县档案馆以“喜迎二十大·档案颂辉煌”为主题开展“6·9”国际档案日系列活动，通过发放宣传单、召开座谈会、收看专题讲座、组织岗位培训等形式，对新修订的《中华人民共和国档案法》和档案管理业务等进行宣传、交流、学习，增强机关、团体、企事业单位档案意识，鼓励、引导、规范社会力量参与档案事务，架构档案与人民群众的桥梁。活动共发放宣传彩页3000张，免费派送《广东档案》4期120份，组织实体经济企业档案员座谈会1场，组织档案员报名参加上级举办的档案岗位培训1次15人，档案座谈交流3次。完善爱国主义基地建设，新建一个实物档案陈列室，展示大埔县取得的奖牌奖杯和红色、人文等珍贵档案，提供参观利用。

【协助档案行政管理】2022年，大埔县档案馆加强与县档案局的联动，协助做好政务事项标准化建设平台、互联网+监管平台数据、省行政执法信息公示平台数据采集和公开工作，精简办事流程。抓好2021年大埔县常态化防控形势下疫情防控档案归集，跟进2018年后乡村振兴项目档案的归集，统筹规划好全县乡村振兴和疫情防控两类档案归集工作和专题数据库建设，巩固两类档案归集工作成果。加强档案保密检查，防止档案泄密。对山丰水库工程下闸蓄水阶段移民安置、党史学习教育等专业档案整理质量进行指导，确保文件材料收集齐全，档案系统规范。采用现场指导的形式，对有关单位档案员进行个别指导，加强对档案中介机构的指导，推进档案管理标准化、规范化进程。

大埔县档案馆负责人名录

馆　长：张国华

副馆长：唐上清（—2022.7）

黄万海（2022.7—）

丘莹莹（女）

（张赞发）

文体 · 旅游

文体旅工作

【概况】2022 年，大埔县文化广电旅游体育局（简称大埔县文广旅体局）贯彻省、市、县委全会精神和“疫情要防住、经济要稳住、发展要安全”要求，狠抓项目建设、产业融合，弘扬践行老区苏区精神，完成年度目标任务。全年全县接待游客 48.53 万人次，同比减少 76%；旅游收入 3.78 亿元，同比减少 79%。

【安全生产】2022 年，大埔县文广旅体局推进安全生产专项整治三年行动，以全面推行安全生产“一线三排”（“一线”是指坚守发展决不能以牺牲人的生命为代价这条不可逾越的红线，“三排”包括事故隐患的排查、排序、排除）为抓手，狠抓行业领域安全风险隐患排查整治，从根本上消除事故隐患、从根本上解决问题。全年全县文广旅体行业领域未发生安全事故。

【公共文化设施】2022 年，大埔县文广旅体局提升公共文体服务水平，补齐公共文化服务短板。完成茶阳镇社区体育公园（茶阳镇文化广场）和西河镇社区体育公园（侨心体育公园）建设任务。完成三河坝战役纪念园、三河坝周家庄民宿 2 个新型阅读空间“粤书吧”建设，至 2022 年年底，全县累计建设 12 个。11 月，梅州市大埔县禾肚里稻田民宿粤书吧成功入选 2022 年度广东省最美新型公共文化空间案例，为梅州市唯一。推进大埔县城环城塑胶健身步道、全民健身中心和大埔县图书馆建设的前期工作，完成大埔县田家炳体育中心运动场、大埔县田家炳体育中

大埔县禾肚里稻田民宿粤书吧

（2022 年摄，县文广旅体局提供）

心训练馆信息化建设，完成 3 个行政村全民健身器材的更新更换，实施 2022—2026 年 1 个七人制足球场升级改造项目和 4 个社会足球场开放工作，推进 4 座涉农资金项目旅游厕所新、改扩建工程和 5 座旅游厕所升级改造工程。

【“三馆”活动】2022 年，大埔县图书馆共接待读者 5.55 万人次，阅览 16.54 万册次，办证 423 人次，上网 4417 人次，咨询 3700 人次，外借 2.49 万册次，阅报 6716 人次。大埔县博物馆共接待游客 2.06 万人次，馆内免费义务讲解 174 场次，下乡行政讲解 32 场次。

【文艺精品】2022 年，大埔县文广旅体局完成广东汉剧大戏《客家之子・田家炳》、大型民族歌剧《血色三河》（精华版）打磨提升工作，于 6 月、7 月开展《客家之子・田家炳》巡演活动，共演出 10 场。完成廉洁教育古装舞台剧《十五贯》复排工作，创排红色交通线话剧剧本《承诺》。召开全县群众文艺创作暨作品研讨会，推动全县群众文艺创作迈上新台阶。大埔县群众文艺作品在 2021 年度省、市群众文艺作品评选中，获得梅州市第三名。

【文化惠民】2022 年，大埔县文广旅体局组织开展群众文化惠民活动，坚持办好县级文化品牌活动，全年举办各类文化惠民演出活动 50 场。举办“传承红色基因 弘扬红色文化”——大埔县重要红色革命史迹展览送展进校园、机关单位活动，完成大埔县 2022 年“5・18”国际博物馆日系列活动。大埔县图书馆开展 2022 年“粤读越精彩”全民阅读系列活动，获优秀组织奖。

【体育活动】2022 年，在做好疫情防控的基础上，大埔县文广旅体局共开展 14 个不同主题的群众体育活动。举办以“乡村振兴，喜迎二十大”为主题的 2022 年大埔县“中华保险杯”足球邀请赛、大埔县职工男子篮球邀请赛、2022 年大埔县第三届“篮协・创杰”三人制篮球赛等，推动全民健身向全民健康发展。组织参加广东省第七届少数民族传统体育运动会，大埔县业余体校训练点（大埔武校）运动员荀跃辉、陈磊代表梅州市参加武术套路和双器械类竞技项目比赛，获得两银两铜。

【文化遗产】2022 年 7 月，广东省人民政府公布第十批广东省文物保护单位名单，大埔县有 5 处入选，分别是罗明故居、华萼楼、大埔县工农革命政府公安局旧址、中央红色交通线大埔段、江东小筑。完成 6 个文物保护单位修缮工程的验收，推进 7 个文物保护单位的修缮工作。2022 年 12 月，大埔高陂瓷雕传统手工技艺、大埔县西岩乌龙茶制作技艺、竹畲箩编制工艺入选梅州市第十批市级非物质文化遗产代表性项目名录；西河老鼠粄入选第一批梅州市非物质文化遗产生产性保护示范基地，瓷都汉乐古韵游入选第一批梅州市非遗主题旅游线路，光德陶瓷烧制技艺（光德陶瓷烧制技艺与工业旅游发展）入选梅州市非物质文化遗产代表性项目优秀实践案例名单。开展非物质文化遗产项目申报工作，举办大埔县 2022 年“文化自然遗产日”非物质文化遗产巡回展。

【文旅融合】2022 年，大埔县文广旅体局组织做好瑞山景区创建国家 AAAA 级旅游景区评定工作，指导三河镇创建国家 AAA 级旅游景区。2022 年 12 月，广东瑞山高新农业生态园股份有限公司蔡俊发获得省文化和旅游厅“乡村文化和旅游带头人”项目资助经费 1 万元，为梅州市唯一。整合旅游资源，策划旅游精品线路，“红动古道・绿动乡村——中央红色交通线亲子研学游”精品旅游线路于7月入选中华人民共和国文化和旅游部全国乡村旅游精品线路。参加文旅宣传推介会，组织参加6次大型文旅宣传推介会。推动乡村研学旅行产业发展，百侯镇侯南村成功入选第一批广东省乡村研学旅行特色村。

【市场监管】2022年，大埔县文广旅体局开展执法专项整治活动，全年开展10个主题专项整治活动。开展文广旅体市场线索摸排工作，2022年未新增涉黑涉恶线索。加强对文旅体行业的指导，指导腾峰酒店、国源酒店申请评定三星级旅游饭店，获得通过。对禾肚里（梅州）稻田民宿开展全国等级民宿评定工作。指导全县歌舞娱乐场所（KTV）签订版权使用协议，指导企业按照规定办理或更换经营许可证。全年处理12起文化、旅游市场投诉，答复满意率100%。

【规划建设】2022年，大埔县文广旅体局推进重点项目建设。大埔县三河坝文旅综合开发项目2022年投资计划资金4300万元，已拨付4300万元，支付率100%。截至2022年年底，五丰段红船浮桥工程完成总工程量的60%；滨水栈道亲水平台（梅潭河碧道）工程三河五丰段项目按合同完成总工程量，准备验收；滨水栈道亲水平台（韩江碧道）工程三河朱德大桥段项目完成总工程量的70%；推进大埔文化旅游服务中心和停车场工程。

大埔县文化广电旅游体育局负责人名录

局　长：何晋江

副局长：丁明昌　江逢宾　廖　丹（女）
段定映　罗彩霞（女）

（杨建海　蓝润婷　余发凤）

广播电视

【概况】2022年，大埔县融媒体中心（大埔县广播电视台）围绕县委、县政府中心工作，强化新闻策划，报道主题鲜明，为全县经济社会发展营造舆论氛围。全年播出时政新闻1600篇、民生新闻800篇、广播电台新闻1600篇，政府网站发布信息5800条，“大埔发布”微信公众号发布信息1800条，“大埔发布”APP发布信息2600条，“大埔融媒DBTV”微信视频号推送原创短视频220条。

【新闻宣传】坚持党管媒体，强化新闻策划2022年，大埔县融媒体中心围绕实体经济发展、学习贯彻落实习近平总书记系列重要讲话精神、中共二十大精神、中共十九大和十九届历次全会精神及乡村振兴、创建全国县级文明城市等重点工作，策划系列报道。学习贯彻习近平总书记系列重要讲话精神，开设《学理论》《奋进新征程　建功新时代》《老区新貌》《非凡十年》等专栏，宣传报道全县各级各部门贯彻落实习近平总书记系列重要讲话精神、中共二十大精神、中共十九大和十九届历次全会精神。强化政务宣传，做好县委、县政府中心工作新闻宣传，重点做好县委全会、人大政协两会等重要会议和南粤古驿道活化利用展示活动等重大活动的宣传报道工作。聚焦重点工作宣传，推出《重点项目在推进》《全力以赴做好疫情防控工作》《狠抓发展第一要务　推动大埔高质量发展》等系列报道，加大对实体经济发展、重点工程建设等重点工作的报道力度。做好乡村振兴主题宣传，推出《乡村振兴在行动》，聚焦驻镇帮镇扶村工作以及实施乡村振兴战略的具体举措，展示大埔县在推进乡村振兴工作的亮点和成效。结合年度和每月创建指标，对“领导重视”“志愿活动”“节日宣传”等板块逐一进行宣传报道，推进“文明创建”宣传工作。加强春节、元宵节、三八妇女节、端午节、国庆节等节庆新闻的策划报道，五一劳动节推出《致敬劳动者》、六一儿童节推出《自强不息好少年》、教师节推出《新时代好老师》等系列报道，对世界结核病日、世界读书日、世界无烟日等行业纪念日进行主题性采访报道。五一劳动节前夕，聚焦大埔县老行业老行当，采访报道草席编织老艺人、竹编艺人、陶瓷艺人等老行当技艺，展示老行当深厚文化内涵。

移动优先，融媒发布　运营大埔县政府门户网站、“大埔发布”APP、“大埔发布”微信公众号、“客家香格里拉”微信公众号、“大埔融媒 DBTV”微信视频号、“大埔融媒”N 视频公众号等新媒体平台，围绕“乡村振兴”“中共二十大”“县第十三次党代会”“中共十九届六中全会”“网络中国节”“我们的新时代”“奋斗者 正青春”“奋进新征程 粤来粤好”等重大主题，开设“人大代表风采”“实干开新局 奋进谱新篇——书记局长访谈”“共建法治大埔 共享美好生活——人大代表说法”“大埔县政协委员风采”等专题专栏，自主原创+及时转载，“一稿多发”，构筑起新媒体全平台联动、专题化聚合、立体化呈现的矩阵。2022 年，“大埔融媒 DBTV”微信视频号推送视频 220 条，浏览量 180 万人次以上，点赞数 4.4 万人次以上，其中“大埔县西岭实验学校 9 月 1 日正式开学”单个视频浏览量为 10.6 万人次以上。

打造精品专题片　制作《砥砺奋进 · 2021 笃定前行 · 2022——大埔县 2021 年县情汇报片》《红色沃土筑起党性教育高地——大埔县委党校新校区建设纪实》《向史而新 踔厉奋发——大埔县开展党史学习教育纪实》等 15 个汇报片，制作推送《人大代表——陈衡礼》《人大代表——刘建平》等 12 个展示各级人大代表依法履职、为民尽责风采专题片，制作《人大说“成语新说”——亡羊补牢篇》《人大普法：高空抛物》等 6 个法治宣传短视频，策划制作《森林防火从我做起》《森林防火“七禁止”》等 13 个系列短视频，推出《美丽大埔——国家 A 级旅游景区》等 11 个系列短视频。

【对外宣传】2022 年，大埔县融媒体中心本着“对内宣传有重点、对外宣传有亮点”的宗旨，加大对外宣传报道力度，展现大埔县经济社会发展各项事业建设成就。2022 年，梅州市电视台播出大埔县融媒体中心上送新闻 480 篇。在“学习强国”学习平台推送《梅州大埔〈人大代表说法〉：房屋空置，需要交物业费吗？》《梅州大埔原创战疫歌曲〈有你真好〉MV 暖心上线，致敬最美志愿者》等短视频，被该平台采用的新闻有 63 篇、被采用的短视频有 56 条。5 月，央视新闻客户端、央视微博视频号、人民日报微信公众号、《南方都市报》、南方+等中央、省、市媒体播发大埔县融媒体中心采访上送的《“95 后”退役军人捐献器官 6 名危重患者获新生》新闻，引发强烈的社会反响。

大埔县融媒体中心（大埔县广播电视台）负责人名录

主　任（台　长）： 黄伟平（—2022.9）
黄庆清（女，2022.9—）

副主任（副台长）： 罗明媚（女）
杨惠乔（女）　杨延彝

总　　编　　辑： 蓝建彬

（钟永威　李冬敏）

图书发行

【经营发行效益】2022 年，广东新华发行集团大埔新华书店有限公司（简称大埔新华书店）抓好图书经营发行，提高效益。一般图书：全年购书中心完成集团公司下达任务，完成销售码洋 159.74 万元，7.48 万册。政治书籍：征订发行《中国共产党宣传工作简史》《百年大党面对面》《习近平谈治国理政》

《二十大文件及学习辅导读物》《中国共产党章程》《中共二十大报告辅导读本》《二十大党章修正案学习问答》《中共二十大报告学习辅导百问》《中国共产党第二十次全国代表大会上的报告》《碳达峰碳中和干部读本》《新编基层党务工作手册》等政治书籍，共计 44.6 万元，1.21 万册。发行全县春秋两季中小学教材、教辅，销售码洋 1633.59 万元，139.28 万册，确保做到“课前到书、人手一册”。

【开展阅读主题活动】2022 年“4·23”世界读书日，大埔新华书店联合县妇联、县博物馆等单位，在大埔购书中心举办形式多样、内容丰富的系列阅读主题活动。活动分为“品味书香·共读半小时”“书香飘万家”家庭亲子阅读两大板块，结合“线上+线下”，首次采用 5G 网络，利用微信小视频、抖音短视频等平台进行同步直播，推动阅读全覆盖。当天下午，来自县城各中小学的小读者、小志愿者们，在大埔购书中心一楼新时代文明实践阅读推广中心参加“童心向党”阅读会。当晚，邀请市家庭教育讲师团成员、县博物馆馆长邓亿娜和 2022 年梅州市“十大优秀书香家庭”谢德祯家庭、大埔县“最美家庭”饶超然家庭，为读者朋友进行“书香家庭”分享暨亲子阅读指导。活动中，读者们互动交流，提问分享，既有集体诵读诗歌，也有线上读者提问。活动结束后，主办方为参与活动的家庭和读者朋友赠书纪念。系列活动面向全县招募 12 个共读点，参与群体涵盖机关、企事业单位、学校、教育机构等，参与共读人数共 3000 人。

广东新华发行集团大埔新华书店有限公司负责人名录

总 经 理：黄伟清

副总经理：郑翠花（女，2022.4—）

（管　干）

客家文化生态保护

【保护传承客家文化】2022 年，大埔县客家文化生态保护示范区管委会（简称大埔县客家文化管委会）贯彻国务院关于非物质文化遗产保护工作“保护为主、抢救第一、合理利用、传承发展”的指导方针，以非物质文化遗产保护传承为核心，制订《大埔县落实〈客家文化（梅州）生态保护实验区五年行动计划（2021—2025）〉2022 年实施方案》，加强全县场馆建设和功能利用，加强数据库档案台账建设，加强文化活动中心、非遗场馆、传习所管理。在落实疫情防控措施基础上，以实施“非遗+节庆”“非遗+

2022 年 4 月 23 日，在大埔购书中心一楼开展“书香家庭”分享会暨亲子阅读指导活动　（大埔新华书店提供）

景区”“非遗+教育”等“非遗+”工程为切入点，加大非遗传承力度，推动非遗项目进校园、进公园、进景区。结合重大节庆举办的各类活动，将广东汉乐、广东汉剧、客家山歌、客家民俗舞蹈等融入景观景区；推动非遗项目进校园，在中小学校设立广东汉乐、广东汉剧、花环龙、鲤鱼灯、仔狮灯、陶瓷工艺等培训基地，邀请非遗传承人到学校开展演出、培训活动，在义务教育阶段课后服务素质托管班设立广东汉剧、广东汉乐等课程，将客家文化融入人们日常生活和工作中。至2022年年底，全县有非物质文化遗产代表性项目78项，代表性传承人85人，其中国家级非遗传承人1人、省级6人、市级17人、县级61人。升级改造县博物馆，建成1个非遗综合性传习中心、3个非遗展馆、3个广东汉乐汉剧活动驿站、53个非遗传习所（已全面建成的共28个），组建1个非遗艺术团和1个非遗乐园，设立大埔县重点文物保护中心、非物质文化遗产保护中心、汉乐研究协会、旅游协会、陶瓷烧制技艺省级示范基地、高陂瓷雕、陈国新传习工作室等。

【创建国家级文化生态保护实验区】2022年，大埔县客家文化管委会担负起全县范围内迎接验收宣传工作责任，抓好各项宣传工作落实和督查，开展客家文化保护和推广，全方位展示实验区建设成果，展示客家大埔魅力，让全县各级各部门和广大干部群众熟知实验区秉承“见人见物见生活”的建设理念，保持创建国家级文化生态保护实验区的宣传氛围。全年全县15个镇（场）的村委、社区、公园、居民小区、酒店、商场、景区、景点、高速公路服务区等悬挂横幅标语1130条；在县城进城大道设立两块T形广告牌和直脚宣传牌等进行宣传；组织人员在便民服务大厅、各村区、酒店等分发创建国家级客家文化生态保护区宣传海报500份；向全县中小学校发放倡议书8万份，并要求各学校印制宣传标语发放给家长阅知后交回学校保存。利用镇（场）、单位、企业、大型商场、酒店等电子显示屏，不间断流动播放宣传标语；利用广播和电视影视频道、时政综合频道每天轮播宣传标语；在公交车车身张贴宣传标语，在县政务微信公众号“客家香格里拉”和“大埔发布”APP等新媒体平台进行宣传，营造客家文化（梅州）生态保护区建设氛围。对标对表国家级文化生态保护实验区建设验收的各项指标，完善和推进国家级客家文化（梅州）生态保护实验区迎检验收的各项准备工作，确保顺利通过国家级的检查验收。

【发展大埔小吃产业】2022年，大埔县客家文化管委会落实县政协委员邓裕声《关于打造粤菜小吃品牌“大埔腌面”预制菜的提案》和县政协罗瑞丹、黄胜科、杨怡娴等13位委员《关于实施文化旅游产业链链长制，推动大埔小吃全链产业化发展的提案》，采取直接与提案联系人联系、主动上门协商听取意见等方式，面对面倾听县政协委员的意见，共商解决办法，提案人对提案的办复、落实情况均表示满意。为实施“粤菜（客家菜）师傅”工程，落实政协大埔县委员会第十五届第二次会议委员们提出的关于文化旅游产业链链长制、推动大埔小吃全链产业化发展的提案，5月下旬至6月中上旬，现场指导县供销合作联合社与广东省电子商务技师学院、大埔县瑞锦职业培训学校联合举办的大埔县“粤菜师傅”培训工程短期技能培训班。培训班采取送教下乡、理论讲解和实践操作相结合的方式，让群众在家门口就能学习技艺，提升就业创业能力，打响“粤菜（客家菜）师傅”培训品牌。至2022年年底，全县累计举办大埔小吃制作技艺培训班36期，免费培训学员1920人；扶持兴办大埔小吃品牌店87间。

大埔县客家文化生态保护示范区管委会负责人名录

主　任：谢德兴

副主任：张永利　魏　琴（女）

（**蓝伟民**）

三河坝战役红色文化

【概况】三河坝战役纪念园位于大埔县三河镇汇东村笔枝尾山顶，是八一起义军三河坝战役主战场的所在地。至2022年年底，纪念园规划面积38万平方米，占地面积18万平方米，建筑面积3万平方米，是全国爱国主义教育示范基地、全国退役军人工作模范单位、全国红色旅游经典景区、全国民政系统行风建设示范单位、全国先进优抚事业单位、全国重点烈士纪念建筑物保护单位、国家AAA级旅游景区，广东省爱国主义教育基地、广东省革命传统教育基地、广东省国防教育基地、广东省人文社会科学普及基地、广东省红色旅游示范基地、广东省干部党性教育基地、广东省党员教育基地、广东省重点文物保护单位、广东省中小学生研学实践教育基地、广东省技术工人疗休养基地和广东省人民政府立法基层联系点等。2022年，大埔县三河坝战役纪念园管理处接待各类游客62.1万人次。

【重点项目建设】2022年，大埔县三河坝战役纪念园管理处开展“保护性”项目建设，三河坝战役纪念园红色教育基地提升改造工程纪念碑山体护坡修护项目申报2022年度中央预算内投资800万元已到位，完成原木栈道改造工程和护坡修坡清土方工程，实施格仔梁浇筑混凝土和纪念碑平台清理石板块及基层作业，完成投资702万元。推动“提质性”项目落地，争取上级宣传、发改、退役军人事务等部门支持，重点争取三河坝战役纪念园红色教育基地提升改造工程爱国主义教育拓展中心建设项目和红色文化广场及烈士英名墙项目申报2023年度中央预算内投资及省级资金，上报相关材料，推动项目尽早落地。

【红色品牌建设】2022年5月，中共广东省第十三次代表大会报告明确提出要保护利用好三河坝战役纪念园等红色资源，发挥好“传承红色基因、赓续红色血脉”的重要作用，指引纪念园各项事业的发展。7月，大埔县三河坝战役纪念园成功申报首批广东省技术工人疗休养基地，并举办2022年梅州市技术工人和先进职工疗休养示范性活动暨大埔县技术工人疗休养启动仪式，3天的疗休养及

大埔县三河坝战役纪念园全景　（2022年摄，县三河坝战役纪念园管理处提供）

学习活动，为纪念园打造“传承红色基因，体验长寿康养”的疗休养品牌奠定基础。12月，大埔县三河坝战役纪念园作为梅州市唯一一家单位入选广东省人民政府立法基层联系点。开展红色文化宣讲，在严格执行新冠疫情防控要求的前提下，全年接待各类游客62.1万人次。

【安全保障】2022年，大埔县三河坝战役纪念园抓牢安全生产工作，建设一座微型消防站，配合镇村做好森林防火工作，开展一次消除地质灾害隐患作业，为游客购买团体意外险，坚持全天候值班值守，确保安全有序。

大埔县三河坝战役纪念园管理处负责人名录

主　任：戴庆生

副主任：谢捷新　何　炀（2022.5—）
刘斯民（—2022.7）

（钟　忆）

九龙湖风景区管理

【九龙湖风景区建设】2022年，梅州大埔九龙湖管理中心对接2022年国家专项债项目储备资金，申报九龙湖风景区基础设施建设项目。九龙湖风景区基础设施建设项目位于大埔县大麻镇、高陂镇，项目拟建大麻码头1座，占地面积1260平方米，党溪码头1座，占地面积1050平方米，碧道40千米。完成概念性规划、可行性研究报告初稿的编制工作，与委托承办单位进行沟通调整，保证项目开发的合理性，提高申报成功率，充实完善“十四五”重大项目储备库。

【成立招商引资工作领导小组】2022年8月，成立大埔县招商引资工作领导小组，由县委书记黄增国任组长，县长凌晓文任常务副组长，相关副县级领导任副组长，招商引资工作相关部门主要负责人为成员，各成员单位在领导小组的统筹下开展工作，构建全县招商引资工作体系。领导小组下设办公室，办公室设在梅州大埔九龙湖管理中心，由梅州大埔九龙湖管理中心主任陈裕华担任办公室常务副主任，办公室承担领导小组日常工作，督导落实招商工作任务。

【招商引资】坚持精准招商，聚力招大引强　2022年，大埔县招商引资工作领导小组办公室树立经济思维和共赢思维，对比周边地区梳理出区位、生产要素（电力、人工等）、资源（矿产）、延链、技术、规模、管理等比较优势的发展条件，加强企业甄别，寻找有潜力、有前景的招商对象，为大埔实体经济高质量发展注入新动能。聚焦资源链招商，发挥大埔县电力和瓷土、稀土、砂土（三土）资源优势，锁定大湾区、海西区、潮汕揭等地区，瞄准央企、大湾区国企和龙头企业，尤其对用电量大但单位产值大、矿产资源需求多且增加值高的行业开展招商选资，力争引进一批“链主型”企业。聚焦产业链招商，围绕延链、补链、强链，在新型陶瓷、瓷土标准化加工、先进材料、食品加工等优势产业和新兴产业“抢”商“夺”资，引进一批龙头企业、补链企业和优质项目，做好优质项目策划、储备、跟踪、洽谈。支持本土企业主动参与产业链、创新链的互补分工，打造产业链条完备的先进材料、新能源、特色现代农业产业集群。

抓实招商举措，增强招商实效　加大招商推介力度，引进一批带动强、效益好的大项目和好项目到大埔落地生根、发展共赢。推动乡贤招商、协会招商、共建招商，调动全县各部门发挥职能优势做好招商对接工作，完善乡贤信息库，发挥外出乡贤作用，对接一批产业专家、企业高管、行业（产业）协会负责人开展中介、委托招商，并选聘招商顾问，多渠道收集招商信息。加强与埔籍商会、同乡会的沟通联系，发挥商会、同乡会的有生力量。借助梅州融湾方案契机和毗邻潮汕揭、厦漳泉的优势，利用好主流媒体和新媒体的宣传优势，抢抓省、市相继出台的《关于推动产业有序转移促进区域协调发展的若干措施》《加快实体经济振兴发展若干措施》等重大政策机遇，推动惠企政策精准送达，确保政策直达企业，协助解决企业政策法规解读问题，开展“暖企行动”，为企业发展“赋能”、提振发展信心。抓住省直“1+2”对口支援大埔的机遇，用好大埔驻镇帮镇扶村力量，深化对口帮扶协作，提前做好谋划，开展精准对接，承接珠三角地区产业有序转移。与对口帮扶单位共建招商数据库和招商地图，推动省直、市直机关推介招商。参照梅州市和大埔县招商引资相关文件要求，制定出台《大埔县驻外招商队工作方案》《招商引资绩效管理项目评分办法》《县级驻外招商队管理考核办法》《招商引资项目“一站式”限时办结服务制度》等，为招商服务工作的开展奠定基础。

【招商服务】2022 年，大埔县招商引资工作领导小组办公室坚持谋项目就是谋发展的理念，围绕企业发展需要，提前介入、高位推进，主动为企业排忧解难，力促项目快落地、快竣工、快投产，激活新的效益增长点，助力大埔实体经济高质量发展。压实招商工作责任。树立招商“一盘棋”的思想，聚焦 2022 年目标任务，落实主体责任，谋划招商工作。坚持领导带头招商，干部服务招商，全员参与招商，提升招商队伍业务水平，熟悉掌握产业政策、招商政策，提高谈判技巧，确保按质按量完成全年目标任务。落实招商后勤保障。按照大埔县招商引资工作领导小组的工作安排，承接县科工商务局招商股的主要工作职能，对 2020 年度、2021 年度、2022 年度落户大埔县的项目进行跟进，每月收集报送项目进展情况，组织开展招商引资月调度会。日常对接县驻深圳招商队，收集周报、月报及总结材料，为驻外招商队提供相关招商数据、信息和材料，对驻外招商队提供的招商项目进行对接研判。铸牢招商服务意识。树立“用户思维”，落实《“一站式”限时办结服务制度》工作要求，主动对接企业，向企业详细传达大埔县产业优势及政策优惠，为企业投资提供全方位参谋，解决用地、用工等企业所关心的生产、生活问题，消除企业投资顾虑。完善招商服务体系建设。建立服务协调机制，为推进项目洽谈、签约、落地、建设、投产、达产、增资扩产“全链条”进度按下“加速键”。对重大招商项目实行“一事一议、一企一策、特事特办”，确保项目签约快、落地快、建设快。成立招商项目服务专班，为企业发展和项目落地提供全流程帮办代办服务，全程“母亲式”服务保障。推进落地招商项目定期回访走访制度，做到项目有人跟、问题有人管、服务有成果，提升企业和项目主动落地入驻的吸引力。2022 年，梅州大埔九龙湖管理中心跟踪服务引入招商项目（亿元以上工业项目 4 个，超 10 亿元项目 1 个），计划投资总额 95.09 亿元，实际完成投资 7.32 亿元，建成投产 3 个。其中，鸿智信锂电池精密结构件项目投资签约仪式于 2022 年 10 月 19 日在县政府会议室举行，项目总投资 10 亿元，建成投产后可产生税收 1 亿元，带动上千人就业。

梅州大埔九龙湖管理中心负责人名录

主　任：陈裕华（2022.9—）

副主任：陈裕华（主持全面工作，—2022.9）
黄思根　丘火旺（2022.6—）

（李奕明）

卫生健康

医疗卫生

【落实防疫工作】2022年，大埔县卫生健康局坚持人民至上、生命至上，发挥疫情防控主力军作用，统筹全县卫健系统资源。强化医疗机构院感防控，落实预检分诊、发热门诊（诊室）疫情防控措施。

【推进重点项目建设】2022年，大埔县卫生健康局推进县人民医院改扩建二期工程、县中医康复中心项目、高陂中心卫生院迁建工程3项县重点项目建设。其中，县人民医院改扩建（县级公立医院升级建设）项目门诊大楼、内儿科楼主体结构和外墙装修已完成；高陂中心卫生院迁建工程宿舍楼、住院楼屋面盖瓦、外墙纸皮砖张贴已完成，综合楼屋面盖瓦已完成；县中医康复中心项目于2022年5月18日开工，已完成基础工程。

【完善医疗服务网络】2022年，大埔县卫生健康局推进紧密型县域医共体建设，县人民医院与高陂中心卫生院建立联合病房和联合门诊，派出两名专家长期驻点高陂中心卫生院开展医疗服务，对大麻、茶阳、百侯、枫朗卫生院每季度派出医务人员进行查房、带教、处方点评、义诊等。开展“优质服务基层行”活动，县人民医院完成胸痛中心、卒中中心建设，启动县胸痛救治单元建设，骨科申报省重点专科。

【推进公共卫生工作】2022年，大埔县卫生健康局落实妇幼重大公共卫生服务项目。2022年1—12月，大埔县城乡妇女免费“两癌”检查2788人，完成全年工作任务。开展中医药健康服务，至2022年12月底，全县65岁以上老年人管理率66%；0—36个月婴幼儿管理率76.6%。落实2022年民生实事项目，开展适龄女生HPV疫苗免费接种，全年接种2388人，完成接种1500人的年度目标任务。

【构建中医服务体系】2022年，大埔县卫生健康局推进中医院建设，县中医医院通过二甲等级复审，县中医医院脑病科通过市“十三五”中医重点专科评审，康复科通过市“十三五”中医特色专科评审。强化中医药人才队伍建设，县中医医院副主任中医师刘小平入选全国基层名老中医药专家传承工作室建设项目专家名单。

老龄健康工作

【银龄安康行动】2022年，大埔县卫生健康局推进“银龄安康行动”工作，全年为全县80周岁以上高龄老人及60周岁以上困难群体（城乡低保户、优抚对象及城乡特困供养人员）2.13万人办理（20元/人·年）老年人意外伤害综合保险；为全县60—79周岁非困难群体老年人7.81万人办理（10元/人·年）老年人意外伤害综合保险，政府统保率100%。为全县60周岁以上低保对象、定恤定补优抚对象以及农村籍退役士兵等困难群体4385人购买一份50元的自付费老年人意外伤害保险。

【开展敬老活动】2022年，大埔县卫生健康局开展“喜迎二十大，健康伴我行”“反诈防骗，敬老助老”等系列敬老活动，为老年人带来健康义诊、健康政策宣传等关爱服务。组织各镇（中心）卫生院开展敬老义诊活动，上门为高龄老人、困难老人免费体检、测量血压血糖、进行健康指导，并建立健康档案；开展健康讲座，为老年人进行免费义诊，受益老人1528人，发放宣传资料1万份。

大埔县卫生健康局负责人名录

局　长：郭斌欣（—2022.3）

梁永志（2022.3—）

副局长：罗小红（女）　连佳权　邓海俊

（陈佳宇）

医疗保障

【概况】2022年，大埔县医疗保障局坚持保基本、可持续、全覆盖，坚持“尽力而为、量力而行”满足人民日益增长的美好生活需要，统筹推进疫情防控和医保工作发展，提升医保待遇水平和服务保障能力。2022年，全县参加城镇职工医疗保险（含生育保险）3.55万人，支付生育和城镇职工医保待遇171.3万元和8108.52万元；参加城乡居民基本医疗保险35.65万人,支付城乡居民医疗保险费3.6亿元；救助困难群众2.99万人次，发放医疗救助资金1678.3万元；赔付大病保险1.4万人次，支付大病保险补偿金额4806.36万元。

【常态化疫情防控】2022年，大埔县医疗保障局细化疫情防控工作方案，落实疫情防控措施。作为县新冠疫情防控指挥办成员单位，全力配合县新冠疫情防控指挥办疫情防控组做好各项疫情防控工作。落实疫情动态监测，对全县医保定点药店进行抽查检查，对发现问题的定点药店现场要求落实整改措施，对发现的违法违规行为依法查处。

【药品和医用耗材集采】2022年，大埔县医疗保障局组织县内18家公立医疗机构落实多批次国家组织药品和医用耗材需求量填报和确认、采购年续签、采购数据核实、回款结算和清零等采购任务。加强对公立医疗机构落实药品和医用耗材采购工作的督促检查，每月汇总全县药品和医用耗材采购情况并上报市医疗保障局。2022年1—12月，全县18家公立医疗机构药品采购总金额1.238亿元，其中平台线上采购总金额1.237亿元，线上采购率99.9%;医用耗材采购总金额1.05亿元，其中线上采购金额1.04亿元，线上采购率99.4%。药品和医用耗材线下采购金额占比均未超出5%，符合省、市相关规定。通过线上平台集中采购，规范医疗机构采购行为，降低医疗机构运行成本，减轻患者医药费用负担。加强医疗服务项目价格监管，落实医疗服务价格动态调整政策，监督管理纳入医疗保障支付范围的医疗服务行为和医疗费用。加强对公立医疗机构药品医用耗材采购和使用的监督管理，加大对医疗服务项目收费日常监管和巡查力度，治理违规收费行为。

【城乡居民医保征缴】2022年，成立大埔县城乡居民基本医疗保险征缴工作领导小组，办公室设在大埔县医疗保障局，完善奖惩机制，出台奖励措施和考核机制，推动医保征缴工作开展。召开全县医疗保障专题工作会议，以巩固当前参保人数为计划目标，部署2023年度医保参保缴费工作，在粤政易建立医保缴费工作群，定期通报医保缴费进度，建立约谈机制，强化各镇（场）缴费责任落实。加大对医保征缴工作的宣传力度，通过政府网站、微信公众号、电视台等媒体宣传医保政策，引导群众主动参加医疗保险，宣传参保缴费方式和时间。制作医保缴费宣传视频音频、印制医保缴费宣传资料，分发至各镇（场）、教育部门、定点医药机构等有关单位，做到宣传工作无间断、常态化，营造“人人知晓，人人参保”的良好氛围。主动对接民政、乡村振兴、残联、卫健等部门，做好资助参保对象人员名单与未纳入农村低收入人口监测范围的稳定脱贫人口名单的核实、学生缴费工作的督促、协助等工作，确保应保尽保。成立督查工作组，于9月21—23日对各镇（场）开展医保工作专项督查，督查发现镇（场）在开展医保参保缴费工作中好的做法，及时指出存在问题，并形成督查通报，推动工作落实。制定约谈机制，按照每期进度排名，配合做好对连续多期排名后3位镇（场）约谈和累计4期排名末位镇（场）在常务会作说明的相关工作，召开约谈会议11场（次）和1次说明。2023年度城乡居民医保征缴时间从2022年9月1日开始至2023年1月31日结束，全县城乡居民医保参保缴费总人数为34.13万人，完成市下达任务的94.6%。

【医保基金监管】2022年4月，大埔县医疗保障局在全县范围内开展以“织密基金监管网 共筑医保防护线”为主题的集中宣传月活动，以宣传解读《医疗保障基金使用监督管理条例》等法律法规和政策措施为主线，采取“线上+线下”的形式，通过开展系列线上报道、开展主题活动、曝光典型案例等方式，走进定点医疗机构、定点零售药店和机关、企业、街道社区、乡村等，推动全社会共同关注、支持、参与医保基金监管工作。建立由县医保、公安、卫健、审计、市场监管等部门组成的大埔县医疗保障基金综合监管部门联席会议制度，保持医保基金监管高压态势。加大对“两定”机构的监管力度，配合县审计局对县人民医院存在医疗服务违规多收费及违规报销医保问题进行核实、督促整改，全额退回违规资金6.52万元，并予以2倍违规金额罚款的行政处罚，罚款金额4.82万元。组织全县两定机构对2021年4月至2022年5月31日纳入基本医疗保险基金支付范围的所有医药服务行为和医药费用进行自查自纠，其中县人民医院自查发现CT超标准收费166.91万元，涉及医保金额92.23万元，已全部退回。全面排查冒用死亡人员参保信息骗取医保基金等违法违规行为，2021年4月至2022年7月，共有14人22条记录存在冒用死亡人员参保信息骗取医保基金违法违规问题，涉及医保金额965.87元，已全部退回。加强对两定机构的日常监管，全年行政处罚1家定点医疗机构，新增7家定点零售药店，中止3家定点零售药店，解除1家定点零售药店。

【智慧医保建设】2022年，大埔县医疗保障局配合省、市做好医保信息化建设，深化“互联网+医保经办”在业务处理、监控监管、公共服务及决策支持等方面的应用。推广医保电子凭证应用，拓展医保电子支付凭证功能，逐步实现医保经办业务“网上办”和“掌上办”，提高运行效率和服务质量。推进医保系统智慧化，医保信息平台上线后，从根本上解决医保信息系统标准不统一、数据不互认，系统分割、难以共享及区域封闭的弊端，实现医保业务编码标准统一、医保数据规范统一和医保经办服务统一，为医保业务办理提供标准化支撑、为监督管理提供智能化支撑、为公共服务提供便捷化支撑、为决策分析提供大数据支撑。

【医保经办管理】2022 年，大埔县医疗保障局聚焦为民办实事，持续优化医保经办服务。明确经办业务程序、服务事项、办理流程，在业务大厅摆放办事流程图示，张贴费用报销所需材料清单；在政府网站实时更新医保政策、流程、工作动态、经验做法等，搭建政务交流平台，提高办事效率，接受群众监督。针对集中审核耗时长的问题，大埔县医疗保障局医保中心采取“前台一窗受理、后台分级审核、限时办结、统一反馈”的综合柜员制经办模式，减少工作积压，缩短群众办事等候时间，解决窗口排队拥挤问题，提高群众满意度。全年医保中心综合业务办理窗口共受理零星报销、特门申请、异地就医备案、关系转移等 2.69 万笔，其中即办业务 1.13 万笔，占比 41.9%。成立信访工作领导小组，按照“谁主管，谁负责”的原则，层层包干到位，哪个问题属于哪个股室的，就属那个股室解决；对转办的案件及时跟踪，按时完成，做到件件有着落、事事有回音。全年收到“12345”热线办工单 32 单，信访案件 2 件，按时办结率 100%，按时回复率 100%，群众满意度 100%。加强经办队伍建设，利用外出学、每周学、交流学、培训学等方式，提升干部队伍政策水平和业务能力。实行组长负责制，抓纪律、管作风、提效率。开展“好差评”制度，督促经办人员履职尽责，建立健全公共服务的长效机制。按照国家、省、市关于开展医疗保障系统行风建设专项评价检查工作的有关精神，召开医疗保障行风建设工作部署会议，把加强行风建设当作最重要的工作来抓，印发《大埔县医疗保障局迎接国家行风建设工作方案》，明确行风建设专项评价现场检查指标及要求，健全工作机制，明确职责分工，加强对行风工作的组织领导，确保通过 2022 年 7 月至 11 月底的国家行风建设检查。

大埔县医疗保障局负责人名录

局　长：黄伟强

副局长：陈克胆　罗育彪

（何爱萍）

镇场简况

湖寮镇

【概况】湖寮镇地处梅潭河中游，位于大埔县中部，是大埔县城所在地。东邻百侯镇，南依高陂镇，西接三河镇、大麻镇，北靠茶阳镇、西河镇，国道235线、省道221线经过镇域。2022年，全镇区域面积201.45平方千米，耕地面积457.4公顷，山地面积2万公顷。下辖19个村民委员会、4个居民委员会和1个林场，393个村（居）民小组。全镇户籍总人口8.53万人，其中农业人口3万人。全镇农村经济总收入10.07亿元，农民人均纯收入1.71万元，分别同比增长0.2%和0.3%。

【基础设施建设】2022年，湖寮镇加大全镇乡道和村道共205.15千米的农村公路养护管理，实行“路长制”管理制度；投入189万元扩建黎家坪鱼苗场至大水里单车道改双车道工程，于2022年12月20日完工交付使用；受多次台风和暴雨袭击的影响，全镇共清理土石方5万立方米，出动机械车辆抢修52次，人工125人次，浆砌护坎450立方米，总投入102万元，确保农村交通“血脉”畅通。开展大安村黄山等10宗全域自然村供水工程建设，确保群众能喝上放心水；推进农村生活污水整改工作，完善氧化塘为主要农村生活污水处理设施的农村除污体系，全镇共有20个氧化塘。定期对辖区内的26间小水电站进行安全生产检查，做好安全生产宣传，强化责任意识，把安全隐患消除在萌芽状态。全年办理乡村建设规划许可证28宗；消除存在重大边坡安全风险的削坡存量232处，开工232处，完成232处，竣工率100%，验收金额198.8万元，验收率100%。投入30万元，建设葵坑村围子里口文化广场。

【农业】2022年，湖寮镇抓好粮食生产，引导农户种好早稻，种足晚稻。引进农业龙头企业到村发展水稻种植，实现机耕、机插、无人机施肥喷药、机收。镇村合力推进撂荒耕地复垦，明确责任分工，形成工作合力，镇耕地撂荒整改工作领导小组办公室及各驻村团队全程参与并负责业务指导。推广病虫害专业化防治技术，做到定期测报、资料宣传、科学防治。推进科学施肥技术，指导农户科学施肥，发动农户使用测土配方施肥。加强草地贪夜蛾、红火蚁、柑橘黄龙病等农作物疫情防控，按时开展虫情、病情会商，做到早发现、早预警、早防治。全年向各村印发农作物病虫害预测预报10期，发放宣传资料550份，发放防控药物236箱。做好2021年耕地地力保护补贴面积核实3826户，补贴面积245.51公顷，2022年耕地地力保护发放补贴资金31.67万元。配合县农业农村局开展农产品和农资产品系列执法检查，对辖区内的15间农资生产经营门店进行种子、农药、肥料等专项集中整治。对辖区内农业龙头企业、农民专业合作社、家庭农场、种植大户等进行巡查，发放告知书、签订承诺书。加强农村沼气安全生产自查及整改，执行沼气安全生产责任制，督促各村做好沼气安全生产排查，消除隐患，发现问题及时整改。全年核查规模沼气池8个，户用沼气池251个。做好政策性水稻种植保险实施工作，全镇水稻种植保险面积89.09公顷。抓好春季蜜柚疏花、疏梢、根外追肥保果、疏果等营养管理，推广优质有机肥施用、普及测土配方施肥技术、推广生草栽培、生物防治、高效低毒、低农残新农药等病虫无害化防控技术，推广柚果套袋质量安全新技术。

【工业】2022年年末，湖寮镇有业广利电子（梅州）有限公司、大埔中燃城市燃气发展有限公司、梅州玉丰特陶科技有限公司、梅州市中建混凝土有限公司、大埔县通美实业有限公司、大埔县合众混凝土有限公司、大埔森鑫源建材有限公司、梅州旭平首饰有限公司、大埔县自来水有限责任公司9家规上工业企业，2022年总产值3.04亿元，同比下降2.1%。

【旅游业】2022年，湖寮镇加强双髻山蜜柚公园景区管理维护工作，投入资金修缮一批旅游基础设施；开展重大节假日黄金周期间专项整治检查，对辖区内景区景点、农家乐和民宿网吧、宾馆酒店、KTV、棋牌室等娱乐场所实行监督和监管。

【国土环保】2022年，湖寮镇以实施“绿美广东”“绿满梅州”行动为契机，实施科学绿化，全年完成新造林抚育26.67公顷，更新完善古树名木名录，挂牌古树名木23棵，发动1300人次参与义务植树活动，种下树苗2400棵。初步建成镇、村两级林长体系，落实各级林长152人，落实林长责任占林地面积的100%。依托网格化日常巡查工作制度，深化镇干部包村（组）、村干部包户管理模式，加强对土地和矿产资源保护、生态环境保护等领域违规违法问题的巡查管理。全面禁止露天焚烧秸秆、垃圾和树枝杂草等行为，改善大气环境质量，打好蓝天保卫战。开展专项行动，查处3宗非法洗砂案，其中洗砂设备已拆除1宗、已停产停业2宗。查处农村违规建坟（墓）等违法行为28宗。加强河湖库管理保护，投入6万元用于河道水面保洁，清理河流长度8.8千米，打捞水面漂浮物40吨，协商解决规模以下“四乱”点3宗。集中开展地质灾害隐患排查，在做好汛期地质灾害防治工作的基础上，掌握全镇地质灾害隐患点动态现状，建立检测员信息交流群，随时掌握隐患点变化情况。2022年，完成在下坜村地质灾害隐患点开展的工程治理，并通过验收。

【科教文卫体】2022年，湖寮镇挖掘当地优秀民间文化资源，组织排练百姓大舞台，选送舞蹈《中国脊梁》参加梅州市“喜迎二十大，奋进新征程”群众文艺汇演。对全镇19个行政村、4个社区各配备1名文体协管员，确保村级公共文化场所每周开放时间不少于35小时，协助县图书馆、电影公司到各村开展送书送电影下乡活动，满足农村群众对精神文化的需求。对辖区内网吧突击清查10次，责令停业限时整改网吧2间，净化网络市场环境。实施健康中国和全民健身战略，举办“湖寮镇第一届村级男子篮球赛”，在五虎山公园和双髻山森林体育公园增设79件运动器材。全镇户籍人口出生680人，其中一孩308人、二孩203人、三孩及以上169人，新婚189人，已婚育龄妇女1.55万人。

【社会保障】社会救助。2022年，湖寮镇社工站坚持“应兜尽兜，应保尽保”，定期对对象进行走访，了解生活状态，帮助解决困难，为群众提供情绪疏导、精神关爱、能力建设、资源链接、社会融入等方面的专业服务。对照标准做好低保、困境儿童、特困人员等群体申请各项补助申报工作，疫情期间加强敬老院卫生管理，保障集中供养特困人员的生命和财产安全。2022年，最低生活保障人员在保数量为农村316户622人、城镇219户413人，事实无人抚养儿童44人，特困人员208人；完善残疾人动态信息调查录入1833人，核查民政对象3119人次，清退不符合低保家庭92户、不符合低收入家庭4户。清查违规超领高龄金30人，追回各项违规发放资金3.38万元。政策补贴。全镇享受高龄补贴的80周岁以上老人1990人，每月发放津贴8.97万元。社会保险。为本地户籍年满60周岁以上老人办理意外伤害综合保险2438人次，为计生家庭投保意外伤害保险936户2743人。做好城乡居民养老保险和城乡居民医疗保险缴交工作，城乡居民养老保险参保人数2.06万人、城乡居民医疗保险参保人数5.18万人。社会优抚。全年帮扶困难退役军人、烈士遗属9人共2.8万元，为10户退役军人、军属、烈属等家庭悬挂光荣牌。就业服务。利用市、县、镇、村四级互联互通的信息网络平台，健全完善劳动力资源数据库，加强农村劳动力动态管理；搭建平台，组织下岗失业人员参加再就业培训，打通“失业—培训—就业”渠道，提升失业人员的技能水平；加强与企业的沟通联系，开发就业岗。

【社会治安】2022年，湖寮镇构建德治、法治、智治、善治、自治五治融合的基层治理体系，推动平安建设工作发展。圆满完成重要节假日、广东省第十三次党代会、中共二十大筹备期等一系列重大节日活动和重点时期的安保维稳工作任务，实现工作目标。打击治理新型电信诈骗，采取走村入户和定点摆摊相结合的形式开展宣传，全年共走访群众4万人，发放相关宣传资料5万份，签订承诺书2.7万份，实现打击治理电信网络新型违法犯罪工作成功“摘牌”。采取走村入户和定点摆摊相结合的形式开展扫黑除恶、反邪教、禁毒铲种等方面的知识宣传，张挂横幅33条、张贴海报50张，走访群众5300户6200人，发放宣传资料7900份。推进科技应用创新，推进“综治中心规范化+全科网格+粤平安云平台”建设，深化“粤平安”系统的应用水平。推进智慧社区、数字乡村视频监控建设，新增建设一批社会治安视频监控点。

【基层党建】2022年，湖寮镇党委围绕中共二十大精神、习近平新时代中国特色社会主义思想，执行“三会一课”制度，推进“两学一做”学习教育常态化制度化，全面落实“一月一主题”支部主题党日活动，发挥好镇委党校的政治教育阵地作用，湖寮镇委党校莒村分教点获评梅州市星级镇街党校分教点。强化党员管理，全面完成43个支部2604名党员的信息采集，建立规范化的电子档案信息库。择优发展党员16名，其中35岁以下9名、大专学历以上8名，培养入党积极分子23人。开展提醒谈话16人，警诫谈话2人，批评教育9人，给予诫勉处理2人。

【城镇建设】2022年，湖寮镇推进美丽圩镇建设，由政府投资谋划兴建项目7个，美丽圩镇建设全面达到“示范圩镇”建设标准，通过市级验收。坚持跟着项目走、围着项目转，聚焦项目无障碍施工，优先确保项目征地的人财物等要素需求，保障湖枫公路、西岭实验学校、北环路提升改造、碧桂园扩征、城西登山公园和建筑渣土收纳场6个重点项目的用地需求。

湖寮镇党委、人大、政府负责人名录

党委书记： 邓瑜瑾
副 书 记： 朱益山　朱　芳（女）
饶　勇　龚仲烦（挂任）
党委委员： 林建新　徐志威
刘启明（—2022.3）　余　煜
何剑东　古碧梅（女，2022.9—）
人大主席： 杨国志（—2022.9）
李瑞杰（2022.11—，2022.9—2022.11为人大主席人选）
副 主 席： 肖胜良
镇　　长： 朱益山
副 镇 长： 张创新　林建新　黄晋锋
张　标　吴德强　杨骥扬
古碧梅（女，—2022.9）

（张均涛）

百侯镇

【概况】百侯旧称“白堠”，民国以后改为百侯，取“多出人才”之意。百侯镇位于大埔县东部，东连大东镇，南依枫朗镇、高陂镇，西接湖寮镇，北靠西河镇，是距县城最近的一个镇，仅11千米，省道221线贯穿其中。2022年，全镇区域面积112.27平方千米，山地面积7038公顷，耕地面积447.4公顷，其中水田面积389.93公顷。下辖14个村民委员会和1个居民委员会，291个村（居）民小组，总人口2.86万人，素有“文化之乡、华侨之乡、干部之乡”之称。全年全镇财政收入5331.28万元。

【基础设施建设】2022年，百侯镇全面完成省道221线湖寮至枫朗一级路征地拆迁任务，确保项目无障碍施工。实施镇区自来水扩容提质项目，收购水厂，实现从“私有”变为“国有”，新建自来水厂房、蓄水池和制水设备，提高供水量和水质。投入380万元，实施全域自然村集中供水工程，全域改善村民饮用水。完成侯北新街堤路结合工程，推动河岸改造，解决周边6个行政村1万人出行拥堵问题。完成7千米村内道路硬底化建设。

【农业】2022年，百侯镇统筹规划特色农业发展，初步形成以蜜柚、葡萄、沃柑为主产业布局，发挥特色产业带动作用，扩大葡萄、沃柑等特色水果种植规模，提升产品质量，加强品牌建设。开展撂荒耕地复耕复种工作，遏制耕地“非粮化”，百分百完成复耕目标。

【旅游业】2022年，百侯镇挖掘境内丰富的红色革命史料，系统整理文物档案，将百侯朱德指挥部旧址打造成百侯红色革命事迹展览室，集中展示百侯红色故事、红色人物等。按照旅游产业发展与城镇化建设融合发展理念，挖掘城镇文化精髓，打造特色品牌，与梅州市广播电视台牵手合作，利用原侯北中学旧址，引进企业建设集教育培训、拓展体验、食宿配套等功能于一体的教育研学（营）基地，侯南村入选广东省乡村研学旅行特色村。

【国土环保】2022年，百侯镇开展城乡环境综合整治和“两美”（美丽梅州·美好家园）行动，坚持把农村人居环境整治作为“一把手”工程，全面动员、全民行动。定期巡河，实现“河畅、水清、堤固、岸绿、景美”的总目标，推进“农村人居环境整治”专项行动。在全镇各村投放100个垃圾桶及20个垃圾箱，加强镇村环境基础设施。

【科教文卫体】2022年，百侯镇推进文化、教育、卫生等各项工作的开展，促进科教文体事业发展。加大教育投入力度，实施“教育强镇”战略，完善教学设施建设，促进教育均衡发展，全镇有幼儿园2所，完全小学2所，完全中学1所。支持培养广东汉乐演奏队、太极拳协会、舞狮队等民间艺术表演队伍，弘扬百侯传统民间艺术形态。结合春节、五一劳动节、十一国庆节等法定节假日，举办乒乓球、篮球比赛，活跃群众文娱氛围，在全镇掀起全民健身热潮，让广大村民充实精神文化生活。

【社会保障】2022年，百侯镇巩固脱贫成效，健全防止返贫动态监测和帮扶机制，定期开展排查，确保不发生规模性返贫。组织开展全镇防返贫调研走访，发现监测脱贫不稳定户2户9人、突发严重困难户1户4人、无边缘易致贫户，完善相关制度确保巩固扶贫成效。全面落实农村低保、五保供养、城乡医疗救助和优抚等相关民生保障工作，全镇享受五保待遇共132人（其中集中供养13人），享受低保待遇共335户628人，保障困难群众的基本生活。遵循“便民、高效、廉洁、规范”的服务宗旨，强化公共服务水平，建立完善工作机制，压实工作责任，全面推动数字政府改革建设，完善“一站式”服务基层治理模式优化、简化办事流程，全年提供矛盾化解、法律咨询、民生服务等6500次。基本完成2022年度城乡居民养老保险和医疗保险县级下达的任务，完成死亡人员违规领取养老待遇追缴。

【社会治安】2022年，百侯镇以维护社会稳定为首要任务，以创建“平安百侯”为载体，创新社会管理，维护全镇的社会安定。健全安全生产各项制度，强化安全生产责任制落实，全镇整改消除安全隐患11宗，实现安全生产“零事故”的目标，安全生产形势持续向好。开展巡山巡火，加强野外火源管控，树立防火警示牌，确保全镇上下森林防火形势总体平稳。

【基层党建】2022年，百侯镇党委落实第一议题制度，学习宣传贯彻中共二十大精神、习近平总书记系列重要讲话精神，推动习近平总书记重要讲话和重要指示精神落地生根、结出硕果。坚持严管和厚爱结合、激励和约束并重，完善干部管理考核机制，注重在乡村振兴、重点项目等工作一线锤炼党员干部，让“务实担当”成为一种新常态。发挥镇委党校培训党员主渠道、主阵地，组织党员干部集中学习《习近平谈治国理政》第四卷，邀请专家教授来百侯讲授专题党课，通过“上夜校、讲党课、谈体会”的方式，开展夜校专题党课。联合各业务部门，针对性开展村“两委”干部业务培训，强化服务意识，提升村干部履职能力。

百侯镇党委、人大、政府负责人名录

党委书记：邓越林
副 书 记：江维杰（—2022.2） 温向国
陈传祺（2022.4—）
谢淑莹（女） 张 毅（挂任）
党委委员：邱建华 李敏逸 廖璐茜（女）
罗庆丰 袁 中
人大主席：何荣朋
副 主 席：刘千和
镇　　长：江维杰（—2022.2）
陈传祺（2022.4—）
副 镇 长：肖栋超 罗梓航 杨智琪
黄小清（女） 邱建华

（范金成）

枫　朗　镇

【概况】枫朗镇地处梅潭河上游，位于大埔县东南部，东邻大东镇、福建省平和县九峰镇，南连饶平县上饶镇，西接高陂镇，北依百侯镇。省道221线、227线和大潮高速（大漳支线）贯穿其中，高速有枫朗出口。2022年，全镇区域面积167.83平方千米，山地面积1.29万公顷，耕地面积1232.27公顷。下辖23个村民委员会，336个村民小组，总人口5.16万人。全镇农村经济总收入14.13亿元，同比增长1.4%；农村人均纯收入1.95万元，同比增长2.6%。

【基础设施建设】2022年，枫朗镇打造镇委党校上山下村分教点，配备完善教学设施，增强师资队伍，并设置3个现场教学点，成为产业振兴示范教学基地。完善民生设施，筹资对广德中学门坪及围墙进行维修和升级改造，支持下木村淡坑自来水工程，解决当地70户350人的饮水难题。建设4间镇村污水处理厂、105个标准化公厕、38个氧化塘等基础公共设施。落实全域自然村集中供水工程12处工程点建设，受益12个行政村，21个自然村。投入230万元进行环境卫生整治，建成“村收集镇转运县处理”的垃圾治理体系；投入125万元建设镇级垃圾转运站，已完成主体工程；投入255万元建设15宗全域自然村集中供水工程，已全部完工；完成大埔角村农贸市场改造；中共南方工委及闽粤赣边区红色遗址群保护利用项目有8处革命遗址施工中；以县统筹入股和引进广州市初心优品商业有限公司合作腐竹厂、特色加盟店等形式，壮大村集体经济收入，带动周边群众增收。

【农业】2022年，枫朗镇推进撂荒地复耕复种，稳定粮食生产，打造“枫林月朗”粮食品牌。搭建合作平台，甄选引进3家优质企业，引导村集体和企业签订合作协议，鼓励群众承包撂荒地进行耕种，形成镇主导、村组集约、企业托管、群众参与的“政府+村+企业+群众”的合作共赢复耕模式。全镇撂荒耕地计划种植水稻200公顷，种植木薯133.33公顷，引进的3家企业通过托管中心模式复耕133公顷，带动小农户335户。同时，共有89名来自社会各界的热心人士认耕认种80.15公顷撂荒耕地，全面完成撂荒地复耕复种任务。全镇垦造水田项目共9个，完成指标建设面积47.72公顷，新增水田指标39.35公顷，与相关企业签订水稻种植等协议，完成早稻春播314.8公顷，全年水稻种植面积806.47公顷。注册“枫林月朗”粮食商标，并设计特色包装，前期由托管中心企业复耕产出的丝苗米出售12吨，打响品牌创建第一枪。

【旅游业】2022年，枫朗镇提升基础设施和服务能力，将“红色文化、绿色产业”资源与实施乡村振兴战略结合起来，加强红色革命遗址保护利用，促进文化、旅游产业化，将红绿资源优势转变为经济优势，建设文化体验现代旅游产业集群，打造全镇文旅产业的亮点品牌。

【国土环保】2022年，枫朗镇坚持全域推进环境整治，开展“三清三拆三整治”，清理房前屋后、街巷、老旧居民区、农贸市场等区域乱堆乱放共304处；清理河道、池塘、沟渠等水域漂浮物和障碍物178处；整治占道经营乱摆卖行为634宗；整治公共空间乱贴画行为285处；整治车辆乱停放行为683宗。平均每月投入20万元进行环境整治，配备55名保洁员，150个垃圾收集点和49个垃圾分类亭。县对镇环境综合测评季度排名分别为第四名、第五名、第四名、第二名，在年度测评中取得第三名。坚持生态治理点面结合，审批农村宅基地16宗，总面积0.2公顷，对农村宅基地建设实行风貌管控；继续开展拆旧复垦工作，成功交易5个项目，总面积6.15公顷；整改卫片执法图斑面积4.03公顷。全面落实河长制，镇村总巡河次数3644次，其中镇级巡河次数1151次，村级巡河次数2493次。镇级清理河道长度2.97千米，清理水域面积0.17平方千米，清理漂浮物31.4吨，投入资金9.34万元。村级清理河道长度5.9千米，清理水域面积0.37平方千米，清理漂浮物37.2吨，投入资金14.06万元。四乱点整改清理6处，已全部销号。组织开展3次“两美”（美丽梅州·美好家园）志愿服务活动，参加400人。

【科教文卫体】2022年，枫朗镇组织广德中学、石云中学、双溪学校、日新小学参加大埔县文化馆总馆联动各镇分馆宣传中国共产党第二十次全国代表大会精神文艺演出。统筹兼顾，增强卫生计生治理能力。全年全镇出生人口349人，出生率6.8‰，其中一孩出生149人、二孩出生119人、多孩出生81人；性别比112.8，自然增长率-0.5‰。谋划革命遗址保护利用项目，编印红色资源宣传册，全年共接待来自各地的研学团队5000人次开展主题党日活动。

【社会保障】2022年，枫朗镇全面落实城乡居民医疗保险、困难救助和就业帮扶等保障制度。全镇参加城乡居民医疗保险3.56万人，特殊医疗救助及因病致贫救助3人，转移就业人员159人，设置14个公益性岗位，设置智慧安防系统，提升社会治理水平；加强督导矛盾纠纷调解工作，调解成功率90%以上。全镇代表中心联络站和村片区联络站代表进站活动42人次，人大代表联络站共接待群众46人次，收到群众意见建议18条，及时交办处理18条，办结率100%。开展义务植树活动23次，共种下2300株各类绿植，增加绿化面积3万平方米；全镇党员干部参加爱国卫生运动5次；成立讲解员队伍、反诈APP宣传服务队和医保宣传服务队4支党员志愿服务队伍，进村入户开展便民服务。

【社会治安】2022年，枫朗镇贯彻实施“八五”普法工作，开展“法律六进”活动28次，悬挂法制宣传横幅25幅，开展村级讲座23次；加强国防教育及民兵队伍建设，完成当年征兵任务；开展扫黑除恶、电信诈骗、禁毒宣传24次；强化社会矛盾化解，排查各类矛盾纠纷35宗，调处成功34宗；组织镇村干部对全镇水库、地质灾害隐患点、削坡建房户等风险隐患进行全面排查，完成81户（处）农村削坡建房风险点治理；分行业、分领域开展安全生产监督检查、隐患排查和集中整治，检查283间次单位厂矿企业，排查出隐患57条，所有隐患均按要求进行整改，确保闭环管理。

枫朗镇党委、人大、政府负责人名录

党委书记：廖周磷
副 书 记：谢宏坤（—2022.2）
魏伊婵（女，2022.4—） 邓初阳
曹立亮 张继忠（挂任）
党委委员：罗焕新 余善谋 张聪贤
肖伟能（—2022.9） 罗志杰
李裕勤（女）
人大主席：刘尚荣
副 主 席：罗红明
镇　　长：谢宏坤（—2022.2）
魏伊婵（女，2022.4—）
副 镇 长：罗焕新 肖伟能（—2022.9）
刘文彪 熊志刚 李荣勇
赖海浪

（罗淑倩）

大 东 镇

【概况】大东镇地处梅潭河上游、大埔县东部，位于闽粤两省三县（平和、饶平、大埔）一区（永定）的交界处，东邻福建省平和县长乐乡、九峰镇，南接枫朗镇、饶平县饶洋镇，西连百侯镇、西河镇，北靠福建省永定区湖山乡。省道227线和大潮高速（大漳支线）经过镇域，高速有大东出口。2022年，全镇区域面积98.26平方千米。下辖13个村民委员会，171个村民小组，总人口2.3万人。全镇村组资产总额9757.07万元，全镇村组固定资产9628.36万元（其中基础设施公路9067.37万元）；全镇年度一般公共预算财政拨款收入1323.52万元，其他收入1346.11万元。

【基础设施建设】2022年，大东镇以构建"内畅外联"的交通网络为目标，推进道路交通项目建设，优化道路交通路径。投入300万元，完成白土村灯心塘道路硬底化工程、大东镇进滩码头周边环境及碧道提升建设工程、大东镇泮溪中心花园景观及道路提升工程等项目建设；完成再光路大蝉溪口段弯道扩宽工程，维修泮溪村人行石阶路，安装中心小学校门道路护栏；推进泮溪家炳桥危桥改建工程、新建泮溪大桥等项目建设，解决群众出行难问题。推进教育、医疗项目建设，配合县级部门做好大东实验学校幼儿园和大东镇卫生院迁建等项目谋划，解决群众上学难、医疗难问题。推进供水改造项目建设，保障群众饮水安全，投入332万元推进全域自然村集中供水二期工程建设，完成镇级村村通供水工程验收，推动镇级自来水提升改造，解决群众用水难问题。强化河湖管理和保护，落实河长制，全年镇级河长巡河188人次，行政村河长巡河1800余人次，自然村河长巡河46人次，清扫生产生活垃圾50吨，清理梅潭河漂浮垃圾10吨，完成11宗河湖"四乱"（乱占、乱采、乱堆、乱建）点整治销号。投入150万元完成大东镇老街火灾高风险区域整治，加强街区消防设施建设，提升全镇火灾防控水平。

【新农村建设】2022年，大东镇推进垃圾综合治理，建立"户投放—村收集—镇转运—县处理"的垃圾收集处理模式。推进厕所革命，开展农村厕所问题摸排整改"回头看"工作，全镇共摸排户厕4073个、农村公厕40个，分门别类建立台账，确保底数清、台账明、促整改。投入40万元完善柘林村园脚路口到主道路、绿化工程，投入135万元完成联丰村湖坑文化广场工程，投入20万元实施进滩村石背路路灯亮化工程；推进污水处理设施整改，推进"美丽圩镇"建设。

【农业】2022年，大东镇依托山形地势，因地制宜规划发展蜜柚、板栗、茶叶、百香果等特色产品。全镇蜜柚种植面积341.8公顷、总产量6054吨，茶叶38.53公顷、总产量65吨，百香果3.33公顷、总产量6.5吨。加大农业技术培训力度，提升农户种植管理水平，培养高素质新型农民，加快现代化农业建设步伐。全年举办农业技术培训2场，参训70人次。至2022年年底，共培育3家省级农业龙头企业，2家市级龙头企业，4家县级龙头企业，4家"一村一品"企业。

【旅游业】2022年，大东镇开展招商引资，引入广东客都文旅有限公司进驻坪山景区，规划精品旅游线路，推动"农文旅"产业融合，激发旅游经济发展活力。花萼楼景区全年售票收入22万元。

【国土环保】2022 年，大东镇推进撂荒耕地复耕复种，整合资源，凝聚乡贤、党员干部、群众的力量，发动乡贤、企业认耕 4 公顷。盘活撂荒耕地资金，其中连片 3 亩（0.2 公顷）以上撂荒耕地面积 76.33 公顷任务数已全面完成。高标准完成垦造水田项目及后期管护工作，联丰、柘林垦造水田项目形成水田指标 3.99 公顷，完成岩东项目 6.3 公顷种植和白土项目 3.32 公顷的种植任务，完成县政府下达的目标任务。查处乱占耕地建房行为，推进卫片执法图斑整改工作，拆除违规占耕建筑 6 处，恢复耕地面积 800 平方米，严守耕地红线。完成地质灾害隐患点治理，投入 10万元进行白土村灯心塘工程治理；投入 100 万元进行大东镇中心小学地质灾害隐患点治理，确保校园和师生安全；投入 180 万元完成西坑村上下福、坪山村排仔里、富溪村长岗岭三处地质灾害隐患点监测设备安装，进行日常监测。投入 300 万元完成梅潭河九峰溪至白土村段水质环保监测站，实现对入河排污口的实时监测和有效监管。

【科教文卫体】2022 年，大东镇有幼儿园 1 所，在园幼儿 107 人，幼儿园专任教师 13 人；小学 10 所，在校生 414 人，专任教师 63 人；初中 1 所，在校生 219 人，专任教师 28 人。全面实施三孩政策，保持适度生育水平。全年全镇户籍人口出生 150 人，出生率 6.4‰，自然增长率 0.3‰。

【社会保障】2022 年，大东镇有低保家庭户数 303 户 216 人，比 2021 年新增低保对象 39 人；特困人员户数 90 户 90 人，比 2021 年新增特困人员 9 人；临时救助 18 人，已全部享受相应政策。建立镇级养老机构 1 个，乡镇社会工作服务站有 15 人。全镇购买城乡居民基本养老保险 8207 人，其中全镇低收入人口购买城乡居民基本养老保险 240 人；全镇购买城乡居民基本医疗保险 1.68 万人。截至 2022 年 12 月，残疾人重度补贴发放 332 人，每人每月发放 252 元；困难残疾人生活津贴发放 198 人，每人每月发放 188 元，同时做好残疾人两项补贴系统录入工作。

【社会治安】2022 年，大东镇每月开展一次矛盾纠纷排查活动，对农村常见的土地纠纷、相邻纠纷、婚姻家庭纠纷进行重点排查，全年镇村两级共调解矛盾纠纷案件 266 宗，成功率 99%。做好人民调解“后半篇文章”，落实完善案件回访、分析报告、结果运用等工作机制。

大东镇党委、人大、政府负责人名录

党委书记：余茂滨（—2022.2）
曾春生（2022.2—）
副 书 记：曾春生（—2022.2）
杨　震（2022.4—）　李建峰
张增勇　赵喜昌（挂任）
党委委员：廖广立　林跃欣（—2022.12）
余家词　李金凌（—2022.9）
廖春娜（女）
郑伟坤（2022.12—）
人大主席：杨　震（—2022.4）
温伟雄（2022.11—）
副 主 席：罗永杰
镇　　长：曾春生（—2022.2）
杨　震（2022.4—）
副 镇 长：廖广立　何越超　赖则村
连　佳　李　平（女）

（何春珊）

高 陂 镇

【概况】高陂镇位于大埔县南部，地处韩江中游，东邻百侯镇、枫朗镇、饶平县三饶镇，南连光德镇、桃源镇、丰顺县潭江镇，西接洲瑞镇、银江镇，北靠湖寮镇、大麻镇。省道 227 线、333 线、222 线和大潮高速（含大漳支线）经过镇域，高速有高陂出口。2022 年，全镇总人口 8.55 万人。区域面积 308.92 平方千米，是大埔县地域面积最大的镇，也是全国重点镇、广东省确定的首批重点建设中心镇、行政体制改革试点镇和陶瓷专业镇。全镇耕地面积 1558.02 公顷，其中水田面积 1422.5 公顷，山地面积 2.4 万公顷。下辖 35 个村民委员会和 1 个居民委员会，585 个村（居）民小组。全镇农村经济总收入 25.21 亿元，同比增长 1%，农民人均可支配收入 1.86 万元。

【陶瓷产业】2022 年，高陂镇有陶瓷企业 46 家，规上企业 14 家，其中陶瓷企业 10 家，全年规上工业总产值 4.58 亿元。围绕陶瓷产业发展布局，推动核心区陶瓷产业发展，完善广州海珠（大埔）产业转移工业园基础设施，新老园区交通线实现“大联通”。推动广州海珠（大埔）工业园提质增效，争创省级高新技术产业园，以高陂大道为主轴，向两翼和赤山方向次第延伸，加快建成科创园、新型陶瓷产业园。

【农业】2022 年，高陂镇推进农田等耕地保护，严守耕地红线，完成全年粮食生产任务 1392.73 公顷，共完成上级下发连片 3 亩（0.2 公顷）以上撂荒耕地图斑的复耕 426.74 公顷。实施万亩高标准农田和千亩高标准烟田项目，打造坪溪、三洲和大塘坝 3 个千亩优质稻基地，推进福员千亩茶园和三洲千亩蜜柚基地建设，支持坪溪村开展“烟稻轮作”，打响大王坑凯达乌龙茶、三洲蜜柚、高陂丝苗米、红糯米、航天米、糖尿病专用米等一批特色农产品品牌。

【旅游】2022 年，高陂镇谋划建设韩江高陂水利风景区（九龙湖风景区），串接、整合库区两岸人文与自然旅游资源。以富大陶瓷为核心，整合陶瓷卖场、展厅和旅游景区资源，集陶瓷工业观光、体验、科普教育于一体，打造陶瓷精品旅游路线，推动“陶瓷+文旅”融合发展。立足山水人文资源，将库区风光、田家炳祖居、李光耀祖居、生态田园、青花瓷韵体验区串珠成链，打造生态文化陶瓷乡村振兴示范带。依托陶瓷旅游精品路线，以大埔陶艺产业园及广州海珠（大埔）产业转移工业园为“双引擎”，打造高陂陶瓷工业旅游区，驱动文旅产业发展。

【重点项目建设】2022 年，高陂镇推进广州海珠（大埔）产业转移工业园科技创新园项目、省道 222 线、省道 227 线公路和西三线等项目的征地拆迁工作，全年共完成土地征收 75.4 公顷，房屋棚寮征收 55 座。总投资 61 亿元的韩江高陂水利枢纽工程全面建成投产，动工建设大埔县第三自来水厂，支出使用 2022 年的专项债券额度。推进高陂中心卫生院迁建工程，高陂镇古西村鹤山片特大滑坡群地灾治理工程完成率 90%，建设凯旋广场（排涝站地块）、高速口加油站。大潮高速（含大漳支线）全面建成通车；推进大丰高速、大潮疏港铁路等前期工作，坑口至高陂、赤山至桃花公路改建工程取得成效。

【社会民生】2022 年，高陂镇出生婴儿 628 人，总人口（计生登记系统）8.8 万人，出生率 7.1‰。至 2022 年年底，全镇共有低保对象 771 户 1366 人，特困供养对象 360 人（其中集中供养 19 人、分散供养 341 人），全镇持有残疾人证 1756 人（符合享受重度残疾人护理补贴 1105 人，符合困难生活补贴的残疾 534 人），留守儿童 532 名，困境儿童 408 名。全年共发放城乡低保金 1366 人 606.28 万元；临时救助资金 94 人 20.26 万元；特困供养金 360 人 404.47 万元，高龄补贴 2132 人 118.95 万元。落实特困供养对象、残疾人、退役军人优抚对象等保障性政策，如期完成全镇 5.01 万人的社保缴费任务。开展扫黑除恶斗争和涉毒、涉盗抢、涉赌等专项打击整治，办结案件 57 宗。践行新时代“枫桥经验”，全年受理来访 85 件，办结率 100%。

【乡村振兴】2022 年，高陂镇立足“县域副中心城镇”发展定位，继续规划建设“韩江画廊·醉美九龙”示范带，驱动“陶瓷+文旅”双引擎，打造 3 个千亩稻米种植生态农业基地。推进农村生活污水处理设施及配套管网建设工程，全镇污水管网完善工程完成率 80%。推进农村集中供水工程，实施全域自然村集中供水工程 22 个，覆盖自然村人口 8435 人。全镇畜禽粪污综合利用率 95%以上，户用无害化卫生厕所覆盖率 99.5%，生活垃圾收运和有效处理率 100%，主次街道和排前路硬化率 100%。开展打击“两违”（违法占地和违法建设）行动，拆除违法建筑面积 1909 平方米。推进“卫片执法”，立案查处违法用地图斑 15 起，超额完成削坡建房整治任务，整治 205 户。落实河长制管水、护水、治水工作责任，清理整治河道“四乱”（乱占、乱采、乱堆、乱建）和妨碍行洪等问题，打击盗采河沙、非法洗砂行为，清除销号 1000 平方千米范围内“四乱”点 65 宗。

【防御洪灾】2022 年 6 月，高陂镇遭遇十年一遇的“龙舟水”，全镇受灾涉及 28 个行政村 1 个社区，受灾群众 9507 人（镇区受灾群众 1459 户 5069 人，农村受灾群众 1168 户 4316 人）。镇党委、政府快速响应，转移救援群众 3826 人（转移城区受灾群众 561 户 2332 人，转移农村受灾群众 415 户 1494 人），运送各类生活物资 1820 份，未发生人员伤亡事故和次生灾害。

高陂镇党委、人大、政府负责人名录

党委书记：黄海军（—2022.4）
刘坚城（2022.4—）

副 书 记：张潘琪　朱海秋　卓　权
申旭华（挂任）

党委委员：李国贤　刘　智　张达柯
李啸尘　张嘉华

人大主席：吴千捷

副 主 席：丘志坚

镇　　长：张潘琪

副 镇 长：李国贤　温建昌　李　冰（女）
刘志南　张志锋　徐开亮
刘明辉

（宋志源　张心颖）

光　德　镇

【概况】光德镇位于大埔县南部，东和南邻饶平县三饶镇、新丰镇，西和北接高陂镇，西南连桃源镇。省道 333 线和大潮高速经过镇域，高速有光德出口。2022 年，全镇区域面积 125.96 平方千米，耕地面积 574.28 公顷，林地面积 1.1 万公顷。下辖 10 个村民委员会和 1 个居民委员会，196 个村（居）民小组，总人口 3.5 万人。

【农业】2022 年，光德镇完成作物种植面积 60.7 公顷，任务完成率 101.2%；完成晚造种植任务 189.4 公顷；完成其他粮食种植任务 80 公顷。耕地地力保护补贴面积 428.51 公顷，发放补贴金额 55.28 万元。第一批补贴面积 151.03 公顷，为 2300 户发放补贴金额 4.12 万元。第二批实际种粮补贴面积 151.03 公顷，为 2272 户发放补贴金额 15.67 万元。至 2022 年 12 月底，全镇共完成 3 亩（0.2 公顷）以上复耕任务 183.24 公顷，完成率 100%；3 亩（0.2 公顷）以下复耕任务 16.51 公顷。省下发连片大于15亩（1公顷）图斑中已复耕69.7公顷。收到43.5万元认耕认种款，认耕认种面积16.11公顷。

【基础设施建设】2022年，光德镇夯实基础设施建设。乡道185线陂漳桥至光德镇富岭旅游产业公路于2022年4月底正式开工建设；金坑段（拓宽）、湾塘段（拓宽）用地交付施工方进行施工，加紧施工中央坑段（拓宽），项目起点位于高陂镇尧溪村，终点位于光德镇富岭村，设计路线全长9.19千米，设计技术标准为三级公路标准，路基宽度8.5米，路面宽度7米，水泥混凝土路面。工程估算总投资4617万元，建设工期为2021年至2023年，项目入选大埔县“十四五”规划重大项目和2022年重点建设项目。

【经济管理】2022年，光德镇借助驻镇帮镇扶村工作队，协助金融助理为全镇经济发展提供金融服务。通过走村入户、开展金融政策和金融产品宣讲会等方式，联动镇内银行机构为大小商户、农户制订金融服务方案，全年为18家陶瓷企业和茶叶、蜜柚种养户办理贷款2289万元，破解其生产经营中遇到的发展瓶颈，增强产业自身“造血”功能。围绕陶瓷支柱产业扩大生产规模所需的“路、电、气”等重点要素，抓好镇内路网升级工程、梅州大埔35千伏光德输变电工程、西三线闽粤支干线（潮州—漳州段）工程。坚持创新驱动发展战略，抓好龙头企业的扶助和抚育，做好“保规上”“育上规”。全镇规上陶瓷企业2022年工业总产值9980.1万元。

【国土环保】2022年，光德镇完成县自然资源局提出的32项疑似违法用地卫片图斑核查工作，完成复耕复绿整改图斑6个，共1.11公顷。县自然资源局共下发4个耕地卫片执法监督图斑，完成3个兴建坑塘的耕地卫片图斑复耕工作，整改完成率75%。完成20份村民申请农村宅基地建房报批申请，通过镇有关部门和第三方测绘公司现场核实地类和周边情况，并经光德镇农村宅基地规划委员会成员讨论通过后，发放15份符合要求的乡村建设规划许可证。

【科教文卫体】2022年，光德镇抓好校园安全及防溺水的检查及宣传工作，通过线上线下联合、线上校企讯通、校讯通、家长微信群等形式，线下成立多部门联合的领导小组，并由镇主要负责人对光德镇中小学进行检查及宣传教育。例行每月一次的食堂食品安全检查，并不定时抽查。6—10月，每个星期开展1次防溺水班级会，共举行5次防溺水讲座；成立30人组成的防溺水巡查小组。

【社会保障】2022年，光德镇开展防止返贫监测和帮扶工作集中排查“回头看”，对全镇脱贫户313户774人进行原有指标的全面排查，同时对其他困难农户进行走访入户调查。光德镇未发现存在有返贫风险的人群，同时14户监测户保持稳定。全镇有脱贫户315户780人，其中五保、低保户235户511人（富岭村82户183人，上漳村71户193人）。做好城乡居民医疗保险、城乡居民养老保险、热线平台、便民设备使用等系统工作，完善后台数据。完成2022年村务、党务、财务、三资等惠民信息平台公开，处理“12345”政府热线工单77个。全年镇村级在梅州市统一申办受理平台登记办结业务2668件。配合做好事项下放工作，工商登记业务进驻公共服务中心，实现“全市通办”“证照联办”便民窗口正常运行。

【社会治安】2022年，光德镇落实“粤平安”社会治理云平台（一期）项目建设。全镇11个村（居）委会录入网格事件251宗，已办结事件251宗，录入办结率100%，网格员综治E通APP账号每月活跃度90%以上。每月开展反诈宣传，共开展20次宣传活动，发放宣传单5000份，与11个村（社区）签订防范电信诈骗责任书。

光德镇党委、人大、政府负责人名录

党委书记： 丘伟彬

副 书 记： 黄小玲（女） 江思峰 饶 伟 张紫伟（挂任）

党委委员： 郭旭景 杨思娟（女） 卢庆达 黄钧安 唐上湖

人大主席： 郭庆亮

副 主 席： 李燕娜（女）

镇　　长： 黄小玲（女）

副 镇 长： 郭旭景 何立俊 陈崇茂 曾 胜 黄 波

（丘儒霖）

桃　源　镇

【概况】桃源镇位于大埔县最南端，东连光德镇，东南接饶平县三饶镇，南邻潮安区凤凰镇，西和西南邻丰顺县潭江镇，北靠高陂镇，地处两市（梅州市、潮州市）三县（饶平县、丰顺县、大埔县）一区（潮安区）交汇之处，省道222线贯穿南北而过。2022年，全镇区域面积76.76平方千米。下辖6个村民委员会，119个村民小组，全镇总人口1.88万人。规模工业总产值1.16亿元，重点项目完成投资6640万元。村集体经济收入为：坪新村10万元，桃锋村4.63万元，上墩村9.4万元，新东村19.5万元，桃星村8.7万元，团结村17.3万元。

【基础设施建设】2022年，桃源镇提升改造农村公路，投资18万元完成上墩村中段至下角460米道路硬底化建设，投资10万元提升改造团结村司马第200米村道，投资2万元提升改造桃锋村李坑50米破损道路。

【新农村建设】2022年，桃源镇推进绿美桃源生态建设，组织镇村干部种植500株小树苗。改善圩镇面貌，通过“宜居圩镇”市级验收。完善“人居环境+陶瓷”乡村振兴示范片建设，筹资3万元完成梓鄰桥修缮工程，总投资200万元的南北桥及其水挡建成启用。筹资100万元建成桃源镇首个人大主题公园，投资80万元的桃源镇农贸市场升级改造工程竣工启用。筹资700万元完成桃星村湖洋背新农村建设项目，筹资38万元建成新东村山下登山公园。全面完成撂荒耕地复耕复种任务，动员各级人大代表、社会热心人士认耕认种33.13公顷。

【经济管理】2022年，桃源镇围绕“瓷韵桃源·茶茗稻香”建设主题，培育产业强村、经济强村，打造全县乡村产业社区示范点，推动乡村振兴提质增效。广东飞马峰农业种植休闲项目、新东村新农村建设项目全年完成投资6640万元。挖掘老字号企业历史文化和传承价值，吉玉公司被市商务局授予首批“梅州老字号”称号。力促先进制造业做强做大，欣红公司当选为梅州市先进制造业产业协会监事单位。吉玉公司与讯源集团合作成立广东讯源吉玉新材料有限公司，首轮融资5000万元共同研发、改进和生产新型陶瓷材料。完成广东万生艺术陶瓷有限公司工程项目征地工作，进入用地报批报建环节。引导富源公司投资750万元，在厂房及办公楼顶端位置安装6000平方米光伏板发展光伏发电。发展茶叶产业，基本形成以飞马峰茶园为主，坪新村、上墩村茶叶种植点为辅的“一园多点”茶叶产业发展格局，全镇种植茶叶面积133.33公顷，年产值1000万元。广东飞马峰农业有限公司被广东茶叶联盟授予

“广东生态茶园认定企业”称号；在中国首届斗茶大赛暨2022中国十大茶王评比活动总决赛中，飞马峰茶叶获全国第11名、特别金奖第一名。

【国土环保】2022年，桃源镇有垃圾中转站1座，垃圾收集桶1100个，收集箱12个，镇村垃圾转运车7辆。垃圾处理厂正常运营，镇垃圾集中收集、集中运输，垃圾年处理量2550吨。有污水处理设施3处，镇级污水处理厂正常运行，集中处理生活污水。

【科教文卫体】2022年，桃源镇加大助残扶困力度，大埔县桃源“助残·关爱”基金会发放资助金21万元，惠及127名特殊困难群众和贫困学子。通过县人大常委会牵头和其他4个帮扶单位支持，筹集防返贫资金29.22万元，制订出台《桃源镇驻镇帮镇扶村防返贫资金使用计划》，出资4.4万元帮扶3户困难户。完成桃源中学学生食堂环境提升工程。

【社会保障】2022年，桃源镇有最低生活保障边缘家庭22户61人，低保家庭134户320人，特困人员50户50人，全部享受相应政策。建立镇级养老机构1个，乡镇社会工作服务站人员有8人。全镇购买城乡居民基本养老保险8340人，其中全镇低收入人口购买城乡居民基本养老保险137人。全年有1.29万人购买城乡居民基本医疗保险，符合条件的五保老人实现应保尽保。截至2022年12月，残疾人重度补贴发放195人，每人每月发放252元；困难残疾人生活津贴发放86人，每人每月发放188元，及时做好残疾人两项补贴系统录入工作。由镇政府出资3.83万元为符合条件的60周岁以上2702位老人购买“银龄安康”意外保险，其中80周岁以上老人429人，60—79周岁困难老人143人，60—79周岁一般老人2140人。

【社会治安】2022年，桃源镇做好综治维稳工作，对群众反映的问题及时解决，将矛盾纠纷化解在基层，解决在萌芽。推进基层综合行政执法改革，依据下放的职权范围，抽调具有法律工作经验的工作人员，成立综合执法办，组建10人的综合执法队，并配备相应执法办公设施。执行行政执法人员持证上岗和资格管理制度，安排执法人员学习宣传贯彻行政处罚法、行政强制法、行政复议法、重大行政决策程序暂行条例等新施行、新修订的法律法规。全年对人民调解员进行2次培训，镇村两级人民调解委员会受理矛盾纠纷18宗，调处成功18宗，调解成功率100%，未发生调解不及时或因调解不当而引发“民转刑”案件。

【基层党建】2022年，桃源镇昌隆公司党员丘汉松当选为中共二十大代表，并进京出席大会。按照“全面学习、全面把握、全面落实”的重要要求，在全镇掀起学习宣传贯彻中共二十大精神热潮。严把党员发展关，坚持优中选优，发展党员3名，吸收入党积极分子22名。全年处置问题线索3件，立案查处1件，给予党纪处分1人。

桃源镇党委、人大、政府负责人名录

党委书记：邱志灵（女）

副 书 记：何源选　杨增枫　邓礼东

李志文（女，挂任）

党委委员：汤汉城　赖龙华　黄　斌

朱　明　苏道如

人大主席：罗绍辉

镇　　长：何源选

副 镇 长：汤汉城　何城辉

曾春华（女，—2022.5）

邓奇勇（2022.11—，2022.9—2022.11为副镇长人选）

（李书帆）

大麻镇

【概况】大麻镇位于大埔县西部，韩江纵贯其境，东邻湖寮镇，南连高陂镇、银江镇，西与梅县区松口镇、雁洋镇为邻，北接三河镇。国道235线、省道222线、梅龙高速和大潮高速（含大漳支线）经过镇域，高速有大麻出口。2022年，全镇区域面积229.82平方千米，下辖22个村民委员会和1个居民委员会，385个村（居）民小组，总人口3.74万人。全镇农村经济总收入9.68亿元，同比增长5.2%；居民人均可支配收入2.43万元，同比增长3.8%。

【农业】2022年，大麻镇培育“一村一品”特色专业村，支持村集体立足资源优势，培养新型职业农民，加快农业种植发展。全镇有17个村实现集体经济收入5万元以上，2022年度村集体经济收入超200万元，桃石村被省农业农村厅评定为一村一品专业村。制订《大麻镇撂荒耕地复耕复种攻坚行动工作方案》，坚持因地制宜、分类指导原则，推行撂荒耕地网格化管理，全镇连片3亩（0.2公顷）以上撂荒耕地220.75公顷全面完成复耕复种。抓好垦造水田工作，落实9.91公顷垦造水田种植管护工作。

【基础设施建设】2022年，大麻镇推进县道009线至高桥坑、乡道105线黄田坑至北埔单改双车道工程建设，莲塘大桥主体基本完工并实现通车。跟进莲塘大桥、库周旅游产业公路建设和韩江高陂水利枢纽工程后续工程，加紧汶水塘新区配套设施建设，推进移民安置工作。推进中村、南坑车道单改双工程，第二批全域自然村集中供水工程基本完成。博钺电子厂一期项目完成投资1800万元，实现稳定生产，开展二期项目建设前期工作；莱宁电子厂项目进行研发试产。加快城区防护工程建设，防护功能已基本具备。顺丰梅州柚物流集散中心提质升级，新增50个村级揽收点，日处理柚子1200吨以上，降低物流成本。用好用活乡村振兴驻镇帮镇扶村项目，乡村振兴驻镇帮镇扶村项目2021年有4项，总投资500万元，2022年有11项，总投资1020万元。聚焦美丽圩镇建设、公共服务提升等重点领域，加强项目要素保障，进行总额2.52亿元的美丽乡村专项债建设项目申报工作。

【国土环保】2022年，大麻镇贯彻落实《梅州市开展“美丽梅州·美好家园”三年行动计划（2022—2024）》，开展城乡环境综合整治。全年督查整改各村（社区）卫生问题900宗，清除店面“牛皮癣”及周边各类不规范广告800处、卫生死角800处，出动宣传车400车次，清理花草树木、乱堆乱放杂物800车次，大麻交警中队整治乱放车辆400辆次。全面落实河长制，设立自然村河段长，实现镇、村、组三级河长全覆盖。全年镇级河长巡河1004人次，村级河长巡河5255人次，发现问题32宗，落实整改32宗。清理河道32千米，清理水域面积1.09平方千米，清理漂浮物11.2吨。推进综合行政执法，全年检查食品经营单位225家次，办理消费者投诉举报案件14宗，办理个体工商户营业执照申请219宗。至2022年12月底，组织施工完成5处中小型地质灾害隐患点综合治理项目工程并通过县验收，完成2021年度7个（0.31公顷）耕地卫片图斑整改并通过验收。

【科教文卫体】2022年，大麻镇推进文明村镇创建工作，评选推荐“五星级文明户”515户，推荐“梅州好人”2名，1户被评为第四批梅州市“美丽家园”示范户。开展志愿者服务活动，全年组织开展农村环境卫生整治、森林防火、知识宣传、扶贫帮困、护河巡河等各类志愿服务 34 场，志愿时长超 3600 小时。

【社会保障】2022 年，大麻镇建立防止返贫动态监测和帮扶机制，重点聚焦、定期走访的监测对象有 7 户 18 人，逐一建立帮扶卡，明确镇、村两级帮扶责任人，巩固拓展帮扶措施，帮扶机制印制上墙、帮扶责任落实到人、帮扶措施具体明确。结合党史学习教育“我为群众办实事”实践活动、基层党支部结对共建、“两节”（元旦、春节）期间走基层送温暖等活动，走访慰问部分残疾人士、重大疾病患者、特殊儿童等弱势群体，慰问 85 人次，送上慰问品和慰问金共 3.05 万元。对重点监测对象、老党员、五保户、敬老院老人等开展上门慰问活动，送上米、油、毛毯等生活物资和慰问金。实施统筹城乡的城乡居民社会保险，2023 年度城乡居民基本医疗保险完成缴交 2.31 万人，完成上级下达任务的 90.4%。做好被征地农民养老保障落实工作，全年分配落实保障对象 406 人，落实保障资金 564.3 万元。

【社会治安】2022 年，大麻镇按照《地方党政领导干部安全生产责任制规定》的要求，坚持“管行业必管安全”的工作方针，落实责任，加大对全镇 6 间烟花爆竹经营店的检查和监管力度，注重对 2 家加油站、5 家液化气供应点、12 家各类企业单位的安全生产检查。全年开展安全生产大检查专项活动 25 次，出动 100 人次，检查企业 80 家次，排查隐患 40 条。加强矛盾纠纷排查化解，做到大事不出镇，小事不出村，民间纠纷基本上解决在基层。建立健全以基层综治中心为依托的社会心理服务实体及其运行机制，提高社会风险防控能力，完成镇级社会心理服务室建设，全镇 23 个村（社区）社会心理服务站由县委政法委按统一标准建设完成。推进“综治中心+全科网格+粤平安”建设，谋划推进综治中心规范化建设，按照上级全科网格工作方案，在原 47 个网格的基础上，科学细化划分 112 个二级网格。

大麻镇党委、人大、政府负责人名录

党委书记： 葛志发（—2022.2）
陈方华（2022.2—）
副 书 记： 邓增城　陈　鹏（—2022.4）
张享基　邓小武（2022.9—）
孙小波（挂任）
党委委员： 邓小武（—2022.9）
钟林家（—2022.3）　蓝尚威
杨延浪（—2022.12）
余玉桂（女）
侯福懿（2022.8—）
杨访日（2022.9—）
人大主席： 林紫鹏（—2022.9）
副 主 席： 余美锦
镇　　长： 邓增城
副 镇 长： 邓小武（—2022.9）
陈淑明（女，—2022.7）
侯福懿（—2022.8）
杨访日　廖英强
何秦洲（2022.8—）
刘文铎（2022.9—）

（何　星）

三　河　镇

【概况】三河镇位于大埔县西部，梅江、汀江、梅潭河 3 条河流在此汇流成韩江，故名。东邻湖寮镇、茶阳镇，南连大麻镇，西接梅县区松口镇，北靠青溪镇。国道 235 线、省道 227 线、梅龙高速、梅坎铁路经过镇域，高速有三河出口，铁路有大埔站。2022 年，全镇区域面积 152.24 平方千米，水田面积 379.07 公顷，耕地地力保护补贴面积 463.44 公顷，省级生态公益林面积 6332.03 公顷。下辖 12 个村民委员会和 1 个居民委员会，202 个村（居）民小组，总人口 1.95 万人。全年村集体经济收入 173.98 万元。

【基础设施建设】2022 年，三河镇推进农村生活污水处理设施及配套管网建设工程，管网总长度 4770 米，投资总额 436.02 万元，于 11 月初完成项目建设。该项目在三河镇汇城村、社区进行建设，以“优环境、惠民生、促转型、谋发展”为根本出发点，以农村人居环境整治、美丽乡村建设为载体，推进城镇污水治理工程的可持续发展，完善区域管网系统，消除污水进入水体污染水环境隐患。推进五丰大桥至灰场道路改造工程建设，县委党校新校区建成投入使用。

【农业】2022 年，三河镇围绕农业增效、农民增收，创新农村工作机制，克服风沙灾害、洪涝灾等自然灾害的影响，促进农业经济发展。落实撂荒耕地复耕复种，守住粮食安全底线；发挥驻镇帮扶工作队作用，加强防返贫监测，巩固脱贫攻坚成果。全镇稻谷面积 185.73 公顷，比 2021 年增加 30.73 公顷，增长 19.8%；产量 1098 吨，比 2021 年增加 179 吨，增长 19.4%。蔬菜面积 611.53 公顷，比 2021 年增加 103.13 公顷，增长 20.2%；产量 1.63 万吨，比 2021 年增加 6182 吨，增长 18.6%。

【工业】2022 年，三河镇推动工业生产发展，三河工业园区实现工业总产值 3.95 亿元，同比增长 18.6%；税收 760 万元，同比增长 14.7%。大埔电厂实现年产值 24.88 亿元，税收 5544 万元，同比增长 11.8%。大埔电厂二期项目于 2022 年 9 月动工建设，项目投资 80.62 亿元。规上企业博富能增资扩产 8000 万元，推进广东峡能 100 兆瓦农光互补工程建设。

【旅游业】2022 年，三河镇重点打造以三河坝战役纪念园为核心，联结起义军后方医院、红色研学小镇、中组部红色村组织振兴试点、广东省红色村党建示范点的“一核四点”红色+旅游区，创建国家 AAAA 级旅游景区。推进汇城村乡村旅游产业配套设施建设，建设三河坝文旅综合开发项目，打造梅潭河碧道、红船浮桥等旅游景观景点，建设生态停车场，实施韩江源文旅配套等项目，创建汇城村 AAA 级旅游景区。

【国土环保】2022 年，三河镇推进第二批全域自然村集中供水工程、韩江源驳岸生态修复工程、垃圾中转站提升改造工程建设。第二批全域自然村集中供水工程总投资 169.51 万元，韩江源护岸护坡工程总投资 5139 万元。11 个拆旧复垦项目全面进入整改及验收阶段，建成梓里村滑坡特大型地质灾害点避险工程安置区，镇中心小学、梓里中学新教学楼建设项目进入立项阶段。坚持“党建引领、规划先行、产业为重、融合建设”的工作思路，完成三清三拆，全域推进农房管控、风貌提升、绿美行动，发展壮大红色教育、文化体验、乡村休闲、文创产品、绿色食品等特色产业，促进美丽乡村转向产业乡村。

【科教文卫体】2022 年，三河镇开展农村人居环境综合整治，探索“支部引领、党员带头、保护+整治+发展”的“党建+生态”路子，组织党员干部带头，动员农民群众和乡贤参与。制订“共创美丽宜居环境 · 献礼党的二十大”活动方案，开展专项行动，创建示范圩镇，三河镇人居环境综合整治连续三季度全县排名第一。全年全镇出生人口 167 人，人口出生率 8.6‰。

2022 年 7 月，中国空间站航天员陈冬、刘洋、蔡旭哲向在北京召开的全国老区宣传工作会议发去祝福和问候的视频，航天员们说："革命老区和老区人民，为党领导的革命事业和新中国建设工作作出了巨大牺牲和重要贡献，如今革命老区旧貌换新颜。向全国老区人民和老区工作者致敬。"在这个视频中，航天员刘洋在太空天宫空间站向全世界展播"红色山河·大埔三河坝"航拍图片。

【社会保障】2022 年，三河镇完成 7 个"一清一灯一带"（清理遮挡视线绿化带、增设交通警示灯、增设减速带标线）和 16 个"平安村口"建设。全镇 549 户低保户和 156 户特困户救济金、残疾人重残津贴和老人高龄补（津）贴 100%发放到位。

【社会治安】2022 年，三河镇推进法治宣传教育工作，健全领导干部学法制度，举办"民法典"宣传进社区、进企业、进机关 6 场，在全镇各村（社区）张贴"民法典"宣传横幅 30 条，开展宣传活动 4 场（次），受益群众 1000 人。加强行政执法队伍建设，提高各执法部门的依法行政能力，发挥人民调解制度作用。开展纠纷排查调处工作，把矛盾纠纷化解在基层，全年镇村调委会共调处各类矛盾纠纷 167 起，调解成功率 95%。

三河镇党委、人大、政府负责人名录

党委书记：饶志潘（—2022.12）

副 书 记：蔡振霆　曾维鑫　林文科　赵　晋（挂任）

党委委员：江善果（—2022.9）　蓝金华　张　丹（女）　张　磊　廖梓阳

人大主席：刘锦坤

副 主 席：李敬华

镇　　长：蔡振霆

副 镇 长：江善果（—2022.9）　刘鹏程　丘旭航　丘创敏　吴宝坤

（丘斯明）

银 江 镇

【概况】银江镇位于大埔县西部，地处梅县区、梅江区、大埔县、丰顺县交界，居韩江上游。东接洲瑞镇、高陂镇，南连丰顺县砂田镇，西邻梅县区雁洋镇和梅江区白宫镇，北靠大麻镇、梅县区雁洋镇。国道 235 线和省道 333 线、224 线、222 线经过镇域。2022 年，全镇区域面积 208.07 平方千米。下辖 13 个村民委员会，251 个村民小组，总人口 2.8 万人。全县最高峰海拔 1357 米的银窿顶位于胜坑村。全年村集体经济收入 149 万元，全镇有省级龙头企业 1 家、市级龙头企业 1 家、县级农业龙头企业 1 家，全年复耕复种的撂荒耕地面积为 158.42 公顷。

【基础设施建设】2022 年，银江镇争取资金 2500 万元，完成河口村库周道路 2.69 千米硬底化改造。完成车上村村道 1 千米硬底化加宽升级改造，全镇道路硬底化完成率 95.9%。修复因 6 月中上旬暴雨受损的道路，及时清理山体滑坡，修复路基掏空。投入资金 234 万元，完成全域自然村集中供水工程二期 12 个自然村供水工程建设，镇区自来水提升扩容改造工程进入初设阶段。推进银江水治理工程，河道清淤、加固堤岸，完成 7.6 千米的河道护坡和 15 千米的河道清淤工程。

【农业】2022 年，银江镇以撂荒地复耕复种工作为契机，发挥银江金针菜等特色农产品品质优良、市场认可度高的优势，壮大特色产业规模，全镇有规模化金针菜种植基地 6 个，金针菜特色产业全年总产值 3000 万元。

依托银江金花小镇长寿珍品展销中心，打造一条现代化的产品种植、加工、销售产业链。

【国土环保】2022年，银江镇完善宅基地审批制度，规范相关流程，自然资源组建前到场测地类，严格审核审批，并联合相关部门联合会审。新一轮垦造水田的坪上、车上2个村完成初步验收3公顷。全年完成宅基地审批15宗，设施农用地备案6宗。完成地质灾害点工程治理5宗，安装地质灾害点专业监测设备3套。查处并阻止违法占用耕地12宗。卫片执法下发14宗，面积3.33公顷，已完成整改6宗，面积2.25公顷。拆旧复垦未完成交易的6个村（胜坑、坪上、明德、明新、坑口、河口）进行重新核定面积和整改，其中明新村已完成整改并提交上级验收。落实河长制工作，全年共巡河2327人次，发现问题19处并全部办结处理，办结率100%。强化畜禽养殖污染治理，依法依规处理6起环境投诉。全域开展“散乱差”整治，完善环境卫生长效保洁管护机制，提高环境综合治理能力。

【科教文卫体】2022年，银江镇出生176人，出生率6.1‰，政策生育率98.9%。开展国家基本公共卫生服务项目，组织镇卫生院医疗团队下村开展免费健康体检活动。针对60周岁以上老人，建立健康档案，实行动态化管理，并定期免费为辖区内90周岁以上老人上门巡检。推动银江镇中心小学和田家炳第八中学合并工作，共同筹备设立大埔县银江镇实验学校。开展“学习中共二十大精神”宣讲活动，向党员干部、群众宣讲中共二十大精神。宣传银江镇“广东好人”蔡小群的感人事迹，开展新时代文明实践活动。

【社会保障】2022年，银江镇推进全民参保登记，全面完成社保扩面征缴工作。全年社保窗口受理养老保险缴交业务1228项、认证业务2263次、注销业务124项；医疗保险缴交新生儿登记业务106项、报销业务237项；调处劳资纠纷6项，涉案金额15万元；计生窗口受理生育登记、计划生育情况证明等业务312项；市场监督窗口受理249户企业经营营业执照。开展防止返贫动态监测和弱势群体保障兜底工作，对全镇11户防止返贫监测对象发放1000只鸡苗和40包饲料，提高监测对象的收入，其中有10户在年内取消防止返贫监测。推进“兜底民生服务社会工作双百工程”，打通服务群众“最后一公里”。

【社会治安】2022年，银江镇全力做好6月2日大暴雨防汛救灾工作，紧急疏散转移受灾群众64户126人。落实安全生产、食品药品责任，加大对危化品、烟花爆竹等生产经营单位的巡查监管力度，防范安全事故发生。为镇综合行政执法队配备执法车辆、执法记录仪等专业设备，全年全镇共依法完成行政处罚8宗，罚没金额12.48万元；行政检查30次，遏制辖区范围内违法违规行为的发生。加强法治宣传教育，开展“八五”基层普法禁毒宣传活动16次，宣传面6000人次，营造和谐稳定治安环境。

银江镇党委、人大、政府负责人名录

党委书记：谢宏坤（2022.2—）
副 书 记：杨龙胄　刘逻昶（—2022.5）
陈　演（—2022.9）
杨国松（2022.9—）
陈　婵（女，2022.12—）
吴伟标（挂任）
党委委员：黄俊岳（—2022.1）　刘妙荣
黄满锋　陈　婵（女，—2022.12）
李俊皓
人大主席：李瑞杰（—2022.9）
陈　演（2022.11—）
副 主 席：利　杰

镇　　长：杨龙胄

副 镇 长：赖礼权　丘志君　钟秀芳（女）

廖金霞（女）

黄俊岳（—2022.1）

（叶正达）

洲 瑞 镇

【概况】洲瑞镇地处大埔县西南部，东和东北连高陂镇，西及西北接银江镇，西南邻丰顺县砂田镇。因洲瑞镇四周环山，中间低平，形如盆状，素称“金盆乡”。2022年，全镇区域面积83.28平方千米，下辖9个村民委员会，150个村民小组，总人口1.79万人。全年工业企业完成总产值4600万元。

【基础设施建设】2022年，洲瑞镇投入200万元对各村的村道乡道进行升级硬化、亮化。投入4.4万元建设赤水村西坑饮水工程；投入4.9万元打造赤水村东红坑道三面光工程；投入800万元对南村村分水凹水库和田背村大畲角水库实施除险加固工程。

【新农村建设】2022年，洲瑞镇投入资金120万元把原嶂岸小学改建为嶂岸村党群服务中心和居家养老中心，至2022年年底，实现全镇9个村党群服务中心规范化建设。投入20万元在南村小学建设镇专职消防队训练、办公、住宿等场所，辐射全镇。

【农业】2022年，洲瑞镇粮食种植面积282.07公顷，粮食总产1278吨，其中水稻种植面积245公顷，总产1164吨。全面完成3亩（0.2公顷）以上复耕任务147.12公顷，省图斑25.42公顷，市图斑121.7公顷，发动认耕认种41.6公顷；完成3亩（0.2公顷）以下复耕8.33公顷。

【工业】2022年，洲瑞镇推动工业生产发展，规上企业瑞山天泉包装饮用水厂全年生产总值2800万元；三和实业有限公司全年总产值1800万元。

【旅游业】2022年，洲瑞镇抓好旅游产业发展，瑞山生态旅游度假区完善景区基础设施以及绿化亮化美化工程，创建国家AAAA级旅游景区，全年实现旅游收入900万元；推进华光村绿雅园项目建设，投资510万元用于园区大门建设、种植花木、完善大门周边景观及园区绿化；建设明缘山庄星级民宿项目，投入700万元进行观光步道建设、电梯安装、苏州风格长廊建设和餐厅、民宿升级改造等。

【国土环保】2022年，洲瑞镇完成整改各类违法图斑47个；2个（下营锡桥、赤水洋心）地灾点完成工程治理并验收；完成全镇188户削坡建房整治任务，完成全镇6738座自建房屋安全隐患排查；引导村民依法依规报批建房，全年规划报批10宗农村村民建房。

【科教文卫体】2022年，洲瑞镇跟进3名新增的原民办、代课教师生活困难补助申请工作，经核对、收集每一位原民办代课教师的有关材料，提交给县教育局和上级单位审核。在2022年中考中，洲瑞镇有1人考入东山中学、1人考入宪梓中学、11人考入虎山中学。维护好华光村、赤水村、葵坪村3个图书馆服务点，方便广大群众到村阅书看报。加强与辖区内灵岩寺、助吾庐等文物保护单位的交流联系，确保其有专人负责日常的管理维护。全镇各村共投入50万元用于环境卫生整治，投放各类垃圾桶600个用于收集生活垃圾，并推行垃圾分类；投入14.6万元，在田背村及沿路交通干道上设置垃圾分类亭12个、分类垃圾桶180个；完善镇村两级农村生活污水处理设施，投入180万元完善田背村生活污水管网建设，新建污水收集管网1.3千米，可收集200户1000人产生的生活污水至水质净化厂处理后达标排放；投入25万元安装消毒设备，保障自来水供应干净卫生。

【社会保障】2022年，洲瑞镇为在册低保143户251人办理低保，其中特困供养对象98人，敬老院集中供养11人，分散供养87人；为突发临时性困难群众发放临时救助金12宗，共7.95万元；为全镇420名残疾人完成“两项补贴”信息录入申报及享受补贴工作。全年全镇城乡居民养老保险参保缴费774人；城乡居民医疗保险参保缴费1.09万人，参保率91.9%。落实对脱贫户的常态化监测工作，对全镇77户脱贫户（含2户监测对象）定期走访，做到底子清、情况明；在2022年广东扶贫济困日活动中，全镇捐款24.23万元。

【社会治安】2022年，洲瑞镇组织排查矛盾纠纷12次，未发现重大矛盾纠纷。落实安全生产和消防安全工作责任，强化安全生产监督管理，开展事故隐患排查，全年开展各类专项检查21次、隐患排查70次，整改落实隐患32处，全年无发生安全生产事故。全镇聘用村级护林员21名，组建半专业扑火队伍队员30人，举行培训3场。防火期间出动森林防火车600台次，发放《洲瑞镇森林防火公开信》到户5800份，发放县森林防火公开信3900张。全年查处野外违规用火17宗，罚款3400元。

洲瑞镇党委、人大、政府负责人名录

党委书记：陈方华（—2022.2）
钟丽惠（女，2022.6—）
副 书 记：黄　冬　罗志龙（—2022.8）
刘文捷　黄胜科（挂任）
党委委员：钟裕桓（—2022.9）徐欣妹（女）
杨畅生（2022.9—）
廖海力　吴建华　吴传钢
人大主席：陈传祺（—2022.4）
罗志龙（2022.11—）
副 主 席：蔡鑫华（女）
镇　　长：黄　冬
副 镇 长：钟裕桓（—2022.11）　杨畅生
杨　达

（李婷婷）

茶阳镇

【概况】茶阳镇是大埔老县城，位于大埔县北部，地处汀江河畔，是广东省首批中心镇之一。东邻福建省永定区下洋镇，南接西河镇、湖寮镇，西连三河镇、青溪镇，北靠丰溪林场和福建省永定区峰市镇、城郊镇。国道235线、省道227线、省道332线和梅坎铁路经过镇域；梅龙高速公路经过沿坑村、广陵村、迪麻村、角庵村、梅林村，在梅林村设有互动连接线。2022年，全镇区域面积294.29平方千米，下辖26个村民委员会和1个居民委员会，423个村（居）民小组，总人口5.5万人。耕地面积914.85公顷，其中水田面积814.75公顷；竹木资源丰富，林业用地面积2.42万公顷。全镇一般公共预算财政收入1773.08万元，支出1773.08万元，收支平衡。

【基础设施建设】2022年，茶阳镇纳入养护乡道43条，路线长155.85千米；养护村道55条，路线长64.57千米。实施普通公路“路长制”，建立完善“总路长+分级路长”路长体系，加强乡道、村道公路地质灾害隐患点排查治理。有11个行政村内的13个自然村入选大埔县2022年全域自然村集中供水工程项目，总投资201.58万元，供水覆盖915户4346人，全部工程均在11月底完工。成立健全的抗洪抢险应急队伍，编制沐东水库、茅坪水库、华祝水库2022年防汛抢险应急预案和汛期运用调度计划。落实河长制工作要求，截至2022年10月，全镇各级河长巡河2052次。开展责任辖区河道垃圾清理，清理垃圾30吨。建立健全防汛工作制度、值班制度、24小时不间断巡河值班制度，保障供水、河道安全，汛期未出现人员伤亡情况。

【农业】2022年，茶阳镇做好洋门村、西湖村、党坪村“一村一品、一镇一业”蜜柚项目建设实施工程验收工作，完成工程验收。做好2021年耕地撂荒复耕复种工作，完成355块市图斑228.88公顷（含21块省图斑36.69公顷）撂荒耕地复耕。

【工业】2022年，茶阳镇规模以上工业总产值4255万元。利用老工业基地优势，巩固提升支柱产业。改造提升传统产业，引导扶持优势产业和新型产业。

【旅游业】2022年，茶阳镇抓住椿森第（邹鲁故居）修缮保护的契机，谋划茶阳古镇精品旅游线路，重点打造人文旅游重镇。动工建设茶阳防洪工程和茶阳敬老院扩容提质工程，全面推进中央红色交通线活化保护项目，开发以椿森第、金山公园、茶阳文化广场、旋庐为核心的四大人文旅游圈，整合周边的父子进士石牌坊、骑楼群、公安局旧址、同天饭店等旅游资源，打造集红色旅游、科普教育、民俗历史、康体养生于一体的经典旅游线路。

【国土环保】2022年，茶阳镇加大违法建筑查处力度，拆除违法违章建筑5栋，拆除面积983平方米。推进垦造水田任务落地，租赁土地12.44公顷。在生态镇的基础上，创建市级生态村。逐步形成以政府为主导、企业为主体、法规和标准为规范、监督服务为依托、环境统计为基础的污染物减排推进机制，加强环境监管工作，打赢污染防治攻坚战。

【科教文卫体】截至2022年12月31日，茶阳镇教育促进会共筹集55.27万元，表彰奖励优秀教师178人，优秀学生148人，表扬学生2人，捐助贫困学生1人，发放奖教奖学助学金9.88万元。打造综合性文化服务中心示范点，完善文化农村公共设施，不定期开展文化活动。推广茶阳竹畲萝工艺，竹畲萝编制工艺由县级非遗项目升级为市级非遗项目。推动非物质文化遗产花环龙走进校园，以校园为载体培养新生代花环龙传承力量。“企油饼”申报为县级非物质文化遗产项目。由镇政府全额资助脱贫户和监测对象320元/人购买医疗保险；资助180元/人购买医疗补充保险“保尚保”；资助200元/户购买防返贫救助保险。做到基本医疗保险应保尽保，合规慢性特殊疾病门诊、住院报销比例全部达到规定标准。全年全镇出生316人，出生率5.8‰，死亡400人，人口死亡率7.3‰，人口自然增长率-1.5‰。

【社会保障】2022年，茶阳镇办理临时生活困难救助46户，救助46人，其中在洪涝灾后调查中主动发现生活困难家庭6户，并及时帮助他们办理申请临时生活救助；办理城乡居民重特大疾病医疗救助23户。全年办理城乡居民养老保险待遇398人、城乡养老保险注销236人，追回多领城乡居民养老保险待遇3人，恢复城乡居民养老保险待遇发放120人。协助各村为符合条件的老人申报高龄津贴，全镇有80—89岁老人1262位，90—99岁老人284位，百岁以上老人13位。开展敬老院专项检查整治及提升改造，每月定期开展针对性检查，分别从安全防范、伙食质量、门诊看病、卫生防疫、服务质量、日常护理、财务管理、人员配备 8 个大项 33 个小项开展。做好 2022 年耕地地力保护补贴资金发放及补贴面积核实统计，发放 9791 户 1435.68 公顷耕地地力保护补贴 185.2 万元。抓好 2022 年政策性农业水稻保险方案实施工作，完成早稻面积 86.61 公顷和晚稻面积 155.75 公顷的承保。

【社会治安】2022 年，茶阳镇按照时间节点开展食品药品安全专项检查；加强非煤矿山、危险化学品（含烟花爆竹）、建筑施工、易燃易爆品等重点行业安全监管，加大专项检查整治力度；加大消防安全隐患整治力度，落实一户一策，建立整改清单。至 2022 年年底，共为全镇城区安装智慧烟感 804 个，占辖区内“三小”（小档口、小作坊、小娱乐场所）场所总数的 88.2%。全年镇、村两级调解委员会共受理纠纷 142 宗，调解成功 138 宗，调解成功率 97.2%；开展反诈、扫黑除恶、禁毒、普法、反邪教等各类宣传活动 26 场；收到扫黑除恶线索 1 条，办结 1 条。按照“三防”责任人全面到位、“三防”物资器材全面检查、应急预案全面修订、重点台账全面梳理、风险隐患全面排查的要求，抓好各项防汛措施的落实。加强值班力量，确保人员到岗到位，收发信息及时，处理妥当。从严从细做好 6 月龙舟水防御工作，顺利度过十年一遇洪灾。配置 84 名护林员、30 个半专业扑火队员，节假日安排 10 人以上半专业扑火队员轮流值守，在辖区主要路口设置森林防火临时检查站。

茶阳镇党委、人大、政府负责人名录

党委书记：吴萍萍（女）
副 书 记：罗长江（—2022.8）
杨国志（2022.9—）
杨国松（—2022.9）　汪育庆
钟晓科（2022.9—）
黄志华（挂任）
党委委员：钟晓科（—2022.9）　罗建学
赖裕林　肖海啸　曾　喜
人大主席：刘盛免
副 主 席：李　朋
镇　　长：罗长江（—2022.9）
杨国志（2022.9—）
副 镇 长：钟晓科（—2022.9）　钟　东
温名健　张俊辉　范壤丁

（卓　宇）

西　河　镇

【概况】西河镇位于大埔县东北部，东北邻福建省永定区下洋镇，东连福建省永定区湖山乡，南靠大东镇、百侯镇，西接湖寮镇、茶阳镇。国道 235 线、省道 227 线和梅龙高速经过镇域，高速有茶阳出口。2022 年，全镇区域面积 208.73 平方千米。下辖 27 个村民委员会和 1 个居民委员会，424 个村（居）民小组，总人口 3.5 万人。全镇农村经济总收入 12.98 亿元，同比增长 3%；农民人均纯收入 2.06 万元，同比增长 3%。

【农业】2022 年，西河镇种植水稻 465.53 公顷、春大豆 8 公顷、其他粮食作物 87.4 公顷，实现农业增效、农民增收。300 公顷的高标准农田建设项目全面完成竣工验收，完成撂荒复耕复种 181.62 公顷，落实 53.07 公顷垦造水田种植管护工作，形成水田指标 33.87 公顷。开展省级“一村一品、一镇一业”专业村镇认定工作，推荐申报北塘村海水养殖对虾项目。落实耕地保护补贴政策，全年落实补贴面积 1032.99 公顷，补贴资金 133.26 万元。全年组织并授课农业科技培训班 13 课时，参加培训 700 人次；下乡指导 200 天次，现场指导农户 600 人次。

【基础设施建设】2022年，西河镇加强农村公路损毁修复和道路基础设施建设，实施建设大平亭至溪头单改双工程4.4千米，实施建设村道521印背凹至岩下单改双工程1.19千米，完成清华村大塘花至细坑道路硬底化工程0.52千米、清华村富哉堂水口至李树坑道路硬底化工程0.82千米、清华村航公哨至大老鲞道路硬底化工程1.28千米。以解决群众“吃水难”为目标，统筹推进自然村集中供水项目建设，实施车龙龙埔自然村、下黄砂高涧片自然村等19个自然村集中供水工程建设，总投资391万元，完成工程进度的66%；申请中央财政补助农村饮水工程维修养护资金，对工农村、漳北村等17个行政村集中供水工程加装消毒设备。

【旅游业】2022年，西河镇推进北塘艺术家营地项目建设，完成总投资的83.5%，打造靖西当代艺术馆、山水清华民宿、翰林草堂。北塘乡村旅游区全年游客接待量10.4万人次，总收入48.8万元；张弼士故居旅游区全年游客接待量1.1万人次，总收入45万元；禾肚里稻田民宿全年游客接待量3.4万人次，总收入41万元。

【国土环保】2022年，西河镇按照“属地管理、分级负责、无缝对接、全面覆盖、责任到人”的原则，以政府为责任主体，在全镇建立“横向到边、纵向到底的网格化”环境监管体系。全年投入“清漂”资金24.9万元，清理漂浮物13.4吨，清理水域面积1.84平方千米，清理河道总长37.76千米，保持漳溪河道沿线的环境卫生。推进环境综合整治，处理乱摆乱卖480次，拆除非法违规广告招牌116处，组织卫生整治行动小组对各村村道、小广场、水渠等重点区域开展保洁工作。完善村级垃圾转运机制，全面实现户投放、村收集、镇转运、县处理的垃圾转运机制。改善水环境质量，完善全镇农村生活污水处理设施及配套管网。打造示范性沿河风光带，细化完善镇村两级河长制工作制度，全年全镇各级河长巡河4864次，广东智慧河长督查和上报问题9次，全部落实整改完毕，问题处理率100%。落实林长制度，完善网格化管理，划定森林防火责任区。全年投入防火经费20万元，村村有设备，护林员和扑火队员人人有装备。全镇共配备风机62台，其中林业站8台，每村各2台；二号扑火把500把，其中每村配20把。开展林地落界、补助发放和古树名木补充调查工作，配合开展县级森林抚育工作和县级松材线虫治理工作。通过村级公示栏、宣传标语、村级天翼大喇叭、护林员流动摩托宣传、微信公众号推送等方式，开展森林防灭火宣传。

【科教文卫】2022年，西河镇提高教学质量和改善教学环境，开展乡村精神文明建设。西河镇教育基金会奖教奖学金加大奖教奖学力度，全年发放奖教奖学金23.87万元，同比增加发放1.37万元。争取外出乡贤的支持，8月19日，在镇政府四楼会议室举行西河镇2022年深圳市宝安区西乡街道龙狮协会助学金发放仪式，发放助学金5万元。截至2022年年底，全镇有已婚育龄妇女5415人，当年度出生196人（一孩83人、二孩70人、三孩33人、四孩及以上10人）。为特殊计生家庭人员购买城乡居民医疗保险746人；为全镇老人缴交意外伤害保险6655人；为全镇670户2086人的计生家庭缴交意外伤害保险。

【社会保障】2022年，西河镇开展省防止返贫监测和帮扶工作集中排查“回头看”工作，由镇乡村振兴办联合驻镇帮镇扶村工作组、镇驻村团队和村“两委”干部等力量，对全镇脱贫户577户1174人进行原“八有”指标的全面排查并上报，未发现存在有返贫风险的人群，同时4户监测户保持稳定，持续进行帮扶。全年受理梅州市“12345”热线诉求187件；受理梅州市统一申办受理平台群众办理、申请事项3892件，其中出证办结39件、其他办结3848件，办结率99.87%；惠民信息公开平台每月公布事项420项，每季度公开事项112项，每年公开事项504项；办事群众“好差评”评议842次；物料流转箱配送文件53次；配合上级部门为全镇28个村（社区）配备“粤智助”自助机，实现“数据多跑路、群众少跑腿”。

【社会治安】2022年，西河镇加强学生防溺水宣传主题教育，开展防溺水主题班会和宣讲活动。加强燃气安全管理，全镇4家罐装液化天然气零售点通过安全考核并重新办理相关证件，各储气点搬离圩镇人员密集区域，储气点与经营点搬离违规住人。加强水上交通与渔业船舶管理，定期由农业部门带队开展巡查，督促相关村落实属地管理责任，督促船主定期维护并保证船只系泊安全。住建部门针对全镇7118处农村自建住宅开展全面性排查整治，涉及面积120万平方米，发现存在风险隐患房屋449处，均经过安全鉴定，其中鉴定为C、D级危房52户，有30户经过整治消除安全隐患。常态化开展各类矛盾纠纷和不稳定因素排查，全年处理矛盾纠纷73宗。

西河镇党委、人大、政府负责人名录

党委书记：余茂滨（2022.2—）

副 书 记：黄杏锋（—2022.9）
林紫鹏（2022.9—）　胡育锋
丘增标　黄新军（挂任）

党委委员：宋福中　郭凯帆　周宝琴（女）
官小河　官德群

人大主席：何少华

副 主 席：何赞银（—2022.12）

镇　　长：黄杏锋（—2022.9）
林紫鹏（2022.11—，2022.9—2022.11为镇长人选）

副 镇 长：宋福中　卢优裕　何斯航（女）
李　媚（女）　曾海祥

（张　琛）

青溪镇

【概况】青溪镇位于大埔县西北部，地处粤闽两省两区一县（梅县区、永定区、大埔县）交界处，汀江纵贯其境。北邻福建省永定区峰市镇，西接梅县区松口镇，东连茶阳镇，南靠三河镇。省道332线和梅坎铁路经过镇域，铁路有多宝坑小站。2022年，全镇区域面积164.06平方千米，下辖13个村民委员会，198个村民小组，总人口2.16万人。全年村集体经济收入137万元。

【基础设施建设】2022年，青溪镇推进基础设施建设，虎市村、蕉坑村、上坪沙村、青丰村、青华村、溪口村6个村的全域自然村集中供水工程基本完成，惠及群众3000人。全镇13个村推行环境提升网格化管理模式，增配垃圾处理车辆10辆。虎市村完成村委会的升级改造，虎市村红色码头基本建成，岳渊亲水公园基本完工，青华村活动广场落成。

【农业】2022年，青溪镇健全“公司+合作社+农户”机制，巩固提升山羊养殖、蜜柚种植等特色农业。河背村、祝丰村、虎市村、溪口村、青华村5个村“一村一品”项目基本完成，发展蜜柚种植面积1178.67公顷，山羊养殖2400头。镇内5家省级龙头企业、2家市级龙头企业、1家县级龙头企业共吸收农村劳动力2000人。稳定粮食种植面积，遏制耕地抛荒现象，巩固发展稻米、烟叶等传统产业。

【旅游业】2022 年，青溪镇以红色带古色促绿色，形成红古绿“三色”旅游互动互促，打造“中央红色交通线经典旅游线路”。完成中央红色交通线总体规划编制、2 条山地体验线的勘察修复工作，推进前期立项工作。配合好县自然资源部门完成中央红色交通线（大埔段一期）保护利用项目建设，3 个主要交通站（点）接待服务设施建设初见成效。在原有中央红色交通线大埔中站展馆的基础上，对青溪小学进行改造，扩大展馆面积。提升红色旅游服务设施和服务功能，接待游客数量逐年递增。

【国土环保】2022 年，青溪镇抓好撂荒耕地复耕复种工作，制定工作方案，强化实地核查，完善社会化托管机制。全镇 3 亩（0.2 公顷）以上的撂荒耕地有 157.14 公顷。至 2022 年年底，全镇完成撂荒复耕 177.65 公顷，已复种 131.06 公顷，其中种植水稻 50.59 公顷，种植其他粮食作物 80.47 公顷。省下发连片大于 15 亩（1 公顷）图斑已复耕 16 块图斑 27.42 公顷，已复种 18.54 公顷。结合污染防治工作要求，加强巡查和管控，保证各村生活污水处理设施正常运行，定期做好黑臭水体、露天焚烧等排查，开展各村非法倾倒垃圾排查，提升全镇环境质量。

【科教文卫体】2022 年，青溪镇资助贫困户子女就学 85 人，发放生活补助 3.5 万元。青溪实验中学奖教奖学基金全年发放奖教奖学金 15 万元。加强对文化站的管理，落实每周日常开放时间不少于 56 小时，国家法定节假日按活动组织要求开放，寒暑假延长开放一小时。不定期开展文化活动、展览、培训等，推广非物质文化遗产青溪黑蛟龙灯舞、仔狮灯舞。全年全镇出生 31 人，出生率 1.5‰，死亡 120 人，死亡率 5.8‰，自然增长率-4.3‰。

【社会保障】2022 年，青溪镇落实城乡居民养老保险、城乡居民医疗保险、农村低保优抚等各项惠民措施，全镇覆盖率 100%。加大防返贫监测力度，联合驻镇帮镇扶村工作队，对全镇建档立卡脱贫户 180 户 477 人、边缘易致贫户 4 户 9 人进行动态监测，通过有针对性地帮扶，10 户 44 人达到风险消除标准。开展城乡居民临时救助 128 户次 23.8 万元，发放低保补助资金 170.92 万元、五保补助资金 99.31 万元、困难残疾人生活补贴 41.57 万元，重度残疾人护理补贴 111.44 万元，改善困难群体生活水平。

【社会治安】2022 年，青溪镇加强重点领域监管，常态化开展安全大排查大整治，全年检查各类场所 75 处，检查发现隐患 25 处，全部整改完成，无重大山火与重大安全事故。深化领导干部驻点普遍直接联系群众制度，化解群众矛盾纠纷，全年调解各类社会矛盾纠纷案件 68 起，调解办结 52 起。开展安全宣传，全年开展普法、禁毒、扫黑除恶、反电信诈骗等专题活动 10 次。

青溪镇党委、人大、政府负责人名录

党委书记：江维杰（2022.2—）
副 书 记：余志坚　刘斯科　谢振新
高赵峰（挂任）
党委委员：赖建宁　杨广文　刘礼赞
彭苑苑（女）　张　科
人大主席：郭永富
副 主 席：杨文杰
镇　　长：余志坚
副 镇 长：赖建宁　谢华荣　曾家良
黄　俊　饶良浩

（杨柳岸）

丰溪林场

【概况】大埔县丰溪林场创办于1958年，1963年转为县办，1984年4月经广东省人民政府批准建立省级自然保护区，保护区总面积105.9平方千米，主要保护对象为中亚热带常绿阔叶林和珍稀动植物，是广东省综合性保护区之一。1996年8月，经广东省林业厅批准建立丰溪省级森林公园。林场地处大埔县东北部，北接福建省永定区凤城街道、东连福建省永定区岐岭乡，西和南邻茶阳镇。2022年，全场区域面积29.9平方千米。下辖3个村民委员会，13个村民小组，总人口1998人。

【农业】2022年，丰溪林场召开专题工作会议，成立专项工作组，全面摸清撂荒耕地底数，把任务分解到村、网络化责任到人，部署落实全场撂荒耕地复耕复种工作。全场撂荒耕地图斑总数149个，总面积28.81公顷，务数为24.75公顷。至2022年年底，完成撂荒耕地复耕复种面积24.36公顷，完成率96.6%。

【社会保障】2022年，丰溪林场对在册低保和特困户30户55人进行全面入户调查复核，做好农村留守儿童和妇女、老年人的关爱服务，提高社会保障服务水平。开展爱国卫生运动，完善重大疫情防控救治体系和应急物资保障体系，强化场村卫生防疫，增强防疫能力。及时解决群众合理诉求，化解矛盾纠纷，实施安全生产专项整治，保障人民群众生命财产安全，促进平安乡村建设。

【驻点工作】2022年，丰溪林场领导干部每周二下乡到驻点村，驻点团成员每次进村入户2户以上。做到“三必问”（问计、问策、问苦）、“三必访”（贫困户必访、矛盾突出户必访、老党员干部必访），对走访调研时群众反映的问题能当场研究解决的就当场解决，做到事事有回音、件件有落实。

【社会治安】2022年，丰溪林场贯彻落实领导干部安全生产“一岗双责”制度，定期召开专题研判会议，化解矛盾纠纷，维护社会稳定。

【资源管护】2022年，丰溪林场把森林防灭火工作作为资源管护工作的首要任务，落实森林防灭火责任制和各项防范措施，全场聘请11名村级专职护林员，组建30人的半专业扑火队伍，购置风力灭火机、二号工具、灭火水枪等扑火工具1000台（把、套）。实现野生动植物“全方位、全覆盖”监管，在野生动物的重要栖息地、迁徙通道和野生植物集中分布区安装红外相机57台，定期开展巡护，构筑全场生态安全屏障，森林覆盖率98%。

丰溪林场党、政负责人名录

党委书记：赖万城
副 书 记：饶拱辅
党委委员：江平先（—2022.8）
刘晓华（女，—2022.5）
曹国裕　沈才仪（2022.8—）
场　　长：赖万城
副 场 长：刘晓华（女，—2022.5）
张华京　沈才仪（2022.8—）

（林锐翔）

人 物

新闻人物

丘汉松 中共党员，1971 年 4 月出生，广东省大埔县人，是广东省陶瓷助理工艺美术师，广东昌隆陶瓷股份有限公司设计总监。2012—2022 年，丘汉松获得国家和省、市级奖项及荣誉 60 个。其中，2013 年被广东省总工会授予“广东省五一劳动奖章”，“青花釉里红薄胎大碗”获得广东省第五届陶瓷艺术与设计创新大赛金奖；2018 年被中华全国总工会授予“全国五一劳动奖章”，科研成果“陶瓷加工用夹持旋转装置”获国家发明专利；2019 年，“18 寸青花勾连花插”获第十二届广东省陶瓷艺术创作设计创新作品银奖；2020 年 12 月被梅州市人民政府授予“梅州市工艺美术大师”称号；2018 年、2021 年被大埔县委授予“优秀共产党员”称号；2022 年当选为中国共产党第二十次全国代表大会代表。

（桃源镇政府）

徐振西 1962 年 12 月出生，广东省大埔县人，1980 年 10 月参加工作，1984 年 7 月加入中国共产党。1993 年 7 月起，先后担任大埔县司法局青溪司法所所长和茶阳司法所所长。他始终脚踏实地坚守在人民调解的第一道防线，带头践行社会主义核心价值观，树立全心全意为人民服务的宗旨，在平凡的工作岗位上成绩突出。2011 年 11 月，被广东省司法厅评为“全省安置帮教工作先进个人”；2015 年 8 月，被广东省司法厅记“个人二等功”；2016 年 11 月，被中华人民共和国司法部授予“全国法律援助工作先进个人”称号；2018 年 5 月 8 日，被中华人民共和国司法部授予“全国人民调解工作先进个人”称号；2019 年 7 月，被中共广东省委、省人民政府评为“第五届广东省‘人民满意的公务员’”。2022 年 6 月 15 日，被中华人民共和国人力资源和社会保障部、司法部评为“全国司法行政系统先进工作者”。

（茶阳镇政府）

罗茂潭 中共党员，1965 年 10 月出生，大埔县大东镇人，1983 年 8 月参加工作，大埔县水务局水利工程建设服务中心副主任。40 年来，他一直从事水土保持工作。带领实施的枫朗调和小流域治理工程被水利部、财政部命名为“全国水土保持生态环境建设示范小流域”，大埔县密坑水生态清洁小流域治理工程代表梅州市、广东省接受水利部的考核。1995年被广东省人民政府评为全省水土保持先进个人。从1983年的水土流失航片普查、广东省人大整治韩江上游水土流失议案、梅州市人大整治韩江上游水土流失议案续案、革命老区及原中央苏区崩岗治理工程到2022年的西河镇生态清洁小流域治理工程、大埔县崩岗治理工程，参与全县30条小流域水土保持综合治理的规划设计、管理等工作，每宗项目的背后都留下他坚实脚印。2022年12月，被中华人民共和国水利部评为“全国水土保持工作先进个人”。

（县水务局）

连声超　1986年5月出生，中共党员，大埔县枫朗镇人，大埔县水务局河库保护中心主任。他在工作中围绕重点，克服困难，认真履职尽责。“七五”普法期间，策划实施形式多样、内容丰富的法治宣传活动，组织参与连续4年的“世界水日”“中国水周”主题宣传活动。2018年、2019年联合大埔县河长办、大埔县红十字会、团县委、大埔县志愿者协会开展“关爱山川河流、保护母亲河”主题活动，开展巡河志愿服务活动。2020年通过制作河长制宣传栏，制作移动彩铃等宣传方式，循环播放河长制及法律法规相关的标语和视频。2021年联合大埔县教育局，在学校开展“守护母亲河从我做起”普法宣传活动，让全县师生更加了解水情，将法治教育带入校园，引导广大师生珍惜水资源、节约用水。2022年3月，被中华人民共和国水利部办公厅评为“全国水利系统‘七五’普法先进个人”。

（县水务局）

范源登　1950年12月出生，中共党员，大专学历，大埔县青溪镇青溪村人。中国音乐著作权协会会员，广东省深圳市作家协会会员，创作的歌曲在国家和省、市歌刊上登载并获奖。2004年，与中国作曲家王佑贵共同创作的歌曲《校园春秋》被中华人民共和国教育部评为“全国首批优秀歌曲”，歌词选登在《人民日报》副刊。2004年，创作的歌曲《好年景》获“中国首届群众创作歌曲大赛金奖”。2007年，作词汉曲《客家人》专辑，并出版发行。2010年，收集、整理《客家民歌小调专辑》由“中国唱片深圳分公司”出版发行。2013年，《源泉》文集由大众文艺出版社出版发行；出版音乐作品专辑。

（青溪镇政府）

逝世人物

杨永松　1919年7月出生，大埔县百侯镇侯南村人。1930年在闽西参加革命，1931年参加中国工农红军，曾参加中央苏区的第三、四、五次反“围剿”战斗，参加举世闻名的二万五千里长征，在抗战时期参加平型关战役等著名战役，抗战胜利后驰骋东北战场，曾任东北民主联军总政治部副秘书长、第四野战军战车师政治委员，是中国共产党第七次全国代表大会候补代表，中国共产党第九次、第十一次全国代表大会代表。

1949年10月1日，中华人民共和国开国大典在北京天安门广场隆重举行，杨永松的战车师参加受阅。1978年，杨永松退居二线，任北京军区工程兵顾问，继续为国家的军事建设贡献力量。1981年按副兵团级离退休，医疗享受正大区职待遇。1988年，获授一级“红星勋章”。

2022年9月1日，开国少将杨永松因病逝世，享年103岁。

（百侯镇政府）

丘广盛　1940年11月出生，广东省梅县区松口镇人，1958年8月至1977年3月在大埔小学任教;1977 年 4 月至 1979 年 5 月任大埔县委宣传部宣传组副组长；1979 年 6 月至 1988 年 2 月任大埔县体委副主任、主任；1988 年 3 月至 1992 年 11 月任大埔县委统战部部长；1992 年 12 月至 1996 年 5 月任大埔县人民政府办公室主任；1996 年 6 月至 2000 年 6 月任大埔县政协副主席；2000 年 11 月退休。

丘广盛在教育战线工作和在县直单位以及县政协领导工作岗位上，他总是听从党的安排，严守党的纪律。在担任县政协副主席期间，坚持党的领导，依法依章履职，善谋实干，开拓创新，积极作为。他原则性强，严格自律，顾全大局，作风民主，谦虚正直，公道正派。

丘广盛对工作认真负责、一丝不苟，作风深入扎实，十分注意倾听群众呼声，始终与群众打成一片，关心群众疾苦，乐于帮助群众解决实际困难。

退休后，丘广盛始终保持着革命的本色和高尚的思想品德，关心国家政治生活大事，关心大埔各项建设事业。他积极发挥余热，围绕县委、县政府的中心工作，团结政协离退休老干部，推动解决大埔老区人民生产、生活等问题。

2022 年 10 月 21 日，丘广盛因病医治无效逝世，享年 82 岁。

（县政协办）

文献选录

中共大埔县委关于认真学习宣传贯彻党的二十大精神的通知

为深入学习宣传贯彻党的二十大精神，根据中央统一部署和省委、市委工作要求，结合我县实际，现就学习宣传贯彻有关要求通知如下。

一、充分认识学习宣传贯彻党的二十大精神的重大意义

党的二十大，是在全党全国各族人民迈上全面建设社会主义现代化国家新征程、向第二个百年奋斗目标进军的关键时刻召开的一次十分重要的大会，是一次高举旗帜、凝聚力量、团结奋进的大会，在党和国家发展进程中具有极其重大的历史意义。大会高举中国特色社会主义伟大旗帜，坚持马克思列宁主义、毛泽东思想、邓小平理论、“三个代表”重要思想、科学发展观，全面贯彻习近平新时代中国特色社会主义思想，分析了国际国内形势，提出了党的二十大主题，回顾总结了过去五年的工作和新时代十年的伟大变革，阐述了开辟马克思主义中国化时代化新境界、中国式现代化的中国特色和本质要求等重大问题，对全面建设社会主义现代化国家、全面推进中华民族伟大复兴进行了战略谋划，对统筹推进“五位一体”总体布局、协调推进“四个全面”战略布局作出了全面部署。

习近平同志代表十九届中央委员会所作的报告，深刻阐释了新时代坚持和发展中国特色社会主义的一系列重大理论和实践问题，描绘了全面建设社会主义现代化国家、全面推进中华民族伟大复兴的宏伟蓝图，为新时代新征程党和国家事业发展、实现第二个百年奋斗目标指明了前进方向，是党和人民智慧的结晶，是党团结带领全国各族人民夺取中国特色社会主义新胜利的政治宣言和行动纲领，是马克思主义的纲领性文献。大会通过关于十九届中央纪律检查委员会工作报告的决议，充分肯定了十九届中央纪委的工作。大会通过的《中国共产党章程（修正案）》，体现了党的十九大以来党的理论创新、实践创新、制度创新成果，体现了党的二十大报告确定的重要思想、重要观点、重大战略、重大举措，对坚持和加强党的全面领导、坚定不移推进全面从严治党、坚持和完善党的建设、推进党的自我革命提出了明确要求。

党的二十届一中全会选举产生了以习近平同志为核心的新一届中央领导集体。选举结果充分体现了全党共同意志，充分反映了亿万人民共同心愿，充分显示出中国特色社会主义事业蓬勃兴旺、充满活力。新一届中央领导集体必将团结带领全党全国各族人民，为全面建设社会主义现代化国家、全面推进中华民族伟大复兴而团结奋斗。

党确立习近平同志党中央的核心、全党的核心地位，确立习近平新时代中国特色社会主义思想的指导地位，对新时代党和国家事业发展、对全面推进中华民族伟大复兴历史进程具有决定性意义。“两个确立”是党在新时代取得的重大政治成果，是新时代引领党和国家事业从胜利走向新的胜利的政治保证，是战胜一切艰难险阻、应对一切不确定性的最大确定性、最大底气、最大保证。

全县上下要深刻认识党的二十大的重大政治意义、重大历史意义、重大实践意义，进一步增强学习宣传贯彻的思想自觉、政治自觉和行动自觉。要坚决维护习近平总书记党中央的核心、全党的核心地位，维护以习近平同志为核心的党中央权威和集中统一领导。要深刻领悟“两个确立”的决定性意义，牢记“国之大者”，增强“四个意识”、坚定“四个自信”、做到“两个维护”，以昂扬的精神状态、务实的工作作风贯彻落实党的二十大精神，努力开创大埔改革发展新局面。

二、全面准确学习领会党的二十大精神

学习领会党的二十大精神，必须坚持全面准确，深入理解内涵，精准把握外延，真正做到学深悟透、融会贯通、真信笃行。要原原本本学习研读党的二十大报告和党章，学习习近平总书记在党的二十届一中全会上的重要讲话精神，深刻领会党的二十大提出的重要思想、重要观点、重大战略、重大举措，突出全面准确领会党的二十大主题，切实做到“五个牢牢把握”。

党的二十大的主题是大会的灵魂，是党和国家事业发展的总纲。大会的主题是：高举中国特色社会主义伟大旗帜，全面贯彻习近平新时代中国特色社会主义思想，弘扬伟大建党精神，自信自强、守正创新，踔厉奋发、勇毅前行，为全面建设社会主义现代化国家、全面推进中华民族伟大复兴而团结奋斗。这一鲜明主题，对党在新征程上举什么旗、走什么路、以什么样的精神状态、朝着什么样的目标继续前进的重大问题进行了郑重宣示，事关党和国家事业继往开来，事关中国特色社会主义前途命运，事关中华民族伟大复兴，必将鼓舞和激励全党全国各族人民勇于变革、勇于创新，万众一心、团结奋斗，奋力开创社会主义现代化建设新局面。

（一）牢牢把握过去五年工作和新时代十年伟大变革的重大意义。过去五年和新时代以来的十年，在党和国家发展进程中极不寻常、极不平凡，以习近平同志为核心的党中央统筹中华民族伟大复兴战略全局和世界百年未有之大变局，团结带领全党全军全国各族人民有效应对严峻复杂的国际形势和接踵而至的巨大风险挑战，攻克了许多长期没有解决的难题，办成了许多事关长远的大事要事，实现一系列突破性进展，取得一系列标志性成果，党和国家事业取得历史性成就、发生历史性变革，推动我国迈上全面建设社会主义现代化国家新征程。十年来，我们经历了对党和人民事业具有重大现实意义和深远历史意义的三件大事，这是中国共产党和中国人民团结奋斗赢得的历史性胜利，是彪炳中华民族发展史册的历史性胜利，也是对世界具有深远影响的历史性胜利。十年的伟大变革，在党史、新中国史、改革开放史、社会主义发展史、中华民族发展史上具有里程碑意义。新时代伟大成就的取得，根本在于以习近平同志为核心的党中央坚强领导，在于习近平新时代中国特色社会主义思想科学指引。实践证明，党的十八大以来党中央的大政方针和工作部署是完全正确的，中国特色社会主义道路是符合中国实际、反映中国人民意愿、适应时代发展要求的，不仅走得对、走得通，而且走得稳、走得好。我们要坚定历史自信、增强历史主动，始终坚持“五个必由之路”，咬定青山不放松，在新的赶考之路上向历史和人民交出新的优异答卷。

（二）牢牢把握习近平新时代中国特色社会主义思想的世界观和方法论。实践告诉我们，中国共产党为什么能，中国特色社会主义为什么好，归根到底是马克思主义行，是中国化时代化的马克思主义行。党的十八大以来，我们党勇于进行理论探索和创新，以全新的视野深化对共产党执政规律、社会主义建设规律、人类社会发展规律的认识，把马克思主义基本原理同中国具体实际相结合、同中华优秀传统文化相结合，形成了习近平新时代中国特色社会主义思想，实现了马克思主义中国化新的飞跃。要深刻认识拥有马克思主义科学理论指导是我们党坚定信仰信念、把握历史主动的根本所在，深刻认识习近平新时代中国特色社会主义思想是当代中国马克思主义、21世纪马克思主义，是中华文化和中国精神的时代精华，理解把握其世界观和方法论，坚持好、运用好贯穿其中的立场观点方法。要切实做到坚持人民至上、坚持自信自立、坚持守正创新、坚持问题导向、坚持系统观念、坚持胸怀天下，进一步把党的创新理论贯彻落实到大埔全面振兴发展的各方面全过程，奋力推动习近平新时代中国特色社会主义思想在大埔老区苏区落地生根、结出丰硕成果。

（三）牢牢把握以中国式现代化全面推进中华民族伟大复兴的使命任务。进入新时代以来，党对建设社会主义现代化国家在认识上不断深入、战略上不断成熟、实践上不断丰富，成功推进和拓展了中国式现代化。中国式现代化，是中国共产党领导的社会主义现代化，是人口规模巨大的现代化、全体人民共同富裕的现代化、物质文明和精神文明相协调的现代化、人与自然和谐共生的现代化、走和平发展道路的现代化。其本质要求是坚持中国共产党领导，坚持中国特色社会主义，实现高质量发展，发展全过程人民民主，丰富人民精神世界，实现全体人民共同富裕，促进人与自然和谐共生，推动构建人类命运共同体，创造人类文明新形态。从现在起，中国共产党的中心任务是团结带领全国各族人民全面建成社会主义现代化强国、实现第二个百年奋斗目标，以中国式现代化全面推进中华民族伟大复兴。要深刻领会、系统把握中国式现代化的中国特色和本质要求，按照两步走战略安排，奋发有为、担当作为，在以中国式现代化全面推进中华民族伟大复兴中作出大埔贡献。

（四）牢牢把握以伟大自我革命引领伟大社会革命的重要要求。全面建设社会主义现代化国家、全面推进中华民族伟大复兴，关键在党。我们党经过新时代全面从严治党的革命性锻造，找到了自我革命这一跳出治乱兴衰历史周期率的第二个答案。作为世界上最大的马克思主义执政党，要始终赢得人民拥护、巩固长期执政地位，必须时刻保持解决大党独有难题的清醒和坚定。要深刻认识我们党面临的“四大考验”“四种危险”长期存在，增强忧患意识、强化底线思维，始终牢记全面从严治党永远在路上，党的自我革命永远在路上，持之以恒推进全面从严治党，深入推进新时代党的建设新的伟大工程，坚决打赢反腐败斗争攻坚战持久战，努力把全县各级党组织锻造得更加坚强有力，为推进大埔全面振兴发展提供坚强政治保证。

（五）牢牢把握团结奋斗的时代要求。党的十八大以来，我们党紧紧依靠人民，稳经济、促发展，战贫困、建小康，控疫情、抗大灾，应变局、化危机，攻克了一个个看似不可攻克的难关险阻，创造了一个个令人刮目相看的人间奇迹。实践充分证明，团结奋斗是中国人民创造历史伟业的必由之路，党和人民取得的一切成就都是团结奋斗的结果，团结奋斗是中国共产党和中国人民最显著的精神标识。全面建设社会主义现代化国家，是一项伟大而艰巨的事业，必须充分发挥亿万人民的创造伟力。要始终牢记江山就是人民，人民就是江山，坚持全心全意为人民服务的根本宗旨，坚持一切为了人民、一切依靠人民，更加自觉为实现人民对美好生活的向往不懈奋斗。要把握好坚持和加强党的全面领导、坚持中国特色社会主义道路、坚持以人民为中心的发展思想、坚持深化改革开放、坚持发扬斗争精神“五项重大原则”，在党的旗帜下团结成“一块坚硬的钢铁”，做到心往一处想、劲往一处使，撸起袖子加油干，坚定不移把党的二十大提出的目标任务落到实处，奋力把党的二十大描绘的宏伟蓝图变为美好现实。

三、认真扎实抓好党的二十大精神的学习宣传

各级各部门要把学习宣传贯彻党的二十大精神作为当前和今后一个时期的首要政治任务，与学习贯彻习近平新时代中国特色社会主义思想结合起来，与深入贯彻习近平总书记关于老区苏区工作重要论述精神结合起来，与贯彻落实习近平总书记对广东系列重要讲话和重要指示精神结合起来，与落实省第十三次党代会精神、市第八次党代会和县第十三次党代会精神结合起来，扎实做好学习培训和宣传教育各项工作，在全县迅速掀起学习宣传贯彻热潮。

（一）迅速组织传达学习。各级党委（党组）要认真制定学习宣传贯彻工作方案和学习计划，综合采取党委（党组）会议、理论学习中心组学习会、理论报告会等形式全面、系统、深入学习党的二十大报告，完整、准确、全面领会党的二十大精神，对是什么、干什么、怎么干了然于胸，为贯彻落实打下坚实基础。县领导要担起领导责任、示范责任，带头到所在单位和挂点镇（场）、村（社区）传达党代会精神。各级党委（党组）主要负责同志要靠前指挥，务实求实开展学习宣传贯彻工作，将党的二十大精神传达到每一个基层党组织、每一名党员干部。

（二）扎实开展教育培训。面向全体党员开展多形式、多层次、全覆盖的全员培训，组织广大党员干部认真学习党的二十大精神。各级各部门领导班子和领导干部要带好头，通过理论报告会、学习论坛等形式开展学习研讨。要对县科级以上领导干部分期分批进行集中轮训，对各领域基层党组织书记全面开展轮训。依托县镇党校统筹基层党组织书记、基层党代表、专家学者等培训力量全覆盖开展党员培训，对年老体弱、行动不便的党员和流动党员“送学上门”。工会、共青团、妇联等群团组织要针对不同群众的特点，举办各具特色的学习培训教育活动。

（三）深入开展调查研究。各级党委（党组）要紧紧围绕深入贯彻党的二十大精神，结合新时代大埔发展的全局性、前瞻性问题以及改革发展稳定的热点难点问题，深入开展调查研究。要紧密结合国家发改委、财政部《支持梅州对接融入粤港澳大湾区加快振兴发展总体方案》（下称《梅州方案》），把大埔工作放到全市、全省乃至全国的高度统筹思考，进一步完善发展思路举措。广泛发动社会各界建言献策，以适当方式听取党代表、人大代表、政协委员和工商联、无党派人士及社会各界的意见建议。各级领导干部要走好新时代党的群众路线，从群众中来、到群众中去，深入基层、深入群众，倾听群众呼声，体察群众生活，汇聚群众智慧，解决群众急难愁盼问题，在全县范围内形成学习贯彻党的二十大精神、深入调查研究的浓厚氛围。

（四）集中开展宣讲活动。积极做好市委宣讲团在我县的宣讲活动，推动全县准确领会把握党的二十大精神，准确领会把握党的二十大确立的重大理论观点、重大方针政策、重大工作部署。周密组织县级宣讲团深入各级各部门和基层单位广泛宣讲，紧密联系广大干部群众思想实际和工作实际，采取“理论+文艺+百姓”“互联网+宣讲”等群众喜闻乐见的形式，推动党的二十大精神进机关、进企事业单位、进城乡社区、进校园、进各类新经济组织和新社会组织、进网站。坚持贴近实际、贴近生活、贴近群众，注重用群众语言解读党的二十大精神，做到既全面准确又深入浅出，既严肃认真又生动鲜活，让干部群众听得懂、能领会、可落实。

（五）精心组织宣传报道。充分发挥电台、电视台和微博、微信、短视频、移动客户端等媒体平台和重点新闻网站的特色和优势，精心策划、集中报道，围绕党的二十大精神开展多角度、全方位、立体化、多频次的对内对外宣传。注重把好基调、把好导向，增强学习宣传贯彻党的二十大精神的感召力、凝聚力、影响力。加强理论研究阐释，转载一批有分量有质量的理论文章。积极引导网上舆论，有效回应网民关切，调动网民参与积极性，牢牢把握网上舆论主导权和话语权。注重宣传各级各部门学习贯彻的具体举措和实际行动，注重反映基层干部群众学习贯彻的典型事迹和良好风貌。

四、坚持以党的二十大精神引领大埔全面振兴、共同富裕

学习宣传贯彻党的二十大精神，关键是行动，重在抓落实，既要结合县情实际，也要紧密结合省委、市委、县委的工作部署，切实把党的二十大精神落实到经济社会发展各方面，推动红色大埔绿色发展、高质量发展。

（一）准确把握当前大局大势。党的二十大报告明确指出，我们已经完成脱贫攻坚、全面建成小康社会的历史任务，实现第一个百年奋斗目标，中国特色社会主义进入了新时代，正在向全面建设社会主义现代化国家、全面推进中华民族伟大复兴的新征程迈进。要推动思想大解放，在新一轮思想解放中要着力破解发展动力和发展路径问题，在解放思想中统一思想，不断为大埔全面振兴发展把好方向、定好目标，凝聚意识、汇聚力量。要用好改革关键一招。习近平总书记在党的二十大报告中指出，我们要以巨大的政治勇气全面深化改革，打响改革攻坚战。全县上下要用好改革关键一招，聚焦短板弱项，以改革精神、改革力量、改革手段推动改善发展环境，为大埔全面振兴发展提供强大动力。

（二）主动融入发展大局。实现中华民族伟大复兴中国梦，必须胸怀“两个大局”，紧紧围绕大局、时时聚焦大局、处处服务大局。要牢固树立“一盘棋”思想，自觉把大埔发展置身于全国、全省、全市的发展大局中，既为一域争光、更为全局添彩。一要吃透政策。近年来党中央和省委、市委为促进区域协调发展、支持老区苏区振兴发展，出台了系列支持政策。近期，上级印发了《广东省支持梅州对接融入粤港澳大湾区加快振兴发展实施方案》和《省直机关及有关单位对口支援重点老区苏区工作方案》。各级各部门要瞄准机遇，盯紧政策，主动对接，积极谋划重大项目列入国家和省项目库，大力争取国家和省级项目资金、专项债券支持，争取更多资源要素向大埔聚集。二要交通先行。全县上下要立足大埔地处闽粤两省交界优势，大胆谋划推动大丰高速、大潮疏港铁路、平蕉大高速、梅漳厦高铁等交通项目建设，做深做实“融湾”“联海”文章，不断强化与珠三角、厦漳泉都市经济圈的衔接联动，打造“大湾区”“海西区”的重要节点。三要对接产业。要立足于“以国内大循环为主体、国内国际双循环”，深入挖掘“大湾区”“海西区”重大市场，积极参与先行区方案中关于“打造与大湾区联动发展产业链、高效承接大湾区产业外溢、强化产业园区合作共建等实体经济协作发展”的部署。要牢固树立产业链思维，着眼制造业的新材料、新技术、新领域，充分把握市场需求，认清自身在产业链条上的地位和优势，有针对性地建链、补链、延链、强链，积极参与区域产业协作分工，不断发展壮大实体经济。

（三）构建高质量发展体系。党的二十大报告指出，高质量发展是全面建设社会主义现代化国家的首要任务。全县上下要切实把高质量发展作为经济社会发展的主题主线，紧密联系大埔实际，全力以赴推动大埔经济高质量发展、群众生活高质量改善。

一要推动实体经济高质量发展。坚持制造业当家、坚持实体经济的发展思路，把推动实体经济高质量发展摆在更加突出位置。要打造高水平产业平台。坚持按照“高水平规划、高标准建设、高效能运行、高质量发展”标准，大力推进科创园、新型陶瓷产业园、县城工业小区二期等项目建设，筑牢产业发展平台，推动产业集聚发展。大力提升园区效益，高标准制定负面清单，不断推进低产能、低效益企业清理工作，切实提高园区“亩均效益”。要推动传统产业转型升级。深入实施创新驱动发展战略，加强陶瓷企业转型创新政策引导，鼓励传统陶瓷企业加大创新力度，向智能化制造、高新技术材料研发等创新领域开辟发展新赛道，推动大埔陶瓷产业做大做强。同时，围绕陶瓷产业发展需求，推进产教融合、科教融汇，为陶瓷产业发展提供人才保障。要大力发展先进制造业。加大先进制造企业扶持力度，加快半导体产业建设。立足大埔资源禀赋、区位优势和产业基础，强化招商引资，积极承接大湾区、海西区、潮汕揭等地区的产业转移，大力发展特种陶瓷、智能卫浴、半导体材料等新兴行业，为大埔构建现代化产业体系蓄势赋能。

二要推动乡村振兴高质量发展。中国式现代化是全体人民共同富裕的现代化。全县上下要紧紧抓住省政府最新下发的《省直机关及有关单位对口支援重点老区苏区工作方案》，指定省农业农村厅、广东电网有限公司和中国建设银行股份有限公司广东省分行对口支援我县的契机，加快推进乡村振兴步伐，创建全省乡村振兴先行示范县。要持续优化人居环境。在认真做好干净整洁工作的基础上，进一步提档升级，大力补齐解决道路交通、集中供水、污水处理等基础短板。同时，要加强农村风貌管控，加强农村建房监管，坚决杜绝占耕建房现象，推进美好环境与幸福生活共同缔造。要发展乡村特色产业。抓住整治撂荒契机，在保障粮食生产安全的基础上，把产业发展作为发展村集体经济发展的落脚点，大力发展乡村特色产业。要跳出农村只能发展农业的思想禁锢，探索打造好一批产业社区，鼓励农村因地制宜发展各具特色的乡村产业，不断扩宽农民增收渠道，走出一条城乡深度融合推动共同富裕的实践路子。要实现乡村和谐有序。大埔是文化之乡、平安之乡，要发挥好大埔优势，以文化为切入点，深化基层治理，大力推广“五治融合”“党建+”基层治理新模式，提升基层议事决策能力，深化村民自治实践，发扬全过程人民民主，拓宽基层各类群体参与基层治理渠道，增强群众自我管理、自我服务、自我教育、自我监督实效，建设宜居宜业的和美乡村。

三要推动民生事业高质量发展。党的二十大报告指出，中国共产党领导人民打江山、守江山，守的是人民的心。全县上下要始终坚持把不断实现人民对美好生活的向往作为出发点和落脚点，集中力量办好事、办实事。要办好人民满意教育，认真抓好新一轮“县管校聘”，加快教育集团建设，加大力度培养

"名校""名校长""名教师"，积极引进高端教育人才，不断缩小城乡学校之间的差距。加快建设高质量教育体系，持续扩大学前教育、中小学优质教育资源供给，着力满足人民群众对"上好学"的美好期盼。要提升医疗服务水平，继续加大医保改革力度，促进医疗、医保、医药"三医"联动。加快推动县人民医院、县中医医院"树名医、建名科"，大力引培高层次医疗人才，提高医技水平，实现"小病不出村、大病不出县"。要加强就业服务保障，深入实施"粤菜师傅""广东技工""南粤家政"三项工程，扎实推进农村电商工程、"乡村工匠"工程，激发就业创业活力，促进高质量充分就业。着重加强劳动者权益保障，完善劳动关系协商协调机制，有效防范化解群体性劳资纠纷。同时，不断扩大社会保险覆盖面，健全多层次社会保障体系，切实解决人民群众生活的后顾之忧。

四要推动环境生态高质量发展。习近平总书记强调，绿水青山就是金山银山。各级各部门要深入贯彻习近平生态文明思想，坚持生态优先、绿色发展，切实把生态优势转化为发展优势、经济优势。要抓好污染防治，扎实推动"三线一单"精准落地，持续打好蓝天、碧水、净土保卫战，强化土壤污染风险管控和农业面源污染治理，抓好韩江梅江（大埔段）、汀江、梅潭河等重点流域综合治理，深化"无废大埔"建设。要建设绿色大埔，实施新一轮"绿满梅州"大行动，扎实推进山水林田湖草沙一体化保护和修复工程，抓好国家储备林、造林抚育和林分改造等生态工程，争创县级国家森林城市。要发展绿色产业，深入落实碳达峰、碳中和行动，持续打造广东省清洁能源产业基地，推进抽水蓄能电站项目，扎实推动陆上风电，构建风光水火储多能互补互促格局。

（四）用高质量党建引领高质量发展。习近平总书记指出，全面建设社会主义现代化国家、全面推进中华民族伟大复兴，关键在党。全县各级党组织要严格落实新时代党的建设总要求，深入推进新时代党的建设新的伟大工程。

一要增强政治定力。始终把党的政治建设摆在首位，弘扬伟大建党精神，加强理想信念教育，坚持不懈用新时代党的创新理论凝心铸魂。严格遵守政治纪律和政治规矩，在贯彻落实党中央和省委、市委的各项决策部署时，坚决不打折扣、不搞变通。

二要夯实基层基础。坚持和加强党的全面领导，聚焦新一轮基层党建三年行动计划，树牢大抓基层的鲜明导向，切实强化基层党组织政治功能。以抓党建促乡村振兴示范县（镇村）创建活动为抓手，增强基层党组织书记能力水平，加大党组织书记后备力量培养力度，强化党组织抓具体工作的组织功能，不断提高基层党组织政治引领力和组织领导力，把基层党组织建设成为凝聚人心、团结群众的坚强核心。

三要强化担当作为。全县党员干部特别是领导干部要主动担当作为，学习红旗渠精神发源地林县人民不认命、不服输、敢于战天斗地的英雄气概，团结带领全县干部群众，坚持一张蓝图绘到底，不忽悠、不折腾、不跑调，日夜兼程，踔厉奋发，为大埔全面振兴发展团结奋斗。要充分发扬信念坚定、求真务实、一心为民、清正廉洁、艰苦奋斗、争创一流、无私奉献的苏区精神，以"等不起"的紧迫感、"慢不得"的危机感、"坐不住"的责任感直面问题、解决问题，用实实在在的行动回报组织、回报人民。

四要勇于自我革命。全县上下要始终坚持"严"的主基调不动摇，坚持不敢腐、不能腐、不想腐一体推进。要持续落实中央八项规定及其实施细则精神，抓住"关键少数"，深化纠治"四风"，持续巩固反腐败斗争压倒性胜利。要健全完善权力监督制约机制，协同推进“四项监督”，推动主体责任与监督责任同频共振，形成全面从严治党的责任共同体，从思想上固本培元，提高党性觉悟，增强拒腐防变能力，大力营造海晏河清、风清气正的政治生态。

五、切实加强组织领导，确保学习宣传贯彻党的二十大精神落到实处、取得实效

（一）提高政治站位，压实领导责任。各级党委（党组）要提高政治站位，加强组织领导，作出专题安排，明确任务分工，加大指导、督促、检查力度，确保学习宣传贯彻工作落地落实。组织部门要把学习宣传贯彻党的二十大精神纳入各级党校重要课程，推动加强领导班子建设和基层党组织建设。宣传部门要扎实做好党的二十大精神宣传宣讲和研究阐释工作。其他有关部门要根据本部门职责，密切协作配合，合力推动党的二十大精神家喻户晓、深入人心。

（二）把握正确导向，广泛凝聚共识。坚持唱响主旋律、汇聚正能量，着力用党的二十大精神统一思想、凝聚力量。牢牢把握正确导向，积极引导社会舆论，加强对敏感问题和热点问题的解疑释惑，多做增进共识、增进团结的工作，进一步振奋全社会精气神。落实意识形态工作责任制，加强阵地建设和管理，对思想认识问题要因势利导、明辨是非，对重大政治原则和大是大非要敢于交锋、敢于亮剑，对恶意攻击、造谣生事的要坚决回击、以正视听。

（三）弘扬务实作风，提升实际效果。坚持边学习宣传边推动落实，不做表面文章、杜绝形式主义、不能空泛虚浮，务求把学习贯彻成效体现在经济社会发展各领域各方面上。县委办公室要对各级各部门学习宣传贯彻党的二十大精神特别是落实目标任务情况进行督促检查，防止学习浅尝辄止和贯彻落实打折扣、做选择、搞变通。

中共大埔县委办公室关于印发《学习宣传贯彻党的二十大精神总体工作方案》的通知

为深入学习宣传贯彻党的二十大精神，按照《中共大埔县委关于认真学习宣传贯彻党的二十大精神的通知》要求，现提出如下方案。

一、总体要求

高举中国特色社会主义伟大旗帜，坚持马克思列宁主义、毛泽东思想、邓小平理论、“三个代表”重要思想、科学发展观，全面贯彻习近平新时代中国特色社会主义思想，深刻认识党的二十大是在全党全国各族人民迈上全面建设社会主义现代化国家新征程、向第二个百年奋斗目标进军的关键时刻召开的一次十分重要的大会，切实把学习宣传贯彻的着力点聚焦到习近平总书记是党中央的核心、全党的核心，习近平新时代中国特色社会主义思想是党必须长期坚持的指导思想上；聚焦到党的十九大以来的重大成就和新时代十年的伟大变革上；聚焦到把握好马克思主义中国化时代化最新成果的世界观和方法论，坚持好、运用好贯穿其中的立场观点方法上；聚焦到中国式现代化在理论和实践的创新突破上；聚焦到贯彻落实党的二十大作出的重大决策部署上；聚焦到以习近平同志为核心的新一届中央领导集体是深受全党全国各族人民拥护和信赖的领导集体上；聚焦到习近平总书记是全党拥护、人民爱戴、当之无愧的党的领袖上。要原原本本学习研读党的二十大报告和党章，认真领悟党的二十大提出的新思想新论断、作出的新部署新要求，在全面学习、全面把握、全面落实上下功夫，确保全县各级党组织和广大党员干部群众深刻领悟“两个确立”的决定性意义，加深对习近平新时代中国特色社会主义思想、马克思主义中国化时代化、中国式现代化等重大问题的认识，深刻理解党的二十大对全面建设社会主义现代化国家作出的战略部署，切实把思想和行动统一到党中央精神上来。要把好基调、把好方向，注重宣传各级各部门学习贯彻的具体举措和实际行动，注重反映基层党员干部群众学习贯彻的典型事迹和良好风貌，采取群众喜闻乐见的形式，做好党的二十大精神学习培训和宣传教育工作，推动党的二十大精神进机关、进企事业单位、进城乡社区、进校园、进各类新经济组织和新社会组织、进网站，努力营造奋进新征程的良好社会氛围，激励全县人民万众一心、开拓进取，按照习近平总书记、党中央的战略擘画，扎扎实实办好大埔的事，以党的二十大精神引领红色大埔绿色发展，为梅州苏区加快振兴、共同富裕，全面建设社会主义现代化国家、全面推进中华民族伟大复兴贡献大埔力量。

二、分阶段分批次持续深入推进党的二十大精神学习宣传贯彻工作

（一）传达学习阶段（11月上旬前完成）。县委召开常委会会议传达学习党的二十大精神，研究我县贯彻落实意见；召开全县传达贯彻党的二十大精神大会，发出学习宣传贯彻通知和学习宣传贯彻工作方案，对全县学习宣传贯彻工作提出明确要求、作出系统安排；根据省委、市委工作安排，组织收听收看省委宣讲团党的二十大精神宣讲报告会，做好市委宣讲团在我县的宣讲工作。各级党委（党组）要按照中央、省委、市委及县委有关要求，第一时间通过召开党委（党组）会议等方式，认真组织学习党的二十大精神，研究本地本部门贯彻落实意见，并结合实际制定具体方案。各级各部门要认真学习、全面落实中央关于学习宣传贯彻的决策部署及省委、市委、县委工作安排，确保学习宣传贯彻工作扎实开展、有序推进。各级领导干部要增强政治意识、提高政治站位，亲力亲为，既要做实干家，又要做宣传家，切实发挥好“关键少数”作用，先学一步、学深一层、带头宣讲，引领带动全县党员干部群众迅速兴起学习宣传贯彻热潮。[县委办公室、县委组织部、县委宣传部牵头，各镇（场）、各单位按职责分别负责]

（二）研讨培训阶段（11月上旬至明年3月）。举办全县科级以上领导干部专题研讨班，以集中培训和专题研讨为主要形式，分阶段分批次对全县科级以上领导干部进行集中轮训。县委组织部负责举办全县科级以上领导干部专题研讨班，并指导各镇（场）按照干部管理权限抓好本地干部培训工作，对各领域基层党组织书记进行全覆盖轮训。县直机关工委、县委教育工委、县委党校要分别举办相关干部专题研讨班。县委党校要把学习贯彻党的二十大精神作为干部培训的主要内容，设置专门教学单元。统筹基层党组织书记、基层党代表、专家学者等培训力量，采取集中学习与个人自学相结合、干部培训网络平台在线学习、组织专题讨论会、举办学习论坛、开展组织生活会等方式，组织党员干部认真学习研讨；对年老体弱、行动不便的党员和流动党员“送学上门”，确保党的二十大精神学习全覆盖。各级各单位党委（党组）理论学习中心组要围绕党的二十大精神开展集中学习研讨。[县委办公室、县委组织部、县委宣传部、县直机关工委、县委教育工委、县委党校牵头，各镇（场）、各单位按职责分别负责]

（三）抓落实促发展阶段（11月以后）。学习宣传贯彻党的二十大精神，要联系实际、务求实效，坚持学以致用、以用促学。持续深化对习近平新时代中国特色社会主义思想的理解和认识，坚决贯彻党的二十大对未来五年乃至更长时期党和国家事业发展的战略安排，细化实施全面建设社会主义现代化国家各项部署要求。坚持和加强党的全面领导、坚持中国特色社会主义道路、坚持以人民为中心的发展思想、坚持深化改革开放、坚持发扬斗争精神，把习近平新时代中国特色社会主义思想贯彻到社会主义现代化建设全过程、体现到党的建设各方面，体现到做好我县今后五年工作的具体安排中，为实现中华民族伟大复兴作出大埔新贡献。[各镇（场）、各单位按职责分别负责]

三、精心组织开展党的二十大精神宣传宣讲

（一）精心组织宣传报道。县委宣传部要制定宣传工作方案，组织县电视台、电台、县人民政府门户网站、大埔发布APP统一开设“学习宣传贯彻党的二十大精神”专栏，精心策划、密切配合、同向发力，全方位、多角度深入宣传党的二十大的重大意义，深入宣传党的二十大主题的深刻内涵，深入宣传过去五年的工作和新时代十年的伟大变革，深入宣传开辟马克思主义中国化时代化新境界的重要要求，深入宣传新时代新征程中国共产党的使命任务，深入宣传中国式现代化的中国特色和本质要求，深入宣传党的二十大作出的一系列重大工作部署，深入宣传坚持党的全面领导和全面从严治党，深入宣传各地各部门学习贯彻的具体举措和实际行动。做好学习宣传贯彻动态和反响报道，推出有分量的深度报道、通讯综述、评论访谈和理论文章，开展大型主题采访活动，引导全县广大党员干部群众激发锐意进取、埋头苦干的精气神，进一步鼓足干劲、奋勇前行，不断推动学习宣传贯彻往深里走、往实里走。[县委宣传部牵头，县委网信办、县文广旅体局、县融媒体中心等参加]

（二）集中开展宣讲活动。认真安排好市委宣讲团在我县的宣讲工作。组建县委宣讲团，选调政治素质强、政策理论水平高的领导干部、理论工作者，坚持面向基层、面向群众，深入企业、农村、机关、校园、社区开展巡回宣讲。认真组织来自基层的党的二十大代表以自己的亲身经历、切身感受开展宣讲。县委常委和其他县领导同志深入联系点进行集中宣讲，各级各部门主要负责同志在负责地区、负责领域开展宣讲，把领导讲与群众讲、讲理论与讲实践相结合，以实际行动带动广大党员干部群众的学习贯彻。统筹安排在全县城乡开展宣讲工作，充分发挥新时代文明实践中心（所、站）和基层宣讲员、基层理论宣讲志愿者、驻镇帮镇扶村工作队队员作用开展宣讲。积极开展面向党外人士的宣讲工作，增进党外人士对党的二十大精神的认知认同。着力增强宣讲的思想性、指导性、针对性，联系马克思主义中国化时代化的历史进程，联系十年来对党和人民事业具有重大现实意义和深远历史意义的三件大事，联系广大党员干部群众思想实际和工作实际，联系人民群众普遍关心关注的问题，深入浅出地把党的二十大精神讲清楚、讲明白，讲出真情实感，让党员干部群众听得懂、能领会、可落实，让党的二十大精神家喻户晓、深入人心。[县委宣传部牵头，县直机关工委、县委教育工委、县委党校等参加]

（三）深化理论研究阐释。围绕学习贯彻党的二十大精神，聚合社科理论界力量，发挥社科规划引导作用，组织广大理论工作者系统深入开展研究和解读，推出一批高质量研究成果，增强学习宣传的理论深度、实践力度、情感温度，增进政治认同、思想认同、情感认同，为学习宣传贯彻提供有力的理论支撑。充分发挥专家学者等的带动作用，举办理论学习座谈会、研讨会，刊载一批有质量有深度的学习心得体会和宣传阐释文章，推动党的创新理论广泛普及。对党的二十大精神的宣传阐释要精准把握方向、深入解读内涵，积极引导、及时辨析，防止片面

性、简单化。［县委宣传部牵头，县委党校、县社科联等参加］

（四）积极开展网络宣传和社会宣传。县内重点新闻网站、新媒体平台和县融媒体中心所属平台要集纳转载中央主要媒体的重点稿件和节目，深入阐释党的二十大精神，推动广大网民积极参与学习、讨论、传播。强化网络舆论引导，刊发中央主要媒体系列网评文章。精心制作推出学习宣传贯彻党的二十大精神的融媒体产品，用好“两微一端”“学习强国”“粤学习”等，充分调动网民参与的积极性。面向基层编写、推荐相关宣讲材料，突出宣传一批基层一线贯彻落实党的二十大精神的先进典型，切实增强宣传的感召力、凝聚力、影响力。［县委宣传部牵头，县委网信办、县文广旅体局、县融媒体中心等参加］

四、立足我县实际谋划推动各项贯彻落实工作

学习宣传贯彻党的二十大精神，要深刻领会党中央关于国内外形势的分析研判，深刻把握我国发展面临的机遇和挑战，紧密结合党的二十大阐述的中国式现代化的中国特色、本质要求和重大原则，紧密结合广东在新征程中走在全国前列、创造新的辉煌的使命任务，紧密结合推动大埔全面振兴发展的目标任务，紧密结合本地本部门的工作实际，增强忧患意识、强化底线思维，做好应对各种复杂局面的思想准备和工作准备，坚定信心、守正创新，深入调查研究，完善发展思路，细化工作举措，形成推进现代化建设的具体行动方案和施工图，撸起袖子加油干，一步一个脚印把党的二十大作出的重大决策部署落实到我县经济社会发展各方面全过程。

（一）深入贯彻党的二十大精神，进一步明确未来五年的工作目标任务。各级各部门要紧紧围绕党的二十大主题，聚焦新时代新征程党的使命任务，坚持和运用好党的创新理论，准确把握当前大局大势。主动融入发展大局。要认真落实国家发改委、财政部联合印发的《支持梅州对接融入粤港澳大湾区加快振兴发展总体方案》，瞄准建设赣闽粤原中央苏区对接融入粤港澳大湾区振兴发展先行区的重大机遇，发挥好“湾区+苏区”政策叠加效应，着力打造“大湾区”“海西区”的重要节点，推动红色大埔绿色发展。要着力构建高质量发展体系，推动实体经济、乡村振兴、民生事业和生态环境高质量发展。要用高质量党建引领高质量发展，增强政治定力、夯实基层基础、强化担当作为、勇于自我革命，切实把力量凝聚到党的二十大确定的各项战略任务和重大举措上。［各镇（场）、各单位按职责分别负责］

（二）深入开展调查研究，不断完善贯彻落实党的二十大精神的思路举措。县领导同志要结合分管联系工作，带头深入开展调查研究，指导有关镇（场）党委和县直有关单位党组（党委）的学习宣传贯彻工作。各级各部门主要负责同志要结合本单位实际开展调查研究，指导所在单位的学习宣传贯彻工作。以适当方式听取党代表、人大代表、政协委员和工商联、无党派人士及社会各界的意见建议。各级各部门要聚焦当前工作与新形势新任务新要求还不相适应的短板弱项，比如，区域竞争力不强，综合营商环境有待改善，招商引资成效不够明显；实体产业发展水平不高，平台建设比较落后，主导产业不突出，科技创新能力较弱；农业农村“潜力板”有待进一步激发，农村基础设施欠账大，联农带农效益不够明显；精神文明建设、法治建设、民生保障、城市治理、生态环保、社会事业等与群众期盼还有差距；意识形态斗争复杂严峻，用网管网治网能力有待提升；经济金融、公共卫生、自然灾害等领域防范化解重大风险的任务仍然较重；全面从严治党仍有薄弱环节，干部干事创业精气神有待进一步激发等问题，深入基层、深入群众、深入现场开展调查研究，找准找对解决问题、改进工作、推动发展的思路举措。[各镇（场）、各单位按职责分别负责]

（三）扎实做好今年底明年初各项工作，确保贯彻落实党的二十大精神开好局、起好步。各级各部门要按照中央部署和省委、市委、县委要求，制定详细计划，明确具体举措，着力抓好落实。把贯彻落实党的二十大战略部署与省第十三次党代会、市第八次党代会、县第十三次党代会提出的各项任务结合起来，认真落实“疫情要防住、经济要稳住、发展要安全”要求，研究制定具体工作计划，抓紧抓实正在推进的具体任务。一要从严从紧从细从实做好疫情防控。坚决贯彻“外防输入、内防反弹”总策略和“动态清零”总方针，坚决克服麻痹思想、厌战情绪、侥幸心理、松劲心态，认真落实“四方责任”和“四早”要求，强化重点场所重点人群疫情防控，坚决守牢“外防输入”防线；认真抓好常态化防控措施落实，切实维护正常生产生活秩序，巩固来之不易的疫情防控成果。二要全力抓好经济工作。坚持稳字当头、稳中求进，认真分析各项经济指标存在问题，在第四季度有针对性采取措施，切实踢好临门一脚。要加大“六稳”“六保”工作力度，落实好中央及省、市出台的一系列稳经济增长政策，扎实做好扩大有效投资、提振消费等重点工作，切实保障产业链供应链循环畅通，切实推进重点项目建设，千方百计保持经济运行在合理区间。三要切实维护国家安全和社会稳定。坚持以大概率思维应对小概率事件，强化“时时放心不下”的责任感，未雨绸缪、周密管控、严防死守，进一步筑牢政治安全、意识形态安全防线；严格落实安全生产责任和管理制度，强化对危化品、城镇燃气、自建房、地质灾害、非煤矿山、森林防灭火等重点领域安全隐患排查整治；加强社会面巡查管控，着力化解社会矛盾纠纷，稳妥有序化解各领域重大风险，防止发生“黑天鹅”“灰犀牛”事件，保持平稳健康的经济环境、国泰民安的社会环境、风清气正的政治环境。[各镇（场）、各单位按职责分别负责]

五、加强组织领导，切实推动学习宣传贯彻工作深入开展、务求实效

各级党组织要把学习宣传贯彻党的二十大精神作为当前和今后一个时期的首要政治任务，与学习贯彻习近平新时代中国特色社会主义思想结合起来，与贯彻落实习近平总书记对广东系列重要讲话和重要指示精神结合起来，与落实市第八次党代会、县第十三次党代会精神结合起来，与推动我县经济社会发展各项工作结合起来，精心组织、周密部署、务求实效。各镇（场）党委要加强组织领导，落实主体责任，认真制定实施方案，明确责任分工，强化督促检查。特别是要对照党的二十大精神，完善党代会、国民经济和社会发展五年规划相关工作部署，进一步厘清发展思路，细化工作举措。各级党组织主要负责同志要切实担起第一责任人责任，一级抓一级、一级带一级，从严从实抓好学习宣传贯彻工作。工会、共青团、妇联等群团组织要发挥自身优势，结合实际开展各具特色的学习宣传贯彻活动。各级各有关部门要分工协作、密切配合，形成推动学习宣传贯彻工作的强大合力。县委办公室要加强对各地各部门学习宣传贯彻工作的督促检查，列入重点督查事项，加强跟踪督办。各级党组织要及时向上一级党组织报告学习宣传贯彻党的二十大精神的情况。

中共大埔县委关于2022年全面工作情况的报告

2022年，大埔县坚持以习近平新时代中

国特色社会主义思想为指导，认真学习宣传贯彻党的二十大精神，深入学习贯彻习近平总书记对广东系列重要讲话和重要指示精神，坚决落实“疫情要防住、经济要稳住、发展要安全”的重要要求，严格按照省委、市委工作部署，高效统筹疫情防控和经济社会发展。2022 年，全县地区生产总值 100.8 亿元、比增 0.4%；规上工业增加值 14.1 亿元；固定资产投资 29.63 亿元；外贸进出口总额 5.17 亿元；本级一般公共预算收入 5.15 亿元，剔除留抵退税影响，比增 5.23%；社会消费品零售总额 48 亿元，比减 0.9%。

一、主要工作情况

（一）突出以上率下，全面加强党的建设。始终把党的建设摆在首位，深入学习贯彻习近平新时代中国特色社会主义思想和党的二十大精神，深刻领悟“两个确立”的决定性意义，增强“四个意识”，坚定“四个自信”，做到“两个维护”。一是坚持用党的创新理论凝心铸魂。严格落实第一议题制度，召开县委常委会会议 35 场，安排第一议题 80 个，举行县委理论学习中心组集中学习 17 场次。认真抓好《习近平谈治国理政》第四卷的学习贯彻，持续深入学习习近平新时代中国特色社会主义思想。二是认真学习贯彻党的二十大精神。先后召开县委常委会会议、全县干部大会，组织县委理论学习中心组学习会、专题研讨班，迅速掀起学习宣传贯彻党的二十大精神热潮。积极开展红色讲堂、青年讲堂、田间课堂、线上课堂和“代表进企业”“领导进校园”等活动，县委领导班子带头深入到挂钩镇、村开展学习宣讲，并结合大埔实际开展专题调研，推动全县上下切实把思想和行动统一到党的二十大精神上来。三是不断夯实基层战斗堡垒。深入推进基层党建三年行动计划，实施“三项工程”“五大行动”，建立完善社区“大党委”工作机制，组建 256 个导师团队帮助村级班子提升履职能力。筹集 5300 万元连片打造汇东、蕉坑中组部红色村组织振兴试点，打造 14 个抓党建促乡村振兴示范点，顺利建成运营县委党校新校区。组建近 400 支“平战转换”党员志愿者队伍，推动党员当先锋作表率，基层战斗堡垒更加坚强有力。四是纵深推进全面从严治党。严格执行省委坚决落实“两个维护”十项制度机制，忠诚拥护“两个确立”、坚决做到“两个维护”。全面压实责任，强化舆论引导和舆情管控，严格落实意识形态工作责任制，健全敏感信息闭环反馈机制。强化管党治党主体责任，全年对全县各级领导干部开展提醒谈话 890 人次，警诫谈话 36 人次，问责领导干部 26 人。驰而不息正风肃纪反腐，全年共处置问题线索 340 件，立案查处 165 件 165 人，给予党纪政务处分 159 人，挽回经济损失 829.18 万元，综合运用“四种形态”，处理 441 人次。严格落实中央八项规定及其实施细则精神，查处违反中央八项规定精神问题 20 个，给予党纪政务处分 31 人。开展 3 轮常规巡察，1 轮县级交叉巡察，共巡察 23 个单位党组织，发现问题 303 个。摄制违纪违法案警示教育片《“套路者”的不归路》，用“身边事”教育“身边人”，政治生态持续优化。

（二）突出高质量要求，大力发展实体经济。坚持把发展经济的着力点放在实体经济，经济运行呈现企稳回升态势。产业基础持续向好，全年新增规上企业 5 家，完成工业投资 10 亿元，比增 2.4%，技改投资 4.97 亿元，比增 210.8%。先进制造业逐步显现竞争活力，行业实现税收达 1244 万元，比增 37.7%。产业空间持续扩大，县科创园成功申请政策性开发性金融工具 6558 万元，“七通一平”项目动工建设，县城工业小区二期紧张推进。项目落实有力有效，总投资 61 亿元的高陂水利枢纽工程全面建成投产，总投资 81 亿元的大埔电厂二期、总投资 6.5 亿元的茶阳镇防洪工程顺利动工；65 项重点项目完成投资 27 亿元，17 个债券项目 6.43 亿元资金全部完成支付。招商引资成效显著，成功招引并动工建设 10 个投资项目，其中亿元以上 4 个、10 亿元以上 1 个，计划投资 95.09 亿元，完成投资 7.32 亿元，为全县经济发展注入强大动能。

（三）突出宜居宜业，聚力推进乡村振兴。牢牢守住粮食安全底线，完成粮食种植 12.87 万亩、连片 3 亩以上撂荒耕地复耕复种 34868.52 亩，完成全年的 100.02%，动员人大代表、政协委员、新阶层人士、工商业人士认耕认种 2000 多亩，为全县作出良好示范。全县蜜柚产值 16.8 亿元，比增 7.6%，茶叶产值 11.3 亿元，比增 7.6%。茶叶精深加工核心园区加快建设，广东供销（梅州）天业冷链物流产业园主体建设基本完工，成功创建省级蜜柚产业园（扩容提质）项目并已完成投资 3843 万元，完成 16 个农产品产地冷藏保鲜设施建设任务。西岩茶叶集团、凯达茶业公司入围 2022 年度全国茶业百强企业，西岩茶叶集团被评为“2022 中国十大茶王”。谋划创建 4 个乡村产业社区，数智化助力乡村“五大振兴”服务项目扎实推进，投入 3530 万元统筹推进 52 个村“一村一品、一镇一业”项目，28 个“一村一品、一镇一业”项目完成验收，37 个镇、村被认定为省级蜜柚、茶叶专业镇、专业村。针对 26 个偏远村，筹集 1300 万元入股优质企业，推动全县村集体经济稳步增长。狠抓示范建设，省级农业社会化服务创新试点县创建稳步推进，围绕三河镇乡村产业社区建设，创建全国 3A 级旅游景区，扎实推进三河镇“红色+研学”乡村振兴示范带建设，促进美丽乡村转向产业乡村。推出《关于进一步完善农村人居环境长效管护机制的实施方案》等 3 项政策措施，健全从“建好”到“管好”的工作机制。

（四）突出协调发展，加快补齐城乡短板。14 个镇通过“宜居圩镇”市级验收，湖寮、百侯、银江镇通过“示范圩镇”验收，有效改善乡镇面貌。6 个老旧小区改造工程顺利完工，成功申报城北、城西 27 个老旧小区改造专项债券资金 5000 万元。第二、第三自来水厂、智慧停车场、县城北环路提升改造等项目加快建设，10 家农贸市场升级改造工作全面完成。坑口至高陂段、湖寮至枫朗段、赤山至桃花段公路改建工程取得明显成效，县内快速干线通行水平进一步提升。坪山至花萼楼旅游公路改建工程、大麻韩江莲塘大桥基本完工，建成农村公路 79.89 公里，群众日常出行条件不断改善。生态环境持续向好，饮用水水源地水质达标率保持 100%，水环境质量全市排名第一，建成漳溪河西河段、梅潭河县城段等 2 宗 14.7 公里碧道，梅潭河碧道工程被评为“省十大最生态碧道”，大埔入选省 2020 及 2021 年度万里碧道建设激励名单。全面推行林长制，完成造林 1.17 万亩、新造林抚育 2.1 万亩，森林覆盖率达 78.99%。

（五）突出改革创新，不断聚集发展动能。深化“放管服”改革，推进“数字政府”建设，营商环境不断优化。行政审批事项实现 100%网上受理、100%网上办结，电子印章覆盖率 100%，1671 项政务服务事项实现“全市通办”，线上办件率居全市前列。简化市场主体登记程序，放宽企业名称登记，新增内资企业 531 家。“粤政易”活跃率保持全市第一，“粤商通”注册率 100%。国企改革扎实推进，县城投公司实现优化配置。新培育认定科技型中小企业 31 家，规上工业企业建立研发机构比例达 40.9%。新增专利授权量 6 件，成功利用知识产权质押融资 1500 万元。抓好人才引培，引进急需紧缺人才 9 名，培育农村实用人才 820 名、技能人才 540 名、特色文化人才 639 名。

（六）突出以民为本，持续增进民生福祉。全县民生事业财政支出 36.77 亿元，占一般公共预算支出的84.04%。西岭实验学校建成招生，新增学位5490个，城东实验学校教学楼建成使用，进光高级职业技术学校建设有序推进，成功获评全国未成年人保护示范县、广东省儿童友好示范县。全县城镇新增就业2102人，再就业1228人，城镇登记失业率2.91%。基层卫生健康服务水平持续优化，县中医医院顺利通过二甲等级复审，县域医共体建设有序开展，县中医医院康复中心、高陂中心卫生院迁建工程扎实推进。疫情防控顺利转段，果断处置“11·22”疫情，先后抽调39批次近千人驰援抗疫，建立疫苗接种长效管理机制，最大限度减少疫情对经济社会发展的影响。服务效能持续改善，20项行政许可事项进驻广东政务服务网，实现100%网上受理、100%网上办结。文体惠民成效显著，工农革命政府公安局旧址、中央红色交通线大埔段等5处文物成功入选省第十批文物保护单位，“红动古道·绿动乡村——中央红色交通线亲子研学游”线路上榜全国乡村旅游精品线路。基层治理效能持续提升，众志成城打赢十年一遇“龙舟水”防汛救灾战役，全域成功创建省级民主法治示范村（社区），“五治融合”基层治理模式成效卓著。扎实推进“八五”普法，常态化开展扫黑除恶斗争，群众安全感和政法工作满意度保持全省前列，县看守所获评“全国优秀公安基层单位”，百侯镇获评“全国依法治理创建活动先进单位”，三河坝战役纪念园管理处入选首批省政府立法基层联系点。完成安全生产专项整治三年行动，加强城镇燃气安全、危化品、校园安全、建筑施工等领域的专项整治，统筹推进自然灾害防治九项重点工程，切实维护人民群众生命和财产安全。全县社会治安形势持续向好，没有发生重大政治事件、严重暴力恐怖事件、重大群体性事件和生产安全事故。

二、今后工作计划

2023年是全面贯彻落实党的二十大精神的开局之年，我县将坚持以习近平新时代中国特色社会主义思想为指导，全面学习全面把握全面落实党的二十大精神，深入贯彻中央经济工作会议、中央农村工作会议精神，认真落实省委十三届二次全会、省委经济工作会议部署，严格按照市委八届五次全会、六次全会工作要求，积极主动参与梅州建设赣闽粤原中央苏区对接融入粤港澳大湾区振兴发展先行区，走好大埔红色苏区高质量展道路。

（一）持续强化党建引领。坚持把学习宣传贯彻党的二十大精神作为首要政治任务，广泛开展宣传教育，抓好党的二十大精神学习培训。全面贯彻落实新时代党的建设总要求，坚持大抓基层的鲜明导向，以“高质量党建推动高质量发展”为主题，聚力实施强基固本、品牌示范、整顿提升等行动，全面增强基层党组织政治功能和组织功能。扎实推进三河汇东红色村组织振兴试点工作，优化提升省定3个红色村党建工程示范点。以开展作风建设年活动为抓手，大力开展“竞标争先”活动，实施亮诺亮绩亮牌行动，采取现场会点评、“比武打擂”述职等方式，推动营造比学赶超、赛龙夺锦的干事创业氛围。

（二）千方百计发展经济。紧紧围绕高质量发展要求，坚持制造业当家，巩固壮大实体经济。认真实施县域产业提升工程，进一步做大做强先进材料、先进制造业、新能源三大产业集群。加快园区建设，力促广州海珠（大埔）产业转移工业园创建省级高新区，加快县科创园、县城工业小区二期、新型陶瓷产业园等3个园区建设，积极打造广东省产业集聚升级示范区。坚持“两个毫不动摇”，突出“用户思维”，狠抓联审联批改革，持续优化营商环境。全力抓好招商引资，发挥 2 支驻外招商队作用，锁定大湾区，延伸海西区、潮汕揭等地，着重在新型陶瓷、半导体材料、食品加工等行业招商选资，争取引进更多乡贤企业、上市公司、总部企业。加强项目建设，抓好年度总投资 40.87 亿元的 36 个重点项目建设，积极跟进已入库 33 个债券资金项目，确保下达资金按进度要求支出完毕。大力推动大埔电厂二期、茶阳镇防洪工程等项目建设，抓紧完善青溪抽水蓄能电站等项目前期准备工作，不断增强发展后劲。

（三）扎实推进县域振兴。深入实施“百县千镇万村高质量发展工程”，推动强县促镇带村，加快城乡协调发展。致力打造品质县城。加快推进以县城为重要载体的新型城镇化，持续推进县城微改造、微更新，抓好老旧小区改造，实施西湖公园片区、白云桥片区提升工程，有序推进新区新城建设，打造山水宜居客家城。着力建设宜居圩镇。深入推进乡镇体制改革，不断完善湖寮等 3 个示范圩镇、大麻等 14 个宜居圩镇建设，扎实推进高陂县域副中心建设，因地制宜打造一批专业镇特色镇，把乡镇建成乡村治理中心、乡村经济中心、农村服务中心。全面推进乡村振兴。以争创全省乡村振兴先行示范县为目标，抓党建促乡村振兴为抓手，用好新型帮扶协作机制和省“1+2”对口支援，深化驻镇帮镇扶村工作，谋划好重点项目、重点事项。狠抓粮食安全，加紧推进垦造水田、高标准农田建设，确保完成市下达粮食播种任务。强化产业振兴，加快蜜柚省级现代农业产业园（扩容提质）和茶叶产业园核心加工园区建设，大力培育预制菜、油茶、丝苗米等特色产业。持续推进乡村产业社区建设，创新联农带农富农机制，力争 245 个村集体经济收入全部达到 10 万元。深化人居环境整治，围绕“修好路、多种树，强清拆、管风貌”的思路，以百侯、三河、西河镇为重点，全面彻底完成“三清三拆”，全域推进农房管控、风貌提升，打造红色三河、古镇百侯乡村振兴示范带和湖寮镇莒村村党建引领基层治理促乡村振兴示范村，升级西河十村联动乡村振兴示范带，建设宜居宜业和美乡村。

（四）深入实施“绿美行动”。立足国家重点生态功能区定位，围绕实施“三大任务、九大工程”，全面推进绿美大埔生态建设。推进山水林田湖草沙一体化保护和修复，确保完成林分优化提升 3.6 万亩、森林抚育提升 12 万亩。全面开展国家森林城市创建活动，力争 2024 年底前通过验收，进一步筑牢绿色屏障。擦亮“世界长寿乡”品牌，深化林权改革，探索集体林地“三权”分置，积极推动政策性银行贷款支持林业生态建设，培育林业碳汇交易、国家储备林建设等业态，推动“生态资源”向“生态资本”转变，努力打造绿水青山就是金山银山的大埔样板。

中共大埔县委
大埔县人民政府
关于部分县领导分工调整的通知

（2022 年 8 月 24 日 埔发〔2022〕2 号）

各镇党委、人民政府，丰溪林场，县直和省、市驻埔各单位：

因工作需要，经县委县政府研究决定，部分县领导分工调整通知如下：

蓝　欣　县委副书记、政法委书记，增加协管县委办公室（县委政策研究室、县委国安办、县档案局、县委机要局、县国家保密局）、县档案馆和接待工作。

杨自强　县委常委、办公室主任、县直机关工委书记，增加协管招商引资工作。

县委县政府其他领导分工不变。

附　录

统　计　资　料

综合

大埔县国民经济和社会发展主要指标情况表

表 4

指　标　名　称	单位	2022 年	2021 年	+、-（%）
一、经济总量指标	—	—	—	—
工农业总产值	万元	1027684	1013802	1.4
工　　业	万元	579778	582030	-0.4
农　　业	万元	447906	431772	3.7
生产总值（当年价）	万元	1008109	1003751	—
第一产业	万元	308172	285475	—
第二产业	万元	188047	213687	—
第三产业	万元	511890	504589	—
人均生产总值	元	30909	30440	—
生产总值（不变价）	万元	987777	984169	0.4
第一产业	万元	285100	273167	4.4
第二产业	万元	193008	213468	-9.6
第三产业	万元	509669	497534	2.4
人均生产总值	元	30286	29846	1.5
二、人口	—	—	—	—
年末总人口	人	537523	544063	-1.2

续表 4

指 标 名 称	单位	2022 年	2021 年	+、-（%）
其中，乡村人口	人	367725	370875	-0.8
城镇人口	人	169798	173188	-2.0
三、农业生产	—	—	—	—
1. 农业总产值（现行价）	万元	447906	431772	3.7
2. 耕地面积	万亩	13.3	13.28	0.2
3. 造林面积	亩	—	—	—
4. 年末实有森林面积	公顷	—	—	—
5. 主要农产品产量	—	—	—	—
粮 食	吨	45783	36556	25.2
蔬 菜	吨	214423	206683	3.7
家禽肉	吨	8242	8334	-1.1
猪 肉	吨	14871	12395	20.0
花 生	吨	1535	1485	3.4
甘 蔗	吨	1996	1968	1.4
水 果	吨	228195	223418	2.1
茶 叶	吨	6725	6385	5.3
烤 烟	吨	2318	2377	-2.5
水产品	吨	6695	6772	-1.1
四、工业生产	—	—	—	—
1. 工业总产值（现行价）	万元	579778	582030	-0.4
规模以上	万元	449678	498530	-9.8
规模以下	万元	130100	83500	55.8
2. 规模以上工业企业发电量	万千瓦小时	655749.44	704594.88	-6.9
五、固定资产投资和房地产	—	—	—	—
固定资产投资	万元	296275	423251	-30.0
其中，建安工程	万元	195118	330905	-41.0
设备购置	万元	38771	9960	289.3
其他费用	万元	62386	33055	88.7
建筑业总产值	万元	130476	152309	-14.3
职工平均人数	人	1884	2564	-26.5
全员劳动生产率	元/人	692548	594028	16.6
全部施工房屋面积	平方米	623297	711719	-12.4
全年竣工房屋面积	平方米	427850	276956	54.5
房地产销售面积	平方米	163064	224687	-27.4

续表 4

指　标　名　称	单位	2022 年	2021 年	+、-（%）
六、商业	—	—	—	—
社会消费品零售总额	万元	480839	484120	-0.7
其中，商品零售	万元	430089	432141	-0.5
餐饮收入	万元	50750	51979	-2.4
七、运输、邮电	—	—	—	—
1．公路通车里程	公里	3689.51	3681.05	0.2
2．铁路营运里程	公里	143.14	143.14	0.0
3．内河通航里程	公里	104.1	104.1	0.0
4．客运量	万人	31.22	32.78	-4.8
5．旅客周转量	万人公里	3298.87	4405.31	-25.1
6．货运量	万吨	14.5	13.9	4.3
7．货物周转量	万吨公里	0.34	0.38	-10.5
8．邮政业务总量	万元	6494.46	5965.86	8.9
9．电信业务总量	万元	5742	5230	9.8
八、财政、金融	—	—	—	—
财政收入	万元	68003	138508	-50.9
其中，一般公共预算收入	万元	51505	65221	-21.0
财政支出	万元	507538	516868	-1.8
银行存款余额	万元	1851215	1691528	9.4
住户存款	万元	1578330	1441475	9.5
银行贷款余额	万元	1209303	1085545	11.4
九、教育、卫生	—	—	—	—
高等教育在校学生数	人	—	—	—
中职学校在校学生数	人	2201	1839	19.7
普通中学在校学生数	人	23466	22882	2.6
小学在校学生数	人	29116	30176	-3.5
幼儿园在园幼儿数	人	11459	12055	-4.9
医院病床数	张	2458	2458	0.0
卫生技术人员	人	1847	1971	-6.3

说明：生产总值的速度按 2021 年不变价计算

核算

大埔县地区生产总值情况表（按现行价格计算）

表 5

指标名称	绝对额（万元）		构成（%）	
	2022 年	2021 年	2022 年	2021 年
地区生产总值	1008109	1003751	100	100
农林牧渔业	312004	289203	30.95	28.81
农林牧渔专业及辅助性活动	3832	3728	—	—
工业	150132	162765	14.89	16.22
采矿业	2595	2287	—	—
#开采专业及辅助性活动	—	—	—	—
制造业	82521	96435	—	—
#金属制品、机械和设备修理业	114	114	—	—
电力、燃气及水的生产和供应业	65016	64044	—	—
建筑业	38030	51036	3.77	5.08
批发和零售业	77095	78571	7.65	7.83
批发业	30938	32648	—	—
零售业	46157	45923	—	—
交通运输、仓储和邮政业	16465	17778	1.63	1.77
铁路运输业	714	802	—	—
道路运输业	8428	9486	—	—
水上运输业	246	280	—	—
航空运输业	—	—	—	—
管道运输业	—	—	—	—
多式联运和运输代理业	84	80	—	—
装卸搬运和仓储业	2111	1866	—	—
邮政业	4882	5264	—	—
住宿和餐饮业	15285	16211	1.52	1.62

续表 5

指标名称	绝对额（万元）		构成（%）	
	2022 年	2021 年	2022 年	2021 年
住宿业	447	449	—	—
餐饮业	14837	15762	—	—
信息传输、软件和信息技术服务业	14811	14165	1.47	1.41
金融业	55650	52359	5.52	5.22
货币金融服务	48483	45239	4.81	4.51
资本市场服务	3438	3453	0.34	0.34
保险业	3729	3667	0.37	0.37
其他金融业	—	—	—	—
房地产业	77945	77409	7.73	7.71
房地产业（K 门类）	11613	14177	1.15	1.41
居民自有住房服务	66332	63231	6.58	6.30
租赁和商务服务业	9266	9081	0.92	0.90
科学研究和技术服务业	5991	5598	0.59	0.56
水利环境和公共设施管理业	1732	1771	0.17	0.18
居民服务修理和其他服务业	26979	26610	2.68	2.65
教育	74286	70413	7.37	7.01
卫生和社会工作	31845	28991	3.16	2.89
文化体育和娱乐业	1551	1571	0.15	0.16
公共管理社会保障和社会组织	99041	100221	9.83	9.98
第一产业	308172	285475	30.57	28.44
第二产业	188047	213687	18.65	21.29
第三产业	511890	504589	50.78	50.27
其他服务业	265504	258420	—	—
营利性服务业	58599	57025	—	—
非营利性服务业	206905	201396	—	—

大埔县地区生产总值情况表（按2021年不变价格计算）

表6

指标名称	2022年（万元）	2021年（万元）	以上年为100的速度（%）	
			2022年	2021年
地区生产总值	987777	984169	0.37	6.66
农林牧渔业	288743	276906	4.27	5.11
农林牧渔专业及辅助性活动	3643	3739	—	—
工业	163230	172928	–5.61	16.31
采矿业	2791	2527	—	—
#开采专业及辅助性活动	—	—	—	—
制造业	53364	63020	—	—
#金属制品、机械和设备修理业	118	99	—	—
电力、燃气及水的生产和供应业	107075	107381	—	—
建筑业	29895	40639	–26.44	–9.04
批发和零售业	73415	75776	–3.12	7.99
批发业	30966	32005	—	—
零售业	42449	43771	—	—
交通运输、仓储和邮政业	16694	16075	3.85	9.83
铁路运输业	635	736	—	—
道路运输业	8901	8373	—	—
水上运输业	230	271	—	—
航空运输业	—	—	—	—
管道运输业	—	—	—	—
多式联运和运输代理业	60	60	—	—
装卸搬运和仓储业	1879	1750	—	—
邮政业	4989	4887	—	—
住宿和餐饮业	14520	15464	–6.10	16.44
住宿业	403	401	—	—
餐饮业	14117	15063	—	—

续表 6

指标名称	2022 年（万元）	2021 年（万元）	以上年为 100 的速度（%）	
			2022 年	2021 年
信息传输、软件和信息技术服务业	14942	13657	9.41	11.9
金融业	51804	49475	4.71	-1.07
货币金融服务	44762	42621	—	—
资本市场服务	3492	3290	—	—
保险业	3551	3564	—	—
其他金融业	—	—	—	—
房地产业	75762	75752	0.01	-1.63
房地产业（K 门类）	10872	13800	—	—
居民自有住房服务	64889	61952	—	—
租赁和商务服务业	8891	8830	0.69	6.49
科学研究和技术服务业	5337	5166	3.30	3.84
水利环境和公共设施管理业	1844	1886	-2.25	12.4
居民服务修理和其他服务业	26631	26559	0.27	9.57
教育	75154	72375	3.84	13.05
卫生和社会工作	32878	30766	6.86	9.77
文化体育和娱乐业	1509	1572	-3.97	14.02
公共管理社会保障和社会组织	106528	100342	6.16	4.65
第一产业	285100	273167	4.37	5.06
第二产业	193008	213468	-9.58	10.46
第三产业	509669	497534	2.44	5.99
其他服务业	273713	261154	4.81	8.49
营利性服务业	57310	55784	2.74	9.19
非营利性服务业	216403	205370	5.37	8.3

人口、计划生育

2022 年大埔县人口及出生、死亡情况表

表 7

单位名称	总户数（户）	总人数（人）		当年出生、死亡				
		合计	其中：城镇人口	出生数（人）	出生率（人）	死亡数（人）	死亡率（‰）	自然增长率（‰）
合　计	180592	537523	169798	3160	5.88	1693	3.15	2.73
湖寮镇	37432	85696	65570	627	7.32	191	2.23	5.09
茶阳镇	16209	54374	12893	319	5.87	178	3.27	2.59
高陂镇	29472	83735	18145	433	5.17	206	2.46	2.71
青溪镇	6443	20312	4637	98	4.82	132	6.5	–1.67
三河镇	7599	19778	6472	124	6.27	100	5.06	1.21
大麻镇	12967	37310	5650	187	5.01	134	3.59	1.42
银江镇	7819	26548	5900	136	5.12	73	2.75	2.37
洲瑞镇	4462	17789	5091	93	5.23	31	1.74	3.49
光德镇	9316	34549	7508	273	7.9	67	1.94	5.96
桃源镇	4318	18855	16060	91	4.83	69	3.66	1.17
枫朗镇	15690	51602	6228	313	6.07	179	3.47	2.6
百侯镇	9542	28667	10396	117	4.08	125	4.36	–0.28
大东镇	7300	23047	2850	164	7.12	72	3.12	3.99
西河镇	12023	35261	2398	185	5.25	136	3.86	1.39

说明：此表数据由县公安局提供

2022年大埔县计划生育主要指标情况表

表8

镇别	总人口数（人）	平均人口数（人）	出生人口（人）				政策生育率（‰）	多孩率（‰）	出生率（‰）	死亡率（‰）	自然增长率（‰）
			合计	男	女	性别比（%）					
总计	561885	564136.5	3596	1875	1721	108.95	95.55	19.80	6.37	7.09	-0.72
湖寮镇	96750	97249.0	601	332	269	123.42	98.17	15.81	6.18	5.28	0.90
茶阳镇	54444	54727.5	316	171	145	117.93	96.20	23.73	5.77	7.31	-1.53
高陂镇	88036	88333.0	628	329	299	110.03	97.29	19.43	7.11	8.15	-1.04
青溪镇	19878	19979.5	106	61	45	135.56	84.91	27.36	5.31	5.81	-0.50
三河镇	20591	20767.5	157	81	76	106.58	97.45	11.46	7.56	10.26	-2.70
大麻镇	39047	39252.5	206	95	111	85.59	94.17	21.84	5.25	8.33	-3.08
银江镇	28757	28703.0	176	91	85	107.06	98.86	12.50	6.13	7.21	-1.08
洲瑞镇	17863	17928.5	113	56	57	98.25	96.46	17.70	6.30	7.98	-1.67
光德镇	36716	36765.0	309	144	165	87.27	93.53	21.68	8.40	6.07	2.34
桃源镇	19043	19145.0	115	65	50	130.00	92.17	26.09	6.01	6.16	-0.16
枫朗镇	51454	51534.0	349	185	164	112.80	92.55	23.21	6.77	7.30	-0.52
百侯镇	30025	30180.5	163	77	86	89.53	96.93	15.95	5.40	7.49	-2.09
大东镇	23421	23552.5	150	83	67	123.88	91.33	24.00	6.37	6.62	-0.25
西河镇	34065	34217.0	202	101	101	100.00	95.54	21.78	5.90	7.36	-1.46
丰溪林场	1795	1802.0	5	4	1	400.00	100.00	40.00	2.77	5.55	-2.77

农业

大埔县农业主要指标情况表

表 9

项目	单位	2022 年	2021 年	增减数	+、−（%）
一、年末耕地面积	万亩	13.30	13.28	0.02	0.15
其中，水（旱）田	万亩	—	—	—	—
二、粮食总产量	吨	45783	36556	9227	25.24
其中，稻谷总产量	吨	40336	31154	9182	29.47
三、瓜类（果用瓜）	吨	27360	27629	−269	−0.97
四、烤烟总产量	吨	2318	2377	−59	−2.48
五、茶叶总产量	吨	6725	6385	340	5.32
六、水果总产量	吨	228195	223418	4777	2.14
其中，柚子	吨	188406	181908	6498	3.57
七、生猪饲养量	头	—	—	—	—
其中，年末存栏	头	125018	102222	22796	22.30
年末出栏	头	187204	157305	29899	19.01
八、肉类产量	吨	24243	21818	2425	11.11
其中，猪肉产量	吨	14871	12395	2476	19.98
九、牛年末存栏	头	11510	11875	−365	−3.07
十、“三鸟”年末存栏	只	1101100	1275713	−174613	−13.69
十一、水产品产量	吨	6695	6772	−77	−1.14

2022 年年末大埔县耕地面积情况表

表 10

单位名称	合计（万亩）	其中		
		水田（万亩）	水浇地（万亩）	旱地（万亩）
合计	13.3035	11.9974	0.5033	0.8027
百侯镇	0.6416	0.5671	0.0267	0.0479
茶阳镇	1.4246	1.2702	0.0380	0.1164
大东镇	0.6114	0.5502	0.0252	0.0360
大麻镇	1.0254	0.9355	0.0300	0.0600
丰溪林场	0.0614	0.0574	0.0023	0.0016
枫朗镇	1.3067	1.1909	0.0442	0.0715
高陂镇	2.3336	2.1312	0.0787	0.1237
光德镇	0.7976	0.7438	0.0303	0.0235
湖寮镇	0.5961	0.4630	0.0969	0.0362
青溪镇	0.6874	0.6463	0.0148	0.0262
三河镇	0.3578	0.3064	0.0132	0.0382
桃源镇	0.2994	0.2616	0.0190	0.0188
西河镇	1.4794	1.4016	0.0236	0.0541
银江镇	0.9059	0.7766	0.0448	0.0845
洲瑞镇	0.7753	0.6955	0.0158	0.0640

说明：此表数据由县自然资源局提供

大埔县农业总产值情况表

表 11

单 位 名 称	2022 年现 价（万元）	2022 年可比价（万元）	2021 年（万元）	发展速度（%）
合 计	447906	435495	431772	100.9
湖寮镇	44834	43591	41741	104.4
茶阳镇	53211	51736	51099	101.2
高陂镇	58859	57228	46485	123.1
青溪镇	21458	20864	26785	77.9
三河镇	30696	29845	25207	118.4
大麻镇	36214	35210	42267	83.3
银江镇	24127	23459	30573	76.7
洲瑞镇	13231	12865	15396	83.6
光德镇	11088	10781	14002	77.0
桃源镇	6999	6805	9975	68.2
枫朗镇	55703	54159	38493	140.7
百侯镇	29188	28380	26415	107.4
大东镇	12944	12585	15834	79.5
西河镇	46997	45695	46518	98.2
丰溪林场	2357	2292	982	233.4

工业

2022年大埔县全部工业基本情况表

表12

项　　目	企业数（个）	总产值（现价）（万元）	增加值（现价）（万元）
合　　计	—	—	—
一、规模以上	44	436729	65709
1. 采矿业	1	8951	3974
2. 制造业	34	145029	30881
其中，陶瓷制造业	16	40595	11694
3. 电力、燃气及水生产和供应业	9	282749	30854
其中，电力生产业	6	274202	29311
二、规模以下	—	—	—
1. 采矿业	—	—	—
2. 制造业	—	—	—
其中，陶瓷制造业	—	—	—
3. 电力、燃气及水生产和供应业	—	—	—
其中，电力生产业	—	—	—

说明：此表数据为2022年年报数

运输

大埔县机动车辆、民用船舶实有数情况表

表 13

指标名称	单位	合计		其中：私人	
		2022 年	2021 年	2022 年	2021 年
一、民用汽车	辆	1088	1401	—	—
1. 载　　客	辆	—	—	—	—
	客位	—	—	—	—
2. 普通载货	辆	—	—	—	—
	吨位	—	—	—	—
3. 专用载货	辆	—	—	—	—
	吨位	—	—	—	—
4. 其他专用	辆	—	—	—	—
5. 特　　种	辆	—	—	—	—
轮胎式拖拉机	辆	—	—	—	—
手扶拖拉机	辆	—	—	—	—
摩托车	辆	12833	9224	—	—
两轮摩托车	辆	—	—	—	—
其他机动车	辆	—	—	—	—
载货挂车	辆	—	1	—	—
机动车驾驶员	人	13910	8005	—	—
汽车驾驶员	人	—	—	—	—
二、机动船	艘	—	—	—	—
	吨位	—	—	—	—
	客位	—	—	—	—
其中，货船	艘	—	—	—	—
	吨位	—	—	—	—

说明：此表数据由县公安局交通警察大队提供

邮政、电信

大埔县邮政发展情况表

表 14

指　标　名　称	计算单位	2022 年	2021 年
一、邮政业务量	万元	6494.46	5965.86
其中，函　件	万件	8.71	6.17
报　纸	万份	155.01	202.25
杂　志	万份	10.30	11.75
集　邮	万枚	8.14	10.69
二、邮政通信工具	—	—	—
邮运汽车	辆	13	13
电子信箱总容量	个	—	—
语音信箱总容量	个	—	—
三、邮政通信网	—	—	—
邮政局（支局）	处	20	20
其中，设在农村	处	17	17
邮路长度	公里	166	175
其中，航空邮路	公里	—	—
农村投递路线	公里	4132	4132
四、邮政通信水平	—	—	—
平均每人每年发函件数	件	0.26	0.19
平均每百人每年订报刊数	件	470.73	612.51

说明：此表数据由中国邮政集团有限公司广东省大埔县分公司提供

大埔县电信发展情况表

表 15

指 标 名 称	计算单位	2022 年	2021 年
一、电信业务量	万元	5742	5230
其中，长途电话	万次	—	—
移动电话用户	万户	4.62	4.7
市内电话用户	万户	0.81	0.48
农村电话用户	万户	1.53	2.07
互联网宽带接入用户	万户	4.22	4.06
二、电信通信工具	—	—	—
电话机总数	万部	—	—
其中，市话话机	万部	2.34	2.54
三、电信通信网	—	—	—
电信局（支局）	处	18	18
其中，设在农村	处	13	13
长途电话电路	路	—	—

说明：此表数据由中国电信股份有限公司大埔分公司提供

贸易与餐饮业

大埔县社会消费品零售总额、贸易业商品销售总额及批发零售住宿餐饮业机构情况表

表 16

项　目	单位	2022 年	2021 年	+、－（%）
社会消费品零售总额	万元	480839	484120	–0.68
按地域分：城镇零售额	万元	295465	367046	–19.50
乡村零售额	万元	185374	117074	58.34
按行业分：商品零售	万元	430089	432141	–0.47
餐饮收入	万元	50750	51979	–2.36
贸易业商品销售总额	万元	516516	522938	–1.23
按行业分：批发业	万元	222623	226313	–1.63
零售业	万元	257892	258767	–0.34
住宿业	万元	3327	3362	–1.04
餐饮业	万元	32674	34496	–5.28
批发零售住宿餐饮业机构	个	—	—	—
其中，1. 限额以上批发零售业	个	13	11	18.18
2. 限额以上住宿餐饮业	个	1	—	—
3. 个体批发零售业	个	10699	10726	–0.25
4. 个体住宿餐饮业	个	2303	3687	–37.54

人民生活

2018—2022 年大埔县居民家庭基本情况表

表 17

指标名称	单位	2018 年	2019 年	2020 年	2021 年	2022 年
一、人均可支配收入	元	18293	19705	20625	22331	23265
（一）工资性收入	元	7419	8183	8862	10810	11999
（二）经营净收入	元	5062	5294	4783	5157	4749
（三）财产净收入	元	511	535	586	583	521
（四）转移净收入	元	5301	5693	6394	5781	5996
二、人均生活消费支出	元	14114	15625	15822	17411	17247
（一）食品烟酒	元	5568	6146	6474	6973	7155
（二）衣着	元	484	553	553	601	527
（三）居住	元	2796	3116	3733	3479	3475
（四）生活用品及服务	元	798	799	819	807	687
（五）交通通信	元	1308	1281	1015	1524	1493
（六）教育文化娱乐	元	1483	1766	1356	2115	1977
（七）医疗保健	元	1196	1393	1403	1433	1416
（八）其他用品和服务	元	481	571	469	479	517
三、收入与上年同比增长	%	8.5	7.7	4.7	8.3	4.2

2018—2022 年大埔县城镇居民家庭基本情况表

表 18

指标名称	单位	2018 年	2019 年	2020 年	2021 年	2022 年
一、人均可支配收入	元	23670	25256	26013	28146	29047
（一）工资性收入	元	10464	11365	12057	14220	16035
（二）经营净收入	元	6049	6560	6148	6277	6098
（三）财产净收入	元	1036	1075	1171	1223	1069
（四）转移净收入	元	6121	6256	6637	6426	5845
二、人均生活消费支出	元	16104	18009	17945	19560	19664
（一）食品烟酒	元	6184	6897	7159	7655	7845
（二）衣着	元	669	791	791	828	700
（三）居住	元	2865	3325	4099	3395	3348
（四）生活用品及服务	元	1024	1000	976	949	888
（五）交通通信	元	1675	1623	1269	1960	1900
（六）教育文化娱乐	元	1978	2396	1755	2992	2792
（七）医疗保健	元	1209	1387	1296	1268	1590
（八）其他用品和服务	元	500	590	600	513	601
三、收入与上年同比增长	%	7.7	6.7	3	8.2	3.2

2018—2022年大埔县农村居民家庭基本情况表

表19

指标名称	单位	2018年	2019年	2020年	2021年	2022年
一、人均可支配收入	元	13743	14884	15777	17228	18038
（一）工资性收入	元	4842	5419	5987	7817	8350
（二）经营净收入	元	4228	4194	3556	4174	3529
（三）财产净收入	元	68	65	60	20	25
（四）转移净收入	元	4605	5206	6174	5217	6134
二、人均生活消费支出	元	12430	13554	13911	15525	15063
（一）食品烟酒	元	5046	5493	5857	6374	6532
（二）衣着	元	327	347	338	402	371
（三）居住	元	2737	2936	3403	3552	3590
（四）生活用品及服务	元	606	625	677	682	506
（五）交通通信	元	998	983	787	1141	1126
（六）教育文化娱乐	元	1064	1219	997	1345	1241
（七）医疗保健	元	1185	1398	1499	1577	1258
（八）其他用品和服务	元	467	553	353	452	439
三、收入与上年同比增长	%	8.5	8.3	6	9.2	4.7

财政、金融

大埔县财政收入情况表

表 20

项　　目	2022 年（万元）	2021 年（万元）	+、－（%）
一般公共预算本级收入合计	51505	65221	–21.03
一、增值税	–6573	10451	–162.90
二、改征增值税	—	—	—
三、企业所得税	2434	2148	13.31
四、企业所得税退税	—	—	—
五、个人所得税	683	1101	–37.99
六、资源税	876	1393	–37.12
七、城市维护建设税	1453	2067	–29.68
八、房产税	2871	1730	65.95
九、印花税	1045	730	43.11
十、城镇土地使用税	621	495	25.32
十一、土地增值税	4426	4302	2.88
十二、车船税	989	868	13.86
十三、耕地占用税	1128	3466	–67.46
十四、契税	3229	3741	–13.69
十五、烟叶税	809	739	9.50
十六、环境保护税	252	147	72.10
十七、其他税收收入	2	—	867.54
十八、专项收入	1464	2109	–30.60
十九、行政事业性收费收入	2667	1024	160.52
二十、罚没收入	2243	1166	92.32
二十一、国有资本经营收入	—	—	—
二十二、国有资源（资产）有偿使用收入	29949	26509	12.98
二十三、其他收入	—	13	–100.00
二十四、政府住房基金收入	938	1022	–8.20
二十五、捐赠收入	—	—	—
基金收入	19314	24682	–21.75
地方库收入	70819	89903	–21.23
省库收入	971	18002	–94.61
中央库收入	–3787	30604	–112.37
收入合计	68003	138508	–50.90

大埔县财政支出情况表

表 21

项 目	2022 年（万元）	2021 年（万元）	+、-（%）
一般公共预算支出合计	437546	453602	-3.54
一、一般公共服务支出	44570	43906	1.51
二、国防支出	361	355	1.47
三、公共安全支出	15557	14572	6.76
四、教育支出	81593	79535	2.59
五、科学技术支出	449	542	-17.06
六、文化旅游体育与传媒支出	5888	7283	-19.15
七、社会保障和就业支出	97645	80612	21.13
八、卫生健康支出	50367	49291	2.18
九、节能环保支出	1260	2664	-52.69
十、城乡社区支出	9597	8973	6.95
十一、农林水支出	67363	93234	-27.75
十二、交通运输支出	24206	41434	-41.58
十三、资源勘探信息等支出	433	314	38.06
十四、商业服务业等支出	1137	1178	-3.52
十五、自然资源海洋气象等支出	11813	5222	126.21
十六、住房保障支出	13271	10292	28.94
十七、粮油物资储备等支出	967	598	61.65
十八、灾害防治及应急管理支出	3906	2639	48.03
十九、债务付息支出	4105	2657	54.48
二十、其他支出	3044	8257	-63.14
二十一、债务发行费用支出	15	43	-65.19
基金支出合计	69992	63266	10.63
支出总计	507538	516868	-1.81

说明：此表数据由县财政局提供

大埔县银行存款计划执行情况表

表 22

项　　目	2022 年末余额（万元）	2022 年初余额（万元）	+、-（%）
一、各项存款	1851215	1704507	8.61
（一）境内存款	1848705	1701721	8.64
1. 住户存款	1578330	1453236	8.61
（1）活期存款	652522	623371	4.68
（2）定期及其他存款	925808	829865	11.56
2. 非金融企业存款	108409	76213	42.24
（1）活期存款	98259	59063	66.36
（2）定期及其他存款	10150	17150	-40.82
3. 机关团体存款	109794	138214	-20.56
4. 财政性存款	52168	34055	53.19
5. 非银行业金融机构存款	4	3	33.33
（二）境外存款	2510	2786	-9.91
二、金融债券	—	—	—
三、卖出回购资产	—	—	—
四、借款及非银行业金融机构拆入	—	—	—
五、联行往来（净）	—	—	—
六、应付及暂收款	35916	31611	13.62
七、各项准备	25722	23965	7.33
八、所有者权益	99400	115735	-14.11
九、其他	-396620	-342294	15.87
资金来源总计	1615633	1533524	5.35

大埔县银行贷款计划执行情况表

表 23

项 目	2022 年末余额（万元）	2022 年初余额（万元）	+、－（%）
一、各项贷款	1209303	1110305	8.92
（一）境内贷款	1208990	1109881	8.93
1. 住户贷款	768518	718247	7.00
（1）短期贷款	128414	106568	20.50
（2）中长期贷款	640104	611679	4.65
2. 企（事）业单位贷款	440472	391634	12.47
（1）短期贷款	90707	141666	-35.97
（2）中长期贷款	331439	239976	38.11
（3）票据融资	18326	9992	83.41
（4）融资租赁	—	—	—
（5）各项垫款	—	—	—
3. 非银行业金融机构贷款	—	—	—
（二）境外贷款	313	424	-26.18
二、债券投资	—	—	—
三、股权及其他投资	—	—	—
四、买入返售资产	—	—	—
五、存放非银行业金融机构款项	—	—	—
六、联行往来（净）	403747	420938	-4.08
七、金银占款	—	—	—
八、外汇占款	—	—	—
九、应收及预付款	9431	5955	58.37
十、投资性房地产	—	—	—
十一、固定资产	7484	7867	-4.87
资金运用总计	1629965	1545065	5.49

说明：此表数据由县人民银行提供

大埔县保险业务情况表

表 24

项　　目	2022 年（万元）	2021 年（万元）	+、-（%）
财产保险	—	—	—
一、保险费合计	3889.43	4246.88	-8.42%
1. 企业财产险	107.89	106.63	1.18%
2. 家庭财产险	79.68	76.02	4.81%
3. 运输工具及责任险	2349.76	2047.53	14.76%
4. 农业险	17.56	917.08	-98.09%
5. 责任险	313.56	283.57	10.58%
6. 意外险	149.64	134.60	11.17%
7. 健康险	870.50	677.54	28.48%
8. 工程险	0.84	3.91	-78.52%
二、赔偿合计	1896.17	1717.80	10.38%
1. 企业财产险	46.88	23.93	95.90%
2. 家庭财产险	66.42	10.08	558.93%
3. 运输工具及责任险	1213.05	1103.45	9.93%
4. 农业险	-14.94	281.97	-105.30%
5. 责任险	78.17	63.66	22.79%
6. 意外险	211.81	16.71	1167.56%
7. 健康险	295.05	217.64	35.57%
8. 工程险	-0.27	0.36	-175.00%
人寿保险	—	—	—
一、保费收入	7200.33	7587	-5%
二、赔款支出	513.63	629	-23%

说明：此表数据由县财产、人寿保险公司提供

教育、卫生

大埔县各类学校基本情况表

表 25

项　　目	单位	2022 年	2021 年	+、-（%）
一、高等学校	—	—	—	—
学校数	所	—	—	—
毕业生数	人	—	—	—
招生数	人	—	—	—
在校学生数	人	—	—	—
教职工数	人	—	—	—
#专任教师	人	—	—	—
二、中等师范学校	—	—	—	—
学校数	所	—	—	—
毕业生数	人	—	—	—
招生数	人	—	—	—
在校学生数	人	—	—	—
教职工数	人	—	—	—
#专任教师	人	—	—	—
三、普通中学	—	—	—	—
学校数	所	29	28	3.57
毕业生数	人	7358	6875	7.03
招生数	人	7768	7732	0.47
在校学生数	人	23466	22882	2.55
教职工数	人	2049	2145	-4.48
#专任教师	人	1913	2010	-4.83
四、职业中学	—	—	—	—
学校数	所	1	1	0.00

续表 25

项　目	单位	2022 年	2021 年	+、-（%）
毕业生数	人	495	453	9.27
招生数	人	923	585	57.77
在校学生数	人	2201	1839	19.68
教职工数	人	140	122	14.8
#专任教师	人	127	110	15.45
五、小　学	—	—	—	—
学校数	所	45	46	-2.17
毕业生数	人	5284	5834	-9.43
招生数	人	4123	4618	-10.72
在校学生数	人	29116	30176	-3.51
教职工数	人	2032	1864	9.01
#专任教师	人	1936	1779	8.82
六、幼儿园	—	—	—	—
幼儿园数	所	61	62	-1.61
招生数	人	2992	3209	-6.76
在园幼儿数	人	11459	12055	-4.94
教职工数	人	1110	1153	-3.72
#专任教师	人	704	724	-2.76
附：1. 成人教育在校学生数	人	—	—	—
2. 特殊教育在校学生数	人	136	143	-4.89
3. 小学毕业生升学率	%	100	100	0.00
4. 初中毕业生升学率	%	98.98	98.85	0.13
5. 学龄儿童入学率	%	100	100	0.00

说明：此表数据由县教育局、开放大学提供

2022年大埔县卫生机构、床位、人员情况表

表26

项　　目	单位	总 计	其　中	
			县	乡 镇
卫生机构（指乡镇卫生院+县直卫生机构）	个	22	8	14
病床位（编制床位/实有床位）	张	2458/1583	1808/1180	650/403
卫生人员	人	2371	1456	915
其中，1. 卫生技术人员数	人	1847	1195	652
执业医师	人	384	323	61
执业助理医师	人	560	385	175
注册护士	人	828	575	253
药剂人员	人	169	72	97
检验人员	人	85	56	29
其他	人	173	87	86
2. 其他技术人员	人	99	48	51
3. 管理人员	人	362	226	136
平均拥有病床（编制床位/实有床位）	张/万人	76.1/49.01	—	—
平均拥有卫生技术人员	人/万人	57	—	—

注：此表数据由县卫生健康局提供

文化、广播、电视

大埔县文化和广播、电视基本情况表

表 27

项　　目	计算单位	2022 年	2021 年
一、文化、文物事业机构	—	—	—
电影放映单位	个	—	—
艺术表演团体	个	1	1
文化馆	个	1	1
公共图书馆	个	1	1
公共图书馆藏书	万册	31.69	27.38
其中，纸质图书	万册	21.99	21
电子图书	万册	9.7	6.38
二、文化、文物事业机构人员	—	—	—
电影放映单位	人	—	—
艺术表演团体	人	43	48
文化馆	人	23	26
公共图书馆	人	13	12
博物馆	人	19	20
三、广播电视事业基本情况	—	—	—
广播电台	座	1	1
乡镇调频广播电台	座	—	—
电视台	座	1	1
电视发射和转播台	座	2	2
电视人口覆盖率	%	99	99
有线电视台	座	—	—
四、杂志、报纸出版情况	—	—	—
杂志出版种数	种	—	—
总印数	万册	—	—
报纸出版种数	种	—	—
总印数	万份	—	—

说明：此表由县文化广电旅游体育局和县广播电视台提供

环境保护

大埔县环境保护基本情况表

表 28

项　　目	单　位	2022 年	2021 年
一、当年资金运用情况	—	—	—
竣工环保项目投资	万元	2459.52	12372.2
安排治理污染资金	万元	2459.52	12372.2
二、工业“三废”情况	—	—	—
废水排放量	万吨	9.58	6.88
其中：符合标准	万吨	—	—
废水排放达标率	%	—	—
废气排放量	万标立方米	2386163	3029184
其中：经处理量	万标立方米	2378903	3017460
废气处理率	%	99.7	99.6
二氧化硫排放量	吨	—	—
粉尘排放量	万吨	0.019	0.023
粉尘回收量	万吨	46.24	42.02
粉尘回收率	%	99.9	99.9
固体废物产生量	万吨	59.13	54.9
固体废物综合利用	万吨	59.12	54.35
固体废物利用率	%	99.9	99
三、“三废”综合利用效益	—	—	—
综合利用产品产值	万元	195	191
综合利用利润	万元	37	35

说明：此表数据由梅州市生态环境局大埔分局提供

先进集体、先进个人、获奖成果名录

市级及以上先进集体名录

大埔县国家级先进集体一览表

表29

单 位	授称时间	授予单位	荣誉称号
大埔县百侯镇	2021年12月	中央宣传部、司法部、全国普及法律常识办公室	2016—2020年全国依法治理创建活动先进单位
大埔县西岩茶叶集团有限公司	2022年11月	中国茶叶流通协会	2022年度茶业百强企业
广东凯达茶叶股份有限公司	2022年11月	中国茶叶流通协会	2022年度茶业百强企业
大埔县税务局高陂税务分局	2022年8月	共青团中央委员会	一星级全国青年文明号
大埔县委办公室	2022年11月	国家机关事务管理局、中央直属机关事务管理局、国家发展和改革委员会、财政部	节约型机关
大埔县人民政府办公室	2022年11月	国家机关事务管理局、中央直属机关事务管理局、国家发展和改革委员会、财政部	节约型机关
大埔县人民代表大会常务委员会办公室	2022年11月	国家机关事务管理局、中央直属机关事务管理局、国家发展和改革委员会、财政部	节约型机关
大埔县委组织部	2022年11月	国家机关事务管理局、中央直属机关事务管理局、国家发展和改革委员会、财政部	节约型机关
大埔县委宣传部	2022年11月	国家机关事务管理局、中央直属机关事务管理局、国家发展和改革委员会、财政部	节约型机关
大埔县委机构编制委员会办公室	2022年11月	国家机关事务管理局、中央直属机关事务管理局、国家发展和改革委员会、财政部	节约型机关

续表 29

单　位	授称时间	授予单位	荣誉称号
大埔县直属机关工作委员会	2022 年 11 月	国家机关事务管理局、中央直属机关事务管理局、国家发展和改革委员会、财政部	节约型机关
大埔县委大埔县人民政府接待服务中心	2022 年 11 月	国家机关事务管理局、中央直属机关事务管理局、国家发展和改革委员会、财政部	节约型机关
大埔县审计局	2022 年 11 月	国家机关事务管理局、中央直属机关事务管理局、国家发展和改革委员会、财政部	节约型机关
共青团大埔县委员会	2022 年 11 月	国家机关事务管理局、中央直属机关事务管理局、国家发展和改革委员会、财政部	节约型机关
大埔县统计局	2022 年 11 月	国家机关事务管理局、中央直属机关事务管理局、国家发展和改革委员会、财政部	节约型机关
大埔县档案馆	2022 年 11 月	国家机关事务管理局、中央直属机关事务管理局、国家发展和改革委员会、财政部	节约型机关
大埔县科学技术协会	2022 年 11 月	国家机关事务管理局、中央直属机关事务管理局、国家发展和改革委员会、财政部	节约型机关
大埔县委党史研究室	2022 年 11 月	国家机关事务管理局、中央直属机关事务管理局、国家发展和改革委员会、财政部	节约型机关
大埔县人民政府地方志办公室	2022 年 11 月	国家机关事务管理局、中央直属机关事务管理局、国家发展和改革委员会、财政部	节约型机关

大埔县省级先进集体一览表

表 30

单位	授称时间	授予单位	荣誉称号
大埔县	2022 年 2 月	广东省委政法委	2021 年度群众安全感和政法工作满意度调查综合成绩全省第一

续表 30

单位	授称时间	授予单位	荣誉称号
大埔县	2022 年 2 月	广东省精神卫生中心	2021 年度广东省严重精神障碍管理治疗工作先进县（区）
无逸书高斋民宿	2022 年 3 月	广东省文化和旅游厅、广东省自然资源厅、广东省住房和城乡建设厅	首批广东省驿道乡村酒店
侯宝斋民宿			
禾肚里稻田民宿			
大埔县三河坝战役纪念园	2022 年 6 月	广东省总工会	广东省首批技术工人疗休养基地
少先队大埔县高陂实验学校大队	2022 年 5 月	共青团广东省委员会	广东省少先队红旗大队
少先队大埔县大埔小学六（6）中队	2022 年 5 月	共青团广东省委员会	广东省少先队红旗中队
大埔县图书馆	2022 年 6 月	广东省立中山图书馆、广东图书馆学会	广东省第三届“中华传统文化百部经典”知识大赛“优秀组织奖”
大埔县图书馆	2022 年 7 月	广东省立中山图书馆、广东图书馆学会	广东省 2022“行走粤读”线上阅读挑战赛“优秀组织奖”
大埔县殡仪馆	2022 年 6 月	广东省民政厅	广东省二级殡仪馆
大埔县万川爱心协会支部委员会	2022 年 12 月	广东省社会组织委员会	全省社会组织党建工作示范点
大埔县田家炳高级职业学校	2022 年 2 月	广东省教育厅	广东省中小学第五批艺术教育特色学校
梅州大埔海事处（大埔海巡执法大队）	2022 年 12 月	广东海事局	2021—2022 年度先进集体
梅州大埔海事处	2022 年 12 月	广东海事局	2022 年度“四化”建设示范海事处
梅州大埔海事处（大埔海巡执法大队）	2022 年 7 月	广东海事局	2022 年防汛救灾“先进集体”
梅州大埔海事处	2022 年 5 月	广东海事局党组	2021—2022 年度“先进青年集体”
大埔县百侯镇侯南村	2022 年 7 月	广东省研学旅行协会	第一批广东省乡村研学旅行特色村

大埔县市级先进集体一览表

表 31

单位	授称时间	授予单位	荣誉称号
广东烟草梅州市有限公司大埔县分公司	2022 年 6 月	梅州市委实施乡村振兴战略领导小组	梅州扶贫济困铜奖

市级及以上先进个人名录

大埔县国家级先进个人一览表

表 32

姓　名	授称时间	授予单位	荣誉称号	所在单位及职务
罗龙珠	2022 年 12 月	中国关心下一代工作委员会健康体育发展中心	2022 年第三届青少年健美操技能大赛总决赛优秀执教员	大埔县田家炳高级职业学校教师
罗晶晶	2022 年 12 月	中国关心下一代工作委员会健康体育发展中心	2022 年第三届青少年健美操技能大赛总决赛特等奖	大埔县田家炳高级职业学校学生
丘　潞				
温晓君				
罗茂潭	2022 年 12 月	水利部	全国水土保持工作先进个人	大埔县水务局水利工程建设服务中心副主任
连声超	2022 年 2 月	水利部办公厅	全国水利系统“七五”普法先进个人	大埔县水务局河库保护中心主任
徐振西	2022 年 6 月	人力资源和社会保障部、司法部	全国司法行政系统先进工作者	大埔县司法局茶阳司法所所长
何猛柱	2022 年 11 月	国家体育总局	2021 年度国家级社会体育指导员	大埔县文化广电旅游体育局体育股负责人
蔡俊发	2022 年 11 月	文化和旅游部	2022 年度乡村文化和旅游带头人	广东瑞山高新农业生态园股份有限公司董事长

大埔县省级先进个人一览表

表 33

姓　名	授称时间	授予单位	荣誉称号	所在单位及职务
江启清	2022 年 9 月	广东省委	广东省依法治省工作先进个人	大埔县司法局党组成员、副局长
叶炜任	2022 年 3 月	广东省教育厅	第三届广东省中小学青年教师教学大赛三等奖	大埔县田家炳高级职业学校教师
罗龙珠	2022 年 1 月	广东省教育厅	2021 年全省首届美育教师教学基本功比赛中职舞蹈类三等奖	大埔县田家炳高级职业学校教师
蓝　丽	2022 年 1 月	广东省教育厅	2021 年全省首届美育教师教学基本功比赛中职音乐类二等奖	大埔县田家炳高级职业学校教师
李明辉	2022 年 12 月	广东海事局	广东海事局 2021—2022 年度先进个人	梅州大埔海事处处长
李明辉	2022 年 12 月	广东海事局	广东海事局 2022 年度优秀海事处处长	梅州大埔海事处处长
李明辉	2022 年 7 月	广东海事局	广东海事局 2022 年防汛救灾“先进个人”	梅州大埔海事处处长
李明辉	2022 年 7 月	广东海事局党组	广东海事局“建设模范机关先进个人”	梅州大埔海事处处长
肖晓源	2022 年 1 月	广东电网有限责任公司	广东电网公司决战决胜“全国最好 2021”先进个人	大埔供电局工程建设部副经理
钟丙枝	2022 年 12 月	广东电网有限责任公司	党的二十大安全保障工作先进个人	大埔供电局安全监管部经理
郑春桃	2022 年 3 月	广东省妇联	广东省三八红旗手	禾肚里（梅州）生态农业科技发展有限公司董事长
罗秀琴家庭	2022 年 5 月	广东省妇联	2022 年广东十大“最美家庭”	大埔县“聚缘轩”志愿团队创会会长
李文婷家庭	2022 年 5 月	广东省妇联	2022 年广东百户“最美家庭”	大埔县委党校理论研究室副主任
郑耀颂	2022 年 4 月	共青团广东省委员会	广东省优秀共青团员	大埔县田家炳实验中学高三（17）班学生
罗一楠	2022 年 5 月	共青团广东省委员会	广东省优秀少先队员	少先队大埔小学六（5）中队队员

续表 33

姓　名	授称时间	授予单位	荣誉称号	所在单位及职务
蓝崇垲	2022 年 5 月	共青团广东省委员会	广东省优秀少先队员	少先队大埔县田家炳小学五（6）中队队员
刘伊铱	2022 年 5 月	共青团广东省委员会	广东省优秀少先队员	少先队大埔县张云栽实验小学四（4）中队队员
肖绍琦	2022 年 12 月	广东省防汛防旱防风总指挥部办公室、广东省应急管理厅	2022 年三防工作表现突出个人	大埔县应急管理局应急指挥股负责人
刘开湘	2022 年 5 月	广东省总工会	广东省五一劳动奖章	大埔县大麻中学教务处副主任
梁潍炫	2022 年 1 月	广东省教育厅	广东省优秀学生	大埔县虎山中学学生
张　因	2022 年 7 月	广东省信访联席工作会议办公室	广东信访铁局标兵	大埔县信访接待中心副主任
梁宝礼	2022 年 3 月	广东省信访联席工作会议办公室	广东省驻京信访安全保障工作先进个人	大埔县信访接待中心职员
丘华昌	2022 年 3 月	广东省公安厅	个人二等功	大埔县公安局网警大队大队长
张钟权	2022 年 9 月	广东省公安厅	个人三等功	大埔县公安局指挥中心调研股股长
陈建财	2022 年 4 月	广东省人民检察院	政法队伍教育整顿工作个人嘉奖	大埔县人民检察院党组成员、政治部主任
张建新	2022 年 12 月	广东省委宣传部	基层理论宣讲先进个人	大埔县委党史研究室主任
赖法卫	2022 年 4 月	广东省文明办	2021 第四季度“广东好人”	广东凯达茶业股份有限公司总经理
黄祈録	2022 年 12 月	广东省文明办	2022 第三季度“广东好人”	大埔县湖寮镇城北社区居民
蔡小群	2022 年 12 月	广东省文明办	2022 第三季度“广东好人”	大埔县银江镇明新村村民

大埔县市级先进个人一览表

表 34

姓　名	授称时间	授予单位	荣誉称号	所在单位及职务
蔡雷新	2022 年 12 月	梅州军分区	人武部建设先进个人	大埔县人武部保障科助理员
蔡雷新	2022 年 12 月	梅州军分区	嘉奖	大埔县人武部保障科助理员

县级先进集体、先进个人名录

中共大埔县委 大埔县人民政府关于给予大埔县消防救援大队记集体三等功的决定

（2022 年 12 月 7 日）

大埔县消防救援大队自 2018 年改革转制以来，在县委、县政府的坚强领导下，始终坚持以习近平新时代中国特色社会主义思想为指导，忠诚践行习近平总书记提出的“对党忠诚、纪律严明、赴汤蹈火、竭诚为民”十六字训词要求，按照县委、县政府关于应急管理工作的部署，知责于心、担责于身、履责于行，圆满完成了庆祝改革开放 40 周年、庆祝中华人民共和国成立 70 周年、庆祝建党 100 周年等重大消防安保任务，在 2018 年“1·16”三河气库液化石油气泄漏事故、2020 年“12·11”大埔县大麻镇金沙大厦火灾、2022 年“6·15”抗洪救灾等一系列急难险重任务中有效地保护了人民群众的生命财产安全，以实际行动忠诚拥护“两个确立”，坚决做到“两个维护”，为全县经济社会发展提供了良好环境，获得了党和人民的广泛赞誉。大埔县消防救援大队自改革转制以来获评“广东省应急救援先进集体”、“广东省五一劳动奖状”、广东省消防救援总队“优秀基层党组织”、“梅州市精神文明单位”、梅州市消防救援支队“基层建设先进大队”等殊荣，2 人次荣立个人三等功，24 人次获得各级表彰奖励。

为表彰先进，树立典型，弘扬大埔县消防救援大队的忠诚履职、舍生忘死、无私奉献的崇高精神，激励广大公务员在新时代担当作为，建设忠诚干净担当的高素质专业化干部队伍，根据《公务员奖励规定》和《广东省消防救援队伍职业保障办法（试行）》等有关规定，中共大埔县委、大埔县人民政府决定：给予大埔县消防救援大队记集体三等功。希望大埔县消防救援大队全体人员珍惜荣誉、发扬成绩、再接再厉、再立新功。

大埔县人民政府关于表彰 2021—2022 学年度教书育人先进教师的决定

（2022 年 9 月 2 日 埔府〔2022〕63 号）

各镇人民政府，丰溪林场，县有关单位：

2021—2022 学年，全县广大教师和教育工作者以习近平新时代中国特色社会主义思想为指导，深入贯彻党的十九大和十九届历次全会精神，积极实施县委“1568”思路举措，以办好人民满意的教育为目标，以提高教育教学质量为核心，勇于创新、开拓进取、无私奉献，使我县教育教学质量进一步提升，取得了显著成绩，涌现出一批优秀教师。为进一步增强我县广大教师、教育工作者的荣誉感和责任感，激励广大教师和教育工作者为教育作出更大贡献，吸引更多优秀人才投身教育事业，经县政府研究，决定对虎山中学邱宴等 79 名教书育人先进教师予以表彰。

希望受到表彰的优秀教师珍惜荣誉，谦虚谨慎，再接再厉，永葆先进本色。全县教育系统广大教职工要以先进为榜样，保持良好的精神状态和饱满的工作热情，弘扬高尚师德，潜心立德树人，为全县教育事业高质量发展作出更大的贡献！

附件：大埔县 2021—2022 学年度教书育人先进教师名单

附件

大埔县 2021—2022 学年度教书育人先进教师名单

虎山中学	邱　宴	何海伦	李晓新	杨国宏	李小美	黄美玲
田家炳实验中学	罗寿武	谢丽根	刘钢发	刘爱华	刘永红	邓志航
家炳第一中学	詹丽君	刘剑红	刘伟星	余燕青		
进光中学	黄东生					
大埔中学	谢国通					
大麻中学	黄美琴					
百侯中学	杨　毅					
高陂中学	吴源鲲					
田家炳高级职业学校	肖勇豪	陈双珍				
教师发展中心	罗　燕					
华侨中学	罗伟珊					
湖山中学	彭日沐					
石云中学	陈职兴					
广德中学	刘万雄					
家炳第二中学	严永昌					
家炳第五中学	郭秋雨					
桃源中学	钟焕然					
古埜中学	房讲标					
三河中学	黄赛娇					
埔北中学	江永机					
西河中学	赖长江					

枫朗镇双溪学校　刘敏豪
大东镇实验学校　刘文会
高陂镇平原学校　郑小丽
洲瑞镇实验学校　蔡绍礼
大麻镇英雅家炳学校　黄　东
三河镇梓里学校　范万宜
青溪镇实验学校　罗　健
西河镇横溪学校　余小兰
银江镇实验学校　余淑芬
湖寮镇中心小学　郭美娟
百侯镇中心小学　罗俊浩
枫朗镇中心小学　连晓思　黄　婷
高陂实验学校　郑美玲　刘永宜　刘万坚　胡赛霞　胡双千
光德镇中心小学　刘邦亮　罗　丹
桃源镇中心小学　郭雪娇
大麻镇中心小学　朱晓红　冯小欧
三河镇中心小学　王丽珂
茶阳镇中心小学　李　丹　张　焱　黄翠芬
西河镇中心小学　李　键
张云栽实验小学　范红梅　庄淑义　黄小珍
大埔小学　蓝裕玲　潘填锋　张丽芬
田家炳小学　房蓉辉
大埔第二小学　陈婷婷
城东实验学校　连牡丹　房海琴　肖思幸
直属机关幼儿园　连思玲
田家炳实验幼儿园　邓妙华
龙岗而芝幼儿园　蓝漫漫
第二实验幼儿园　郭碧绿
特殊教育学校　黄海良

市级及以上获奖成果名录

大埔县国家级获奖成果一览表

表 35

单位（姓名）	授称时间	授予单位	荣誉称号	成果内容	所在单位及职务
大埔县	2022 年 7 月	文化和旅游部	“乡村四时好风光”全国乡村旅游精品线路	红动古道·绿动乡村——中央红色交通线亲子研学游线路	
李金星	2022 年 11 月	中国陶瓷工业协会	第十二届中国陶瓷艺术大展金奖	18 寸灯笼瓶高白骨瓷《人文山水》	大埔县高陂镇金云轩陶瓷工艺美术创作室高级工艺美术师
张光辉	2022 年 11 月	中国陶瓷工业协会	第十二届中国陶瓷艺术大展金奖	《客乡情缘》挂盘	梅州一方土实业有限公司设计师
黄福传					梅州一方土实业有限公司设计师
郭　锐	2022 年 11 月	中国陶瓷工业协会	第十二届中国陶瓷艺术大展金奖	《鸟语花香》瓶	广东裕丰陶瓷股份有限公司总经理
郭细杰					广东裕丰陶瓷股份有限公司厂长
郭煜强	2022 年 11 月	中国陶瓷工业协会	第十二届中国陶瓷艺术大展银奖	《黑·白》花插	梅州峰联陶瓷有限公司董事长
罗常庆					梅州峰联陶瓷有限公司设计师
李瑜坤	2022 年 11 月	中国陶瓷工业协会	第十二届中国陶瓷艺术大展银奖	16 寸双耳天球瓶《山水》	大埔县高陂镇金云轩陶瓷工艺美术创作室设计师

续表 35

单位（姓名）	授称时间	授予单位	荣誉称号	成果内容	所在单位及职务
邓锦栋	2022 年 11 月	中国陶瓷工业协会	第十二届中国陶瓷艺术大展银奖	《江金年》瓶	大埔县发源发展有限公司总经理
李　亮					大埔县发源发展有限公司研发部设计师
张进辉	2022 年 11 月	中国陶瓷工业协会	第十二届中国陶瓷艺术大展银奖	《花开富贵》花瓶	梅州恒辉陶瓷实业有限公司董事长
郭煜强	2022 年 11 月	中国陶瓷工业协会	第十二届中国陶瓷艺术大展铜奖	手彩七孔花插	梅州峰联陶瓷有限公司董事长
卢万坚					梅州峰联陶瓷有限公司设计师
罗循永	2022 年 11 月	中国陶瓷工业协会	第十二届中国陶瓷艺术大展铜奖	28 寸荷口瓶《喜上眉梢》	广东省大埔陶瓷工业研究所工艺美术师
黄兴诺	2022 年 11 月	中国陶瓷工业协会	第十二届中国陶瓷艺术大展铜奖	《群山秀色》花瓶	梅州中富大科技有限公司设计师
张光辉					梅州中富大科技有限公司设计师
罗放荣	2022 年 11 月	中国陶瓷工业协会	第十二届中国陶瓷艺术大展铜奖	《高山流水》瓶	广东富大陶瓷文化发展股份有限公司设计师
张光辉					广东富大陶瓷文化发展股份有限公司设计师

续表 35

单位（姓名）	授称时间	授予单位	荣誉称号	成果内容	所在单位及职务
丘家进	2022 年 11 月	中国陶瓷工业协会	第十二届中国陶瓷艺术大展铜奖	套三福寿双全壁插	广东吉玉陶瓷股份有限公司工艺师
范向隆					广东吉玉陶瓷股份有限公司工艺师
郭集友	2022 年 11 月	中国陶瓷工业协会	第十二届中国陶瓷艺术大展铜奖	《千山绿水》瓶	梅州金源海陶瓷发展有限公司设计师
杨浩楠					梅州金源海陶瓷发展有限公司总经理
郭金利	2022 年 11 月	中国陶瓷工业协会	第十二届中国陶瓷艺术大展铜奖	《硕果累累》南瓜罐	梅州景晨陶瓷有限公司总经理
郭泰奇					梅州景晨陶瓷有限公司设计师

大埔县省级获奖成果一览表

表 36

单位（姓名）	授称时间	授予单位	荣誉称号	成果内容	所在单位及职务
大埔县枫朗镇坎下村	2022 年 7 月	广东省人民政府	第十批广东省文物保护单位	罗明故居	
大埔县三河镇汇城村	2022 年 7 月	广东省人民政府	第十批广东省文物保护单位	华萼楼	
大埔县茶阳镇街道	2022 年 7 月	广东省人民政府	第十批广东省文物保护单位	大埔县工农革命政府公安局旧址	

续表 36

单位（姓名）	授称时间	授予单位	荣誉称号	成果内容	所在单位及职务
大埔县青溪镇、茶阳镇	2022 年 7 月	广东省人民政府	第十批广东省文物保护单位	中央红色交通线大埔段	
大埔县湖寮镇岭下村	2022 年 7 月	广东省人民政府	第十批广东省文物保护单位	江东小筑	
大埔县文化馆	2022 年 10 月	广东省文化和旅游厅	广东省群众文艺作品评选曲艺类三等奖	《景区奇遇记》	
大埔县文化馆	2022 年 10 月	广东省文化和旅游厅	广东省群众文艺作品评选音乐类三等奖	《听见中国》	
丘美玲	2022 年 2 月	广东省教育研究院	项目式学习案例一等奖	《劳动最美感恩在行》	大埔县华侨中学党支部副书记、团委书记
田禹良	2022 年 2 月	广东省教育研究院	项目式学习案例一等奖	《舌尖上的酸菜》	大埔县高陂镇埔田田家炳小学校长
孙丛中	2022 年 2 月	广东省教育研究院	项目式学习案例二等奖	《传承客家饮食文化，开创美好幸福生活》	大埔县田家炳实验中学年级组长
张阳静	2022 年 2 月	广东省教育研究院	项目式学习案例二等奖	《春种秋收，在希望的田野上》	大埔县第二小学教师
张裕标	2022 年 2 月	广东省教育研究院	项目式学习案例三等奖	《果酒果醋制作项目式学习活动》	大埔县虎山中学教师
蒙文颂	2022 年 2 月	广东省教育研究院	项目式学习案例三等奖	《弘扬苏区精神，赓续红色血脉》	大埔县虎山中学教研组长
张塔峰	2022 年 2 月	广东省教育研究院	TEM 课程案例三等奖	《基于 STEM 理念的酵素肥制作活动方案》	大埔县高陂实验学校政教处主任
杨达丽	2022 年 2 月	广东省教育研究院	TEM 课程案例三等奖	《AI 赋能非遗技术——陶瓷制作》	大埔县高陂镇三洲小学校长

续表 36

单位（姓名）	授称时间	授予单位	荣誉称号	成果内容	所在单位及职务
郭贤框	2022 年 2 月	广东省教育研究院	TEM 课程案例三等奖	《神奇的线——走哪条线快？》	大埔县田家炳实验中学年级组长
田禹良	2022 年 2 月	广东省教育研究院	TEM 课程案例三等奖	《高陂水利枢纽工程探究》	大埔县高陂镇埔田田家炳小学校长
陈育松	2022 年 2 月	广东省教育研究院	TEM 课程案例三等奖	《浮沉现象探索》	大埔县第二小学少先队副总辅导员
邱奔非	2022 年 2 月	广东省教育研究院	TEM 课程案例三等奖	《浮沉现象探索》	大埔县龙岗而芝幼儿园教师
杨梅亮	2022 年 2 月	广东省教育研究院	TEM 课程案例三等奖	《“柚”有所育》	大埔县第二实验幼儿园园长
丘垂晶	2022 年 2 月	广东省教育研究院	TEM 课程案例三等奖	《基于 STEM 理念教学的实践初探——楼梯走廊照明灯智能省电电路设计》	大埔县湖山中学校长
大埔县虎山中学高三（15）班社会实践小组	2022 年 6 月	广东省科学技术协会、广东省教育厅、广东省科学技术厅等	广东省青少年科技创新大赛——青少年优秀科技实践活动二等奖	《大埔蜜柚产业现状分析及发展对策探究》	
大埔县虎山中学化学调查小组	2022 年 6 月	广东省科学技术协会、广东省教育厅、广东省科学技术厅等	广东省青少年科技创新大赛——青少年优秀科技实践活动三等奖	《陶瓷生产过程中的化学反应及其影响因素的调查与探究》	
范宝承	2022 年 5 月	广东省教育厅	广东省教育教学成果二等奖	构建客家山区家庭教育四层 6334 模式	大埔县湖山中学教师
杨惠乔	2022 年 1 月	广东省广播影视协会	广播节目播音作品类三等奖	《战地黄花分外香 赓续红色血脉长》	大埔县融媒体中心副主任、副台长

续表 36

单位（姓名）	授称时间	授予单位	荣誉称号	成果内容	所在单位及职务
蓝建彬	2022 年 6 月	广东省委宣传部、广东省应急管理厅	广东省第二届应急管理优秀宣传作品征集展播活动“优秀奖”	《文明祭祀 平安清明》	大埔县融媒体中心总编辑
房文博					大埔县融媒体中心专题部主任
张晓鑫					大埔县融媒体中心专题部副主任
张帮丽					大埔县融媒体中心平媒部主任
蓝建彬	2022 年 7 月	南方都市报	南方都市报 N 视频“N 星球创作大赛：当代校园生活日志”“优秀奖”	《大埔虎山中学学生集体喊楼：为高三考生送上祝福》	大埔县融媒体中心总编辑
房文博					大埔县融媒体中心专题部主任
张帮丽					大埔县融媒体中心专题部副主任
黄德志					大埔县融媒体中心职工
蓝建彬	2022 年 8 月	广东省广播影视协会	2021 年度广东省广播影视奖新闻类新媒体新闻短视频三等奖	《五代人一个世纪的找寻——蔡晴川烈士后裔莅埔寻亲》	大埔县融媒体中心总编辑
黎燕飞					大埔县融媒体中心民生节目部主任
张帮丽					大埔县融媒体中心平媒部副主任
黄德志					大埔县融媒体中心职工

续表 36

单位（姓名）	授称时间	授予单位	荣誉称号	成果内容	所在单位及职务
罗明媚	2022 年 8 月	广东省广播影视协会	2021 年度广东省广播影视奖新闻类电视长消息三等奖	《大埔：追忆百年革命历史　赓续红色血脉》	大埔县融媒体中心副主任、副台长
梁新唐					大埔县融媒体中心时政新闻部副主任
詹　军					大埔县融媒体中心职工
刘南军					大埔县融媒体中心职工
吴晓虹	2022 年 8 月	广东省委保密委员会办公室、广东省国家保密局	二等奖	《一顶竹笠背后的故事》	大埔县委大埔县人民政府接待服务中心副主任
广东省大埔陶瓷工业研究所	2022 年 5 月	广东省雁洋公益基金会、梅州市科学技术局	叶剑英基金科学技术进步奖二等奖	《陶瓷平板产品硅酸锌定位结晶技术的研究与应用》	

大埔县市级获奖成果一览表

表 37

单　位	授称时间	授予单位	荣誉称号	成果内容
大埔县高陂镇	2022 年 12 月	梅州市人民政府	第十批市级非物质文化遗产代表性项目名录	大埔高陂瓷雕传统手工技艺
大埔县枫朗镇	2022 年 12 月	梅州市人民政府	第十批市级非物质文化遗产代表性项目名录	大埔县西岩乌龙茶制作技艺
大埔县茶阳镇	2022 年 12 月	梅州市人民政府	第十批市级非物质文化遗产代表性项目名录	竹畲箩编制工艺

索　引

索引说明：

一、本索引采用主题分析方法，款目按汉语拼音字母（同音字按声调）顺序排列。

二、文中的类目题、分目题用黑体排版，其余用宋体排版。表格在其款目后注明“表”。

三、索引款目后的数字表示内容所在的页码，数字后面的拉丁字母（a、b）表示栏别（即版面的左右栏）。

四、同一主题的内容在文中多次出现的，在其款目后用不同的页码标明。

五、本索引对“特载”“大事记”“人物”“文献选录”“附录”等篇不做内容主题分析。

A

B

C

D

E

F

G

L

M

N

T

W

Z